Erinnern
und Gedenken

Veröffentlichungen
des Diakoniewissenschaftlichen Instituts
an der Universität Heidelberg

Begründet von
Theodor Strohm

Herausgegeben von
Volker Herrmann
Heinz Schmidt

Band 40

Erinnern und Gedenken

Eugenik, Zwangssterilisation
und »Euthanasie«
in Hephata/Treysa, Boppard
und Sinsheim

Herausgegeben von
VOLKER HERRMANN
HEINZ SCHMIDT

Universitätsverlag
WINTER
Heidelberg

Bibliografische Information der Deutschen Nationalbibliothek

Die Deutsche Nationalbibliothek verzeichnet diese Publikation
in der Deutschen Nationalbibliografie;
detaillierte bibliografische Daten sind im Internet
über *http://dnb.d-nb.de* abrufbar.

UMSCHLAGBILD
Mahnmal in Hephata/Treysa (Foto: Volker Herrmann).

ISBN 978-3-8253-5621-7

Dieses Werk einschließlich aller seiner Teile ist urheberrechtlich geschützt. Jede
Verwertung außerhalb der engen Grenzen des Urheberrechtsgesetzes ist ohne
Zustimmung des Verlages unzulässig und strafbar. Das gilt insbesondere für
Vervielfältigungen, Übersetzungen, Mikroverfilmungen und die Einspeicherung
und Verarbeitung in elektronischen Systemen.

© 2009 Universitätsverlag Winter GmbH Heidelberg
Imprimé en Allemagne · Printed in Germany
Druck: Memminger MedienCentrum, 87700 Memmingen

Gedruckt auf umweltfreundlichem, chlorfrei gebleichtem
und alterungsbeständigem Papier

Den Verlag erreichen Sie im Internet unter:
www.winter-verlag-hd.de

Inhalt

VOLKER HERRMANN/HEINZ SCHMIDT
Zur Einführung..6

PETER GÖBEL-BRAUN
„Den Opfern einen Namen geben ..." Bedrohungen von Menschen
in Hephata/Treysa während der Nazi-Herrschaft 1933–1945 9

RALF SCHULZE
Zwangssterilisierungen in der Stiftung Bethesda-St. Martin (Boppard)
in den Jahren 1934–1939..39

DOROTHEE SCHEEL
Die NS-„Euthanasie"-Aktion am Beispiel des Kreispflegeheims Sinsheim.
Historische und theologische Erwägungen.. 121

DIETMAR COORS
„Gegen das Vergessen" – die Schule als Ort des Erinnerns an die
„Euthanasie"-Aktion des NS-Regimes. Dargestellt am Projekt
„Soziales Engagement" der Kraichgau-Realschule Sinsheim.................... 210

Zur Autorin, zu den Autoren und Herausgebern 231

VOLKER HERRMANN/HEINZ SCHMIDT

Zur Einführung

Es hat lange gedauert, bis die kirchliche Diakonie begonnen hat, sich ernsthaft und gründlich mit den Ereignissen zwischen 1933 und 1945 in ihren eigenen Einrichtungen (damals der Inneren Mission) auseinanderzusetzen. Gleich nach Ende der NS-Zeit war es zu einer ersten Aufarbeitung gekommen.[1] Die Auseinandersetzung mit der NS-Zeit wurde dann aber in der Folgezeit nicht wirklich intensiviert, sondern an die Tagesordnung rückten vielmehr Schönfärbereien, Verdrängungen oder Halbwahrheiten, mit deren Hilfe die Einrichtungen zwar nicht als Zentren des Widerstands aber doch der ehrlichen Bemühung erschienen, Leiden und Unrecht verhindert oder zumindest soweit wie möglich vermindert zu haben.

Die Diskussion in der gesellschaftlichen Öffentlichkeit begann dann vor allem erst wieder in den 1980er Jahren, wesentlich gefördert einerseits durch kritische Veröffentlichungen von Ernst Klee, auf die auch in diesem Buch mehrfach Bezug genommen wird,[2] und andererseits durch das Engagement historisch und fachlich interessierter Personen in den diakonischen Einrichtungen, die sich der Vergangenheit der eigenen Einrichtung in der NS-Zeit zuwandten.[3] Zuvor und nachfolgend war bereits in der wissenschaftlichen Literatur[4] die ver-

---

[1] Vgl. z.B. Martin Gerhardt, Ein Jahrhundert Innere Mission. Die Geschichte des Central-Ausschusses für die Innere Mission der Deutschen Evangelischen Kirche, Bd. 2, Gütersloh 1948, 349-422; Bodo Heyne, Die Innere Mission 1933–1952. Überblick und Ausblick, in: Kirchliches Jahrbuch für die Evangelische Kirche in Deutschland 79. 1952, 377-432.

[2] Ernst Klee, „Euthanasie" im NS-Staat. Die „Vernichtung lebensunwerten Lebens", Frankfurt 1983, ¹¹2004; ders. (Hg.), Dokumente zur „Euthanasie", Frankfurt 1985, ⁵2001.

[3] Vgl. z.B. Joachim Klieme, Die Neuerkeröder Anstalten in der Zeit des Nationalsozialismus, Sickte-Neuerkerode 1984; Peter Göbel/Helmut E. Thormann, Verlegt, vernichtet, vergessen? Leidenswege von Menschen aus Hephata im Dritten Reich. Eine Dokumentation, Schwalmstadt-Treysa 1985; Michael Wunder/Ingrid Genkel/Harald Jenner, Auf dieser schiefen Ebene gibt es kein Halten mehr. Die Alsterdorfer Anstalten im Nationalsozialismus, Hamburg 1987. – Vgl. bereits früher z.B.: Bethel in den Jahren 1939–1943. Eine Dokumentation zur Vernichtung lebensunwerten Lebens (Bethel-Arbeitsheft 1), Bethel 1970.

[4] Vgl. v.a. Kurt Nowak, „Euthanasie" und Sterilisierung im „Dritten Reich". Die Konfrontation der evangelischen und katholischen Kirche mit dem „Gesetz zur Verhütung erbkranken Nachwuchses" und der „Euthanasie"-Aktion (AGK.E 12), Halle/S.-Göttingen 1978, Göttingen ³1984; Hermann Rückleben, Deportation und Tötung von Geisteskranken aus den badischen Anstalten der Inneren Mission Kork und Mosbach (VVKGB 33), Karlsruhe 1981; Jochen-Christoph Kaiser, Innere Mission und Rassenhygiene. Zur Diskussion im Central-Ausschuß für Innere Mission 1930–1938, in: Lippische Mitteilungen

zerrte Darstellung revidiert worden, indem der Umfang und die Mechanismen von Eugenik, Zwangssterilisation und „Euthanasie" genau beschrieben und auch die Mentalitäten erforscht wurden, die schon vor der NS-Zeit in der Inneren Mission die Bereitschaft zur Mittäterschaft geschaffen und verbreitet haben.[5] Eugenik, Sterilisation und die Minimierung des finanziellen Aufwands für die Betreuung von Menschen mit Beeinträchtigungen waren schon in der Zeit der Weimarer Republik gängige Denkfiguren, auch in den Anstalten der Inneren Mission. Die Rede von ‚Schwachsinnigen', ‚Minderwertigen' u.a. erregte keinen Anstoß.[6]

Die Korrektur des Geschichtsbilds ist demnach im Großen und Ganzen erfolgt. Allerdings bedarf es weiterer Aufarbeitungen. Die Zwangssterilisierten und Ermordeten haben an konkreten Orten in bestimmten Einrichtungen gelebt und waren dort den angesprochenen Mentalitäten und Maßnahmen ausgesetzt. Die Spuren ihres Leidens müssen gesucht und nachgezeichnet werden. Um der einzelnen Menschen, der konkreten Einrichtungen, der Städte und Kreise willen muss regionalgeschichtlich geforscht und dokumentiert werden. Denn wenn die Erinnerung nicht durch konkrete Schicksale greifbar wird, d.h. keine konkreten Schicksale Vorstellung und Gedächtnis speisen, verblasst sie schnell, und es kann nicht der Leidenden gedacht, ihr Andenken nicht gepflegt werden.

Leidensgeschichten in Hephata, Boppard und Sinsheim sind daher die Themen dieses Buches. Im Mittelpunkt stehen jeweils die konkreten Ereignisse der Zwangsmaßnahmen an den dort lebenden bzw. von dort abtransportierten

---

aus Geschichte und Landeskunde 55. 1986, 197-217, auch in: Ders., Evangelische Kirche und sozialer Staat. Diakonie im 19. und 20. Jahrhundert, hg. von Volker Herrmann, Stuttgart 2008, 138-154.

[5] Vgl. z.B. Christine-Ruth Müller/Hans-Ludwig Siemen, Warum sie sterben mußten. Leidensweg und Vernichtung von Behinderten aus den Neuendettelsauer Pflegeanstalten im „Dritten Reich" (EKGB 66), Neustadt a.d. Aisch 1991; Uwe Kaminsky, Zwangssterilisation und „Euthanasie" im Rheinland. Evangelische Erziehungsanstalten sowie Heil- und Pflegeanstalten 1933–1945 (SVRKG 116), Köln 1995; Harald Jenner/Joachim Klieme (Hg.), Nationalsozialistische Euthanasieverbrechen und Einrichtungen der Inneren Mission. Eine Übersicht, i.A. des Verbandes Evangelischer Einrichtungen für Menschen mit Geistiger und Seelischer Behinderung e.V. (VEEMB), Reutlingen/Stuttgart 1997; Martin Kalusche, „Das Schloß an der Grenze". Kooperation und Konfrontation mit dem Nationalsozialismus in der Heil- und Pflegeanstalt für Schwachsinnige und Epileptische Stetten im Remstal (Diakoniewissenschaftliche Studien 10), Heidelberg 1997; Hans-Werner Scheuing, „als Menschenleben gegen Sachwerte gewogen wurden". Die Geschichte der Erziehungs- und Pflegeanstalt für Geistesschwache Mosbach/Schwarzacher Hof und ihrer Bewohner 1933–1945 (VVKGB 54), Heidelberg 1997, ²2004.

[6] Vgl. insgesamt auch Hans-Walter Schmuhl, Rassenhygiene, Nationalsozialismus, Euthanasie. Von der Verhütung zur Vernichtung ‚lebensunwerten Lebens' 1890–1945 (KSGW 75), Göttingen 1987, ²1992; Jochen-Christoph Kaiser/Kurt Nowak/Michael Schwartz (Hg.), Eugenik, Sterilisation, „Euthanasie". Politische Biologie in Deutschland 1895–1945. Eine Dokumentation, Berlin 1992.

Menschen. Sie sind in den Kontext der Voraussetzungen vor Ort, d.h. die Situation in der Einrichtung, der handelnden Personen und des öffentlichen Umfelds gestellt. – Bei *Hephata Hessisches Diakoniezentrum* und der *Stiftung Bethesda-St. Martin Boppard* handelt es sich um diakonische Einrichtungen. Die beiden Autoren, Peter Göbel-Braun und Ralf Schulze, haben sich bereits in den 1980er Jahren mit der Thematik beschäftigt, und auch heute ist ihnen das Thema noch wichtig in ihrer diakonischen Arbeit. Bei Sinsheim handelt es sich um das *Pflegeheim des Landkreises*, also um eine staatliche Einrichtung. Für Kirche und Diakonie ist sie dennoch hoch relevant, weil die Abtransporte in ganz Sinsheim bekannt waren, ohne dass von der evangelischen Gemeinde – im Unterschied zur katholischen – irgendeine Aktivität eingeleitet wurde, die nachweisbar wären. Die Verfasserin Dorothee Scheel hat diesen bemerkenswerten Umstand zum Anlass genommen, das äußerst zurückhaltende Verhalten der Kirchenleitung zu den Abtransporten aus den diakonischen Einrichtungen im Bereich der badischen Landeskirche im Vergleich mit dem deutlicheren Widerstand einzelner kirchlicher Persönlichkeiten (z.B. der Bischöfe Wurm und Graf von Galen sowie von Pfarrer Braune) kritisch zu beleuchten und in den politischen Gesamtzusammenhang zu stellen. Sowohl Peter Göbel-Braun als auch Ralf Schulze weisen ebenfalls auf den politischen Kontext hin, arbeiten ihrerseits aber genauer die Verbreitung des eugenischen und rassenhygienischen Gedankenguts in Kirche und Diakonie heraus, die der Durchführung des „Euthanasie"-Programms den Weg bereitet und den aufs Ganze gesehen schwachen Widerstand mit verschuldet hat.

Geschichtliche Forschung bleibt wirkungslos und wird überflüssig, wenn sie nicht in Bildungsprozesse einmündet. Dietmar Coors, der sich selbst als Pfarrer in Sinsheim tatkräftig für die Erforschung der örtlichen „Euthanasie"-Geschichte eingesetzt hat, hat daher unter dem Titel „Gegen das Vergessen" die Darstellung eines diesbezüglichen Schulprojekts der Kraichgau-Realschule in Sinsheim beigesteuert. Sein unmittelbares Ziel, in dessen Zusammenhang das Schulprojekt steht, ist die Etablierung einer Erinnerungs- und Gedächtniskultur vor Ort, in der geschichtliche Erfahrungen nicht vereinnahmt werden und zur Legitimation gegenwärtigen Handelns dienen müssen und auch nicht mit dem „Schlussstrichargument" neutralisiert werden, sondern als „heiße Erinnerungen" (Jan Assmann) zu alternativer Praxis ermutigen sollen.

Am Ende steht der Dank: Neben der Autorin und den Autoren seien hier Cornelia Kaufmann, die den Band redaktionell bearbeitet hat, und Sabine Mayer, die Korrektur gelesen hat, genannt. Volker Herrmann hat die Druckvorlage erstellt. Der Band wurde möglich durch die Druckkostenzuschüsse der *Stiftung Bethesda-St. Martin*, hier sei namentlich Pfarrer Rolf Stahl als Vorsitzender des Stiftungsvorstandes genannt, sowie der *GRN Gesundheitszentren Rhein-Neckar gGmbH*, hier sei namentlich Hans-J. Hellmann vom Geschäftsbereich Pflegeeinrichtungen genannt. Allen sei herzlich für Ihre Unterstützung gedankt!

Peter Göbel-Braun

„Den Opfern einen Namen geben ..."
Bedrohungen von Menschen in Hephata/Treysa
während der Nazi-Herrschaft 1933–1945[1]

Die Opfer sollen im Mittelpunkt unseres Erinnerns stehen. Das Aufspüren und Nachzeichnen der Wege, die damals Menschen in unsägliches Leid geführt haben, ist notvoll und notwendig zugleich. Vermutlich fielen der nationalsozialistischen Krankenmord-Aktion T 4 ungefähr 275.000 Menschen zum Opfer. In diese Addition der so vielen Einzelschicksale einbezogen sind die Toten aus den Altenheimen, die wegen Altersverwirrung vergasten Menschen, die unbotmäßigen, schwer erziehbaren Jugendlichen, die aus den Strafanstalten geholt und vergast wurden, die krank gewordenen Zwangsarbeiterinnen und -arbeiter aus dem Osten, auch schwer verwundete deutsche Soldaten, die von der Gekrat heim ins Reich gebracht wurden.

Am 9. Februar 1985 schrieb Pfarrer Dr. Martin Stöhr, damals Direktor der Evangelischen Akademie Arnoldshain, in der „Frankfurter Rundschau": „Die Opfer von damals behalten ihre Würde. Wir behalten die unsere aber nur dann, wenn wir uns nicht an der Entwürdigung der Opfer durch Gedankenlosigkeit

---

[1] Der vorliegende Beitrag geht zurück auf einen Vortrag im „Dienstags-Bistro" am 9. November 2004 und war vorbereitet für eine vielschichtige Zuhörerschaft: Bewohner/innen unserer Einrichtungen, Mitarbeiter/innen, Lehrende und Studierende unserer Ausbildungsstätten. Ursprünglich waren nur Teile schriftlich fixiert, andere nur stichwortartig angedeutet und mit Folien unterlegt dargestellt, um flexibel auf die Zuhörenden eingehen zu können. Etliche Teile sind also „nachbereitet" mit dem Bemühen, den Vortragsstil nicht ganz zu verlieren. Wissenschaftlichen Anforderungen im engeren Sinne wird dieser Beitrag nicht gerecht; ich habe mich auf wenige Belege beschränkt. Die Quellen erschließen sich aus Querverweisen bzw. sind den im Hephata-Archiv vorhandenen Akten entnommen und dann nicht gesondert gekennzeichnet. Um zunächst die Hör-, dann die Lesbarkeit des Textes nicht allzu sehr zu belasten, habe ich bei Zitaten aus Vermerken von D. Friedrich Happich nicht gesondert dessen Gepflogenheit bearbeitet, von sich selbst oft in der dritten Person zu schreiben. Auch gab es keine wesentlich neuen Erkenntnisse zu berichten; der Zugewinn besteht eher in der Tatsache, dass verschiedene Formen des Erinnerns an die Opfer, an die Verbrechen, die ihnen angetan wurden und an die Arten der vernachlässigten oder spät angegangenen Trauerarbeit wach gehalten werden. Es ist gut zu wissen, dass dem Vergessen im Jahreskreis (Gedenkgottesdienste) und lokal (Straßennamen, Gedenk- und Mahnzeichen) Einhalt geboten ist. – Es ist dringend nötig, diesen Teil unserer Unternehmensgeschichte wachzuhalten und dauerhaft noch genauer aufzuarbeiten, um unter immer wieder neuen aktuellen Konstellationen aus schmerzlicher und produktiver Erinnerung Hinweise für die Entscheidung aktueller Herausforderungen zu finden.

und Vergesslichkeit beteiligen. Wir haben genau zu fragen, was damals geschah und warum es geschehen konnte."

Ich habe das Thema „Bedrohungen von Menschen in Hephata während der Nazi-Herrschaft 1933–1945" weit gespannt, um zumindest zwischen den Zeilen Gelegenheit zu finden, auf ganz alltägliche Bedrohungen aus damals üblichen „Lebensrisiken" hinzuweisen, aber auch auf Belastungen eingehen zu können, die eben auch Teile der Mitarbeiterschaft betrafen. Schon das normale Leben war damals im Vergleich zu heute kein Zuckerschlecken.

Zumuten muss ich uns der historischen Klarheit halber aber auch eine Sprache, die gezielt borniert und verachtend, naiv oder gar wohl meinend Menschen in einer Weise bezeichnet, wie wir es heute ablehnen.

T 4-Aktion und die Endlösung der Judenfrage als Ziele Hitlers
Wir wissen heute, dass die Zwangssterilisierungen kranker und behinderter Menschen und später deren massenhafte Ermordungen der begrifflichen, technologischen, bürokratischen und administrativen Erprobung der „Endlösung der Judenfrage" nur wenige Jahre später in den Vernichtungslagern des Ostens dienten. Es wurde gleichsam ein Testprogramm durchgezogen, um z.B. die Reaktionen der Öffentlichkeit, der Kirchen, des bürokratischen, pflegerischen und technischen Personals sowie der Träger von Einrichtungen zu beobachten. Es war leider ermutigend.

Während der Nazi-Herrschaft gab es mehrere Behinderten- und Krankenmordaktionen. Sie hingen miteinander zusammen, wiesen jedoch jeweils durchaus eigene Motive und Strukturen auf, die bis in den Holocaust einmündeten: Logistisch-apparativ, aber auch mit personeller Kontinuität.

Diesem war eine jahrelange gezielte Öffentlichkeitsarbeit mit einer entsprechenden Sprachgewöhnung („lebensunwert, erbbiologisch wertlos, Ballastexistenzen" etc.) vorausgegangen ebenso wie eine Gewöhnung im Rechtsgefühl.

Wie sehr dies gelungen war, zeigt das Beispiel der staatlichen Anstalt Kaufbeuren. Hier wurden noch im Juli 1945, nach 33 Tagen Besetzung der Stadt durch die Amerikaner, von Ärzten der Anstalt weiterhin ausgehungerte Patienten durch Spritzen umgebracht. So war man das gewöhnt.

Vieles von dem, was wir im Blick auf Hephata in dieser Zeit erinnernd betrachten, sehen, empfinden, betrauern wir vor dem Hintergrund dieser Erkenntnisse. Rein formal abgegrenzt müssen wir jedoch festhalten, dass die 388 Menschen, die aus Hephata zwischen Mitte 1937 und Anfang 1939 in staatliche Einrichtungen verlegt wurden, eben (noch) nicht in einer direkten Kette (zum Beispiel) Hephata – Merxhausen – Weilmünster – Hadamar gleichsam direkt in den Tod verlegt wurden. Und es gingen aus ganz unterschiedlichen Gründen auch nicht alle von ihnen diesen grausamen Weg. Für viele Betroffene ist aber auch diese Aussage selbstverständlich nur eine Teil-Wahrheit. Schließlich gibt es gar nichts zu beschönigen. Im Nachhinein müssen wir schlichtweg feststellen, dass Hephata früh in eine fatale Systematik der Vernichtung eingegliedert war.

Wie konnte so etwas geschehen? – oder: „Der schreckliche Traum vom vollkommenen Menschen" (Kappeler)
Die Erklärungsansätze kombinieren in der Regel mehrere Ursachen. Neben ökonomischen drängen sich in kirchlich-diakonischen Kreisen insbesondere ideengeschichtliche Plausibilitäten auf.

Schließlich mussten die Nationalsozialisten kein einziges Krankenmord-Motiv neu erfinden. Der Freigabe der Vernichtung „unwerten Lebens" war medizinisch, philosophisch, soziologisch, gar theologisch deutlich erkennbar seit der zweiten Hälfte des 19. Jahrhunderts vorgearbeitet worden und zwar quer durch die politischen Lager.[2]

Bereits im kaiserlichen Deutschland wurde über Volksgesundheit und Rassenhygiene in einer Weise diskutiert, die die Beseitigung unwerten Lebens nicht mehr grundsätzlich ausschloss. Die Debatte wurde in der Weimarer Republik weiter geführt. Hitler lässt dann sehr zügig nach seiner Machtergreifung ihm dienliche Theoreme in Gesetzesformen gießen. In der Forschung hat man das später „eugenische Eskalation" genannt.

Auch in Hephata stand man solchem Denken, nicht zuletzt wegen der wissenschaftlichen Ambitionen seiner Ärzte und deren Verbindungen nach München (Prof. Rüdin), Marburg (Prof. Kretschmer, Prof. Enke) und Bethel (Prof. Villinger), recht nahe. Ein christlich-völkisches Gedankengemisch wurde zum festen Bestandteil diakonischer Identität – nicht überall, aber allzu oft.

Eugenik, Zwangssterilisation und „Euthanasie": Gedankliche Vorbereitungen zum praktischen Vollzug
Begriffe wie „Eugenik" und noch mehr „Euthanasie" sind durch die Ideologie und die Verbrechen des Nationalsozialismus als schönfärberische Worthülsen („Gnadentod") für systematischen massenhaften Mord so sehr belastet, dass sie im Ursprungssinn kaum noch nutzbar sind.[3] Das Ziel sollte sein, „die Erbsubstanz des deutschen Volkes" gesund zu erhalten, indem die krankmachenden „Elemente" ausgemerzt werden. Die Eugenik befasst sich eigentlich mit der Gesundheit künftiger Generationen. Sie konzentrierte sich aber im Nationalsozialismus auf die „Ausmerze" von Menschen mit „minderwertigen Erbanlagen" in der ganzen grausamen Bandbreite von der Beratung bis zur Tötung.

Was sich im Dritten Reich als Eugenik und Euthanasie in Theorie und fürchterlicher Praxis austobte, ist ein Gemisch aus damals moderner Naturwissenschaft, ökonomischen Überlegungen, uralten Wünschen und Ängsten der Menschen und einem pervertierten, arroganten Selbstbild der handelnden Personen, die Maß und Humanität verloren hatten.

---

[2] Manfred Kappeler, Der schreckliche Traum vom vollkommenen Menschen: Rassehygiene und Eugenik in der Sozialen Arbeit, Marburg 2000.
[3] Gerhard Schmerbach, „Welche Stellung nimmst du nun zwischen den Fronten ein?" Friedrich Happich (1883–1951). Leben und Erleben zwischen Wilhelm II. und Adenauer, Schwalmstadt 2001, 225ff.

Wenn es gelänge, Krankes und Schwaches einzudämmen, indem man dessen Fortpflanzung verhindert, wenn es gelänge, so glaubte man, Starkes und Nützliches bewusst zu züchten, dann müsste am Ende eine gesündere und leistungsfähigere Menschheit stehen. Wenn es gelänge, schädliche „Elemente", wie Kriminelle, Asoziale, Homosexuelle, Triebtäter, Alkoholiker, körperlich, geistig und seelisch Behinderte an der Weitergabe ihrer „Erbanlagen" zu hindern, dann hätten wir eine „gesündere" und sittlich höherstehende Gesellschaft. Wenn es gelänge, die körperlich und geistig „höher Stehenden" zu mehr Kindern zu bewegen und die Unterschichten daran zu hindern, viele Kinder in die Welt zu setzen, dann müsste sich das auf die Leistungsfähigkeit und Intelligenz eines Volkes positiv auswirken. Es ist der Wunsch nach einem Leben ohne Krankheiten oder Defekte und ohne Aussterben, bezogen auf die eigene Person, die eigene Rasse, das eigene Volk und die eigene Gesellschaftsschicht. Dem korrespondiert die Angst, von minderwertigen, kranken, psychopathischen, belastenden und fremden „Elementen" überrollt, ja durchseucht zu werden.

Nicht zufällig stießen der Jurist Karl Binding und der Mediziner Alfred Hoche 1920 mit ihrer Schrift „Die Freigabe der Vernichtung lebensunwerten Lebens. Ihr Maß und ihre Formen" auf ein großes Echo. Nach dem 1918 verlorenen Krieg, mitten in wirtschaftlicher Not und beginnender Inflation spukten in vielen Köpfen so bedrohliche Gedanken herum wie: Die Besten sind auf den Schlachtfeldern des Krieges gefallen, die Schwachen breiten sich epidemisch wuchernd aus! Können wir uns soviel „unwertes Leben" leisten? Was könnte man mit dem Geld alles machen?

Eugenik wird zu einem Schlagwort jener Jahre. Nicht nur rassistisch Gesinnte und völkisch-national geprägte Kreise, sondern auch alle in der Volkswohlfahrt Engagierten meinen, ihren Beitrag leisten zu müssen: Sozialistische Theoretiker und die Arbeiterbewegung sind ebenso dabei wie Christen in Diakonie und Caritas.

So braucht der Nationalsozialismus dem eugenischen Denken in Deutschland keine neue Idee hinzuzufügen. Es war alles schon da. Das Neue war, dass eine „Elite" Eugenik rigoros vollzogen hat. Nicht zufällig ist die SS Hauptträger der Krankentötungen gewesen, wie später auch der KZs. Meist junge, karrierebewusste, wissenschaftlich gut ausgebildete SS-Männer sind die Köpfe, niedere Chargen die Handlanger. Um Menschen dazu zu bringen, zu selektieren und auf oft grausame und zynische Art zu töten, ist überall die gleiche Taktik angewandt worden: Behinderte werden zu lebensunwertem Leben erklärt, „Andersrassige" zu Schädlingen und Ungeziefer im deutschen Volk. So wird im Nationalsozialismus der Vollzug der „Gnadentötung" für die Täter noch zur guten Tat, und die Eugenik war der Wegbereiter hierzu.

Am 6. August 1929 fordert Adolf Hitler in seiner Schlussrede auf dem NSDAP-Reichsparteitag in Nürnberg öffentlich, 700.000 bis 800.000 der Schwächsten zu „beseitigen". Die „Nationalsozialistischen Monatshefte" fordern 1930 kurz und knapp: „Tod dem lebensunwerten Leben".

Die Erste Fachkonferenz für Eugenik (18.-20. Mai 1931) in Hephata

Auch in der Inneren Mission Deutschlands wird in dieser Zeit die „Eugenische Neuorientierung der Wohlfahrtspflege" diskutiert. Auslöser sind die Wirtschaftskrise und die Unfähigkeit des Staates, seine Wohlfahrt noch im alten Umfang zu bezahlen. Der Vorstand des Central-Ausschusses für Innere Mission setzt zur Klärung des Problems eine Fachkonferenz ein. Als Leiter wird Dr. med. Dr. phil. Hans Harmsen gewonnen, der mit Eifer und Überzeugung daran geht, die Entwicklung der Eugenik in der Inneren Mission voranzutreiben. H. Harmsen war ein Schüler und Freund des Professors für Sozialhygiene und Reichstagsabgeordneten der SPD Alfred Grotjahn. Der hatte besonders die sozialen Ursachen von Krankheiten erforscht und war dadurch auch zur Eugenik und zu rassistischen Überlegungen gekommen. Harmsen selbst war „völkisch" orientiert. Nach dem Zweiten Weltkrieg wird er Professor für Hygiene und Sozialhygiene in Hamburg. Bis in die 1980er Jahre veröffentlicht er in Schriftenreihen u.a. der Konrad-Adenauer-Stiftung.

Der Hauptausschuss des Central-Ausschusses lässt „das außerordentlich starke Interesse" an eugenischen Fragen erkennen. In Bethel werden im kleinen Kreis die Grundlagen für eine Arbeitstagung vorbesprochen. Man bittet Happich wegen der günstigen Verkehrslage, die Tagung vom 18. bis 20. Mai 1931 in Hephata aufzunehmen. Im Einladungsschreiben Harmsens werden als Tagesordnungspunkte u.a. genannt:

„Die Notwendigkeit einer eugenischen Orientierung unserer Anstaltsarbeit.
Einleitung der Aussprache über die Vernichtung lebensunwerten Lebens.
Die gegenwärtigen erbbiologischen Grundlagen für die Beurteilung der Unfruchtbarmachung.
Die Unfruchtbarmachung Minderwertiger nach geltendem Recht und die geforderten Abänderungsvorschläge."

Happich referiert zum Thema „Die Überspannung des Anstaltsstandards und die Forderungen zur Vereinfachung und Verbilligung der fürsorgerischen Maßnahmen für Minderwertige und Asoziale".

Es herrscht Sorge über das „rapide Ansteigen der Aufwendungen für sozial Minderwertige" auf der einen Seite und die „wirtschaftliche Verelendung der gesunden Teile der Bevölkerung" auf der anderen Seite. Um dem Unternehmen noch mehr Dringlichkeit zu verleihen, wird darauf verwiesen, dass man sich „auf katholischer Seite bereits seit Jahrzehnten sehr eingehend mit den eugenischen Fragen beschäftigt."

Der Verlauf der Konferenz ist ein trauriges Beispiel dafür, wie schnell in der Diakonie der Nächste als der eigentliche Bezugspunkt aus dem Blick gerät und hinter Sach- und Denkzwängen der jeweiligen Zeit verschwindet. Überlegungen darüber, was dies für die betroffenen Menschen bedeutet, geraten in den Hintergrund. Die Frage, wem die erste Solidarität gilt, dem Einzelnen oder dem Deutschen Volk, ist für die Konferenzteilnehmer entschieden. Die Sorge um die Gesundheit des Volksganzen tritt vor die Fürsorge um den Einzelnen: „Träger erblicher Anlagen, die Ursache sozialer Minderwertigkeit und Fürsorgebedürftigkeit sind, sollten tunlichst von der Fortpflanzung ausgeschlossen werden".[4]

Die Wissenschaft ist das dominierende Element in der Fachkonferenz. Neben Harmsen saß der Cheferbforscher des Kaiser-Wilhelm-Institutes für Anthropologie in Berlin-Dahlem, Dr. v. Verschuer, mit in der Runde der Ärzte und Leiter diakonischer Einrichtungen. Die wesentlichen Thesen seines Vortrages lauten: Aus der Vererbungsforschung „liegt so großes Material" vor, dass grundlegende Fragen der Sterilisierung beantwortet sind. „Für viele Krankheiten ist mit großer Sicherheit die Erblichkeit festgestellt und damit sind die Unterlagen gewonnen, in den Werdeprozess einzugreifen ... Ich glaube, dass das Kriterium für die Berechtigung des Eingriffs in die Natur gegeben ist durch die Sicherheit unseres Wissens" über die Vererbung und „dass der eine heilende Folge hat."

V. Verschuer denkt an Schwachsinn, Schizophrenie, manisch-depressives Irresein, Epilepsie, Kretinismus, Diabetes, Basedow, Zwergwuchs, erbliche Blindheit und Taubstummheit. Auch bei Psychopathologie, er nennt ausdrücklich Asoziale, Haltlose, Trinker, Süchtige, nimmt er als „häufigste Ursache" erbliche Veranlagung an: „Hier wird Sterilisierung angesagt sein". In einem Aufsatz in der Zeitschrift „Die Innere Mission im evangelischen Deutschland" schreibt auch Happich im Juli 1920 über die Not unserer Psychopathen in einer außerordentlich aggressiven Weise.[5]

Die Beiträge der Vertreter Hephatas in den Beratungen der Fachkonferenz sind eindeutig. Dr. Wittneben: „Es wird angezweifelt, dass bei unseren Zöglingen 60 % Belastung [erblicher Art] besteht. Ich habe seit 21 Jahren Statistiken geführt und habe mit fotografischer Treue etwa 60 % Belastung in jedem Jahr neu herausbekommen".

Auch hier ersetzt die Statistik die medizinische Diagnostik, die mangels überprüfbarer Kriterien damals weitgehend im Dunkeln tappt. Wittneben tritt deshalb „unbedingt" dafür ein, „dass mit allen erforderlichen Einschränkungen man dieser Frage [der Sterilisierung] durchaus wohlwollend gegenüber steht." Immerhin tut er hier indirekt kund, dass und wie lange er bereits in Hephata eugenisch geforscht hat.

Die Konferenz votierte gegen Euthanasie, auch gegen den erzwungenen Schwangerschaftsabbruch aus eugenischen Gründen, gegen die erzwungene Sterilisation, wohl aber für die freiwillige Sterilisation.

Der nationalsozialistische Gesetzgeber ignorierte wenig später jedoch solche Differenzierungen und bezog sogar noch die Körperbehinderten mit in die Maßnahmen ein, die sämtlich Zwangscharakter hatten.

---

[4] Ernst Klee, „Euthanasie" im NS-Staat. Die „Vernichtung lebensunwerten Lebens", Frankfurt 1985, 93.

[5] Friedrich Happich, Die Not unserer Psychopathen, in: Die Innere Mission im evangelischen Deutschland 15. 1920, 81ff.

Als die Innere Mission dies durchschaute, versuchte man dagegen zu arbeiten, vor allem gegen die erzwungenen Schwangerschaftsabbrüche auf Grund eugenischer Indikation. Man musste nämlich erschüttert feststellen, dass die gleiche Begründung, „die inzwischen zur Unterbrechung der Schwangerschaft ausreiche, ... die Tötung des bereits geborenen, auch des erwachsenen und zeugungsfähig gewordenen Erbkranken rechtfertigen" würde.

Das bedeutete nichts anderes, als dass man gedanklich diesen rechtlichen Dammbruch bereits mit vollzogen hatte und mit diesem Einspruch demonstrierte, dass man grundsätzlich Bescheid wusste über das, was nun weiter geschah.

Die hier in Rede stehenden Sterilisationen orientierten sich nicht am Wohl der Betroffenen, sondern an nicht geklärten „übergeordneten" Größen. Bereits Jahre vor der NS-Machtübernahme ist bei den führenden Köpfen in der Inneren Mission und anderswo alles vorbereitet, was nach 1933 ohne viel Widerstand umgehend in die Tat umgesetzt werden konnte.

„Wir danken Gott, dass er uns den starken Führer schenkte." – Hephata und das „Dritte Reich"

Am 30. Januar 1933 wird Hitler Reichskanzler; die Naziherrschaft wird am 24. März 1933 durch das „Ermächtigungsgesetz" abgesichert, die Verfolgungen verschärfen sich. Kurz zuvor, am 20. März 1933, tagte in Berlin die Geschäftsführerkonferenz der Inneren Mission, an der auch Happich teilnahm. „Die Frage einer Verhütung der ungehemmten Vermehrung asozialer Elemente" wird als besonders brennend behandelt. Nur die Pastoren Braune und Ohl sind gegen die Sterilisierung „Asozialer" und „Geistesschwacher" und bezeichnen sie mitnichten als Akt der Nächstenliebe, sondern als pädagogische Bankrotterklärung.

Happich ist bewegt von der Hoffnung auf einen neuen Aufbruch. In seinem Bericht vor dem Verwaltungsrat am 12. Mai 1933 begrüßt er ausdrücklich, dass „die heißersehnte Abwendung von einem zersetzenden, zur aufbauenden Arbeit unfähigen Parlamentarismus hin zur starken, nationalen Staatsführung" stattgefunden habe. Eine gesetzlich geregelte Euthanasie hält er für ausgeschlossen; mit einem Sterilisierungsgesetz rechnet er fest. Der Diakonenschaft erklärt Happich am 15. Juni 1933, die Anstalt stehe „aus innerster Überzeugung" zum Führer. „Wie haben wir uns alle danach gesehnt, dass wieder Ordnung und Disziplin einkehre und alle sich in Reih und Glied der Führung unterordneten."

Der Festgemeinde berichtete er zum Jahresfest am 2. Juli 1933: „Die Geschichte unserer Anstalt ist ein Musterbeispiel dafür, was jetzt das gesamte deutsche Volk erlebt, daß die verantwortungsbewußte Leitung eines einzigen gottbegnadeten und genialen Führers das Entscheidende ist ... Wir danken Gott, daß er uns den starken Führer schenkte und stehen in seiner Gefolgschaft zum Neuaufbau des deutschen Volkes."

Am 14. Juli 1933 wird das „Gesetz zur Verhütung erbkranken Nachwuchses" verabschiedet; zum 1. Januar 1934 soll es in Kraft treten. In derselben Kabinettssitzung wird auch das „Gesetz gegen gefährliche Gewohnheitsverbrecher und über Maßregeln der Sicherung und Besserung" beschlossen. Man betont hierbei einen engen Zusammenhang mit dem Sterilisierungsgesetz, da man keinen Zweifel lassen wolle, dass der Volkskörper von Erbkrankheiten, Missbildungen und Verbrecheranlagen gleichermaßen und unterschiedslos zu reinigen ist.

Weitere „eugenische" Gesetze kamen hinzu bis zum „Gesetz zum Schutz des deutschen Blutes und der deutschen Ehre" vom 15. September 1935 mit dem Verbot der Eheschließung zwischen Juden und staatsangehörigen Deutschen oder Angehörigen artverwandten Blutes.

Die Tendenz der Gesetze ist unverkennbar: Die Entwicklung bewegt sich von sogenannten erbhygienischen zu sogenannten rassehygienischen Tatbeständen, bis beide Elemente ununterscheidbar werden. Entsprechend lässt sich die Linie von den Zwangssterilisierungen über die Krankenmorde bis zur Vernichtung des europäischen Judentums ausziehen. Und in der Systematik dieser Gesetzesentwicklung war menschliches Leben immer mehr seiner unhinterfragbaren Würde entledigt und zunehmend der sozialhygienischen Qualitätskontrolle und -zuweisung bedürftig geworden.

Am 3. September 1933 hält Happich die Eröffnungsrede zur Jahrestagung des Landesvereins für Innere Mission und der Kurhessischen Frauenhilfe in Hersfeld und stellt erleichtert fest:

„Bei allen Jahresfesten und Jahrestagungen der vergangenen Jahre lag ein stetig steigender Druck auf unserer Seele. Wir sahen den Abgrund in unheimlicher Nähe ... Da kam in letzter Stunde die Rettung. Mit heißem Dank schauen wir empor zu Gott, der das Wunder vollbrachte, der den genialen Führer uns schenkte ... Möchte Gott ihn uns erhalten und ihn das vollenden lassen, wozu er ihn unserem geliebten deutschen Volk gesandt hat."

Welcher Widerstand wird aus einem solchen Geist gegen die weiteren Maßnahmen der Nationalsozialisten erwachsen?

Zwangssterilisierungen – Dienste am deutschen Volk in Hephata

In Hephata wird aus Überzeugung sterilisiert. Vorbereitet ist man bis in die Details der gutachterlichen Formulierungen hinein. So schreibt Dr. Wittneben bereits am 27. September 1933:

„Ärztliche gutachterliche Aeußerung ... Sie leidet an angeborenem Schwachsinn leichteren bis mittleren Grades ... Sie ist nicht imstande, sich ihren Lebensunterhalt zu erwerben. Ausserdem neigt sie sehr zum Intrigieren, zu Hinterhältigkeit, sucht sehr häufig Liebesverhältnisse anzuknüpfen. In der Außenwelt würde dies sehr bald zu Schwangerschaften führen ...".

Am 14. Mai 1934 beantragt der Vorstand Hephatas beim Regierungspräsidenten in Kassel die Genehmigung zur Sterilisierung eigener Pfleglinge mit folgender Begründung:

„In den Pflegeabteilungen der Anstalten Hephata sind zahlreiche Pfleglinge, die unfruchtbar gemacht werden müssen. Die ersten Beschlüsse des Erbgesundheits-Gerichtes ... liegen jetzt vor. Wenn diese Pfleglinge zur Durchführung des Beschlusses in andere Krankenhäuser überführt werden müssen, so entstehen dadurch nicht nur erhebliche Mehrkosten (Transport usw.), sondern auch grosse Schwierigkeiten, da ein wesentlicher Teil der Pfleglinge der Anstalten Hephata sich auch nur zur vorübergehenden Unterbringung in einer der Universitäts-Kliniken in Marburg oder dem Landeskrankenhaus oder dem Krankenhaus des Diakonissenhauses in Kassel nicht eignet ... Wir bitten dringend, ... das Krankenhaus der Anstalten Hephata zur Ausführung der zur Unfruchtbarmachung notwendigen chirurgischen Eingriffe zuzulassen. Da die ersten chirurgischen Eingriffe zur Unfruchtbarmachung von Pfleglingen der Anstalten Hephata innerhalb der nächsten 14 Tage durchgeführt werden müssen, bitten wir um eine möglichst baldige Entscheidung."

Im Reich gab es Probleme bei der Durchführung des Sterilisationsgesetzes, wie aus einem Runderlass des Innenministers vom 1. Juni 1934 hervorgeht:

„Weigert sich ein in die Krankenanstalt aufgenommener Unfruchtbarzumachender nachträglich, den Eingriff an sich vornehmen zu lassen, so ist dies nur von Bedeutung, wenn er den Antrag allein gestellt hat. Der Anstaltsleiter und der für den Eingriff bestimmte Arzt sollen dann versuchen, den Widerspruch durch gütliches Zureden zu beseitigen. Gelingt dies nicht, so ist der Amtsarzt unverzüglich zu benachrichtigen, damit er von sich aus den Antrag auf Unfruchtbarmachung stellen kann ...".[6]

Am 25. Juni 1934 trifft in Hephata die Zulassung zur Unfruchtbarmachung von Pfleglingen ein. Im Zusammenhang mit den Sterilisationen kam es in Hephata zu solch peinlicher Unruhe, dass sich Happich am 3. September 1934 zu folgendem Rundschreiben an die Mitarbeiterschaft genötigt sah:

„Sehr wichtig!
Das Gesetz zur Verhütung erbkranken Nachwuchses, ... das am 1. Januar d.J. in Kraft getreten ist, findet natürlich auch seine Anwendung auf Pfleglinge oder Zöglinge, die wir in Hephata haben.
Mit allem Nachdruck muß ich es verbieten, dass ein Mitarbeiter oder eine Mitarbeiterin, die von dem Antrag der Durchführung der Sterilisation eines Zöglings oder Pfleglings erfahren, oder gar dienstlich damit zu tun haben, ein Wort darüber weiter sagen. Für manchen Pfleglig oder Zögling bedeutet begreiflicherweise der Eingriff an und für sich schon eine schwere seelische Erschütterung. Diese wird ganz erheblich vergrössert und für manchen zu einer kaum tragbaren Qual, wenn er merkt, dass über ihn geredet wird ...
Es ist meine Pflicht, aber auch darauf noch hinzuweisen, daß das ‚Gesetz zur Verhütung erbkranken Nachwuchses' den mit schwerer Strafe bedroht, der unbefugt über solche Dinge redet. In § 15 des Gesetzes steht u.a.:
‚Wer der Schweigepflicht unbefugt zuwiderhandelt wird mit Gefängnis bis zu einem Jahre oder mit Geldstrafe bestraft'. Dieser Paragraph steht nicht nur auf dem Papier. Wenn uns nicht Liebe und Verantwortung, die wir den uns Anbefohlenen schulden, zum unbedingten Schweigen veranlassen, so muß schon Rücksicht auf uns selbst und die gesamte Anstalt uns dazu zwingen.
Ich bitte, alle Ihre Mitarbeiter (oder Mitarbeiterinnen) von diesem Schreiben in geeigneter Form Kenntnis zu geben und sie dringend zu warnen, ein Wort darüber weiter zu sagen,

---

[6] Peter Göbel/Helmut E. Thormann, Verlegt – vernichtet – vergessen ...? Leidenswege von Menschen aus Hephata im Dritten Reich. Eine Dokumentation, Schwalmstadt 1985, 18/60.

wenn sie dienstlich oder zufällig davon Kenntnis erhalten, dass einer unserer Schutzbefohlenen sterilisiert werden soll oder sterilisiert worden ist."

Zwei Wochen später beantragt der Vorstand Hephatas beim Regierungspräsidenten, das hiesige Krankenhaus allgemein zur Ausführung angeordneter Unfruchtbarmachungen zuzulassen, da man jetzt in Schwierigkeiten kommt

„mit Erbkranken, die sterilisiert werden sollen und nicht Pfleglinge unserer Anstalt sind. ... Das wird von Bewohnern des Kreises Ziegenhain nicht verstanden und ruft Mißstimmung gegen unsere Anstalten hervor ... Es (wird) für böser Wille von uns angesehen, wenn in unserem Krankenhaus keine angeordneten Sterilisationen ... durchgeführt werden... Wir bitten daher, das öffentliche Krankenhaus der Anstalten Hephata allgemein zur Ausführung der angeordneten Unfruchtbarmachung zuzulassen und die Genehmigung nicht nur auf Pfleglinge Hephatas zu beschränken ...".

Anscheinend ging man in Hephata allzu forsch ans Werk. Mit Schreiben vom 28. September 1934 an Dr. Wittneben moniert das Erbgesundheitsgericht Kassel:

„In beiden Fällen kommt noch dazu, dass Sie gültige Anträge auf Unfruchtbarmachung gar nicht gestellt hatten, sondern bei A. die Unfruchtbarmachung beantragten wegen Entwicklungshemmung und bei B. wegen exogener Verwahrlosung und leichter Psychopathie."[7]

Am 20. Januar 1935 erhält Hephata die allgemeine Zulassung zur Unfruchtbarmachung, allerdings nicht ohne eine weitere einschlägige Ermahnung:

„Gleichzeitig weist der Herr Minister darauf hin, dass Dr. S. nicht berechtigt war, ohne weiteres die Unfruchtbarmachung der Christa L. vorzunehmen. Ich ersuche, Dr. S. hiervon in Kenntnis zu setzen und ihm strengste Befolgung aller im Gesetz, in den Durchführungsverordnungen, sowie in den einschlägigen Ministerialerlassen gegebenen Vorschriften zur Pflicht zu machen."

Die ausdrückliche Ermächtigung zur Vornahme „eugenisch gebotener" Schwangerschaftsabbrüche wird am 27. Dezember 1935 erteilt.

Selbstverständlich kam das „Gesetz zur Verhütung erbkranken Nachwuchses" nicht nur bei den Pfleglingen der Anstalten zur Anwendung. Hinsichtlich der Mutterhausschwestern, Ordenspersonen und katholischen Priester fand man folgende Regelung:

„In den Fällen, in denen ein Verfahren auf Unfruchtbarmachung gegen Mutterhausschwestern anhängig wird, (wird) von den beamteten Ärzten zunächst der Mutterhausvorstand hiervon in Kenntnis gesetzt ... Der Mutterhausvorstand werde alsdann entweder die Unterbringung in einer geschlossenen Anstalt veranlassen oder für die freiwillige Asylierung etwa in der Form sorgen, daß die Schwestern in einer geschlossenen Anstalt beschäftigt werden. Vom Präsidenten des Deutschen Caritasverbandes ist für Priester und Ordenspersonen, die ein Keuschheitsgelübde abgelegt haben, ein ähnliches Verfahren gewünscht worden ... Der für die Anstalt zuständige Amtsarzt ist alsdann von der Aufnahme in Kenntnis zu set-

---

[7] A.a.O., 20/60.

zen. Er hat sich davon zu überzeugen, daß die Anstalt für ein Unterbleiben der Fortpflanzung volle Gewähr bietet ...".[8]

Mit dem Jahr 1935 beginnt in entscheidenden nationalsozialistischen Kreisen die Diskussion um den Beginn der ‚Euthanasie'. Im Reich kommt es zu ersten Verlegungen von Behinderten aus kirchlichen in staatliche Einrichtungen.

Am 26. Juni 1935 wird das Sterilisationsgesetz erweitert. Schwangerschaftsunterbrechungen werden aus „rassehygienischen" Gründen legalisiert. Die Auskunftsstelle des Central-Ausschusses für Innere Mission gibt dies im vertraulichen Rundschreiben Nr. 9 vom 1. Juli 1935 unter folgender Maßgabe bekannt:

„Wir haben die Pflicht der unverändert treuen und sorgfältigen Erfüllung aller staatlichen Anordnungen und Gebote. Im Hinblick auf die Verhütung erbkranken Nachwuchses dürften sich unsere Anstalten und Einrichtungen durch gewissenhafte Erfüllung auszeichnen."

Bis zum Sommer 1935 war die Zahl von Todesfällen bei Unfruchtbarmachungen derart gestiegen, dass darüber vertrauliche Meldungen bei den Einrichtungen eingeholt werden. Hierzu haben wir in Hephata keine Hinweise finden können.

Happich ist zu dieser Zeit Mitglied des „Ständigen Ausschusses für Fragen der Rassenhygiene und Rassenpflege des Central-Ausschusses der Inneren Mission". In dieser Eigenschaft nimmt er vom 9. bis 10. September 1935 an einer Arbeitstagung teil, die sich u.a. mit folgenden Themen befasst:

„Bericht über die Entwicklung der Gesetzgebung betreffend erbkranken Nachwuchses
Die Durchführung der Sterilisation in unseren Anstalten
Gesichtspunkte für die Durchführung der Schwangerschaftsunterbrechung in unseren Anstalten".

Vorsitzender dieses Ständigen Ausschusses ist der damalige Chefarzt Bethels, Dr. Werner Villinger.[9] Während dieser Sitzung hat sich Happich zu dort genannten Zahlen über Sterilisierungen, Todesfälle etc. handschriftliche Notizen auf der Rückseite der Einladung gemacht, die auch andernorts belegt sind.[10]

Der Verzicht auf Nachkommenschaft (immerhin wurden rund 300.000 Menschen zwangssterilisiert) wurde den Opfern als Dienst am Volk verkauft. Diese Lesart wurde bis in Seelsorge-Programme hinein theologisch aufbereitet. Den einzelnen sterilisierten Menschen, die für das Volksganze ein derartiges Opfer zu bringen hatten, sollte alle Liebe und seelsorgerliche Zuwendung gelten. Allerdings tat man sich insbesondere nun solchen jungen Frauen gegenüber erzieherisch schwer, denen man bislang das Ideal der deutschen Mutter als erstrebenswertes Lebensziel vorgegeben hatte.[11]

---

[8] A.a.O., 22/60.
[9] Klee, „Euthanasie", 204f.
[10] A.a.O., 86.
[11] Gertrud Wüstenhagen, Seelsorge an Sterilisierten, in: Die Innere Mission 33. 1938, 70ff.

1935 sind bereits 90 Sterilisierungen vorgenommen worden. Happich trägt dies aus Überzeugung mit. Zwei Ärzte Hephatas sind ermächtigt, die Eingriffe vorzunehmen, was ausdrücklich nur linientreuen Medizinern vorbehalten war. Von einer späteren kritischen Einschätzung der Sterilisierungen durch damals Beteiligte ist nichts bekannt. Genaue Zahlen zu Unfruchtbarmachungen, Schwangerschaftsunterbrechungen und damit verbundenen Todesfällen haben wir nicht finden können. Sie lassen sich bestenfalls rekonstruieren durch die hilfsweise Auswertung von Durchschlägen einer erheblichen Anzahl von Bestellzetteln an den Bertelsmann-Verlag in Bielefeld für Berichtsformulare zu solchen Eingriffen. Da man damals solche Formulare sicherlich sehr sparsam verwendete, lässt sich die Zahl der eugenisch bedingten Unfruchtbarmachungen in Hephata allein für die Jahre 1934 bis 1940 mit mehr als ca. 700 angeben, die der Schwangerschaftsunterbrechungen mit ca. 400.

„Euthanasie"-Pläne des NS-Staates, frühe Abtransporte behinderter Menschen aus Hephata, zählebige Heldenlegenden
Erst 1981 begannen wir auf Anstoß von außen intensiv und eine begrenzte Öffentlichkeit ansprechend nachzuforschen und mitzuteilen. Bis dahin lauteten die offiziellen Sprachregelungen: In Bethel sind „außer acht jüdischen Pfleglingen ebenfalls alle Kranken verschont geblieben." Oder Dr. Hans Schimmelpfeng, Direktor Hephatas und Brüderhausvorsteher von 1951 bis 1968: „Die gewaltsame Tötung von angeblich ‚lebensunwertem Leben' ging um wie eine Pestilenz, die im Finstern schleicht, ohne doch die Insassen Hephatas zu erreichen." So entstehen zählebige Legenden, weil die einen, die etwas hätten klären können, nichts gesagt haben in einer Zeit, in der man wieder frei hätte sprechen können. Andere wiederum wollten nichts hören, weil dieses ihr schönes Bild getrübt hätte oder weil sie solche Aufklärung als Nestbeschmutzung empfanden. Auffallend ist, dass man dort, wo etwas gesagt wird, auf jedes Wort achten muss: „In Bethel sind ... alle Kranken verschont geblieben." Richtig ist: Für die Ermordungen hat sich Bethel nicht hergegeben. Die Formulierung will aber zugleich glauben machen: Von Bethel ist kein Kranker zur Tötung abgeholt worden. Und das stimmt so nicht.

Oder: Dr. Wittneben, immerhin ehemaliger Oberstabsarzt des Stahlhelm, soll an seinem 40. Dienstjubiläum (1950) die Wichern-Plakette verliehen bekommen. Happich beantragt sie für ihn beim Central-Ausschuss für Innere Mission (14. Dezember 1949): „Herr Dr. Wittneben hat seines Amtes als lebendiger Christ gewaltet und sich als solcher in den Zeiten des stärksten Drucks bewährt. Tapfer hat er mit uns gegen die Euthanasie angekämpft. Aus den Anstalten Hephata ist während des Krieges kein Pflegling gewaltsam weggeführt worden." Richtig ist: Wittneben war gegen die Tötung „lebensunwerten Lebens" und die Deportation behinderter Menschen aus Hephata. Der Zeitraum „während des Krieges" bezieht sich auf den Beginn der „T 4-Aktion" durch „Führerbefehl" ab Kriegsbeginn 1939, verschleiert aber die Tatsache, dass die Verlegungen behinderter Menschen aus Hephata in staatliche Anstalten schon vorher stattgefunden hatten. So entstanden Heldenlegenden auf der einen und tief sitzendes Misstrauen auf der anderen Seite.

Die Innere Mission vor der „Euthanasie"-Aktion: Ratlos, ungläubig, enttäuscht, wehrlos

Die Krankentötungen des NS-Staates sind das Endziel einer unerbittlich fortschreitenden Logik: Es begann mit der individuellen eugenischen Beratung von Eltern über Erbkrankheiten. Der nächste Schritt war die „Volkshygiene" für ein gesundes und von schädlichen „Ballastexistenzen" befreites starkes, gesundes deutsches Volk. Es endete bei der „Rassenhygiene" mit ihrer Reinhaltung der arischen Rasse von „artfremden Elementen". Für die NS-Eugenik führte ein direkter Weg von der Ermordung kranker, schwacher, behinderter Menschen zu den Vernichtungslagern. Bei der Eugenik-Diskussion war die „Euthanasie" immer schon mit bedacht. Viele Zeitgenossen konnten oder wollten diesen Zusammenhang offenbar nicht sehen. So auch Happich: Sterilisierung ja. Aber Euthanasie, das könne er sich nicht vorstellen.

Hitler-Begeisterung, die Rede vom positiven Christentum und von der Autonomie der Kirche im Nationalsozialismus ließen es vor 1935 als unvorstellbar erscheinen, dass die Diakonie selbst mit der „Euthanasie" konfrontiert würde. Und als die Deportationen aus Hephata vom Landeshauptmann angedroht wurden, fragt man sich enttäuscht und entrüstet, warum ausgerechnet Hephata als erste größere Anstalt im Reich durch Abtransporte in seiner Existenz bedroht werden sollte. Man stand mit Anstalt und Gau sichtbar treu zum Führer, hatte sich bei den Sterilisierungen mustergültig eifrig beteiligt. Happich hatte mit dem Landeskirchenausschuss die Landeskirche im „NS-Gau Kurhessen" befriedet. Er hatte mit Selbstbewusstsein und Mut die Achtung des Gauleiters Weinrich erworben. Er hatte in dem Leiter des Reichspropagandaamtes in Kassel, Gernand, einen Vertrauten. Bei seinen Jahresfesten saßen ganz vorne die, die damals das Sagen hatten. Happich verstand die Welt nicht mehr.

Taktische Intransparenz der Nationalsozialisten

Was für Happich trotz seiner vielen Verbindungen in Kurhessen und im Reich schwer zu durchschauen war, sind die konkurrierenden Machtzentren innerhalb des NS-Staates. Der Herr im „Braunen Haus" in der Wilhelmshöher Allee in Kassel, Staatsrat und Gauleiter Weinrich, hatte für sich und seinen Gau eigene Interessen und ließ sich nicht gerne von außen hineinregieren, etwa von der SS, die sich zunehmend als Elite und Staat im Staate etablierte. Es gab Interessenunterschiede zwischen den „Alpha-Tieren" in Polizei und Gestapo einerseits und der SS andererseits. Neid, Kompetenz- und Einflussgerangel zwischen NSV, NSDAP und der alten Institution des Landeshauptmanns um die Richtlinienkompetenz für die Wohlfahrtspolitik und deren Verwaltung bewirkten ein Übriges.

Ebenfalls schwierig war es, die Logik der Vorgehensweisen gegen diakonische Einrichtungen zu erkennen. Der Ermessensspielraum der regional zuständigen

Stellen war offenbar beträchtlich. Hier ging man rücksichtslos vor, dort geschah gar nichts. Mal hatte Sich-Wehren teilweise Erfolg, mal provozierte Widerstand noch mehr Härte. So war es für Happich, den es mit zuerst betroffen hatte, unmöglich, sich auf Erfahrung beruhenden Rat von anderen zu stützen und breiteren Widerstand zu organisieren. Die Einrichtungen sahen sich auf sich alleine gestellt und einem Gegner gegenüber, der mit unkalkulierbaren Waffen kämpfte.

Zuerst schien es nur um eine heftige Absenkung der Pflegesätze zu gehen. Als nächstes wurde die Einführung des „Führerprinzips" in den Einrichtungen der Freien Wohlfahrtspflege verlangt, dann ging es um die „leeren Plätze", die angeblich in staatlichen Einrichtungen zu belegen waren. Es folgten die Meldebögen, die angeblich die Arbeitsfähigkeit der Heimbewohner feststellen sollten. In Wirklichkeit aber waren es Tötungslisten. Diese Verschleierungen sollten das eigentliche Ziel, die umfangreichen Kranken- und insbesondere die Kindermorde verbergen. Die treibenden Kräfte im Hintergrund, SS und letztlich Hitler selbst, waren sich nämlich nicht sicher, wie die Bevölkerung reagieren würde, wenn die brutale Wahrheit ans Licht käme; schließlich ging es auch um überlebende hirnverletzte Veteranen des Ersten Weltkrieges.

Die Abtransporte

Bis Ende 1935 konnte man in Hephata in Ruhe leben und der Direktor sein Doppelamt in Kassel und Treysa ausüben. Das änderte sich mit dem Jahresbeginn 1936. Der bisherige Landeshauptmann in Kassel (Kurhessen) Rabe v. Pappenheim, war am Jahresende in den Ruhestand gegangen. Er war Mitglied des Verwaltungsrates von Hephata. Am 1. Januar 1936 wird der Landeshauptmann von Wiesbaden (Nassau), SS-Standartenführer Wilhelm Traupel, auch für Kassel zuständig. Er beginnt die Politik Nassaus auch auf Kurhessen zu übertragen. Seine beiden wichtigsten Mitarbeiter, Landesbürodirektor Schneider und Landesverwaltungsrat Bernotat sind ebenfalls höhere SS-Führer. Hephata hat es also jetzt mit der Organisation zu tun, die schließlich mit der Vollendung der NS-Eugenik in der „Aktion Gnadentod" und mit der „Endlösung" beauftragt war. Dadurch ist bereits zwei Jahre früher als anderswo der Wechsel in der NS-Wohlfahrtspolitik in Hessen spürbar: Weg von der Hilfe für die schwachen Glieder der Gesellschaft und hin zur Förderung der Starken und Gesunden. Wie wir heute wissen, hatte Traupel die Aufgabe, in Hessen als dem Musterland zur Lösung der Anstaltsfrage gleichsam einen Probelauf für die „Vernichtung lebensunwerten Lebens" zu starten. Hessen schien deshalb geeignet, weil der Landeshauptmann hier besonders viele Heime in eigener Regie besaß und damit Innere Mission und Caritas unter Druck setzen konnte. Am 10. Oktober 1937 erklärte Traupel dem Präsidenten des Central-Ausschusses der Inneren Mission, Constantin Frick, in einem Gespräch, warum und „wie gerade die Provinz Hessen auf die Frage der Neuregelung des Anstaltswesens und der Anstaltsbelegung gekommen sei". Die Landeshauptleute hätten in einer Konferenz verabredet, „daß jede Provinz irgendeinen für die Landesverwaltung in Betracht kommenden Arbeitszweig in Bearbeitung nehme, um für die Gesamtheit die besten Wege und Methoden zu finden. Seine Provinz habe sich ... das Anstaltswesen herausgesucht und suche nun das Beste, für Volk und Verwaltung Ersprießlichste herauszuarbeiten."[12]

In einem ersten Schritt sollten die Pflegesätze für den Erziehungs- und den Pflegebereich von RM 2,20 auf RM 1,70 gesenkt werden. Man einigt sich nach langen Verhandlungen Mitte 1936 auf RM 1,95 mit der Androhung weiterer Einschränkungen. Diese Senkung bedeutet für Hephata eine jährliche Einbuße von rund RM 45.000.

Auswirkungen auf die Mitarbeiter werden spürbar: Strom und Wasser sind nicht mehr kostenlos. Soziallasten werden auf Arbeitgeber und Arbeitnehmer verteilt.

Als zweiter Schritt wird im Juli 1936 das Aufnahmeheim für schulpflichtige „Zöglinge" aus Kurhessen Hephata genommen und in den kommunalen Karlshof/Wabern verlegt. Das bedeutete eine weitere Einbuße von rund RM 30.000.[13]

Hephata soll zum Erliegen gebracht werden

Am 12. Februar 1937 erfährt Happich in Berlin am Rande einer Konferenz vertraulich, dass man u.a. Hephata als „Anstalt der Inneren Mission in Kürze zum Erliegen bringen wolle." Dieser Beschluss sei Ende 1936 in einer Verhandlung gefasst worden. Eine Woche später erfuhr Happich Einzelheiten: „In Kürze sollten gegen 400 Pfleglinge Hephatas, die der Landeshauptmann überwiesen habe, nach Haina und Merxhausen verlegt werden. Diese Maßnahme werde man mit Sparmaßnahmen aufgrund des Vier-Jahres-Planes nach außen hin rechtfertigen. Happich müsse sofort handeln, sonst sei Hephata in wenigen Wochen erledigt. Happich schaltet die NSDAP-Gauleitung in Kassel und die Deutsche Arbeitsfront ein, die sich „stark schützend" hinter Hephata stellt. Durch diese Unterstützung erreicht Happich in Verhandlungen mit Landeshauptmann Traupel zunächst eine Atempause.[14]

Die Verlegungen von Pfleglingen nehmen inzwischen im ganzen Reich bedrohlich zu. Dies geht auch aus dem in den Hephata-Akten auffindbaren Briefwechsel zwischen Happich und Bodelschwingh hervor. Im „Jahrbuch der Caritaswissenschaft" wird im Zusammenhang mit den Abtransporten offen vor der Euthanasie gewarnt. Am 18. März 1937 wird im SS-Kampfblatt „Das schwarze Korps" unumwunden der „Gnadentod" für „idiotisch geborene Kinder" gefordert.

---

12 Schmerbach, Happich, 243.
13 Vgl. Ulrike Winkler, „Den eigenen Weg finden". 100 Jahre Jugendhilfe Hephata (1908-2008), in: Hans-Walter Schmuhl (Hg.), Hundert Jahre Jugendhilfe Hephata Diakonie, Schwalmstadt 2008, 16-50: 16ff.
14 A.a.O., 242.

Am 1. Juni 1937 trifft ein Schreiben des Landeshauptmanns ein, in dem er verlangt, dass in Hephata das „Führerprinzip" eingeführt wird. Er versteht darunter, dass die vom Bezirksverband vorgetragenen Wünsche in Hephata durchsetzbar sein müssten. „Das würde am zweckmäßigsten durch die Umstellung der Satzungen für die eigentliche Pflegeanstalt ... geschehen, wobei dem Bezirksverband der Vorsitz einzuräumen wäre." Happich wehrt sich dagegen, weil damit der Hephata-Vorstand praktisch entmachtet wäre und die Leitung in die Hand des Landeshauptmanns überginge. Die Weigerung Hephatas wird mit einer Drohung beantwortet: „Sollten die von mir gestellten Forderungen nicht durchführbar sein, so werde ich aus finanziellen Gründen die Verlegung der bei ihnen untergebrachten Zöglinge in eigene Anstalten des Bezirksverbandes in Erwägung ziehen müssen."

Happich schaltet im Blick auf diese „Machtübernahme" den Central-Ausschuss für Innere Mission ein, der sich wiederum mit dem Reichsinnenminister und dem Reichsamtsleiter der NSV in Verbindung setzte.

Im befreundeten Beiserhaus ging man anders vor. Dort hatte Direktor Lindner wohl gehofft, durch Nachgiebigkeit seine Einrichtung und auch seine Stellung zu erhalten. Er wurde aber bald vom Landeshauptmann in den Ruhestand versetzt, sein Nachfolger wurde Adolf Traupel, ein Bruder des Landeshauptmanns. Die Belegung der Einrichtung ging zügig auf 25 % zurück.

Happich macht dem Landeshauptmann das Zugeständnis, dass gegen 60 Pfleglinge Hephatas nach Haina überführt werden und Hephata im Gegenzug am gleichen Tag 40 katholische und 20 evangelische Jugendliche aus dem Antoniusheim in Fulda überwiesen bekommt. Alle Hinweise darauf, was das für die Betroffenen bedeutet, haben den Landeshauptmann nicht gerührt. Die Chronik vermerkt: „Der Abschied war herzzerreißend."

„Am 21. Juli 1937 wurden, wie es am 10. Juni 1937 vereinbart war, ältere männliche Pfleglinge der Anstalten Hephata nach Haina überführt und an demselben Tag jüngere katholische Pfleglinge in die Anstalten Hephata gebracht. Aber die Zahl der Pfleglinge, die aus Hephata weggeholt wurden, war nicht, wie es vereinbart war, die gleiche, wie die, die neu zugeführt wurden. 52 männliche Pfleglinge wurden Hephata genommen, dafür aber nur 28 männliche und 14 weibliche Pfleglinge als Ersatz gebracht. Diese Einbuße von 9 Pfleglingen vergrößerte sich in Kürze um weitere 8, die die katholischen Eltern herausnahmen, um sie wieder einer katholischen Anstalt zuzuführen. Hephata verlor also durch den Austausch 17 Pfleglinge."

Es verwundert die Art der Aufrechnung: Als Verlust werden letztlich nicht die 52 Hephataner betrachtet, sondern die Belegungslücke von 17 Pfleglingen schmerzt. Am 27. Mai 1938 wird Happich dem Verwaltungsrat zu diesem Austausch erläutern: „Wir bekamen aber ständig neue evangel. Pfleglinge, so daß der Rückgang kein sonderlich großer war."

Am 13. Dezember 1937 berichtet Happich dem Verwaltungsrat: „Die Belegung Hephatas ist eine so gute wie seit Jahren nicht." Später schreibt er: „Der Winter 1937/38 verlief ruhig. Immerhin hatten wir das ständige Gefühl, daß ein Damoklesschwert über uns hing."

Es war nur eine Atempause. Manche Befürchtung sollte sich bewahrheiten. Am 25. Februar 1938 informiert der kommissarische Direktor des Landeserziehungsheimes Karlshof in Wabern Hephata telefonisch, dass er vom Oberpräsidenten den Auftrag erhalten habe, die noch in Hephata befindlichen Fürsorgezöglinge aus dem Bezirk Kassel in sein Erziehungsheim zu überführen. Es handelte sich um 16 Jungen und ein Mädchen, die wenige Wochen vor dem Schluss des Schuljahres und einige unmittelbar vor Abschluss ihrer Schulzeit und ihrer Konfirmation in solcher Weise verlegt werden sollten. Happich schaltet wieder Gauleiter Weinrich ein und macht ihm verständlich, welche Entwurzelungen diese Verlegungen für junge Menschen bedeuten. Am 26. Februar 1938 schreibt er in einem Vermerk:

„Die Nachricht schlug wie eine Bombe in den Kreisen der Angestellten und der Zöglinge ein. Die Zöglinge mußten aus dem Schulunterricht geholt werden. Dadurch merkten alle Zöglinge das, was vor sich ging. Die Zöglinge waren tief erschüttert und weinten bitterlich. Die Erschütterung, die durch die plötzliche Überführung der Zöglinge in den Kreisen der Angestellten (rund 250) und unter den Zöglingen hervorgerufen ist, wird noch lange nachwirken. Es ist allen Angestellten völlig unbegreiflich, welche gewichtigen Gründe vorliegen konnten, Zöglinge 5 Wochen vor Schluss des Schuljahrs oder gar der ganzen Schulzeit und Konfirmation so überstürzt wegzunehmen.

Da solche plötzliche Wegnahme bisher wohl nur im Zusammenhang mit Sittlichkeitsprozessen gegen katholische Orden vorgekommen ist, müssen Vermutungen in den Kreisen der Angestellten, die nicht in der Erziehungsarbeit unmittelbar stehen, auftauchen, die höchst ehrenrührig für das Erzieherpersonal sind. Auch in der Bevölkerung kann die plötzliche Überführung von 16 Zöglingen nicht unbekannt bleiben ... Über ein solches Erleben, dass alle erschütterte, wird sicher gesprochen. Dadurch können solche unerträglichen Verdachtsmomente in der Bevölkerung auftauchen und verbreitet werden, dass ich mich gezwungen sehen müßte, in geeigneter Weise der Bevölkerung bekannt zu geben, wie es zu der überstürzten Überführung der Zöglinge kam ... Sie müßte leider aus der überstürzten Überführung von Kindern, die in 5 Wochen ein Schuljahr oder gar die ganze Schulzeit abgeschlossen hätten, schließen, dass aus irgendwelchen äußeren Gründen junge Volksgenossen ohne Rücksicht auf ihre persönlichen Bedürfnisse wie Ware oder Nummern verschoben werden. Das Urteil von breiteren Schichten der Bevölkerung aus einer andern Gegend unseres Gaues beim Anblick der plötzlichen Überführung einer größeren Schar von Fürsorgezöglingen: ‚Da ist wieder ein Viehtransport des Landeshauptmanns' wird verstärkt und muss zerstörende Folgen haben.

Überaus bedauern wir auch die Auswirkungen der überstürzten Überführung der Zöglinge kurz vor Ende eines Schuljahres oder der ganzen Schulzeit auf deren Eltern. Erfahrungsgemäß müssen gar manche Eltern von Fürsorgezöglingen erst nach und nach innerlich ganz für das Dritte Reich und für ein völliges Sicheingliedern in die Volksgemeinschaft gewonnen werden. Das Erreichen dieses notwendigen Zieles wird durch Erlebnisse wie das Oben geschilderte ganz unnötig überaus erschwert. Die Eltern empfinden es als einen Skandal, dass man so mit ihren Kindern umgeht und ihnen die Heimat, in der sie sich wohl fühlten und die die Eltern selbst ihnen aus irgend einem Grund nicht bieten konnten, und die für sie notwendige Beschulungsform nimmt. Durch ein Verfahren, wie das geschilderte, werden entwurzelte Menschen groß gezüchtet die kein Heimatgefühl haben können. Und solche entwurzelten Menschen sind erfahrungsgemäß stets die größte Gefahr für die Volksgemeinschaft."

Am 13. März 1938 erfolgt der Anschluss Österreichs ans Reich, Anlass für Präsident Frick vom Central-Ausschuß für die Innere Mission der Deutschen Evangelischen Kirche folgendes Rundschreiben zu versenden:

„Mit tiefer Freude haben wir die Wiedervereinigung Österreichs mit dem deutschen Vaterlande miterlebt ... Auch die Innere Mission ... will dem Führer ihren Dank abstatten ... Der Vorstand des Central-Ausschusses der Inneren Mission fordert daher alle Verbände und Einrichtungen der Inneren Mission auf, ihren Dank an den Führer durch die Tat zu beweisen und bedürftige Volksgenossen aus Österreich ... bei sich aufzunehmen. Ich bitte, die Zahl der gestifteten Pflegetage umgehend zu melden."

Diese „tiefe Freude" wurde in Hephata alsbald von heftiger Sorge überlagert.

„Am 17. März mittags wurde D. Happich mitten in der Sitzung in Hannover fernmündlich mitgeteilt, Hephata sei auf das Schwerste bedroht. Daraufhin reiste er sofort ab nach Kassel und informierte sofort nach seiner Ankunft Gaustellen fernmündlich, daß Hephata schwer gefährdet sei. Einzelheiten könnten noch nicht mitgeteilt werden. Immerhin sei es zwingend erforderlich, sofort einzugreifen."

Er erarbeitet eine Denkschrift über „Geschichte und Bedeutung der Anstalten Hephata" und überreicht sie persönlich allen wichtigen Behörden. In dieser Denkschrift betont er die Bedeutung Hephatas für die Region als Arbeitgeber, als Träger des Kreiskrankenhauses, als Wirtschaftsfaktor, als „lebendiges Wahrzeichen des Lebens unserer evangelischen Landeskirche" – und:

„Der Gau von Kurhessen-Waldeck hat schon frühzeitig in sonst kaum erlebter Stärke sich zum Führer bekannt (und sonderlich die Schwalm, in deren Mitte die Anstalten Hephata liegen, die schon 1930 bis zu 70 und 75 % die NSDAP wählte). Aber ebenso treu wie zum Führer und zum Dritten Reich steht die Bevölkerung von Kurhessen-Waldeck zur evangelischen Kirche. Sie kann Treue zum Führer und zum Dritten Reich von der Treue zur evangelischen Kirche nicht trennen."

Gauleiter Weinrich wurde am 28. März tätig und erreichte, dass vorläufig zwei Monate lang kein Eingriff in den Bestand Hephatas vorgenommen wird. Am 6. April erfährt Happich zufällig, dass der Reichsinnenminister unter dem 18. März ein Schreiben an den Oberpräsidenten Prinz Philipp v. Hessen gerichtet hatte. Er könne dem grundsätzlichen Erlass des Landeshauptmanns aus dem Jahre 1937 nicht zustimmen und der Landeshauptmann habe alle weiteren Eingriffe in Anstalten zu unterlassen. Der Landeshauptmann fuhr daraufhin nach Berlin, verhandelte mit einem SS-Führer, der dem Unterzeichner des Schreibens vom 18. März übergeordnet war und erreichte die Widerrufung dieses Schreibens. So nahm dann der Wille des Landeshauptmanns seinen Lauf. – Am 18. März 1938 erfuhr Happich per Schreiben des Landesbürodirektors Schneider Einzelheiten:

„Der Bezirksverband Hessen verfügt in seinen eigenen Anstalten noch in erheblichem Maße über ungenutzten Raum. Dadurch wird die Wirtschaftlichkeit der Anstalten äußerst ungünstig beeinflusst.

Um zu einer rationelleren Ausnutzung des vorhandenen eigenen Anstaltsraumes und damit zu der unbedingt notwendigen Senkung der Betriebskosten auf ein einigermaßen erträgliches Maß zu gelangen, ist der Bezirksverband gezwungen und auch schon seit einiger Zeit dazu übergegangen, seine in fremden Anstalten untergebrachten Kranken in die eigenen Anstalten zu verlegen. Die in Ihrer Anstalt befindlichen Kranken – schätzungsweise 385 – sind die letzten, die noch überführt werden müssen. Wie in der Besprechung zugesagt, erkläre ich mich zu dem Entgegenkommen bereit, daß die Kranken in 4 Etappen, aus Ihrer Anstalt herausgenommen und dass die schulpflichtigen Kinder bis zum letzten Transport zurückgestellt werden.

Wegen der Jubiläumsfeierlichkeiten Ihrer Anstalt am 1.4.1938 bin ich selbstverständlich auch damit einverstanden, daß der eigentlich schon zum 31.3.1938 vorgesehene 1. Transport erst am 11.4.1938 ausgeführt wird. Die nächsten 3 Transporte finden am 30.4., 31.5. und 30.6. statt.

Der Transport am 11.4.38 umfasst 100 Kranke, von denen 50 nach Haina und 50 nach Merxhausen kommen. Näheres hierüber erfahren Sie noch von den beiden Anstalten."

Happich erhält am 21. Mai 1938

„plötzlich die Mitteilung des Landeshauptmanns, daß am 24. Mai 30 weibliche Pfleglinge Hephatas nach Merxhausen überführt würden. Alle Verhandlungen änderten die Tatsache nicht mehr. Von einer hohen Stelle wurde D. Happich ... der Begriff ‚Leerer Raum' in den bezirkseigenen Anstalten erklärt: ‚Wenn man auf 160 Betten eine zweite Reihe von 160 Betten gestellt hat, dann kann man immer noch sagen: ‚Wir haben leeren Raum' und eine dritte Reihe von Betten daraufstellen."

Bezeichnend für Happichs persönliche Einschätzung der politischen Situation ist eine skizzenhafte Bemerkung in seinem Bericht für den Verwaltungsrat am 27. Mai 1938:

„Zunächst wird es für uns weiterhin mitentscheidend sein, wie der Gau sich zu uns stellt. Die Tendenzen, die Anstalten der I[nneren] M[ission] zu entleeren, stammen nicht aus unserem Gau. Sie gehen, wie ich nachweisen kann, aus von ... Wer wird der Stärkere sein?"

Konkreter wird Happich am 18. Juni 1938 in einem längeren Schreiben an Pastor Frick, den Präsidenten des Central-Ausschusses für die Innere Mission:

„Bei den Gaustellen fand ich großes Verständnis für unsere Lage und den aufrichtigen Willen zur Hilfe. Ich durfte es sogar wagen, am Donnerstag, den 9. ohne Anmeldung den Gauleiter in seiner Wohnung aufzusuchen, obwohl am Tag vorher seine Tochter Hochzeit hatte, er am Donnerstag noch nicht wieder im Dienst war und seine ganze Wohnung voll Besuch hatte. Er machte sich eine halbe Stunde frei und gab mir manchen Rat (das alles ist streng vertraulich und darf nicht weitergesagt werden). Auch ist man sich beim Gau darüber klar, daß die Bevölkerung, die mit besonderer Liebe an Hephata hängt, die Schuld an einer Entleerung Hephatas der Partei zuschiebt, obwohl sie sich stark dagegen stemmt, daß Hephata geschädigt wird."

Dr. Wittneben hatte in einem Brief an seinen Vetter Prof. Dr. Flößner am 22. April 1938 die ganze Sache lediglich als „Marotte eines subalternen Beamten, des Herrn Bürodirektors Schneider" bezeichnet.

In einer Niederschrift, die Happich wohl unmittelbar nach den Gesprächen am 9. Juni aus dem Gedächtnis anfertigte, erinnert er sich, wie er sich gegen Angriffe auf die Loyalität Hephatas wehrte:

„Eins sei ihm bitter schmerzlich, und das müsse er offen aussprechen. Die Anstalten Hephata mit dem Brüderhaus hätten in den Zeiten vor dem Umschwung als ein Hort des Kampfes und Widerstandes gegen den Marxismus gegolten. Er (Happich) hätte mit den Ärzten der Anstalt seit längeren Jahren u.a. für ein Sterilisierungsgesetz gekämpft und sei deshalb oft angefochten worden. Und ausgerechnet diese Anstalt werde als erste größere Anstalt der I[nneren] M[ission] Deutschlands herausgegriffen, und es würden Forderungen an sie gestellt, die an den Lebensnerv gingen."

Wittneben wendet sich am 17. März 1938 schriftlich mit der Bitte um Unterstützung an Professor Dr. Villinger in Bethel und am 12. April 1938 in einem längeren Schreiben an den Sterilisierungsexperten Professor Dr. Rüdin in München. Rüdin gilt zudem als wissenschaftlicher Wegbereiter und später intimer Mitwisser des Euthanasiegeschehens. Hier hebt Wittneben vor allem seine erfolgreiche Forschungstätigkeit in Hephata hervor.

„Diese ganze Forschungsarbeit würde durch die Maßnahme des Herrn Landeshauptmann zerstört ... Falls Ihnen ... der Sie doch der beste Kenner und warmherzigste Freund unserer armen Erbkranken sind, die Möglichkeit gegeben ist, höheren Ortes für ein Erhaltenbleiben der Anstalten zum Wohle unseres Volksganzen und insonderheit unserer Schwachsinnigen einzutreten, wäre ich Ihnen von Herzen dankbar.
Mit hochachtungsvollsten kollegialen Empfehlungen u. Heil Hitler
Ihr sehr ergebener Wittneben".

Diese Schreiben geben uns Einblicke in die Verbindungen, die man zu nutzen versuchte. Zu den ‚Erfolgen' nun weiter Happich: „Bis zum 30. Juni wurden uns trotz aller Abwehr 120 Pfleglinge genommen, immerhin waren es nicht 388, wie vorher vom Landeshauptmann beabsichtigt war."

Mit einem vierseitigen Eilbrief versucht Happich am 4. Juni 1938 die Verlegung von 60 männlichen Kranken nach Haina am 10. Juni 1938 zu verhindern. Sie war kurzfristig mit Schreiben vom 3. Juni 1938 angekündigt worden. Neben einigen technischen Problemen wendet er ein:

„Hinzu kommt, dass vom 14. bis 17. Juni in unseren Anstalten Hephata der ‚Verband deutscher evangel. Heilerziehungs-, Heil- und Pflegeanstalten' tagt. Etwa 60 Direktoren, Chefärzte, Schulleiter usw. obiger Anstalten aus allen Teilen Deutschlands kommen nach Hephata. Würden unmittelbar vorher weitere 60 Pfleglinge uns genommen, so würden die dadurch entstandenen Lücken sehr peinlich bei einer Besichtigung der Häuser auffallen. Vor allem aber würde die Erregung über die Wegnahme langjähriger Pfleglinge noch so stark in dem Personal, das mit ihnen verwachsen ist, und unter den hier verbliebenen Pfleglingen nachzittern, dass sie dadurch ganz von selbst durch alle Gaue Deutschlands weitergetragen würde. Das kann nicht im Interesse des Bezirksverbandes liegen ... Dass eine Überführung am 10. d.M. mit Gewalt erzwungen wird, halte ich für völlig ausgeschlossen. Der Bezirksverband und wir haben seit der Gründung der Anstalten Hephata im Jahre 1893 stets freundschaftlich zusammen gearbeitet. Wenn ich auch in der Systemzeit zweimal (im Jahre 1923 und im Jahre 1930) kräftige Vorstösse gegen einen sozialdemokratischen Dezernenten des

Bezirksverbandes unternommen habe, so hat das die sachliche Zusammenarbeit ... nicht gestört ... Unbegreiflich aber müsste es für uns und die Bevölkerung unseres Gaues sein, wenn der Bezirksvorstand im Dritten Reich gerade uns, deren Haltung in der Systemzeit über allem Zweifel erhaben war, durch Eingriffe in den Pfleglingsbestand schwer schädigte, sodass das ganze Werk bedroht wird."

Jedoch: Weitere Verlegungen werden trotz Verzögerungsversuchen Happichs durchgeführt und mit Schreiben folgenden Wortlautes kurzfristig angekündigt:

„Ich beabsichtige, am 30. Juni ds. Js. wiederum 30 Kranke und zwar 20 weibliche und 10 männliche aus den dortigen Anstalten in die Landesheilanstalt Haina zu verlegen. Ich bitte diese 30 Kranken mit ihrem Gepäck um 9 Uhr bereitzuhalten. Dem ärztlichen Begleiter bitte ich ein namentliches Verzeichnis der zu überführenden Kranken sowie die Krankenpapiere mitzugeben."

Am Sonntag, dem 3. Juli 1938 findet das sehr gut besuchte Jahresfest in Hephata statt. Vor der Festgemeinde gibt Happich seinen Bericht, in dem er auch ausführlich auf die Verlegungen eingeht:

„In der ersten Julihälfte 1938 fanden erneute Verhandlungen zwischen dem Landeshauptmann und uns statt, die dem wiederholten Bemühen des Gauleiters zu danken waren ... Der grundsätzliche Kampf um die Pfleglinge war verloren. Jetzt kam es nur noch darauf an, das Tempo der Wegnahme erheblich zu verlangsamen. Und das gelang ... Erreicht wurde, dass die Pfleglinge in monatlichen Abständen in kleineren Trupps bis hin zum 31. Januar 1939 aus Hephata weggenommen und in bezirkseigene Anstalten überführt würden".

In einer Besprechung am 11. Juli 1938 in Kassel vereinbarten Happich und Wittneben mit Landesbürodirektor Schneider

„hinsichtlich der Verlegungstermine der noch in den Anstalten Hephata befindlichen Kranken folgendes ...:
Es befinden sich z. Zt. noch ungefähr 260 Kranke des Landesfürsorgeverbandes Kassel in Hephata, und zwar 160 Erwachsene und 100 schulpflichtige Kinder. Am 31.8.1938 werden 30 pflegebedürftige Kranke und am 30.9.1938 weitere 30 pflegebedürftige Kranke in bezirkseigene Anstalten verlegt, und zwar je 1 Transport nach Haina und Merxhausen. Die Transporte werden deshalb so zusammengestellt, daß sich der eine aus männlichen und der andere aus weiblichen Kranken zusammensetzt.
Die schulpflichtigen Kinder werden am 31.10.1938 geschlossen in die Landesheilanstalt Marburg überführt. Die Anstalt Hephata übersendet allerdings der Landesverwaltung baldigst ein Verzeichnis derjenigen schulpflichtigen Kinder, von denen angenommen werden kann, daß sie durch weitere Beschulung in Hephata in absehbarer Zeit zu einigermaßen tauglichen Gliedern der Volksgemeinschaft, die ihren Lebensunterhalt selbst verdienen können, gefördert werden können. Die Landesverwaltung wird diese Fälle durch einen ihrer Anstaltsärzte durchprüfen lassen.
Der Rest von ungefähr 100 Kranken wird in 3 Transporten, und zwar am 30.11.1938, 5.1.1939 und 31.1.1939 in noch zu bestimmende Anstalten des Bezirksverbandes überführt."

Später schreibt Happich:

„Es kann nicht Aufgabe dieses Berichts sein, die ganz erschütternden Abschiedsszenen zu schildern, die sich zwischen den langjährigen Pfleglingen und denen, die sie betreuten, abspielten. Sie waren so herzzerreissend, dass Ärzte des Landeshauptmanns, die die Transporte leiteten, erklärten, sie nicht mehr mitansehen zu können. Mancher Pflegling erklärte in der Abschiedsstunde, dass diejenigen die Strafe Gottes treffen werde, die die Verantwortung für das Auseinanderreissen trügen. Einer wünschte dem Direktor Schneider 6 verblödete Kinder."

Auch von seinem Urlaubsort Binz auf Rügen aus setzt Happich seine Bemühungen um Hephata fort. Am 4. August 1938 wendet er sich in einem längeren Schreiben an Pastor Nell in Mönchen-Gladbach; Kopien dieses Briefes schickt er am selben Tag auch an D. von Bodelschwingh und am 8. Oktober 1938 an den Central-Ausschuss für die Innere Mission nach Berlin-Dahlem. Er schreibt:

„Natürlich haben wir verschiedene Pläne in Angriff genommen, um möglichst bald die leeren Betten wieder zu füllen ... Auch das Einsparen hat seine Grenzen. Dort haben wir Hilfe nötig, brüderliche Nothilfe. Und darum wende ich mich an Sie als den Vorsitzenden der Konferenz deutscher-evangelischer Heilerziehungs-, Heil- und Pflegeanstalten. Meine Bitte geht dahin, dass jede angeschlossene Anstalt entweder 1 % des Pfleglingsbestandes abgibt oder uns so bald wie möglich soviele Pfleglinge zur Aufnahme nachweist, wie 1 % des Pfleglingsbestandes der betr. Anstalt ausmacht. Zwei Bitten muss ich aber damit verbinden: 1) es müssen Pfleglinge sein, für die der volle Pflegebetrag gezahlt wird und 2) es darf sich nicht in erster Linie um die schwierigsten Pfleglinge handeln, die man gern los sein will oder gegen deren Aufnahme bei der betr. Anstalt die grössten Bedenken bestehen. Keine Anstalt könnte innerlich gedeihen und äusserlich sich halten, deren ganzer Pfleglingsbestand – verzeihen Sie den Ausdruck, er ist nicht zu pressen – aus ‚Bruch' besteht."

Über die Stimmung in Hephata Ende 1938 schreibt Schwester Friederike Hegel, die damalige Hausmutter von Bethanien in ihrem Jahresbericht an ihr Mutterhaus:

„Ab Mai mußten wir jeden Monat 30 bis 50 Kinder abgeben. So viele Tränen und Herzeleid hat wohl unser Haus noch nie gesehen. Abgesehen von der schweren finanziellen Lage in die unsere Anstalt durch den Verlust der Pfleglinge geraten ist. Die Abschiedsszenen, die sich bei jedem Transport wiederholten, sind nicht zu beschreiben und für uns Zurückgebliebenen waren sie zum Schluß kaum noch zu ertragen. Wir sind dankbar, daß wir unsere Kinder auch dort in Gottes Hand wissen ... Weihnachten feierten wir ganz still. Unsere Räume sind so leer geworden. Keine Weihnachtslieder hallen durch die großen Korridore, wie man sie sonst lange vor Weihnachten hören konnte und uns ist wehmütig ums Herz. Wie sehr vermissen wir unsere Kinder. Wenn wir uns auch tief beugen unter den Schicksalsschlägen und es uns oft ist, als hätte uns Gott beiseite gestellt, so sollen wir doch nicht verzagt und mutlos werden. ‚Jesus ist kommen, Grund ewiger Freude' so bliesen die Posaunen in der Silvesternacht vom Kirchturm."

Am 31. Januar 1939 findet der letzte Abtransport im Rahmen der vom Landeshauptmann erzwungenen Verlegungen statt. Über das weitere Schicksal der „388 Pfleglinge, die Hephata genommen wurden", wird nun in Berlin auf höchster politischer Ebene entschieden.

Diese Ereignisse waren natürlich ein Schock. Am allermeisten für die, die deportiert wurden, sich als behinderte Menschen an fremde Umgebungen gewöhnen mussten, bewusst schlecht ernährt wurden und einem schlimmen Schicksal entgegengingen. Die Ärzte in den staatlichen Einrichtungen wurden durch SS-Ärzte ersetzt und ihre Zahl halbiert.

Aber auch für die Mitarbeiter war es schlimm, durch die leeren Flure zu gehen, in denen vor Kurzem noch Leben geherrscht hatte. In der Einrichtung selbst waren die beiden Hauptarbeitsgebiete, die Erziehungs- und Pflegearbeit auf Reste zusammengeschrumpft. Die wirtschaftlichen Probleme, die sich daraus ergaben, liegen auf der Hand.

Am 19. Dezember 1938 befasst sich der Verwaltungsrat mit der Lage. Unter den verbliebenen 190 Pfleglingen befinden sich immer noch 77, die der Landeshauptmann untergebracht hatte. Auch diese sollten noch abgeholt werden. Der Verwaltungsrat beschließt, diese Pfleglinge nicht mehr herzugeben, sondern mit Hilfe von Eltern oder anderen Angehörigen in Hephata zu behalten und darüber hinaus die Kosten für sie von Hephata selbst zu tragen. „Der Landeshauptmann erklärte sich natürlich gerne damit einverstanden, dass wir zahlreiche Pfleglinge kostenlos behielten."

Der wirtschaftlichen Not versucht man außerdem dadurch zu begegnen, dass man in Bethanien eine große Station für leichtkranke Männer einrichtet und in Zoar und Bethanien ein Kurheim für Encephalitiker eröffnet. Das Hessische Siechenhaus in Hofgeismar überweist 28 alte pflegebedürftige Männer. Ein kleinerer Bereich für ältere pflegebedürftige Damen wird in Bethanien eingerichtet. Man konzipiert ein Angebot für entwicklungsgehemmte Kinder und Jugendliche. Der Verband „Deutscher Evangelischer Heilerziehungs-, Heil- und Pflegeanstalten" übernimmt die Kosten und den Versand eines Prospektes.

Einige ältere Mitarbeiter treten vorzeitig in den Ruhestand. Die verheirateten Angestellten erhalten ihr Gehalt am letzten Tag des alten Monats für den neuen ausgezahlt und erklären sich bereit, sich zehn Monate 10 % ihrer Bezüge einbehalten zu lassen. Strom und Wasser muss von den in den Häusern mitwohnenden Mitarbeitern und ihren Familien bezahlt werden.

1939: Überfall auf Polen, „Gnadentod-Ermächtigung", Bewahrung Hephatas vor dem Zusammenbruch
Der hessische Probelauf für die beabsichtigte Ermordung kranker und behinderter Menschen in ganz Deutschland war erzwungenermaßen erfolgreich. Nach ihrer ethischen Entwürdigung und der juristischen Entrechtung war die Konzentration in staatlichen Einrichtungen der zweite konsequente Schritt einer grausamen Logik. Jetzt konnte in Berlin durch Führerbefehl die „Aktion Gnadentod" vorbereitet und durchgeführt werden.

Spätestens im Juli 1939 beauftragte Hitler u.a. in Anwesenheit vom Stabsleiter der Parteikanzlei Martin Bormann Staatssekretär Conti mit der Durchführung der Krankentötungen. Letzterer wird nach internen Querelen jedoch bald ausgebootet von Hitlers Begleitarzt Dr. Karl Brandt und SS-Standartenführer Reichsleiter Philipp Bouhler. Ein vorbereitendes Ärztetreffen findet Ende Juli 1939 in Berlin statt.

Am 18. August 1939 wird per Geheimerlass die Kindereuthanasie geregelt und die Art und Weise der Erfassung der Opfer festgelegt. Indikationen sind u.a. Idiotie, Mongolismus, Wasserkopf, Missbildungen jeder Art oder partielle Lähmungen. Auf Grund dieses Erlasses werden ca. 5.000 Säuglinge und Kleinkinder in sogenannten „Kinderfachabteilungen" reichsdeutscher Psychiatrien beseitigt: Man vergiftet sie oder lässt sie verhungern.

Kurz nach Kriegsbeginn ordnet Hitler mit formlosem Geheimschreiben die Beseitigung „erwachsenen unwerten Lebens" an: Namentlich zu bestimmende Ärzte werden ermächtigt, nach menschlichem Ermessen unheilbar Kranken den Gnadentod zu gewähren. Der Brief von Anfang Oktober 1939 wird auf den 1. September, den ersten Kriegstag zurückdatiert: Die Kriegserklärung gilt auch den Schwachen, Kranken und Behinderten. Am 9. Oktober 1939 gehen die ersten Meldebögen in badischen und württembergischen Anstalten ein.

Diesem durch Hitler geregelten Behinderten- und Krankenmord-Programm war aber die Praxis bereits voraus. Nach Beginn des Polenfeldzuges erschossen SS-Mannschaften am 29. September 1939 in Bromberg und später im Oktober in Swiece 3.590 behinderte, überwiegend seelisch kranke Menschen. Zur gleichen Zeit wurden in Stralsund, Treptow, Meseritz-Obrawalde und anderen Orten mindestens 3.400 „geisteskranke" Menschen erschossen.

Der Krankenmord-Feldzug wird generalstabsmäßig geplant und sorgfältig planwirtschaftlich durchgeführt. Die Stabsstelle sitzt in der Berliner Tiergartenstraße 4; folgerichtig wird die Operation als „Aktion T 4" getarnt. Die Erfassung der Opfer übernimmt die „Reichsarbeitsgemeinschaft Heil- und Pflegeanstalten (RAG)"; die Transporte die „Gemeinnützige Krankentransport GmbH (Gekrat)". In sechs Zentren werden Gaskammern eingerichtet: Grafeneck in Schwaben, Hadamar im Westerwald, Hartheim in Oberösterreich, Pirna in Sachsen, Brandenburg (Stadt) und Bernburg an der Saale (bei Halle). In der dortigen Landesheilanstalt ist inzwischen Prof. Enke leitend tätig.[15]

Am 1. September 1939 beginnt mit dem Einmarsch deutscher Truppen in Polen der 2. Weltkrieg. Dazu ergeht am 2. September 1939 folgender

„Aufruf der Deutschen Evangelischen Kirche.
Seit dem gestrigen Tage steht unser deutsches Volk im Kampf für das Land seiner Väter, damit deutsches Blut zu deutschem Blute heimkehren darf. Die deutsche evangelische Kirche stand immer in treuer Verbundenheit zum Schicksal des deutschen Volkes. Zu den Waffen aus Stahl hat sie unüberwindliche Kräfte aus dem Worte Gottes gereicht: die Zuversicht des Glaubens, daß unser Volk und jeder einzelne in Gottes Hand steht, und die Kraft des Gebetes, die uns in guten und bösen Tagen stark macht. So vereinigen wir uns auch in dieser Stunde mit unserem Volk in der Fürbitte für Führer und Reich, für die gesamte Wehrmacht und alle, die in der Heimat ihren Dienst für das Vaterland tun. Gott helfe uns, daß wir treu erfunden werden, und schenke uns einen Frieden der Gerechtigkeit."

---

[15] Peter Göbel-Braun, Prof. Dr. med. Willi Enke – „deutsch, evangelisch, Arischer Abstammung", in: Hans-Walter Schmuhl (Hg.), Hundert Jahre Jugendhilfe Hephata Diakonie, Schwalmstadt 2008, 51-54.

Noch am 1. September 1939 hatte Präsident Frick im Aufruf der Inneren Mission formuliert:

„Männer und Frauen der deutschen Inneren Mission! Mitarbeiter! Mitarbeiterinnen! Der Führer ruft auch uns zum Dienst.
Wir alle sind einsatzbereit, wo und wie er uns braucht.
Gott segne den Führer, Gott schirme die Kämpfer, Gott sei mit Deutschland!"

Kriegsgerecht wird zum 31. August 1939 die Durchführung des Sterilisierungsgesetzes erleichtert. Dr. Harmsen schreibt am 14. September 1939 an die Einrichtungen der Inneren Mission in den Mitteilungen Nr. 15 der „Christlichen Arbeitsgemeinschaft für Volksgesundung e.V.":

„Wieder steht unser Volk in dem ihm aufgezwungenen Schicksalskampf. Ein grosser Teil der wehrfähigen Männer steht an den Grenzen, viele Frauen leisten Wehrdienst in der Heimat. Volksbiologisch bedeutet das nicht nur die Gefährdung der Auslese unserer wehrhaften Männer, sondern bei längerer Dauer des Krieges einen im wachsenden Ausmass fühlbar werdenden Geburtenausfall.
Die Umstellung auf die Wehrwirtschaft bringt notwendigerweise für alle beteiligten Dienststellen eine starke Zunahme der Arbeitsleistung mit sich, so auch im öffentlichen Gesundheitswesen, in dem die sanitäre Versorgung der Truppen eine grosse Zahl von Ärzten erfordert, die für die Versorgung der Zivilbevölkerung fortfallen.
Die Verordnung zur Durchführung des Gesetzes zur Verhütung erbkranken Nachwuchses und des Ehegesundheitsgesetzes vom 31. August 1939 soll in der gegenwärtigen Zeit die Durchführung des Ehegesundheitsgesetzes und des Schutzes der Erbgesundheit unseres Volkes somit angängig erleichtern ..."

Eine Niederschrift Happichs, verfasst am 15. November 1939 in Kassel nach dem siegreichen Polen-Feldzug, klingt für Hephata fast wie ein Abschlussbericht:

„In der Notzeit erwies es sich als einen Segen, dass D. Happich um der Landeskirche willen den größten Teil der Woche in Kassel arbeiten musste. Dadurch hatte er Fühlung mit entscheidenden Stellen. Nur dadurch wurde das erheblich verlangsamte Tempo der Wegnahme der Pfleglinge erreicht. Und nur dadurch konnte Zeit gewonnen werden, neue Abteilungen in den entleerten Räumen Hephatas zu errichten. Ohne das wäre Hephata nach menschlichem Ermessen im Krisenjahr 1938 wirtschaftlich zusammengebrochen. Dass das nicht geschehen ist, ist sonderlich ein Wunder für die, die Hephata in die Knie zwingen wollten...".

Der Beginn des Zweiten Weltkrieges änderte vieles. Wilhelm Traupel und seine engsten Mitarbeiter wurden eingezogen, wodurch sich das Verhältnis Hephatas zum Landeshauptmann wesentlich entspannte. In Hephata werden im Kirchsaal und im Brüderhaus Lazarette eingerichtet. Mit dem Krankenhaus zusammen erhält Hephata dadurch eine nicht anfechtbare ökonomische Grundlage.

1940 ist dann auch in Hephata bekannt, dass und in welch grausamer Form die „Euthanasie" in Süd- und Ostdeutschland durchgeführt wird. Happich notiert: „Besonders aus Süddeutschland und aus dem Osten kommen erschütternde Berichte. In unserem Gebiet ist die Zurückhaltung eine größere." Er erfuhr in Gesprächen mit verzweifelten Müttern früherer Pfleglinge Hephatas, die 1938 in Anstalten des Landeshauptmanns überführt wurden, „daß auch aus diesen Anstalten Pfleglinge ‚gestorben worden sind'". Er erhielt konkrete Einblicke in die Verschleierungstaktiken der RAG.

Happich berichtet später, wie er mit v. Bodelschwingh und anderen Vertrauten Maßnahmen gegen diese Verbrechen vereinbarte. „Er suchte hohe Juristen, obere Parteistellen in Kassel und Berlin auf, sprach offen über das, was vorging, warnte eindringlich gegen Gottes Gebot und alles Menschenrecht und alle Menschenwürde so brutal zu handeln und ersuchte, alles zu tun, daß der sogenannten ‚Euthanasie' Einhalt geboten werde. Die Männer, die D. Happich sprach, stimmten mit ihm weithin überein, erklärten aber, machtlos zu sein, weil ein Reichsgesetz vorhanden sein müsse, aufgrund dessen die Euthanasie durchgeführt werde. Auf seinen Einwand hin, dass ein solches Gesetz nicht im Reichsgesetzblatt verkündet worden sei, wurde ihm geantwortet, es könne im Krieg Situationen geben, in denen ein Gesetz auf andere Weise in Kraft trete".

1941 bittet der Landeshauptmann Hephata dringend, „daß wir in unsere Erziehungsheime wieder Zöglinge, die er überweise, aufnehmen." Der Bitte wird entsprochen, aber unter der bindenden Versicherung, dass Hephata nicht zum zweiten Mal erleben werde, was den Pfleglingen im Jahre 1937/38 angetan worden sei. Pfleglinge, die man wieder nach Hephata hätte bringen können, waren wohl nicht mehr vorhanden oder wurden währenddessen in Hadamar ermordet.

1939 war Merxhausen mit 1.206 Patienten absolut überbelegt, im Juli 1941 waren es noch 345. Wie sich aus dem Merxhäuser Aufnahmebuch ergibt, ist von den „verlegten" Patienten keiner mehr nach Merxhausen zurückgekehrt. In den „Zwischenanstalten", in die die Patienten mit dem endgültigen Ziel Hadamar verlegt worden waren (Weilmünster, Herborn, Eichberg, Kalmenhof und Nassau), müssen verheerende Zustände aufgrund von Überbelegungen geherrscht haben.

Anlässlich einer Terminverschiebung teilt Happich am 25. April 1941 „den Herren Mitgliedern des Verwaltungsrates und der Mitgliederversammlung des Hessischen Brüderhauses e.V." kurz mit, wie es steht: „Die Belegung der Anstalten Hephata ist eine gute, die wirtschaftliche Lage eine gesunde. Not bereitet der Mangel an Arbeitskräften und die dadurch bedingte Überlastung aller."

Die betriebswirtschaftliche Situation war 1941 wieder stabil, Hephatas Fortbestand schien nicht mehr gefährdet; es wurde still um die aus Hephata in staatliche Einrichtungen verlegten Personen.

1947 schreibt Happich in einem Beitrag für die Festschrift zur 750-Jahr-Feier der Stadt Treysa: „Während des 2. Weltkrieges wütete in Deutschland die sogenannte ‚Euthanasie', die gewaltsame Tötung von angeblich lebensunwertem Leben. Gegen sie hat der Vorsteher, eng verbunden mit seinen Mitarbeitern, Schulter an Schulter mit seinem Freund Pastor Fritz von Bodelschwingh, angekämpft. Mit ihm hat er es als eine Gnade Gottes angesehen, daß der Kampf ein erfolgreicher war und kein Pflegling Bethels oder Hephatas zur gewaltsamen Tötung abgeholt wurde."

1951 wird auf Empfehlung von Professor Villinger Professor Enke als Nachfolger von Dr. Wittneben Leitender Arzt Hephatas; einige wenige der Überlebenden der Naziherrschaft, an deren Unfruchtbarmachung er ab 1934 als Mitglied des Erbgesundheitsgerichts Marburg mitwirkte, sind nun ihm anvertraute Patienten.

1956 postuliert – wie bereits angeführt – der damalige Leiter Hephatas, Dr. Hans Schimmelpfeng: „Die gewaltsame Tötung von angeblich ‚lebensunwertem Lebens' ging um wie eine Pestilenz, die im Finstern schleicht, ohne doch die Insassen Hephatas zu erreichen".

Späte und schwierige Spurensicherung: Was wurde aus den Menschen, die Hephata verlassen mussten?

Zu spät haben wir uns die Frage gestellt, was geschah eigentlich mit den Heimbewohnern aus Hephata, als sie abtransportiert und in staatliche Heime verlegt wurden. Lange Zeit gaben wir uns zufrieden mit der Auskunft, dass hier niemand umgebracht wurde.

Mit Nachforschungen begannen wir im Herbst 1981, als der Journalist Ernst Klee während der Recherchen für sein Buch *„Euthanasie" im NS-Staat. Die „Vernichtung lebensunwerten Lebens"* nach Hephata kam. Wir entdeckten Akten, manchmal nur einzelne Seiten oder durch rostende Metallklammern angegriffenes Blätterwerk in gammeligen Aktendeckeln, die als vernichtet galten und von deren Existenz man nichts wusste. Wichtige Hinweise und Korrespondenz mit Hephata fanden wir in Akten der Einrichtung Merxhausen, in die der Großteil der behinderten Frauen 1938 „verlegt" worden war und viele Jahre später im Archiv der Gedenkstätte Hadamar. Zur Erhellung des historischen Gesamtbildes führten wir Gespräche mit Zeitzeugen, gingen den Weg der Abtransportierten nach, stöberten in damals aktuellen Zeitungen, Zeitschriften und Veröffentlichungen und immer wieder im zu unseren Gunsten so erfreulich ungeordneten Hephata-Archiv. Manche Nachricht entnahmen wir für die Zwischenzeit bis zu den Verschleierungs-Verlegungen 1941 den Bestattungsbüchern der Kirchengemeinden Haina und Merxhausen. Da uns aus dem Hauptbuch Hephatas in der Regel die Geburtsorte der ehemaligen Bewohnerinnen und Bewohner bekannt waren, fragten wir in den Heimatgemeinden nach Eintragungen in Tauf- und/oder Bestattungsbüchern und erlangten auf diese Weise etliche Informationen. Schließlich kam es über den Brüdertag und durch den Verwaltungsrat Hephatas offiziell zu dem Auftrag, die Nachforschungen fortzuführen und vorzulegen.

Unsere Hoffnungen, Angehörige ausfindig machen zu können, erfüllten sich nicht. Einmal wurde bereits 1981 deutlich, dass inzwischen über 40 Jahre vergangen waren und viele Angehörige nicht mehr lebten, zum anderen waren, wie z.B. in Kassel, Unterlagen der Standesämter im Krieg verbrannt. Die wenigen Gespräche, die mit Angehörigen zustande kamen, verliefen eher entmutigend:

Man wollte mit dem Thema und der konkreten Erinnerung eigentlich gar nicht konfrontiert werden; es wurde zugestanden, dass man schon damals im Grunde froh war, ein belastendes Familienmitglied nach Hephata abgeben zu können. In einer sehr guten Zusammenarbeit mit dem Archiv des Landeswohlfahrtsverbands und der Gedenkstätte Hadamar ist es uns gelungen, manch eigene Recherche so zu ergänzen, dass wir Lebens- und Leidensgeschichten von abtransportierten Menschen aus Hephata nachzeichnen können. Es existiert die damalige Korrespondenz zwischen Hephata und Merxhausen. Zeitraubendes Aktenstudium förderte schließlich Verlegungslisten aus Hephata mit ersten Namen und Herkunftsorten ans Tageslicht.

Exemplarisch hat Helmut E. Thormann seine Nachforschungen über Elisabeth Seitz dargestellt, die zum Transport von dreißig Frauen am 30. September 1938 von Hephata nach Merxhausen gehörte, am 12. Juni 1941 nach dem Eichberg „verlegt" und bereits unter dem 9. Juli 1941 als „gestorben" im Abrechnungsbuch von Merxhausen registriert wurde. In ihrem Herkunftsort konnten wir feststellen, dass dort als Todesort „Hadamar-Mönchberg" eingetragen war. Hadamar-Mönchberg war ein speziell für die getöteten Menschen in der Landesheilanstalt Hadamar eingerichtetes Standesamt, über das versucht wurde, die Tötungen zu vertuschen. Nach Elisabeth Seitz wurde eine Straße in Hephata und damit offiziell in Schwalmstadt benannt.[16]

Es ist davon auszugehen, dass viele der Menschen aus Hephata, die „verlegt" wurden und über deren Verbleib wir bisher nichts feststellen konnten, das gleiche Schicksal ereilte. Einige wenige Überlebende sind durch eigenes Bemühen nach Kriegsende nach Hephata zurückgekehrt.

Eine von ihnen war Anna Rühl.[17] Sie war 1938 von Hephata aus in die damalige Landesheilanstalt Cappel bei Marburg verlegt worden. 1948 kam sie nach Hephata zurück, wo sie 1987 verstarb und auf dem Hephata-Friedhof beigesetzt wurde. Bei ihrer Trauerfeier in der Hephata-Kirche sagte Direktor Karl Biskamp: „1938 hat Anna Rühl großes Leid erfahren, das ihr und vielen anderen 1938 durch die Verlegung zugefügt wurde. Hephata ist an ihr und vielen anderen schuldig geworden. Gott schenke ihr die Ruhe und sei uns allen, die ihr Unrecht getan haben, gnädig."

---

[16] Helmut E. Thormann, Es geschah vor 50 Jahren, in: Hephata Zeitschrift für Freunde des Hessischen Diakoniezentrums 38. 1988, Heft 6, 9-11.

[17] Vgl. Helmut E. Thormann, „Wir hatten's schon schwer!" in: Hephata. Zeitschrift für Freunde des Hessischen Diakoniezentrums 34. 1984, Heft 6, 5-7; ders., „Sorgen Sie dafür, daß ich hier nie mehr wegkomme". Heimbewohnerin erlebte Hephata-Geschichte von 1903 bis 1987, in: Hephata Zeitschrift für Freunde des Hessischen Diakoniezentrums 37. 1987, Heft 3, 7; ders., Mehr Mut wäre wirkungsvollstes Mittel gegen T4-Aktion gewesen, in: Hephata Zeitschrift für Freunde des Hessischen Diakoniezentrums 39. 1989, Heft 6, 7f. und Hephata Hessisches Diakoniezentrum e.V., Wort der Leitungsgremien des Hephata e.V. zur Verlegung und Ermordung von Hephata-Bewohnern vor 60 Jahren, in: Hephata heute 2/1999, 4.

Unser Bemühen war es immer, nicht der Faszination der grausamen Zahl von 388 Verlegten zu erliegen, sondern die Einzelschicksale zu achten. Daher biete ich hier auch nur eine knappe Übersicht zum aktuellen Stand unserer Bemühungen an. Sie ist niedergelegt in einer Liste, die umfänglich Daten aufführt zu den 388 verlegten Personen. Von ihnen
– verstarben 23 in Haina;
– verstarben 15 in Merxhausen;
– wurden 93 nachweislich in Hadamar ermordet;
– wurden 41 mit an Sicherheit grenzender Wahrscheinlichkeit in Hadamar ermordet;
– kehrten 30 in ihre Ursprungsfamilien zurück;
– kehrten 2 in das Antoniusheim Fulda zurück;
– verblieb 1 Person in Hephata, obwohl sie auf einer Transportliste stand;
– kehrten 5 Personen nach Hephata zurück.
Von den übrigen Personen fehlen uns weitere Angaben, insbesondere von denen, die nach Marburg-Cappel abtransportiert wurden.

Die schwierige Phase der Aufarbeitungen 1981 bis 1990, dem Zeitpunkt der Übergabe des Gedenk- und Mahnzeichens an die Öffentlichkeit, ist inzwischen auch ein Teil der Hephata-Geschichte.[18]

In einer Gemeindewoche im Frühjahr 1984 stellten wir die bisherigen Ergebnisse unseres Nachsuchens im Kirchsaal zum ersten Mal der Hephata-Gemeinde vor. Die Betroffenheit war groß, allerdings wohl von unterschiedlicher Qualität. Wir erfuhren in Hephata und durch Gremienmitglieder Unterstützung und Ermutigung; unser Treiben wurde aber auch als bedrohlich empfunden und beargwöhnt. Unsere Dokumentation[19] war im Dezember 1984 fertiggestellt, die Inhalte hatten wir vorher offen dargelegt. Es war uns äußerst wichtig, dass unsere Aufarbeitung offiziell von Hephata herausgegeben wurde. Dies gelang erst im September 1985. Vorbehalte blieben offenkundig. Einwendungen eines profilierten Mitarbeiters aus den 1950er Jahren wurde gleichsam inhaltlich stattgegeben mit Einlassungen wie: „Ich gebe Ihnen völlig recht, daß die Vorgänge von damals mit seelsorgerlicher Behutsamkeit erforscht und dann auch entsprechend dargestellt werden sollten. Insofern bin ich über die von uns herausgebrachte Schrift nicht ganz glücklich. Vielleicht ist es aber auch für nachrückende Autoren schwierig, die entsprechende Sensibilität für die menschliche Situation

---

[18] Vgl Helmut E. Thormann, Alles Leben ist zu achten, in: Hephata Hessisches Diakoniezentrum e.V. (Hg.), Abtransportiert aus Hephata – ermordet in Hadamar, Eichberg, Weilmünster, Idstein, Herborn ... Das Gedenk- und Mahnzeichen in Hephata – Eine Dokumentation, Schwalmstadt 1992, 4-7 und 19-22 und Hephata Zeitschrift für Freunde des Hessischen Diakoniezentrums, Gedenk- und Mahnzeichen für die Opfer der Euthanasie (Themenheft) 41. 1991, Heft 1.

[19] Göbel/Thormann, Verlegt – vernichtet – vergessen ...?; vgl. auch Peter Göbel, Leidenswege, in: Hephata Zeitschrift für Freunde des Hessischen Diakoniezentrums 35. 1985, Heft 2, 2f.; Helmut E. Thormann, Leidenswege, in: A.a.O., 3-5.

mit all ihren komplexen Schwierigkeiten zu entwickeln, die damals unsere Vorgänger im Amt bestimmte … Jüngere Leute (haben es) auf ihre Weise versucht."

Bis heute erreichen uns erfreulicherweise immer wieder Anfragen von entfernten Verwandten damals Verlegter, die sich zuweilen in sehr bewegender Weise nach einem Onkel, einer Tante erkundigen, von dem oder der eigentlich niemand sprach, über die man aber jetzt Hinweise in Nachlässen findet. Erfreulich auch, dass wissenschaftliche Hausarbeiten zu diesem Themenkomplex geschrieben werden[20] und man sich sowohl wissenschaftlich als auch heimatkundlich-biografisch in einem langfristigem Projekt im Geschäftsbereich Behindertenhilfe mit diesen Lebensgeschichten befasst.

Am 13. November 1991 erstattet der damalige Direktor, Kirchenrat Pfr. Karl Biskamp, der Mitgliederversammlung einen ausführlichen historischen Bericht zur in diesem Jahr 90-jährigen Geschichte Hephatas. Da er im Februar 1993 in den Ruhestand trat, haben seine Ausführungen auch den Charakter eines Vermächtnisses:

„Die Zeit des 3. Reiches – Bedrohung von innen und von außen
Ärzte wie Dr. Wittneben … befürworteten die Sterilisation als Mittel zur Bewahrung des Volkes vor Minderwertigen und Psychopathen. Kirchenrat Happich unterstützte als Theologe bzw. als Mann der Kirche diesen Ansatz. So wurde Hephata mittätig bei der vom Erbgesundheitsgericht angeordneten Eingriffe … Dadurch entstand eine Aufhebung der Werte, die bis dahin schwachen, unheilbar Kranken Schutz und Hilfe gewährten … Das einschneidende Ereignis wurde die Verlegung von fast 400 Schwachsinnigen aus Hephata in die Häuser des Landeshauptmanns … Die Vorgänge müssen ganz schlimm gewesen sein. Schlimm deshalb, weil das Ganze als ein unabwendbares Schicksal hingenommen wurde, über das niemand – auf Anordnung des Anstaltsleiters – reden durfte. Es geschah Unrecht und Verbrechen, das später direkter Mord werden sollte, und keiner durfte es so bezeichnen, keiner durfte sein Gewissen entlasten. Als wir Anfang der 1980er Jahre versuchten, diese Vorgänge ab 1938/39 aufzuarbeiten, haben Brüder die Leitung Hephatas und der Brüderschaft der Unterlassung bezichtigt. Von keiner Seite wurden nach 1945 Angebote zur Aufarbeitung und zur seelsorgerlichen Entlastung gemacht. Man ging zur Tagesordnung über, ohne auf die ungeheueren Belastungen der Beteiligten eingegangen zu sein. Die Herausgabe der Schrift „Verlegt, vernichtet, vergessen" (1985) und die Vorarbeit für das erst 1990 aufgestellte Gedenk- und Mahnzeichen für die Opfer der Euthanasie sind als ein verspäteter Versuch der Stellungnahme Hephatas zu den Vorgängen von 1938–1945 zu verstehen."[21]

---

[20] Nina Krull, Vernichtung „lebensunwerten Lebens" im Dritten Reich. Fallbeschreibung und -analyse Überlebender. Schriftliche Hausarbeit im Rahmen der Ersten Staatsprüfung für das Lehramt für Sonderpädagogik, Dortmund 2004 (unveröffentlicht).

[21] Karl Biskamp, Ein unveräußerlicher Teil Hephatas. Wir können nur um Erbarmen bitten, in: Hephata Hessisches Diakoniezentrum e.V. (Hg.), Abtransportiert aus Hephata – ermordet in Hadamar, Eichberg, Weilmünster, Idstein, Herborn … Das Gedenk- und Mahnzeichen in Hephata – Eine Dokumentation, Schwalmstadt 1992, 9-11. Vgl. auch Peter Göbel-Braun, Die „Stadt auf dem Berge" war keine bergende Heimat, in: A.a.O., 13-16.

Ralf Schulze

Zwangssterilisierungen in der Stiftung Bethesda-St. Martin (Boppard) in den Jahren 1934–1939[1]

> „Nur wer die Vergangenheit kennt, hat eine Zukunft."
> *Wilhelm von Humboldt*

1. Einleitung

In den Jahren 1934 bis 1945 wurden in Deutschland nach heutigem Kenntnisstand rund 360.000 Menschen, zumeist in jugendlichem Alter, einer Zwangssterilisierung unterzogen, weil sie an einer seelischen, körperlichen oder geistigen Behinderung oder Erkrankung litten oder auch nur im Verdacht dafür standen. Grundlage hierfür war das „Gesetz zur Verhütung erbkranken Nachwuchses" von 1933. – Erst seit den 1980er Jahren und verstärkt in den frühen 1990ern des zurückliegenden Jahrhunderts wurde die Rolle der „Inneren Mission", der Vorläuferin der heutigen Diakonie, bei der Wegbereitung und Durchführung dieser Maßnahmen zunehmend beleuchtet.[2] Der Stand der Aufarbeitung der Geschehnisse innerhalb der einzelnen Träger- und Einrichtungssysteme ist dessen ungeachtet jedoch sehr heterogen.

Mit der Thematik der vorliegenden Arbeit verbindet mich eine persönliche Geschichte: Ich selbst war in den Jahren 1984/1985 in der evangelischen Stiftung Bethesda-St. Martin in Boppard/Rhein als Sozialpädagoge Im Berufspraktikum zur Erlangung der staatlichen Anerkennung im Bereich der stationären Jugendhilfe beschäftigt. Hierbei wurde ich auch für drei Monate, wie vom Gesetz über die staatliche Anerkennung vorgesehen, im Bereich der Verwaltung eingesetzt. Im Rahmen dieses Verwaltungsteiles hatte ich für einige Wochen die damalige Mitarbeiterin der sogenannten „Erziehungsverwaltung" zu vertreten, der im Wesentlichen die Aktenführung der Klientenakten und der Schriftverkehr mit den Kostenträgern oblag. In jener Zeit gingen sehr häufig Anfragen

---

[1] Dieser Beitrag stellt die geringfügig überarbeitete Fassung meiner Diplomarbeit im Kontaktstudium Diakoniewissenschaft aus dem Wintersemester 2007/08 dar. Sie ist den 1934 bis 1939 in der Stiftung Bethesda-St. Martin zwangssterilisierten Mädchen und Frauen gewidmet. – In der Erklärung zu Zwangssterilisierung, Vernichtung sogenannten lebensunwerten Lebens, und medizinischen Versuchen an Menschen unter dem Nationalsozialismus. Synode der Evangelischen Kirche im Rheinland vom 12. Januar 1985 heißt es: „Wir bitten die Gemeinden, die diakonischen und sonderpädagogischen Einrichtungen sowie alle, die in pädagogischen, medizinischen, juristischen und Verwaltungsinstitutionen tätig sind, an der Aufklärung der Vergangenheit mitzuarbeiten und unsere Tradition kritisch zu sichten, um die auch heute noch bestehenden Voraussetzungen jener Verbrechen und die entsprechenden Benachteiligungen zu erkennen und aufzuheben."

[2] Die erste umfassende Publikation war Kurt Nowak, „Euthanasie" und Sterilisierung im „Dritten Reich". Die Konfrontation der evangelischen und katholischen Kirche mit dem „Gesetz zur Verhütung erbkranken Nachwuchses" und der „Euthanasie"-Aktion (AGK.E 12), Göttingen 1978, ²1980.

zum Zweck der Vervollständigung des Rentenversicherungsverlaufs von ehemaligen Heimbewohnerinnen ein, die in den 1930er Jahren eine Ausbildung im Rahmen ihrer Unterbringung im Mädchenheim der Stiftung absolviert hatten und nun vor dem Eintritt ins Rentenalter standen. Hierfür mussten dann jeweils in den eingelagerten Akten der damaligen Mädchen die entsprechenden Daten recherchiert werden.

In diesem Zusammenhang stieß ich damals auf eine nicht näher bezeichnete schwarze Mappe. Wie sich zeigte, enthielt sie eine handschriftlich verfasste detaillierte mehrseitige Auflistung von Mädchen, bei denen während ihres Aufenthaltes im Jugendheim der Stiftung zu Zeiten des nationalsozialistischen Regimes eine Zwangssterilisierung vorgenommen wurde. Diese Thematik war seinerzeit in der Stiftung in keiner Weise präsent und meiner Einschätzung nach auch nicht bekannt, zumindest nicht in der Mitarbeiterschaft. Auch die kurz zuvor im Jahr 1982 erschienene Festschrift zum 125-jährigen Bestehen der Stiftung[3] spart in ihrer Darstellung die entsprechende Zeit völlig aus.

Ich habe damals über meinen Fund in den Gesprächen mit meiner Praxisanleiterin berichtet. Es wurde mir jedoch signalisiert, dass kein Interesse an einer Wahrnehmung oder Bearbeitung bestand. Nach meinem Anerkennungsjahr in der Stiftung trat ich eine Stelle in einer sozialpsychiatrischen Einrichtung in Trägerschaft des Evangelischen Kirchenkreises Koblenz an, wo ich auch heute noch als Einrichtungsleiter tätig bin. Die Trägerschaft dieser Einrichtung wurde im Jahr 1996 vom Kirchenkreis an die Stiftung Bethesda-St. Martin übergeben, die mittlerweile den Bereich Jugendhilfe aufgegeben, dafür jedoch ein eigenes sozialpsychiatrisches Angebot aufgebaut hatte, das sich in der Region hohes Ansehen erworben hat. – Auch zu dieser Zeit waren die Zwangssterilisierungen kein Thema in der Stiftung, ja es schien mir sogar, als ob diese mit Verschwinden des Arbeitsbereiches Jugendhilfe vollständig in Vergessenheit geraten war. Schon bald fand ich mich in der Redaktion der Stiftungszeitung wieder, deren Herausgeber und Chefredakteur der damalige Stiftungsvorsitzende war. Da in der Zeitung auch stets ein Artikel aus der bewegten Geschichte der Stiftung erschien, habe ich angeregt, in dieser Reihe auch die Thematik der Zwangssterilisierungen aufzugreifen. Dies wurde jedoch sehr deutlich mit der Begründung abgelehnt, dies würde ein zu dunkles Licht auf die Stiftung werfen.

Durch die in dieser Zeit erfolgten Recherchen vor allem von Uwe Kaminsky (1995) im Auftrag der Evangelischen Kirche im Rheinland und des Diakonischen Werkes der EKiR sowie jüngst auch durch die Arbeit von Brigitte Hofmann-Mildebrath (2004) wurde deutlich, dass in der Stiftung Bethesda-St. Martin nicht nur Zwangssterilisierungen stattgefunden hatten, sondern dass die damalige Oberin, Marie Sievers, offenbar auch von diesen Maßnahmen überzeugt

---

[3] Hajo Knebel, Bethesda-St. Martin. Festschrift zum 125-jährigen Bestehen der Stiftung zu Boppard 1857–1982, Boppard 1982.

war und sie sowohl auf Verbandsebene propagiert als auch in der praktischen Umsetzung befördert hatte.

Im Gefolge einer massiven finanziellen Krise der Stiftung im Jahr 2005 kam es zu einer vollständigen Restrukturierung und auch personellen Neubesetzung der Leitungsorgane. Mit diesem Wandel einher gingen Signale für die Bereitschaft, sich nun den Schatten der Stiftungsgeschichte zu stellen. In der Festschrift „Zeitreise" zum 150-jährigen Jubiläum im Jahr 2005 wurde dieses Kapitel erstmalig öffentlich thematisiert[4].

Ich bin dem Stiftungsrat der Stiftung Bethesda-St. Martin sehr dankbar, dass er meine Idee, das Geschehene im Rahmen der vorliegenden Diplomarbeit näher zu beleuchten und Ideen für eine Aufarbeitung zu entwickeln, wohlwollend aufgenommen und fördernd unterstützt hat. Für die umfangreichen Recherchearbeiten wurde mir der uneingeschränkte Zugang zum Stiftungsarchiv ermöglicht, das mittlerweile im Archiv der Evangelischen Kirche im Rheinland geführt wird. – Es ist jedoch bezeichnend für den früheren stiftungsinternen Umgang mit der Thematik, dass ausgerechnet jenes Dokument, das mich als Berufsanfänger erstmalig mit der Thematik konfrontierte, sich nicht mehr im Archivbestand der Stiftung findet.[5]

Die vorliegende Arbeit gibt zunächst einen groben Überblick über die Geschichte der Stiftung. Anschließend wird die eugenische Diskussion bis zur Etablierung der Zwangssterilisierungen im Nationalsozialismus im Überblick dargestellt. Von der Adaption dieses Gedankengutes in die „Innere Mission" handelt das folgende Kapitel. Da die Arbeit auch einem fachlich weniger vorbereiteten Leserkreis einen Zugang zu den Zwangssterilisierungen an Mädchen von Bethesda-St. Martin ermöglichen soll, sind die vorgenannten Kapitel als Hinführung dementsprechend zwar kompakt, aber doch vom Umfang her dieser Anforderung entsprechend ausgeführt und zum besseren Verständnis teilweise mit zeitgenössischen Textpassagen versehen. Leser, die bereits über umfassende Vorkenntnis dieser Entwicklungen verfügen, mögen dies verzeihen.

Besonders betrachtet wird die Person der Oberin Marie Sievers und deren Rolle in der „Inneren Mission" bei der Etablierung der Zwangssterilisierungen. Es folgt dann das Kapitel, das sich mit der Situation in Bethesda-St. Martin in

---

[4] In der Festschrift ist ein Artikel von Uwe Kaminsky aufgenommen mit dem Titel „Über die Zwangssterilisation im Nationalsozialismus und die Anstalt Bethesda in Boppard", außerdem sind die Zwangssterilisierungen auch im Vorwort der beiden Geschäftsführer wie auch im historischen Abriss von Prof. Dr. Hans-Walter Schmuhl dargestellt (vgl. Uwe Kaminsky, Über die Zwangssterilisation im Nationalsozialismus und die Anstalt Bethesda in Boppard, in: Stiftung Bethesda-St. Martin (Hg.), Zeitreise 1855-2005. Jubiläumsschrift, Boppard 2005, 31-33).

[5] Jedoch findet sich im Bestand der Fürsorgeerziehungsbehörde eine entsprechende handschriftliche Liste für das Jahr 1936/38, vermutlich eine Abschrift der damaligen Bopparder Liste: Archiv des Landschaftsverbandes Rheinland (Archiv LVR), Bd. 14065, Bl. 182ff.

den Jahren 1934 bis 1939 konkret befasst und mit der dort erfolgten Durchführung von Zwangssterilisierungen. Im Abschlusskapitel werden dann einige Schlussfolgerungen für heute gezogen und Anregungen gegeben, wie in heutiger Zeit die Aufarbeitung befördert werden kann.

Bei der Innensicht der Geschehnisse sind wir leider überwiegend auf Berichte der Oberin selbst angewiesen, da Äußerungen von Personal oder Bewohnerinnen nicht überliefert sind. Dies mag der gebotenen Neutralität einer solchen Arbeit abträglich erscheinen, war jedoch die einzige Möglichkeit, dem Leser einen umfassenden Einblick zu verschaffen. Gegebenenfalls sollte es Gegenstand weiterer Forschung sein, ergänzende Dokumente von Zeitzeugen aufzuspüren und zugänglich zu machen.

Die persönlichen Angaben zu den betroffenen Mädchen und jungen Frauen habe ich bis auf den Vornamen anonymisiert, um dem Persönlichkeitsschutz Rechnung zu tragen. Die Vornamen habe ich jedoch bewusst verwandt, und nicht etwa durch eine Nummer ersetzt, um dem Leser stets vor Augen zu führen, dass es sich hier um Persönlichkeiten handelt, nicht um anonyme ‚Fallobjekte'.

Neben dem bereits ausgesprochenen Dank an den Stiftungsrat für die Ermöglichung dieser Arbeit möchte ich mich bedanken bei Dr. Andreas Metzing vom Archiv der Ev. Kirche im Rheinland und bei Rudolf Kahlfeld vom Archiv des Landschaftsverbandes Rheinland, die mich bei meinen tagelangen Recherchen in den Archivbeständen mit Tatkraft und Sachverstand unterstützt haben.

2. Überblick über die Geschichte der Stiftung Bethesda-St. Martin
2.1. Entstehung

Die Entstehungsgeschichte der Stiftung Bethesda-St. Martin ist eng verbunden mit der Industrialisierung und der damit verbundenen Verelendung weiter Bevölkerungsschichten, vor allem in der Region des Wuppertals, in der ersten Hälfte des 19. Jahrhunderts. Evangelische Kreise, die der damaligen „Erweckungsbewegung" zuzurechnen sind, nahmen das Umsichgreifen der Prostitution in den Slums von Elberfeld und Barmen zum Anlass, ein „Rettungswerk" für „gefallene" und gefährdete Mädchen aus dem Wuppertal zu begründen. Es entstanden sogenannte „Magdalenenasyle", benannt nach Maria Magdalena, die nach biblischer Überlieferung von der Sünderin zur Jüngerin Christi wurde[6] und später zur Zeugin der Auferstehung[7]. Zu damaliger Zeit war auch tradierte Meinung, bei Maria Magdalena habe es sich um eine Prostituierte gehandelt, was aber nicht belegt ist[8], dies mag jedoch bei der Namenswahl bedeutend gewesen sein.

---

[6] Lk 8,1-3.
[7] Mt 28,1-6; Mk 16,1-10; Lk 24,1-6; Joh 20,1-18.
[8] Maria Magdalena wurde von Papst Gregor I. in einer Predigt im Jahr 591 als Prostituierte bezeichnet, indem er sie als die Sünderin der Fußwaschung identifizierte (Lk 7,36-50). Schon im Kommentar Ephraim des Syrers von 373 war diese Verbindung hergestellt

Der Gründung der Einrichtung in Boppard gingen einige wesentliche Impulse für die diakonische Entwicklung voran: Im Jahr 1833 richtete Pfarrer Theodor Fliedner (1800–1864), der Begründer der evangelischen Mutterhausdiakonie, in Kaiserswerth bei Düsseldorf ein erstes „Asyl für entlassene weibliche Gefangene und Gefallene" ein. Im Jahr 1847 weilte der niederländische Pastor Ottho Gerhard Heldring (1804–1876) zu einer Kur in der Kaltwasseranstalt Marienberg in Boppard. In den Niederlanden hatte er sich bei der Bekämpfung des Alkoholismus, bei der Gründung von Gemeinden in neu eingepolderten und besiedelten Gebieten, in der Volksmission, der Bibelverbreitung und der Bekämpfung von Hungersnöten engagiert. Während des Aufenthaltes am Mittelrhein legte er eines Sonntags vor Freunden in Bad Ems das 34. Kapitel des Propheten Hesekiel aus. Besonders angerührt wurde er von den Worten des vierten Verses. Heldring selbst schrieb hierüber:

„Man gab mir die Bibel. Ezech. 34 war der Stoff der Predigt. Ich wählte zum Thema: Christus, der gute Hirte, der einige gute Hirte. Ich stand still und in seiner Treue. Es war mir, als ob alles zu mir spräche: Ja so ist's; Er ist es, Er allein. Als ich in den vierten Vers las: „Die Schwachen wartet ihr nicht, und die Kranken heilet ihr nicht, das Verwundete verbindet ihr nicht, das Verirrte holet ihr nicht und das Verlorene suchet ihr nicht, sondern streng und hart herrscht ihr über sie," da war meine Seele von der Größe des Gedankens erfüllt, der darin ausgedrückt lag: „Ich will das Verlorene wiedersuchen, das Verirrte wiederholen, das Verwundete verbinden, die Schwachen warten." Es ist eine ewige Wahrheit, diese, und diese allein ist der Zweck von Christi Menschwerdung; dies, und zwar dies allein ist das Werk derjenigen, die sich nach seinem Namen nennen; da ist Einigkeit, da ist Liebe, da die Vorstellung der Gnade und Gnadenverkündigung. Wie kann jemand, der verirrt war, schon versunken in den Strom, der nach dem unergründlichen, unermeßlichen Ocean des Verderbens treibt, wenn eine Hand ihm dargereicht wird, die ihn rettet, anders thun, als sich nach denen umsehen, die er seinerseits retten kann? Das ist das Pfund, das uns gegeben ist; wohl dem, der es gut anzuwenden versteht!
So dachte ich, so sprach ich.
Diese Worte wurden mir ein Gelübde, und so oft ich diese Seite aus meinem Buche lese, kann ich mir den Tag noch vorstellen als einen der ergreifendsten meines Lebens." [9]

Er beschloss daraufhin, ein Magdalenenasyl ins Leben zu rufen. Diesen Vorsatz verwirklichte er bereits ein Jahr später in Zetten, einem Dorf in der niederländischen Provinz Gelderland, mit der Errichtung des Asyls „Steenbeck".

Im Jahr der „Steenbeck"-Gründung, 1848, gab der Begründer des „Rauhen Hauses" in Hamburg, Johann Hinrich Wichern (1808–1881), mit einer programmatischen Stegreifrede auf dem Kirchentag in Wittenberg den Anstoß zur Gründung des „Centralausschusses für die Innere Mission der deutschen evan-

---

worden. Diese nicht zu begründende Gleichsetzung verankerte sich in der Folge in der katholischen Tradition, die katholische Kirche hat die Verknüpfung jedoch schließlich 1969 offiziell als irrig erklärt.

[9] Ottho Gerhard Heldring, O.G. Heldring, sein Leben und seine Arbeit. Von ihm selbst erzählt. Übersetzung von Rud. Müller, Gütersloh 1882, 265ff. – Heldring zitiert sich hier im ersten Abschnitt selbst aus seinem Buch „Beobachtungen auf einer Rheinreise 1847".

gelischen Kirche", dem Vorgänger des heutigen Diakonischen Werkes. Bereits im Jahr darauf wurde im Rheinland der „Provinzialausschuss für Innere Mission" gegründet, die Synoden Koblenz, Kreuznach, Saarbrücken und Simmern erklärten sich der Sache der Inneren Mission verpflichtet und gründeten synodale Erziehungsvereine. 1850 wurde im Provinzialausschuss für Innere Mission bereits der Bau eines Magdalenenasyls erwogen. In Koblenz entstand 1853 in Verbindung mit dem Ev. Stift St. Martin eine „Herberge für dienstlose evangelische Mägde".

Am Himmelfahrtstag 1854 traf sich ein Kreis engagierter Protestanten mit Pastor Heldring und bildete ein „Comitee zur Gründung eines Magdalenen-Asyls in der Nähe von Coblenz", aus dem später ein Verein hervorging. Das Projekt wurde von der rheinischen Pastoralkonferenz und dem Provinzialausschuss unterstützt und fand namhafte Fürsprecher, so den Oberpräsidenten der Rheinprovinz, Hans-Hugo von Kleist-Retzow (1814–1892) und dessen Ehefrau Charlotte (1821–1885). Auf deren Vermittlung erklärte sich schließlich der preußische Staat bereit, einen Flügel des früheren Franziskanerinnenklosters St. Martin in Boppard für das Magdalenenasyl vorübergehend zur Verfügung zu stellen. Das Kloster war vom Staat 1852 erworben worden, um darin eine Besserungsanstalt für „jugendliche Verbrecher" männlichen Geschlechts zu errichten, was bislang aber nicht umgesetzt worden war. Unter Führung von Charlotte von Kleist-Retzow machte sich der „Coblenzer Frauen- und Jungfrauenverein" daran, Betten, Wäsche und Kleidung zu beschaffen.

Amalie Göschen, zuvor Leiterin eines Fürsorgevereines für Fabrikarbeiter und eines kleinen Prostituiertenasyls in Elberfeld, wurde als künftige Vorsteherin für das Magdalenenasyl gewonnen. Nachdem sie einige Zeit in Heldrings Asyl Steenbeck hospitiert hatte, bezog sie am 20. Dezember 1855 mit vier „Asylistinnen" aus Elberfeld das Haus in Boppard, die offizielle Einweihung geschah einen Tag später.

2.2. 1855 bis 1900

Die Anfangsjahre waren von vielerlei Problemen gekennzeichnet. Viele der Mädchen konnten im Haus nicht Fuß fassen und kehrten in ihr altes Umfeld zurück. In der katholisch geprägten Gegend wurde die evangelische Einrichtung mit Argwohn beobachtet. Es gab finanzielle Engpässe. Bereits 1857 musste das Gebäude St. Martin geräumt werden, da hier nun doch die staatliche Besserungsanstalt eingerichtet wurde. Betreuerinnen und Mädchen kamen in einem in aller Eile angemieteten Wohnhaus in Boppard unter. Schon bald gab es Pläne für einen eigenen Neubau; in Koblenz, Bonn, Elberfeld, Wesel und Anholt bildeten sich nach niederländischem Vorbild Unterstützungsvereine, später auch in Duisburg und Ruhrort. Am 22. Juli 1858, dem Tag Maria Magdalenas, wurde am Hang über Boppard der Grundstein gelegt für den Neubau des Asyls, der den Namen „Bethesda" erhielt.[10] Dank finanzieller Unterstützung durch den preußischen Prinzregenten, eine Sammlung im Wuppertal und eines Darlehns ging der Bau des Hauses auf dem von fast dreißig Unterstützern gekauften Grundstück rasch voran, am 3. August 1859 erfolgten Einzug und Einweihung.

1860 erhielt die Anstalt Korporationsrechte und war somit als mildtätige Stiftung anerkannt. 16 Mädchen lebten zum damaligen Zeitpunkt in „Bethesda". In den Folgejahren erfolgte der Ausbau der „Ökonomie" der Einrichtung: Landbau, Viehhaltung, Waschküche. Durch die Möglichkeit zur weitgehenden Selbstversorgung besserte sich die finanzielle Situation. Obwohl die Einrichtung in den folgenden Jahren oft nur teilweise ausgelastet war, bildeten Erträge aus der Arbeit der Asylantinnen, vornehmlich Wäschepflege und Handarbeiten, bald eine erhebliche Mitfinanzierung der Arbeit.

Aus Anlass des 25-jährigen Bestehens wurde 1880 festgehalten, dass 237 Mädchen aufgenommen worden waren, von denen 25 verstorben, 30 „meist glücklich" verheiratet, 36 zu Eltern oder Angehörigen entlassen, 68 in eine Dienststellung vermittelt wurden; 22 Mädchen lebten seinerzeit im Asyl. Die Mädchen stammten überwiegend aus dem Wuppertal, einige aus Frankfurt.[11] Bei den nicht genannten 56 Mädchen ist davon auszugehen, dass die Maßnahme keinen Erfolg hatte. In den Folgejahren konsolidierte sich die Einrichtung weiter. 1898 schied Amalie Göschen nach 42 Jahren aus dem Amt der Vorsteherin, dies zog den Wechsel des gesamten Personals nach sich sowie eine existenzbedrohende Krise der Einrichtung. Neue Vorsteherin wurde Emilie Horn. Da die Zahl der „Magdalenen" zurückging, wurde beschlossen, in einzelnen Fällen auch jugendliche „Trinkerinnen" aufzunehmen.

2.3. 1900 bis 1945

Mit Verabschiedung des Preußischen Fürsorgeerziehungsgesetzes im Jahr 1900 bahnte sich eine wesentliche Änderung in der Arbeit an. Bethesda wurde vom Landeshauptmann der Rheinprovinz angefragt, ob man zur Aufnahme von Fürsorgezöglingen bereit sei. Das Ansinnen wurde im Vorstand kontrovers diskutiert, schließlich aber positiv beschieden. Bethesda wandelte sich somit vom „Magdalenenasyl" zum „Fürsorgeerziehungshaus".[12] Erstmalig wurden im Som-

---

[10] Bei der Gründung wurde mit der Namensgebung in erster Linie an die Bedeutung des aramäischen Wortes gedacht („beth hasada", Haus der Barmherzigkeit). Die biblisch belegte Krankenheilung am Teich Bethesda (Joh 5,1-15) gewann erst in späterer Zeit Bedeutung im Selbstverständnis der Stiftung Bethesda-St. Martin.

[11] Vgl. Bericht über das Evangelische Magdalenen-Asyl „Bethesda" bei Boppard a. Rh. vom 1. Juli 1879 bis 30. Juni 1880. Erstattet am 25jährigen Jubiläumsfeste der Anstalt am 3. August 1880, Archivbestand „Stiftung Bethesda-St. Martin" im Archiv der Evangelischen Kirche im Rheinland (Archiv Stiftung) Bd. 12.

[12] Nach Archivlage ist unklar, ob Bethesda das erste oder zweite von der Rheinprovinz offiziell beauftragte Fürsorgeerziehungsheim war. Bethesda nimmt jedoch innerhalb der Provinz auf alle Fälle eine Vorreiterrolle ein und findet bis 1945 auch immer wieder her-

mer auch Pensionsgäste aufgenommen, die Bedienung der Gäste war Teil der Ausbildung der Mädchen.[13] Im Folgejahr war die Zahl der „Magdalenen" bereits auf sieben zurückgegangen, während schon 30 Fürsorgezöglinge betreut wurden.[14]

Zum 50-jährigen Jubiläum, dass 1906 begangen wurde, wurden umfangreiche Erweiterungen der Anstalt bezogen: Waschküche, Bügelstube, Wäschestube, Trockenspeicher, ein neuer Schlafsaal und neue Gehilfinnenzimmer, neue Badezellen mit Wannen- und Duschbad. Alle Schlafräume hatten nun elektrisches Licht. Im Jubiläumsbericht wurde darauf abgehoben, dass man bewusst alles vermeide, was an Zucht- und Arbeitshäuser erinnere, aber gleichwohl ein geregelter Tagesablauf und die Ausübung von Arbeit Kernpunkte der Erziehung seien.[15] Emilie Horn musste 1910 ihr Amt als Vorsteherin wegen schwerer Krankheit aufgeben. Da mehrere Schwestern erklärten, mit ihr das Haus verlassen zu wollen, bemühte sich der Vorstand vergeblich, ein Diakonissenmutterhaus für die Stellung des Personals zu gewinnen. Es wurde daher ein Vertrag mit dem Zehlendorfer Diakonieverein geschlossen. Neue Oberin wurde die Zehlendorfer Schwester Marie Sievers, eine erfahrene und gut ausgebildete Kraft.[16] Sie verankerte in den Folgejahren weiter die systematische hauswirtschaftliche Ausbildung als Kernpunkt des pädagogischen Programms.

Die schwierige Versorgungslage in den Jahren 1915/16 konnte die Einrichtung dank eigenem Obst- und Gemüseanbau gut überstehen, jedoch verhinderte der Erste Weltkrieg einen weiteren Ausbau der Einrichtung. Mit Kriegsende kamen erhebliche Probleme auf die Einrichtung zu: Kohlen- und Nahrungsmittelmangel, schlechter Gesundheitszustand der Mädchen, fehlendes Personal. Auch die Stationierung französischer Besatzungssoldaten im ehemaligen Kloster St. Martin sorgte für Unruhe, zumal die dort verbliebenen weiblichen Insassen der Besserungsanstalt nach Bethesda übernommen werden mussten. Es mehrten sich Klagen über die „Zügellosigkeit der Mädchen".

In den Folgejahren war das Haus regelmäßig überbelegt, eine Erweiterung erschien notwendig. Nach dem Abzug der französischen Truppen konnte im Jahr 1924 das frühere Kloster St. Martin gepachtet werden, da die dort vorher untergebrachte staatliche Erziehungsanstalt nicht weitergeführt wurde. Die Einrichtung kehrte somit an den Ort zurück, wo fast 70 Jahre zuvor die Arbeit begann. Mit Inkrafttreten des Reichsjugendwohlfahrtsgesetzes im gleichen Jahr kamen nun sozialpädagogische Aspekte in der Fürsorgeerziehung mehr zum Tragen. Der Unterrichtsplan wurde dem staatlicher Berufsschulen angeglichen.

---

vorgehobene Beachtung seitens der Provinzialverwaltung, wenn es um Erhebungen, Erfahrungsbefragungen usw. geht.
[13] Vgl. Bericht über das Madgalenen-Asyl bei Boppard [1901], Archiv Stiftung Bd. 12.
[14] Vgl. Magdalenen-Asyl Bethesda bei Boppard [1902], Archiv Stiftung Bd. 12.
[15] Vgl. Fünfzigster Jahresbericht über das evangelische Magdalenen-Asyl Bethesda in Boppard a. Rh. [1906], Archiv Stiftung Bd. 12.
[16] Auf Marie Sievers wird in Kapitel 4.3 näher einzugehen sein.

Ab 1926 nahm Bethesda zusätzlich die Aufgabe einer Aufnahme- und Sichtungsstation für neu der Fürsorgeerziehung zugewiesene Mädchen der Rheinprovinz wahr. 1929 wurde eine Außenfürsorgerin eingestellt, die sich um die Mädchen kümmerte, die nach Abschluss ihrer Ausbildung außerhalb des Heims in Dienstbotenstellen untergebracht waren. Die heimeigene „Haushaltungsschule" erhielt 1932 die staatliche Anerkennung.

Vor dem Hintergrund der Weltwirtschaftskrise und dem Druck leerer Kassen folgend wurden ab diesem Jahr von den Behörden die Grenzen der „Erziehbarkeit" zunehmend enger gezogen und vermeintlich unerziehbare Jugendliche aus der Fürsorgeerziehung ausgegrenzt. Mit der Machtübernahme der Nationalsozialisten im Jahr 1933, die von Oberin Sievers fast euphorisch begrüßt wird,[17] änderten sich nicht nur die politischen Rahmenbedingungen, sondern wurde auch die Zukunft der Fürsorgeerziehung infrage gestellt, da mit der Nationalsozialistischen Volkswohlfahrt (NSV) ein Parallelsystem der Ersatzerziehung aufgebaut wurde. Am 14. Juli 1933 beschloss das Kabinett das „Gesetz zur Verhütung erbkranken Nachwuchses".[18] Im August 1934 erfolgte die erste Zwangssterilisierung an einem Mädchen aus Bethesda.[19]

Im St.-Martin-Gebäude war die Einrichtung einer NS-Führerschule im Gespräch. Auf Vermittlung von Pastor Otto Ohl, Geschäftsführer des Rheinischen Provinzialverbandes der Inneren Mission, gelang es jedoch, den Gebäudekomplex anzukaufen und so die Weiterführung der Arbeit an diesem Standort zu sichern. Als Marie Sievers im Jahr 1936 mit dem Gedanken des Rücktritts spielte, befürchtete der Vorstand Einflussnahme der Machthaber bei der Nachfolgefrage. Man wollte daher eine Oberin aus Reihen der Kaiserswerther Diakonissen berufen, um einen gewissen Schutz vor Einflussnahme zu haben. Bei der Neubesetzung der Heimarztstelle wurde Druck auf die Einrichtung ausgeübt, einen nationalsozialistisch zuverlässigen Nachfolger zu bestimmen.[20] Durch eine veränderte Steuergesetzgebung wurde die wirtschaftliche Existenzgrundlage der Einrichtung bedroht.

---

[17] Hierauf wird in Kapitel 4.3 eingegangen, eine Darstellung ist daher an dieser Stelle entbehrlich.
[18] Ausführliche Darstellung in Kapitel 3.2.
[19] Ausführliche Darstellung in Kapitel 5.
[20] Archiv LVR, Bd. 14097, Bl. 43-55 – Grundsätzlicher Hinweis zu Nachweisen aus dem Archivbestand des Landschaftsverbandes Rheinland: Die betreffenden Akten im Archiv des LVR wurden im Jahr 1999 mikroverfilmt und in diesem Zusammenhang die Seitennummerierung neu durchgeführt. Hierbei ergaben sich nach meiner Feststellung Paginierungsabweichungen um bis zu 10 Seiten im Vergleich zu der ursprünglichen handschriftlichen Seitennummerierung. Insofern kann es zu Differenzen in den Nachweis-Seitenangaben kommen im Vergleich zu früheren Publikationen, z.B. Uwe Kaminsky, Zwangssterilisation und „Euthanasie" im Rheinland. Evangelische Erziehungsanstalten sowie Heil- und Pflegeanstalten 1933–1945 (SVRKG 116), Köln 1995. Die Angaben in dieser Arbeit beziehen sich stets auf die neue Paginierung.

1938 wurde Renate Freiin von Soden (1894–1963) nach längerer erfolgloser Suche zur neuen Oberin bestellt. Sie war zuvor „Hofbeamtin" auf Gütern in Pommern und als Leiterin einer Saatzuchtanstalt gewesen, 1937 hatte sie sich der Fürsorge zugewendet und erste Erfahrungen im Evangelischen Mädchen- und Frauenheim Bretten erworben. Die zuständigen Parteistellen bescheinigten der neuen Oberin politische Unbedenklichkeit. Marie Sievers verblieb als Mitglied des Vorstandes in der Einrichtung und erklärte sich bereit, im Falle der Abwesenheit Frau von Soden zu vertreten.

Während des Zweiten Weltkrieges wurde die Arbeit in Bethesda durch mannigfache Probleme erschwert. Viele Mitarbeiter wechselten zu kommunalen oder staatlichen Stellen, wo bessere Arbeitsbedingungen geboten wurden, Personalmangel war die Folge. Die Zahl der zugewiesenen Fürsorgezöglinge stieg gleichzeitig an. Vorübergehend wurden 1942 Soldaten und Flüchtlinge aus dem Saarland im Haus einquartiert. 1943 kam es zu Konflikten zwischen der neuen Oberin und dem Personal, schließlich auch mit dem Vorstand, wegen des nun praktizierten harten Erziehungsstils. 1945 drohte St. Martin, das mit 140 Mädchen überbelegt war, die Beschlagnahme als Kriegslazarett, die jedoch nicht zustande kam.

Artilleriebeschuss zwang Mädchen und Personal in die Keller. Am 15. März 1945 beschlagnahmte eine SS-Einheit ein Gebäude auf dem St.-Martin-Gelände, zog aber in der Nacht zum 17. März übereilt und Verwüstungen hinterlassend wieder ab. Am Tag darauf marschierten amerikanische Truppen in Boppard ein.

2.4. 1945 bis heute
Nach dem Ende des Zweiten Weltkrieges wurde die Arbeit als Mädchenheim im Rahmen der Fürsorgeerziehung fortgesetzt. Mitunter wurden, der Not gehorchend, auch Jungen aufgenommen, oft Geschwisterkinder im Heim lebender Mädchen. Renate von Soden blieb noch bis 1948 Oberin und wurde dann von Annemarie Kassel, einer Johanniterschwester, abgelöst. Seinerzeit befanden sich rund 160 Jugendliche in der Einrichtung. Anfang der 1960er Jahre zeichnete sich bald ab, dass mehr Mädchen aus der Einrichtung ausschieden als neu aufgenommen wurden.

1961 schied Annemarie Kassel aus dem Amt der Oberin aus, Emmi Goetsch wurde ihre Nachfolgerin. Unter ihrer Amtszeit wurde die Arbeit der Fürsorgeerziehung und der Freiwilligen Erziehungshilfe am Standort St. Martin konzentriert. 1964 zog in den Standort Bethesda eine Gruppe geistig behinderter Jungen ein, Ergebnis einer Kooperation mit der Selbecker Diakonenanstalt (heute Theodor-Fliedner-Stiftung Mühlheim/Ruhr). Das Haus erhielt vom neuen Nutzer den Namen „Haus am Hang". 1973 wurde diese Nutzung jedoch wieder aufgegeben, die Gruppe wurde in das neu geschaffene Behindertenzentrum der Kreuznacher Diakonie-Anstalten (heute „kreuznacher diakonie") verlagert.

Ab 1969 beteiligte sich die Stiftung an der Realisierung der evangelischen Fachschule für Erziehungshelfer in Boppard (ab 1971 Fachschule für Sozialpädagogik), um dem zunehmenden Ruf nach Professionalisierung im Erziehungswesen Rechnung zu tragen. Das Haus Bethesda diente seit 1973 dieser Schule als Internat und wurde von der Stiftung selbst nicht mehr genutzt.

Nicht zuletzt durch die „Heimkampagne" der ausgehenden 1960er Jahre wurde die Heimerziehung Jugendlicher öffentlich und politisch kritischer wahrgenommen, die Belegungszahlen sanken langsam, aber kontinuierlich. Dies nahm die Stiftung zum Anlass, in Boppard ein Altenheim, das „Haus Elisabeth"[21], zu errichten, um so nicht nur von einem Arbeitsfeld abhängig zu sein. 1976 wurde es bezogen.

Emmi Goetsch trat 1977 als Oberin in den Ruhestand, blieb aber anschließend noch zwölf Jahre Verwaltungsratsmitglied der Stiftung. Ihre Nachfolge trat Pfarrer Harald A. Schwindt an, nunmehr mit dem neuen Titel Direktor. Obwohl das Jugendheim 1981 nochmals einen Aufschwung erfuhr, nachdem Mädchen eines aufgelösten Heims im Hunsrück übernommen worden waren, waren Belegungsprobleme im Bereich Jugendhilfe bald an der Tagesordnung. Es wurden Gruppen geschlossen, durch die geringen Belegungszahlen war auch der Bestand der heimeigenen berufsbildenden Schule gefährdet. Im Jubiläumsjahr 1982 waren nur noch 50 Plätze im Jugendheim belegt.[22]

In der Schule hatten die Mädchen die Möglichkeit, im Rahmen eines Sonderberufsschuljahres den Hauptschulabschluss zu erlangen. Nicht ohne Stolz wurde seinerzeit dieses Angebot als „kleinste Berufsschule in Rheinland-Pfalz" herausgestellt.[23] Mitte der 1980er Jahre wurde die Schule aufgegeben, nachdem durch eine veränderte Schulgesetzgebung der Hauptschulabschluss nur noch an staatlichen Schulen möglich war.

Zeitgleich begann in der Stiftung eine Neuorientierung hin zum Arbeitsfeld psychisch erkrankte Menschen. Im Rahmen der Psychiatriereform seit Mitte der 1970er Jahre hatte sich der Bedarf gezeigt, außerhalb der tradierten psychiatrischen Großeinrichtungen Wohn- und Betreuungsangebote für Betroffene zu schaffen. In der Mittelrheinregion machten sich dies insbesondere evangelische bzw. diakonische Kreise zur Aufgabe, so wurde vom Evangelischen Kirchenkreis Koblenz im Jahr 1981 mit dem „Haus an der Christuskirche" in Koblenz die erste sozialpsychiatrische Übergangseinrichtung in Rheinland-Pfalz eröffnet. Es zeichnete sich bald ein Bedarf ab, auch Plätze für einen längeren Verbleib zu errichten, und hierbei boten sich die teilweise leer stehenden Räumlichkeiten in St. Martin an. 1986 wurde eine erste Wohngruppe in Betrieb genommen.[24]

---

[21] Das Haus ist nicht etwa nach der heiligen Elisabeth benannt, sondern nach der langjährigen Vorsitzenden der Stiftung, Elisabeth Meyer-Bothling.
[22] Direktor Schwindt in der Festschrift zum 125-jährigen Jubiläum, Knebel, Bethesda-St. Martin.
[23] Harald A. Schwindt im Interview in: Stiftung Bethesda-St. Martin (Hg.), Zeitreise 1855–2005: Jubiläumsschrift, Boppard 2005, 43.
[24] Unter Leitung von Werner Bleidt, der für diese Aufgabe vom „Haus an der Christuskirche" zur Stiftung wechselte und heute, 21 Jahre später, als einer der beiden Geschäftsführer der stiftungseigenen Bethesda-St. Martin gGmbH dem Fachbereich Behinderten-

Bereits 1989 wurde in Koblenz eine Außenwohngruppe des Heimes eröffnet, in den Folgejahren erfolgte sukzessive ein Ausbau zum sozialpsychiatrischen Vollanbieter in den Regionen Rhein-Hunsrück-Kreis, Stadt Koblenz/Kreis Mayen-Koblenz und Kreis Cochem-Zell.[25] Mit der Gründung der BEST gGmbH im Jahr 1976 verfolgte die Stiftung das Ziel, Arbeitsplätze für beeinträchtigte Menschen, vor allem psychisch Kranke, zu Bedingungen des allgemeinen Arbeitsmarktes im Sinne eines Integrationsbetriebes zu schaffen.

Auch in der Altenhilfe verfolgte die Stiftung einen Expansionskurs. Das „Haus Elisabeth" in Boppard wurde 1991 wesentlich erweitert. 1998 wurde das „Haus im Rebenhang" in Winningen eröffnet, 1999 ein Altenheim in Neuwied von der dortigen Kirchengemeinde übernommen. 2002 wurde ein Seniorenzentrum in Ahrweiler eröffnet, 2003 mit dem Bau eines Seniorenzentrums in Höhr-Grenzhausen begonnen und mit einem Ersatzneubau für das Haus in Neuwied. Zwei weitere Objekte waren in der konkreten Planung.

Mit der Expansion in der Altenhilfe ergab sich dann 2005 allerdings eine massive Finanzkrise der Stiftung, die deren gesamte Existenz und die Fortführung der Arbeit bedrohte. Seitens der Landeskirche und der Diakonie wurde versucht, einen anderen diakonischen Träger für eine Übernahme zu gewinnen. Dieser lehnte jedoch nach Sichtung der Bücher ab, da er mit einer Übernahme seine eigene Existenz gefährdet sah. Daraufhin wurde ein Sachwalter eingesetzt, dem es schließlich nach zähen Verhandlungen mit Gläubigerbanken und Kooperationspartnern gelang, die drohende Insolvenz abzuwenden und aus weiteren Neubauvorhaben der Altenhilfe auszusteigen.

Ab dem Jahr 2006 wurde die gesamte Organisations- und Entscheidungsstruktur der Stiftung umgestaltet, um künftig Fehlentwicklungen frühzeitig erkennen zu können. Die Entscheidungs- und Aufsichtsgremien wurden mit neuen Mandatsträgern besetzt. Nach weitgehender Konsolidierung wurde am 12. Juli 2006 im Rahmen der Feierlichkeiten zum 150-jährigen Jubiläum der Stiftung die Verantwortung vom Sachwalter wieder auf den Stiftungsrat und die Geschäftsführer übertragen. Die Stiftung übernahm im Jahr 2007 von einem insolventen Träger das Angebot „Flexible Erziehungshilfen" im Kreis Neuwied und ist somit neben der Behinderten- und Altenhilfe nun auch wieder in der Jugendhilfe präsent, dem Aufgabenfeld, in dem ihre historischen Wurzeln liegen.

---

hilfe vorsteht. Die Einrichtung der ersten beiden Gruppen erfolgte im „Haus Bethesda". Dies ist jedoch nicht identisch mit dem bislang dargestellten „Haus Bethesda" oberhalb von Boppard. Vielmehr wurde zunächst ein Gebäude auf dem Gelände von St. Martin so umbenannt und das Wohnheim für psychisch kranke Menschen erhielt dann diesen Einrichtungsnamen.

25 Das „Haus an der Christuskirche" mit Außenwohngruppen wurde 1996 vom Evangelischen Kirchenkreis an die Stiftung übergeben.

3. Zwangssterilisation im „Dritten Reich"
3.1. Eugenische Diskussion im Vorfeld des Nationalsozialismus

Mit dem Begriff „Eugenik"[26] wird die Anwendung genetischer Erkenntnisse auf Bevölkerungen bezeichnet. Er ist gleichzusetzen mit dem im deutschen Sprachraum bis 1945 häufig gebrauchten Begriff der „Rassenhygiene".[27] Eugenik hat zum Ziel, durch gute „Zucht" den Anteil positiv bewerteter Erbanlagen in der Bevölkerung zu vergrößern.[28]

Eugenische Vorstellungen fanden im ausgehenden 19. Jahrhundert offenbar reichen Nährboden und sind im Ansatz keine rein deutsche oder nationalsozialistische „Erfindung". Der britische Naturforscher Francis Galton (1822–1911) entwickelte die Idee der natürlichen positiven Selektion seines älteren Cousins Charles Darwin (1809–1882) dahingehend weiter, dass sich der Erbanlagenfaktor stets durchsetze und zivilisatorisch-kulturell erworbene Eigenschaften nicht vererbbar seien. Da er anhand von Familien- und Zwillingsforschung zu dem Schluss kam, dass sich die sogenannten „Erbminderwertigen" rasch, die „Erbhochwertigen" jedoch langsam fortpflanzen, befürwortete er gesellschaftlich-steuernde Eingriffe zur Erhaltung und Verbesserung des Erbgutes. Auf seinen Überlegungen fußt das Dogma der Eugenik, wonach eine Gesellschaft durch Kultur und Zivilisation zwangsläufig degeneriert, sofern nicht mittels erbhygienischer Maßnahmen gegensteuernd das menschliche Erbgut verbessert wird.

Praktisch zeitgleich forschte in den USA Alexander Graham Bell (1847–1922), den man gemeinhin als Erfinder des Telefons und als Großunternehmer kennt, in eugenischer Hinsicht an Taubstummen. Bell arbeitete zu dieser Zeit als Sprechtherapeut und „Taubstummenlehrer" und stieß dabei auf eine Häufung von Taubheitsfällen auf einer Insel nahe Boston, Martha's Vineyard. In Unkenntnis der kurz zuvor von Gregor Mendel (1822–1884) publizierten Vererbungslehre postulierte er die drohende Entwicklung eines taubstummen Volkes, sofern dem nicht durch fortpflanzungshindernde Maßnahmen bei den Betroffenen entgegengetreten werde. Obwohl aus späterer Sicht seine Arbeit wissenschaftlich nicht haltbar ist, stützen sich Arbeiten von Eugenikern bis ins 20. Jahrhundert hinein auf Bells Untersuchungen. In den USA wurden als Folge von Bells Veröffentlichung so ausgangs des 19. Jahrhunderts bereits eine nicht genau bekannte Anzahl von tauben Menschen ohne deren Wissen und Einverständnis sterilisiert. In den USA wurde 1896 im Bundesstaat Connecticut ein

---

[26] Von altgriechisch „eu" (gut) und „genos" (Geschlecht). – Der Begriff „Eugenik" wurde erstmals 1883 von dem britischen Anthropologen Francis Galton (1822–1911) verwandt, einem Vetter von Charles Darwin (1809–1882), dem Begründer der Evolutionstheorie.
[27] Der Begriff „Rassenhygiene" wurde von dem deutschen Arzt Alfred Ploetz (1860–1940) geprägt.
[28] „Wären die ‚gezüchteten' Menschen geistig wirklich ‚Gesunde', so würden sie als allererstes ein solches menschenfeindliches Zuchtprogramm abschaffen." (Gilbert Keith Chesterton, britischer Schriftsteller, 1874–1936).

Gesetz erlassen, das „Epileptikern, Schwachsinnigen und Geistesschwachen" verbot, zu heiraten: Später wurde dieses Verbot mit Zwangssterilisationen verbunden, was zu mutmaßlich mehr als 100.000 Eingriffen führte, oft ohne Kenntnis der Betroffenen über die Bedeutung.

1897 wurde im Bundesstaat Michigan ein Gesetzesentwurf zur eugenisch begründeten Unfruchtbarmachung eingebracht, fand jedoch keine Mehrheit. Das 1903 in den USA gegründete sogenannte „Eugenik-Komitee"[29] kam zu dem Schluss, dass mindestens 10 Millionen Menschen oder 10 % der damaligen Bevölkerung der USA an der Fortpflanzung gehindert werden sollten.[30] Im Jahr 1904 wurde ein Forschungsinstitut für experimentelle Evolution auf Long Island von Charles B. Davenport (1866–1944)[31] gegründet und das „Eugenic Record Office" ins Leben gerufen.

Im US-Bundesstaat Indiana wurde schließlich 1907 das erste Sterilisationsgesetz verabschiedet, das auch eine zwangsweise Unfruchtbarmachung zu einer legalen Option im Umgang mit Menschen in Armenhäusern, Anstalten und Gefängnissen machte. Noch im selben Jahr folgte Kalifornien, wo in der Folge auch die meisten Eingriffe durchgeführt wurden. In den kommenden Jahren folgten zahlreiche Bundesstaaten dem Beispiel der „Vorreiter".

Unter der Schirmherrschaft des „American Museum of Natural History" fand 1921 ein internationaler Eugenik-Kongress in New York statt. Ehrenpräsident Alexander Graham Bell forderte mit den Organisatoren die Einführung von Gesetzen zur Verhinderung der „Ausweitung defekter Rassen". Im Jahr 1933 hatten 30 der damals 48 US-Bundesstaaten ein Sterilisationsgesetz, 41 gesetzliche Eheverbote für Geisteskranke. In den Jahren 1907 bis 1933 wurden in den USA 16.000 Menschen unfruchtbar gemacht.[32]

In Europa gründeten sich seit 1910 in vielen Staaten nationale Eugenik-Verbände, vor allem in entwickelten Industriestaaten mit vornehmlich protestantischer Bevölkerung.[33] Die deutsche Vereinigung nannte sich „Gesellschaft für Rassenhygiene" und stand bis 1920 unter starkem Einfluss des Arztes Alfred Ploetz (1860–1940), der in erster Linie „völkische" Ideen mit seinen eugenischen Vorstellungen verfolgte und über Fruchtbarkeits- und Geburtenkontrolle hinausgehend auch die „Ausmerzung" schwacher, überzähliger oder mit ‚unge-

---

[29] Das Komitee wurde von der „American Breeders Assosiation" ins Leben gerufen, der Vereinigung der amerikanischen Rinderzüchter.
[30] Nach anderer Quellenlage 14 Mio. Menschen, vgl. Gisela Bock, Zwangssterilisation im Nationalsozialismus. Studien zur Rassenpolitik und Frauenpolitik (Schriften des Zentralinstituts für Sozialwissenschaftliche Forschung der Freien Universität Berlin 48), Opladen 1986, 242.
[31] Davenport propagierte unter anderen die Deportation aller amerikanischen Schwarzen, um eine Durchmischung der Rassen zu verhindern.
[32] Bis 1936: 31.000; bis 1940: 36.000; bis 1964: 64.000.
[33] Katholisch geprägte Staaten zeigten mehr Zurückhaltung, zumal Papst Pius XI im Jahr 1930 Unfruchtbarmachung offiziell ablehnte.

eigneten' Eltern ausgestatteter Kinder propagierte. Die ‚nordische Rasse' erschien Ploetz als besonders herausgehoben und im eugenischen Sinne förderungswürdig.

Der erste Lehrstuhl für Eugenik wurde 1911 in London eingerichtet und an Karl Pearson (1854–1936)[34] vergeben. Zuvor war 1907 die britische „Eugenics Education Society" gegründet worden, die u.a. die gesetzliche Regelung freiwilliger Sterilisationen forderte.

In Europa fanden die ersten eugenisch begründeten Zwangssterilisationen um 1890 in der Schweiz statt, beginnend in der psychiatrischen Klinik „Burghölzli" in Zürich unter Leitung von Auguste Forel (1849–1931),[35] später unter seinen Nachfolgern Eugen Bleuler (1857–1939),[36] Hans Wolfgang Maier und Manfred Bleuler (1903–1994).[37] In den Folgejahren schlossen sich diesem Vorgehen, ohne dass es hierfür eine gesetzliche Grundlage gab, weitere psychiatrische Kliniken in verschiedenen Kantonen an. Ab 1920 wurde in der Schweiz neben operativen Eingriffen auch die Sterilisation bzw. Kastration mittels hoch dosierter Röntgenbestrahlung praktiziert. 1929 wurde im Schweizer Kanton Waadt das erste Gesetz zur Zwangssterilisation in Europa erlassen.[38] In den übrigen Kantonen der Schweiz wurde weiterhin in ärztlicher Entscheidungsverantwortung ohne gesetzliche Regelung unfruchtbar gemacht. Die genaue Anzahl der in der Schweiz unfruchtbar gemachten Menschen ist nicht bekannt, dürfte aber in die Tausende gehen. Das Verfahren wurde bis in die 1980er Jahre hinein praktiziert.[39]

---

34 Pearson ist heute eher als Mathematiker und Mitbegründer der Psychologie bekannt.
35 Forel ist in der Psychiatrie vor allem durch die Etablierung des Abstinenzgebots in der Behandlung Suchtkranker und als Sozialreformer bekannt.
36 Bleuler ist jedem in der Psychiatrie Tätigem als derjenige bekannt, der als erster die Symptome der Schizophrenie systematisch beschrieb und auch dieser Psychoseform den Namen und wichtige Behandlungsansätze gab. Er löste damit die von Emil Kraepelin geprägte Diagnose „Dementia praecox" ab. Autismus wurde ebenfalls erstmals von Bleuler beschrieben und zur Diagnose erhoben.
37 Manfred Bleuler führte das von seinen Vater Eugen Bleuler begründete Standardwerk „Lehrbuch der Psychiatrie" fort. Er führte dort in den Auflagen von 1937 und 1943 Artikel von Verfechtern der Rassenhygiene ein, die jedoch in den späteren Ausgaben wieder verschwanden.
38 Das Gesetz wurde erst 1985 wieder aufgehoben.
39 Zusätzlich wurden zwischen 1920 und 1970 in der Schweiz eine unbekannte Anzahl Angehöriger des fahrenden Volkes der Jenischen durch Sterilisierung oder Kastration zwangsweise unfruchtbar gemacht, zumeist während Zwangsunterbringungen in Kinderheimen des ‚Hilfswerks für die Kinder der Landstraße'. Dies wurde zwar vordergründig eugenisch begründet, ist aber im Rückblick eher als eine Maßnahme der politisch gewollten Reduktion des Bevölkerungsanteils zu sehen. Auch hierbei geschahen die Eingriffe ohne gesetzliche Grundlage allein in ärztlicher Verantwortung. Bemühungen um eine strafrechtliche Aufarbeitung sind bis heute nicht erfolgreich gewesen, vgl. Walter Leimgruber/Thomas Meier/Roger Sablonier, Das Hilfswerk für die Kinder der Landstraße.

Noch im Jahr 1929 folgte Dänemark mit einem Sterilisationsgesetz,[40] 1934/35 Schweden,[41] Norwegen und Finnland, 1937/38 Island und Lettland. Es muss festgehalten werden, dass alle diese Staaten zum damaligen Zeitpunkt über demokratische Regierungsstrukturen verfügten.[42]

In Deutschland erfuhr die eugenische Diskussion ab dem Jahr 1900 eine massive Ausweitung in der Öffentlichkeit. Der Industrielle Friedrich Alfred Krupp (1854–1902) schrieb seinerzeit einen Wettbewerb aus unter der Fragestellung: „Was lernen wir aus den Prinzipien der Deszendenztheorie in Beziehung auf die innenpolitische Entwicklung und Gesetzgebung des Staates?". Der Jury gehörte unter anderem der Zoologe Ernst Haeckel (1834–1919) an, der die Arbeiten von Darwin in Deutschland bekannt gemacht und zu einer speziellen Abstammungslehre des Menschen ausgebaut hatte. Der Arzt Wilhelm Schallmeyer (1857–1919) gewann den ersten Preis mit seiner Schrift „Über die drohende körperliche Entartung der Kulturmenschheit und die Verstaatlichung des ärztlichen Standes". In der Folge kam es zu einer Intensivierung der Kontakte der deutschen Eugeniker und zu einer Publikationswelle.[43]

Brigitte Hofmann-Mildebrath fasst Schallmeyers Ideen wie folgt zuammen:

„Schallmayers Grundpositionen sind eindeutig biologistisch und aus heutiger Perspektive radikal, grausam und menschenverachtend. Der Wert des Menschen wird nicht als ein humanistischer Grundwert gesehen, sondern unter dem Blickwinkel des Wertes für die Zukunft seines Volkes. Fokussiert ist das Merkmal des ‚generativen Wertes' des Einzelnen in einem großen Ganzen, dem der Rasse. Schallmayer weist auf frühere Selektionsmechanismen wie Kriege und Hungersnöte hin. Für ihn liegt der ‚Wert' solcher Katastrophen darin, dass nach dem Überstehen der Krise der ‚generative Wert' eines Volkes gestärkt ist, weil zwangsläufig nur die ‚überlebenstüchtigsten Glieder' überlebt haben. An die Medizin geht der Vorwurf, durch Pflege und Behandlung der Kranken und Schwachen die „natürlichen" Selektionsmechanismen außer Kraft zu setzen. Für die Stärkung des ‚generativen Wertes' soll Ehelosigkeit bei Mitgliedern ‚höherer Schichten' aufgehoben und frühe Eheschließungen für die Mitglieder dieser Gesellschaftsschicht ermöglicht werden, damit eine hohe Kinderzahl erzielt werden kann. Schallmayers Ausführungen lassen die klare Konzeption erkennen: das Starke muss gemehrt, das Schwache reduziert und ausgemerzt werden. Zu den Starken zählen die Mitglieder der höheren Gesellschaftsschichten, zu den Schwachen die Angehörigen der unte-

---

Historische Studie aufgrund der Akten der Stiftung Pro Juventute im Schweizerischen Bundesarchiv (Reihe Bundarchiv Dossier 9), Bern 1998.

[40] 1929–1953 wurden in Dänemark 8.600 Menschen zwangssterilisiert (vgl. Bock, Zwangssterilisation, 242).

[41] 1935–1939 wurden in Schweden 1.918 Menschen zwangssterilisiert (vgl. ebd.).

[42] Es muss aber auch konstatiert werden, dass letztlich in allen Ländern, in denen eine gesetzliche Regelung zum Teil weit länger als in Deutschland Anwendung fand, nur ein Bruchteil der deutschen Anzahl an Zwangssterilisationen erfolgte.

[43] In seinem Buch „Vererbung und Auslese" (^{3}1918) listet Schallmayer 252 Fachveröffentlichungen zur Rassenhygiene auf, vgl. Brigitte Hofmann-Mildebrath, Zwangssterilisation an (ehemaligen) Hilfsschülerinnen und Hilfsschülern im Nationalsozialismus – Fakten/AKTEN gegen das Vergessen – regionalgeschichtliche Studie im Raum Krefeld, Dortmund 2004, 46.

ren Gesellschaftsschichten, einschließlich der Kranken, Schwachen und Behinderten. Schallmayers Vorstellungen über einen ‚guten Staatsmann' enthalten eine eindeutige Aufforderung an die Adresse der Politiker, baldmöglichst zu handeln. Für Schallmayer ist der Ansatzpunkt für die angestrebte Veränderung das Gebiet der Medizin. Da sich dies aber nicht im rechtsfreien Raum abspielen kann, fordert er ein politisches Mandat für die Medizin."[44]

1905 wurde unter anderem von dem Arzt und Eugeniker Alfred Ploetz (1860 –1940) eine Vereinigung für Eugenik gegründet, die später den Namen „Deutsche Gesellschaft für Rassenhygiene" erhielt. Ploetz war stark von den Werken Haeckels und Darwins geleitet und gehörte während seines Medizinstudiums in der Schweiz zum Kreis der Studenten um den Züricher Professor und Klinikchef Auguste Forel.[45] Ploetz gilt als „Erfinder" des Begriffs „Rassenhygiene".[46] Innerhalb der Gesellschaft für Rassenhygiene begründete er den Geheimbund „Ring der Norda", der die Idee einer „nordisch-germanischen Rassenhygiene" verfolgte.

Hans-Walter Schmuhl fasst die Vorstellungen von Ploetz wie folgt zusammen: „Neben Ideen zur Ausgestaltung einer am Primat des Selektionsprinzips orientierten Gesellschaftsordnung, die auf die Vergesellschaftung der Produktionsmittel, die Aufhebung des Erbrechts und den Abbau des Systems sozialer Sicherung und medizinischer Versorgung abhoben, bildeten Planspiele zur Manipulation des generativen Verhaltens nach eugenischen Kriterien einen Schwerpunkt der von Ploetz konzipierten rassenhygienischen Utopie."[47]

In Deutschland waren vor allem zwei Grundannahmen ausschlaggebend für die weitgehende Perzeption eugenischer Ideen in Wissenschaft und Gesellschaft: Die von den Eugenikern selbst heraufbeschworene Furcht vor der Degeneration der Gesellschaft und das Phänomen des differenziellen Geburtenrückgangs. Ab etwa 1880 konnte ein kontinuierlicher Rückgang der Geburtenzahlen wie auch der Geburtenquoten festgestellt werden, der deutlich über den Werten in anderen europäischen Ländern lag.[48] Er begann in den höheren Schichten und durchdrang anschließend im Verlauf von zwei Generationen

---

[44] Vgl. Hofmann-Mildebrath, Zwangssterilisation, 53ff.
[45] Ploetz hatte bereits mit 18 Jahren einen Schülergeheimbund zur „Ertüchtigung der Rasse" gegründet. In Gerhard Hauptmanns Drama „Vor Sonnenaufgang" trägt die Gestalt des Journalisten Alfred Loth die Züge von Ploetz, der mit Hauptmanns Bruder Carl eine Schulklasse besuchte.
[46] In der frühen wie gegenwärtigen Literatur wird häufig auch der Begriff „Sozialdarwinismus" gleichbedeutend neben Rassenhygiene gebraucht. Laut Gisela Bock muss dies jedoch differenziert werden, da die rassenhygienische Grundannahme, dass die „natürliche Auslese" in der modernen Gesellschaft nicht mehr funktioniere, Darwins Überzeugungen widersprach. Der wissenschaftlich nicht klar definierte Begriff wird daher in dieser Arbeit vermieden (vgl. Bock, Zwangssterilisation, 34, 35).
[47] Hans-Walter Schmuhl, Rassenhygiene, Nationalsozialismus, Euthanasie. Von der Verhütung zur Vernichtung ‚lebensunwerten Lebens' 1890–1945 (KSGW 75), Göttingen 1987, 34.
[48] Lediglich in Österreich sanken die Geburtenzahlen noch stärker.

Mittel- und Unterschicht, um Anfangs der 1930er Jahre schließlich zu einem gesamtgesellschaftlich wahrgenommenen Problem zu werden.[49]

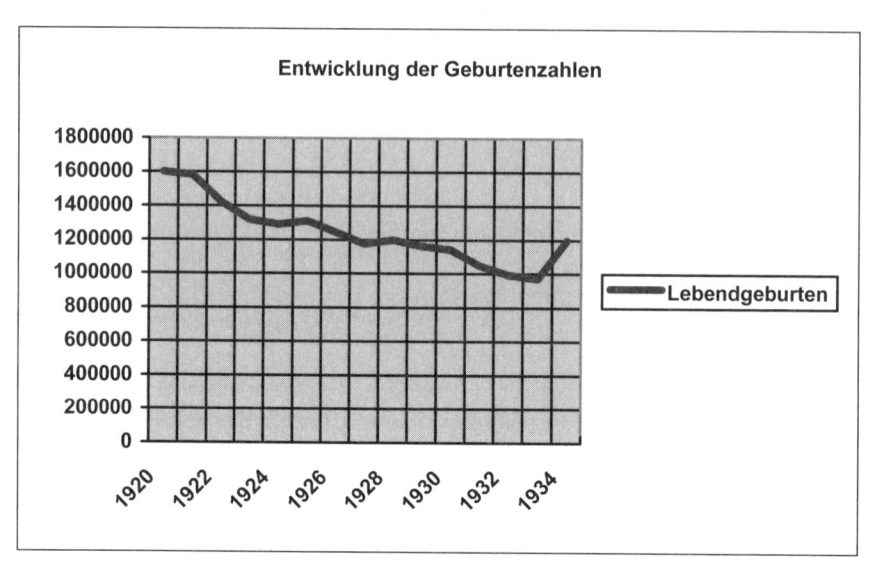

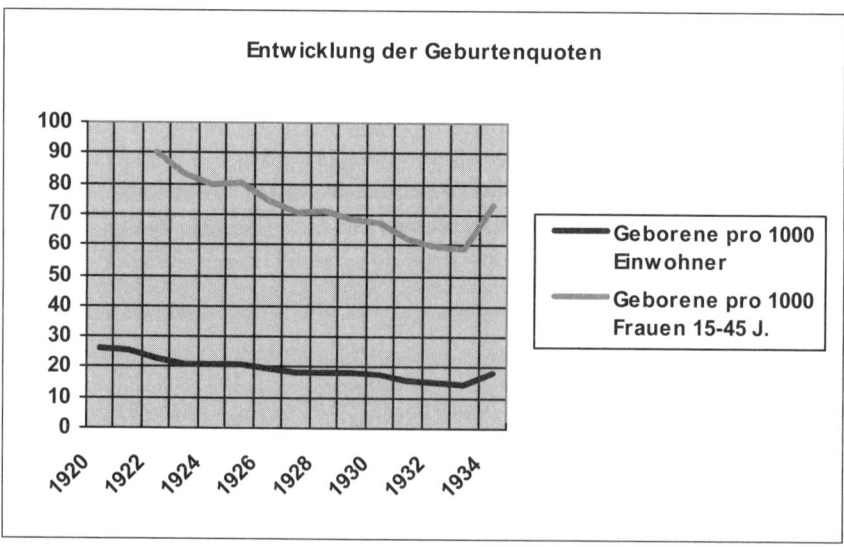

Entwicklung der Geburtenzahlen
(Lebendgeburten, 1920–1934)

Entwicklung der Geburtenquoten
(Geborene pro 1000 Einwohner; Geborene pro 1000 Frauen 15–45 J., 1920–1934)

In der wissenschaftlichen Bewertung dieses Phänomens sind die Gründe umstritten, jedoch dürften veränderte gesellschaftliche Rahmenbedingungen, verändertes soziales Rollenverständnis, die Verfügbarkeit und verbreitete Anwen-

---

[49] Vgl. Bock, Zwangssterilisation, 31.

dung von Empfängnisverhütung sowie eine verbreitete Abtreibungspraxis eine wichtige Rolle gespielt haben.[50]

Die Rassenhygieniker adaptierten in ihren Theorien das Phänomen des Geburtenrückgangs und verwendeten es als Nachweis für die Notwendigkeit einer gesteuerten und aktiven „positiven Auslese" vor dem Hintergrund, dass sich Träger „minderwertigen Erbgutes", d.h. in ihrer Sichtweise in der Regel Unterschichtsanhörige, in höherem Maß weitervermehren als Träger „hochwertigen Erbguts". Dies ist der Grund, warum in der späteren Umsetzung der eugenischen Ideen durch die Nationalsozialisten nicht nur reproduktionsverhindernde (antinatalistische) Maßnahmen eine Rolle spielten, sondern auch eine Förderung „gewünschter" Reproduktionsvorgänge (Pronatalismus) Programm wurde, wie etwa das 1934 gegründete „Hilfswerk Mutter und Kind" und der 1935 gegründete Verein „Lebensborn e.V." Gisela Bock charakterisiert die Rassenhygiene als

„... weniger eine ideengeschichtliche, sondern vor allem als eine sozialpolitische Bewegung mit praktischen Zielen. Ihre Theorien richteten sich nicht, wie bei Darwin, auf die Vergangenheit, sondern auf die Zukunft. Ihr Interesse richtete sich nicht auf den ökonomisch-sozialen ‚Kampf ums Dasein', sondern auf den geschlechtlich-sozialen ‚Kampf' um die ‚Fortpflanzung'. Für diesen Bereich forderten sie nicht ein ‚Recht des Stärkeren' in freier Konkurrenz, sondern deren staatliche Regulierung: praktische Rassenhygiene, Eugenik, Fortpflanzungshygiene, Deszendenzhygiene."[51]

Entscheidend für die Etablierung der Rassenhygiene in Deutschland und schließlich auch für deren furchtbare Umsetzung war eine allmähliche, aber doch letztlich konsequente Abkehr vom christlich-humanistischen Menschenbild in weiten Kreisen der Gesellschaft hin zu einer Kosten-Nutzen-orientierten Betrachtungsweise.[52]

Eugenische Überlegungen blieben nicht auf die Kreise der Rassenhygieniker beschränkt. Auch der Berliner Sozialdemokrat und Professor für Sozialhygiene Alfred Grotjahn (1869–1931) befürwortete die Etablierung der Eugenik in Gesellschaft und Medizin und forderte ein gesetzlich festgeschriebenes Mandat für Mediziner zu deren eigenverantwortlichen Umsetzung. In seinem Standardwerk „Die Hygiene der menschlichen Fortpflanzung" von 1926 führte er aus:

„Recht und Pflicht der Eugenik ist es daher, gerade in unserem Volke und zu diesem Zeitpunkte von der Theorie zur Praxis überzugehen und als praktisch anwendbare Hygiene der Fortpflanzung dafür zu sorgen, dass die Beschränkung nicht nach Laune, Gutdünken, privatem Interesse usw., sondern mit Rücksicht auf die Beschaffenheit der zu erwartenden Nachkommen vor sich geht. Es ist Pflicht der hygienischen Wissenschaft, diesbezügliche Regeln

---

[50] Zahlenquellen für beide Diagramme: Statistisches Reichsamt 1932; Statistisches Reichsamt 1938; Diagramme vom Verfasser.
[51] Bock, 1986, 35.
[52] Vgl. Hofmann-Mildebrath, Zwangssterilisation, 54; Ploetz bezeichnet die Pflege von Kranken und Behinderten als „Humanitätsduselei".

aufzustellen, Pflicht der Ehepaare, sich nach solchen Regeln zu richten und Pflicht der Gesetzgebung und Verwaltung, den Elternpaaren die Innehaltung dieser Regeln zu erleichtern und zu ermöglichen."[53]

Ein erster Gesetzentwurf zur Sterilisation (und zum Schwangerschaftsabbruch) war bereits 1914 von Reichskanzler von Bethmann-Hollweg dem Reichstag zur Beratung vorgelegt worden. Dieser Entwurf umfasste lediglich medizinische Indikationen, Eingriffe aus rassenhygienischer Intention lehnte der Reichskanzler ab. Aufgrund des Ausbruchs des Ersten Weltkrieges kam es jedoch nicht zu einer weiteren Beratung oder einer Verabschiedung des Gesetzes.

1920 veröffentlichen der Psychiater Alfred Hoche (1865–1943) und der hochbetagte Strafrechtswissenschaftler Karl Binding (1841–1920)[54] eine Abhandlung mit dem Titel „Die Freigabe der Vernichtung lebensunwerten Lebens. Ihr Maß und ihre Form." Binding und Hoche, beide keine Nationalsozialisten, wurden damit zum Wegbereiter und Namensgeber späterer Tötungsaktionen („Euthanasie") im Auftrag des NS-Regimes und trugen ganz wesentlich dazu bei, dass staatlich gelenkte Maßnahmen zur Anpassung der Bevölkerungsstruktur auf breiter Ebene diskutabel wurden. Hoche und Binding formulieren beispielsweise:

„Denkt man sich gleichzeitig ein Schlachtfeld bedeckt mit Tausenden toter Jugend, oder ein Bergwerk, worin schlagende Wetter Hunderte fleißiger Arbeiter verschüttet haben, und stellt man in Gedanken unsere Idioteninstitute mit ihrer Sorgfalt für ihre lebenden Insassen daneben – und man ist auf das tiefste erschüttert von diesem grellen Mißklang zwischen der Opferung des teuersten Gutes der Menschheit im größten Maßstabe auf der einen und der größten Pflege nicht nur absolut wertloser, sondern negativ zu bewertender Existenzen auf der anderen Seite. ... Die Frage , ob der für diese Kategorien von Ballastexistenzen notwendige Aufwand nach allen Richtungen hin gerechtfertigt sei, war in den verflossenen Zeiten des Wohlstandes nicht dringend; jetzt ist es anders geworden, und wir müssen uns ernstlich mit ihr beschäftigen. Unsere Lage ist wie die der Teilnehmer an einer schwierigen Expedition, bei welcher die größtmögliche Leistungsfähigkeit Aller die unerläßliche Voraussetzung für das Gelingen der Unternehmung bedeutet, und bei der kein Platz ist für halbe, Viertels und Achtels-Kräfte. Unsere deutsche Aufgabe wird für lange Zeit sein: eine bis zum höchsten gesteigerte Zusammenfassung aller Möglichkeiten, ein Freimachen jeder verfügbaren Leistungsfähigkeit für fördernder Zwecke. Der Erfüllung dieser Aufgabe steht das moderne Bestreben entgegen, möglichst auch die Schwächlinge aller Sorten zu erhalten, allen, auch den zwar nicht geistig toten, aber doch ihrer Organisation nach minderwertigen Elemente Pflege und Schutz angedeihen zu lassen. – Bemühungen, die dadurch ihre besondere Tragweite erhalten, daß es bisher nicht möglich gewesen, auch nicht im ernste versucht worden ist, diese von der Fortpflanzung auszuschließen."[55]

---

[53] Grotjahn zit.n. Hofmann-Mildebrath, Zwangssterilisation, 57.
[54] Binding verstarb während der Drucklegung des Buches.
[55] http://staff-www.uni-marburg.de/%7Erohrmann/Literatur/binding.html, Stand: 02.12. 2007. – Ein sinnentstellender Transkriptionsfehler in der ersten Zeile dieser Quelle wurde nach Abgleich mit anderen Quellen hier korrigiert.

Hoche und Binding argumentierten ihre Forderung nach der Freigabe der Vernichtung von Teilen der Bevölkerung unter anderem mit der volkswirtschaftlichen Belastung, die sich aus den Kosten zur Pflege und zur Versorgung der nicht erwünschten Menschen ergaben. Ihre Berechnungen fanden später in breiter Front Eingang in nationalsozialistische Propaganda wie auch in Schul- und Lehrbücher.

Im Jahr 1923 trat die SPD-Regierung des Landes Thüringen an die Reichsregierung mit dem Wunsch heran, eine gesetzliche Regelung für die Sterilisierung aus finanziellen und „wohlfahrtspolitischen" Gründen zu schaffen. Diese sollte auf Freiwilligkeit basieren, bei entmündigten Personen sollte jedoch die Zustimmung des Vormundes ausreichen. 1924 stimmten im sächsischen Landtag die Koalitionsfraktionen SPD, DDP und DVP einer Aufforderung an die Landesregierung zu, mit der in dieser Frage zuständigen Reichsregierung über die gesetzliche Regelung von Sterilisationen zu verhandeln. Bei der bürgerlich-konservativen Reichsregierung fanden diese Vorstöße jedoch keine Akzeptanz.

1928 forderten im Reichstagsausschuss für die Strafrechtsreform auch bürgerliche Parteienvertreter die gesetzliche Zulassung von freiwilligen Sterilisierungen bei „Gewohnheitsverbrechern", 1931 stellte nochmals die SPD einen ähnlichen Vorschlag im Reichstag zur Debatte.

1932 brachte der Landesgesundheitsrat des größten deutschen Staates Preußen einen Entwurf für ein Sterilisationsgesetz im Reichstag ein. Dieser bildete zwar später die Grundlage für das „Gesetz zur Verhütung erbkranken Nachwuchses", war aber vom Umfang der möglichen Personengruppen deutlich eingeschränkter. Auch sah der Entwurf zunächst nur Freiwilligkeit vor, bei den Beratungen forderten aber sowohl NSDAP- als auch SPD-Abgeordnete eine Ergänzung um Zwangsmaßnahmen.

Kritiker an der Idee der Eugenik gab es in Deutschland nur wenige. Zu ihnen zählt in der Frühzeit der eugenischen Debatte der Soziologe Max Weber (1864–1920), der auf dem Deutschen Soziologentag 1910 in Frankfurt/Main den zuvor vortragenden Alfred Ploetz scharf angriff und dessen eugenische Ideen vehement kritisierte. 1933 versuchte der Jurist Rudolf Kraemer (1885–1945), selbst blind geboren und auch im Auftrag des Reichsdeutschen Blindenverbandes handelnd, mit einer 40-seitigen sehr dezidierten Denkschrift sich der Entwicklung entgegenzustemmen. Kernpunkt seiner Überlegungen ist neben juristischen Feststellungen die Ansicht, dass man mit der Eugenik einer wissenschaftlichen Utopie aufgesessen sei. Trotz fundierter Argumente sieht er jedoch selbst wenig Aussicht auf Erfolg:

„Bei dem großen eugenischen Eifer, von dem gegenwärtig die öffentliche Meinung erfüllt ist und bei den gewaltigen – aber wahrscheinlich außerordentlich übertriebenen – Hoffnungen, denen man sich allgemein über den Erfolg hingibt, dürfte die Verwirklichung dieses gesetzgeberischen Strebens kaum auf große Schwierigkeiten stoßen und wohl in allernächster Zeit zu erwarten sein."⁵⁶

Von katholischer Seite wurde durch die päpstliche Enzyklika „Casti connubii" vom 31. Dezember 1930 die Unfruchtbarmachung weitgehend abgelehnt:

„Ja sie [die Eugeniker] gehen so weit, solche [die ‚Minderwertigen'] von Gesetz wegen, auch gegen ihren Willen, durch ärztlichen Eingriff jener natürlichen Fähigkeiten berauben zu lassen, und zwar nicht als Körperstrafe für begangene Verbrechen, sondern indem sie gegen alles Recht und alle Gerechtigkeit für die weltliche Obrigkeit eine Gewalt in Anspruch nehmen, die sie nie gehabt hat und rechtmäßigerweise überhaupt nicht haben kann".⁵⁷

3.2. „Rassenhygiene" als Instrument der NS-Bevölkerungspolitik

Wie schon im letzten Abschnitt angedeutet, bildete die Rassenhygiene eine wesentliche Grundlage der Bevölkerungspolitik der Nationalsozialisten. Den Ideen der Eugeniker standen passgenau die rassenideologischen Ideen der NS-Protagonisten gegenüber. Um dies zu illustrieren, seien hier zunächst einige Passagen aus Hitlers „Mein Kampf" zitiert.⁵⁸

Adolf Hitler (1889–1945) hat sich während seiner an den versuchten Putsch im Jahr 1924 anschließenden zehnmonatigen Festungshaft in Landsberg/Lech intensiv mit Rassenhygiene beschäftigt. Unter anderem las er dort „Menschliche Auslese und Rassenhygiene" von dem Anthropologen und Eugeniker Fritz Lenz (1887–1976). Lenz, ein Schüler von Alfred Ploetz, gilt als einer der Vordenker und Wegbereiter der Rassenhygiene und wurde später Mitglied im „Sachverständigenrat für Bevölkerungs- und Rassenpolitik beim Reichsinnenminister" und Mitgestalter des „Gesetzes zur Verhütung erbkranken Nachwuchses". Auch Lenz war Mitglied des „Ring der Norda" innerhalb der Deutschen Gesellschaft für Rassenhygiene. Lenz' Formulierungen fanden in großer Breite Eingang in Hitlers „Mein Kampf". So schreibt Hitler beispielsweise zur Frage der wichtigsten Führungsaufgabe:

---

56 Kraemer zit.n. Hofmann-Mildebrath, Zwangssterilisation, 61.
57 Zit.n. Ernst Klee (Hg.), Dokumente zur „Euthanasie", Frankfurt/M. ⁵2001, 38.
58 Eine umfassende Darstellung würde hier den Raum sprengen, die exemplarisch aufgeführten Passagen sollen lediglich dem Erkennen der Zusammenhänge dienen. Die Zitate entstammen der Ausgabe von 1941, die jedoch Hofmann-Mildebrath und dem von ihr zitierten Textvergleich von Chr. von Krockow zufolge inhaltlich nicht von früheren Ausgaben abweicht. „Kaum einer hat sein Buch gelesen, in dem alles stand. Wir kennen keinen Deutschen, der es damals ernst nahm. Die Geschichte Hitlers ist auch die Geschichte seiner Unterschätzung. ‚Mein Kampf' blieb bis zu Hitlers Ende ein ungelesener Bestseller in Millionenauflage – obwohl auch viele Buchbesitzer daran mitwirkten, die Absicht des Autors zu verwirklichen. Während die als Feindbild ausgemachten Opfer starben, verstaubte die verräterische Schrift in den Regalen der Nation." (Knopp zit.n. Hofmann-Mildebrath, Zwangssterilisation, 80).

„Nein, es gibt nur ein heiligstes Menschenrecht ... die heiligste Verpflichtung, dafür zu sorgen, dass das Blut rein ... bleibt, um durch die Bewahrung des besten Menschentums die Möglichkeit einer edleren Entwicklung dieser Wesen zu geben."[59]

Aufgabe des völkischen Staat sei es demzufolge, „die Ehe aus dem Niveau einer dauernden Rassenschande herauszuheben ..., um ihr die Weihe jener Institution zu geben, die berufen ist, Ebenbilder des Herrn zu zeugen und nicht Missgeburten zwischen Mensch und Affe".[60]

In dieser Formulierung wird schon deutlich, welche ablehnende Haltung Hitler kranken oder behinderten Menschen gegenüber einnimmt. Die Kirchen sollen die Missionierung unterlassen, sondern „unsere europäische Menschheit gütig, aber allen Ernstes belehren ..., dass es bei nicht gesunden Eltern ein Gott wohlgefälliges Werk ist, sich eines gesunden armen kleinen Waisenkindes zu erbarmen, ... als selber ein krankes, sich und der anderen Welt nur Unglück und Leid bringendes Kind ins Leben zu setzen".[61]

Dem Staat schreibt Hitler natürlich herausragende Aufgaben der Rassenpflege zu: „Er muss dafür Sorge tragen, dass nur, wer gesund ist, Kinder zeugt; dass es nur eine Schande gibt: bei eigener Krankheit und eigenen Mängeln dennoch Kinder in die Welt zu setzen, doch eine höchste Ehre: darauf zu verzichten. Umgekehrt aber muss es als verwerflich gelten: gesunde Kinder der Nation vorzuenthalten. Der Staat muss aber als Wahrer einer tausendjährigen Zukunft auftreten, der gegenüber der Wunsch und die Eigensucht des einzelnen als nichts erscheinen und sich zu beugen haben ...".[62]

Der Staat möge seine Maßnahmen unter Einsatz „der modernsten ärztlichen Hilfsmittel" praktizieren und alles, „was irgendwie erblich krank und erblich belastet [ist, als] zeugungsunfähig zu erklären und dies praktisch auch durchzusetzen". Andererseits habe der Staat „dafür zu sorgen, dass die Fruchtbarkeit des gesunden Weibes nicht beschränkt wird durch die finanzielle Luderwirtschaft eines Staatsregiments...". Hitler sieht hier große Staatsaufgaben: „Wer körperlich und geistig nicht gesund und würdig ist, darf sein Leid nicht im Körper seines Kindes verewigen. Der völkische Staat hat hier die ungeheuerste Erziehungsarbeit zu leisten."[63]

Das finale Ziel, die Gesundung der Rasse, ist laut Hitler in einem 600 Jahre dauernden Prozess zu erreichen: „Eine nur sechshundertjährige Verhinderung der Zeugungsfähigkeit seitens körperlich Degenerierter und geistig Erkrankter würde die Menschheit nicht nur von einem unermesslichen Unglück befreien, sondern zu einer Gesundung beitragen, die heute kaum fassbar erscheint. Wenn so die bewusste planmäßige Förderung der Fruchtbarkeit der gesündesten Trä-

---

[59] Adolf Hitler, Mein Kampf. Zwei Bände in einem Band, ungekürzte Ausgabe, Erster Band: Eine Abrechnung, Zweiter Band: Die nationalsozialistische Bewegung, München 613.- 617. Aufl. 1941, 444.
[60] A.a.O., 444ff.
[61] A.a.O., 446.
[62] Ebd.
[63] A.a.O., 447.

ger des Volkstums verwirklicht wird, so wird das Ergebnis eine Rasse sein, die ... die Keime unseres heutigen körperlichen und ... geistigen Verfalls wieder ausgeschieden haben wird".[64]

Auch in der Erziehungsarbeit des völkischen Staates soll der Rassengedanke einen wichtigen Stellenwert einnehmen: „Die gesamte Bildungs- und Erziehungsarbeit des völkischen Staates muss ihre Krönung darin finden, dass sie den Rassesinn und das Rassegefühl instinkt- und verstandesmäßig in Herz und Gehirn der ihr anvertrauten Jugend hineinbrennt. Es soll kein Knabe und kein Mädchen die Schule verlassen, ohne zur letzten Erkenntnis über die Notwendigkeit und das Wesen der Blutreinheit geführt worden zu sein."[65]

Am Beispiel der Bekämpfung von Geschlechtskrankheiten zeigt Hitler seinen Weg zur „Gesundung des Volkskörpers" auf: „Es ist eine Halbheit, unheilbar kranken Menschen die dauernde Möglichkeit einer Verseuchung der übrigen gesunden zu gewähren. Es entspricht dies einer Humanität, die, um dem einen nicht wehe zu tun, hundert andere zugrunde gehen lässt. Die Forderung, dass defekten Menschen die Zeugung ebenso defekter Nachkommen unmöglich gemacht wird, ist eine Forderung klarster Vernunft und bedeutet in ihrer planmäßigen Durchführung die humanste Tat der Menschheit. Sie wird Millionen von Unglücklichen unverdiente Leiden ersparen, in der Folge aber zu einer steigenden Gesundung überhaupt führen. Die Entschlossenheit, in dieser Richtung vorzugehen, wird auch der Weiterverbreitung der Geschlechtskrankheiten einen Damm entgegensetzen".[66]

Es muss konstatiert werden, dass Hitler sein rassenhygienisches Programm schon im 1926 veröffentlichen zweiten Band von „Mein Kampf" offen skizziert hat. Wie auch andere in dem Buch bereits angekündigte NS-Verbrechen, etwa der Völkermord an den Juden, fand dies in der Öffentlichkeit trotz der später millionenfachen Verbreitung des Buches jedoch keinen Niederschlag in dem Sinne, dass dies Vorhaben in nennenswertem Umfang als Gefahr erkannt und präventiv dagegen angegangen worden wäre.

Eine weiteres deutliches Zeichen, wohin der Rassenwahn der nationalsozialistischen Bewegung zielt, setzt Hitler in seiner Abschlussrede auf dem Nürnberger NSDAP-Parteitag 1929: „Würde Deutschland jährlich 1 Million Kinder bekommen und 700.000 bis 800.000 der Schwächsten beseitigen, dann würde am Ende das Ergebnis vielleicht sogar eine Kräftesteigerung sein. Das Gefährliche ist, dass wir selbst den natürlichen Ausleseprozess abschneiden ... Das geht soweit, dass sich eine sozial nennende Nächstenliebe um Einrichtungen bemüht, selbst Kretins die Fortpflanzungsmöglichkeit zu verschaffen ... Das Ent-

---

[64] A.a.O., 448.
[65] A.a.O., 475.
[66] A.a.O, 279.

setzliche ist, dass wir nicht die Zahl vermindern, sondern tatsächlich den Wert."[67]

Mit Hitlers Einbindung eugenischer Vorstellungen in ein politisches Programm gewann der rassenhygienische Gedanke eine neue Qualität: Er war nun nicht mehr nur ein wissenschaftliches Theoriekonstrukt, sondern ein Paradigma, dessen vollständige Implementierung 1933 vollzogen war.[68]

3.3. Das „Gesetz zur Verhütung erbkrankten Nachwuchses" vom 14. Juli 1933

Reichsinnenminister Wilhelm Frick (1877–1946) veröffentlichte im Jahr 1933 ein Buch mit dem Titel „Bevölkerungs- und Rassenpolitik", in dem die Ideen der Eugeniker und die Vorstellungen Hitlers Eingang fanden. Im selben Jahr berief er den „Reichausschuss für Bevölkerungsfragen", einen Sachverständigenbeirat für Fragen der Rassenhygiene. Diesem Gremium gehörten u.a. die Eugeniker Ploetz, Rüdin und Lenz an, Reichsjugendführer Baldur von Schirach und der Reichsführer der SS, Heinrich Himmler.[69] Vor diesem Ausschuss hielt Frick im Juni 1933 ein programmatisches Referat, in dem er eine erbpflegerische Unfruchtbarmachung rechtfertigte. Seine Ausführungen fanden später praktisch wörtlich Eingang in die Begründung des „Gesetzes zur Verhütung erbkranken Nachwuchses (GzVeN).[70] Kernforderung des Vortrages war, „die Ausgaben für Asoziale, Minderwertige und hoffnungslos Erbkranke herabzusetzen und die Fortpflanzung der schwer erblich belasteten Personen zu verhindern."[71] Bereits wenige Tage nach der Rede wurde dem Ausschuss der Entwurf für ein Sterilisierungsgesetz vorgelegt, der innerhalb einer einzigen Sitzung abschließend beraten werden sollte. Hier wird die Eile deutlich, mit der die nationalsozialistische Regierung ihre Pläne zur rassenhygienischen Sterilisierung umzusetzen gedachte.

Aufgrund des „Gesetzes zur Behebung der Not von Volk und Reich" vom 24. März 1933, das sogenannte „Ermächtigungsgesetz", konnte das Kabinett Gesetze ohne Beratung im Reichstag beschließen. Auch war es möglich, Gesetze zu verabschieden, die nicht der Reichsverfassung entsprachen.

In der Kabinettssitzung am 14. Juli 1933 wurde das von Frick eingebrachte „Gesetz zur Verhütung erbkranken Nachwuchses" (GzVeN) beschlossen. Vizekanzler Franz von Papen (1879–1969) machte Bedenken geltend, zum Einen hinsichtlich der aus seiner Sicht nicht ausreichend nachgewiesenen Erblichkeit bei Schizophrenie, zum Anderen wegen zu erwartendem Widerstand aus Reihen

---

[67] Hitler zit.n. Bock, Zwangssterilisation.
[68] Vgl. Schmuhl, Rassenhygiene, 18ff.
[69] Vgl. a.a.O., 154.
[70] Die Entstehung des Gesetzes kann hier nur in stark zusammengefasster Form dargestellt werden. Ausführliche Darstellungen finden sich bei Bock, Zwangssterilisation, 80ff. und bei Schmuhl, Rassenhygiene, 154ff.
[71] Frick zit.n. Schmuhl, Rassenhygiene, 154.

der katholischen Kirche, der er selbst angehörte. Der mögliche kirchliche Widerstand gegen das Gesetz machte insofern besondere Sorgen, als in der gleichen Kabinettssitzung auch die Zustimmung zum Reichskonkordat erfolgte. Ziel des Reichskonkordats war aus Sicht der nationalsozialistischen Regierung sicher auch die „Ruhigstellung" katholischer Kritiker durch beispielsweise die Festschreibung der Freiheit der Religionsausübung und des Rechts der Erhebung von Kirchensteuern.[72] Man wartete daher mit der Veröffentlichung des beschlossenen GzVeN ab. Am 20. Juli 1933 wurde das Reichskonkordat feierlich im Vatikan durch Kardinalstaatssekretär Pacelli und Vizekanzler von Papen unterzeichnet. Das GzVeN wurde erst anschließend, am 25. Juli, im Reichsgesetzblatt veröffentlicht.

Das GzVeN lehnte sich über weite Strecken an den preußischen Vorentwurf von 1932 an, gab jedoch das Kriterium der Freiwilligkeit auf. Unfruchtbar zu machen war somit jemand, „wenn nach den Erfahrungen der ärztlichen Wissenschaft mit großer Wahrscheinlichkeit zu erwarten ist, daß seine Nachkommen an schweren körperlichen oder geistigen Erbschäden leiden werden."[73] Mit dieser Formulierung wurde das „Problem" umgangen, dass die Erblichkeit der im Gesetz genannten Krankheiten größtenteils nicht wissenschaftlich eindeutig nachgewiesen war. Es reichte anstelle wissenschaftlicher Exaktheit auf der Grundlage der Mendelschen Gesetze nun bereits eine empirisch-medizinische Einschätzung. Auch wer an einer vom Gesetz genannten Krankheit litt, aber geheilt war, sollte unfruchtbar gemacht werden (nicht aber ‚Anlageträger', die nie erkrankt waren).

Folgende Erkrankungen bzw. Behinderungsbilder galten im Sinne des Gesetzes als Erbkrankheiten:

- Angeborener Schwachsinn
- Schizophrenie
- Manisch-depressives Irresein
- Erbliche Fallsucht
- Erblicher Veitstanz (Huntingtonsche Chorea)
- Erbliche Blindheit [einschließlich erblich bedingter Verminderungen des Sehvermögens, z.B. durch Linsentrübung bei Staren oder Katarakten][74]
- Erbliche Taubheit [einschließlich erblich bedingter, an Taubheit grenzender Schwerhörigkeit]
- Schwere erbliche körperliche Missbildungen [z.B. erbliche Knochenbrüchigkeit, primordialer Zwergwuchs, angeborener Klumpfuß, angeborene Hüftverrenkungen].

Außerdem war eine Unfruchtbarmachung bei schwerem Alkoholismus ausdrücklich ermöglicht.

---

[72] Das Reichskonkordat gilt bis heute im Gebiet der Bundesrepublik Deutschland.
[73] Dieses wie alle nachfolgenden Zitate aus dem GzVeN stammen aus dem Reichsgesetzblatt vom 25.07.1933, Nr. 86, 529-532.
[74] Die gegenüber dem eigentlichen Gesetzestext in eckigen Klammern hinzugefügten Angaben entstammen den Erläuterungen zum Gesetz von Gütt/Rüdin/Ruttke zit.n. Schmuhl, Rassenhygiene, 165.

Da im Bereich der Intelligenzeinschränkungen („Schwachsinn") exogene Faktoren häufig eine Rolle spielen, was seinerzeit auch durchaus bekannt war, und somit ein exakter erbbiologischer Nachweis kaum zu führen war, wurde bei diesem Punkt der Begriff „erblich" durch „angeboren" ersetzt.

Der Antrag auf Unfruchtbarmachung konnte nach dem Gesetz von der zu sterilisierenden Person selbst gestellt werden. Antragsberechtigt waren aber auch Amts- und Gerichtsärzte sowie Leiter von Heil-, Pflege-, Kranken- und Strafanstalten. Gegenüber den Amtsärzten bestand eine Anzeigepflicht für alle mit Heilbehandlungen befassten Personen, insbesondere für Ärzte.

An jedem der rund 220 Amtsgerichte wurde ein Erbgesundheitsgericht (EGG) etabliert, das nach dem Gesetz über die Unfruchtbarmachung zu entscheiden hatte. Es war grundsätzlich vorgesehen, dass diese Gerichte in nichtöffentlicher Sitzung tagten. Die Gerichte waren mit weitreichenden Kompetenzen ausgestattet, so zum Beispiel die Angezeigten gegen deren Willen vorführen oder ärztlich untersuchen zu lassen. Als Zeugen geladene Ärzte waren zur Aussage verpflichtet, die ärztliche Schweigepflicht aufgehoben. Gegen die Beschlüsse des EGG war Beschwerde innerhalb eines Monats möglich, über diese entschieden die bei den Oberlandesgerichten einzurichtenden Erbgesundheitsobergerichte. Deren Entscheidungen waren nicht mehr anzufechten. Die Widerspruchsfrist wurde mit dem Änderungsgesetz zum GzVeN vom 26. Juni 1935 auf vierzehn Tage verkürzt. Außerdem wurde die Möglichkeit geschaffen, für nicht entmündigte Angezeigte, die angeblich ihre Belange aufgrund „krankhaften Geisteszustandes" nicht selbst regeln konnten, für die Dauer des Verfahrens einen Pfleger zu bestellen, in diesem Fall fiel das Widerspruchsrecht durch den Betroffenen selbst ganz weg. Mit dem Änderungsgesetz erhielt das EGG außerdem die Möglichkeit, Bevollmächtigten und Beiständen das Auftreten vor Gericht zu untersagen.

Da Anzeige wie auch Gerichtsentscheid sich ganz wesentlich auf eine subjektive ärztliche Einschätzung stützten und nicht auf belegbare Fakten im Sinne juristisch tragfähiger Beweise, trat für die Angezeigten de facto eine Beweislastumkehr ein. Nicht der Anzeigende hatte zu beweisen, dass der Angezeigte erbkrank ist – hierfür reichte die persönliche erfahrungsbegründete Einschätzung aus. Vielmehr hätte der Angezeigte vor Gericht den Nachweis führen müssen, dass seine Erkrankung oder Behinderung nicht erblich verursacht ist, bzw. im Falle der Intelligenzminderung nicht angeboren.

War der Beschluss der Unfruchtbarmachung gefällt, war der Eingriff innerhalb von zwei Wochen durch einen approbierten Arzt an einer von den Landesbehörden hierfür ermächtigten Krankenanstalt durchzuführen. Nach der ursprünglichen Gesetzesfassung war die Sterilisierung ausschließlich durch chirurgischen Eingriff vorgesehen, mit dem zweiten Änderungsgesetz zum GzVeN vom 4. Februar 1936 wurde auch eine Sterilisierung durch Röntgenstrahlen möglich.

Der Verfahrensablauf ist in nachfolgender Grafik verdeutlicht: [75]

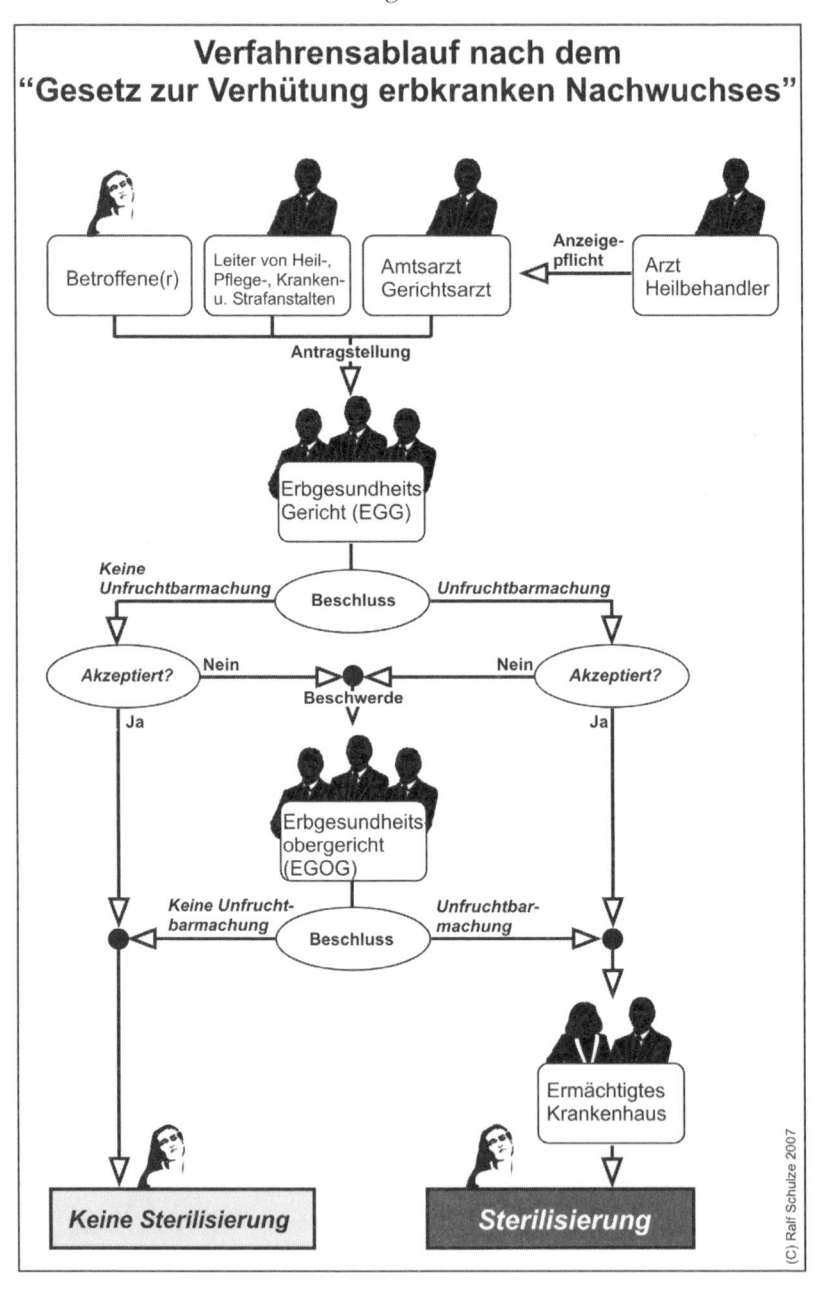

Verfahrensablauf nach dem "Gesetz zur Verhütung erbkranken Nachwuchses"

- Betroffene(r)
- Leiter von Heil-, Pflege-, Kranken- u. Strafanstalten
- Amtsarzt / Gerichtsarzt ◄── Anzeigepflicht ── Arzt / Heilbehandler

↓ Antragstellung

Erbgesundheitsgericht (EGG)

Beschluss:
- Keine Unfruchtbarmachung → Akzeptiert? → Ja / Nein
- Unfruchtbarmachung → Akzeptiert? → Ja / Nein

Nein → Beschwerde

Erbgesundheitsobergericht (EGOG)

Beschluss:
- Keine Unfruchtbarmachung
- Unfruchtbarmachung → Ermächtigtes Krankenhaus

→ **Keine Sterilisierung** / **Sterilisierung**

(C) Ralf Schulze 2007

---

[75] Eigene Grafik des Verfassers.

Die Erbgesundheitsgerichte waren jeweils mit einem Amtsrichter als Vorsitzendem, einem beamteten Arzt sowie eine weiteren, mit der Erbgesundheitslehre vertrauten Arzt zu besetzen. Die Erbgesundheitsobergerichte waren analog ausgestattet, jedoch führte den Vorsitz ein Richter des Oberlandesgerichts. In der späteren Praxis führte dies dazu, dass häufig die als Beisitzer des EGG tätigen Amtsärzte über die von ihnen selbst zuvor angezeigten Fälle zu urteilen hatten, oder dass Leiter von Krankenanstalten sowohl die Anzeige von Sterilisanden vornahmen als auch beim Gerichtsentscheid mitwirkten und schließlich womöglich noch dem Krankenhaus vorstanden, in dem die Sterilisation dann durchgeführt wurde. – Die Kosten für das Entscheidungsverfahren waren gemäß GzVeN von der Staatskasse zu tragen, die Kosten für die Sterilisation selbst von den Krankenkassen.

In der Diskussion um die Aufarbeitung der Zwangssterilisierungen und den Umgang mit diesem geschichtlichen „Erbe" klingt häufig an, dass zwar aus heutiger Sicht die Zwangssterilisation kein Mittel der Gesundheitspolitik mehr sein darf, dass aber die damaligen Maßnahmen aufgrund der gesetzlichen Grundlage und der Einhaltung der Verfahrenswege in juristischem Sinne durchaus zu vertreten seien. Diese Einschätzung kann jedoch bei näherer Betrachtung der Umstände nicht geteilt werden. Sowohl der Weg zur Verabschiedung des Gesetzes wie auch die inhaltliche Ausgestaltung hinsichtlich der Rechtsstellung der Betroffenen, der Verfahrenswege und der Beweislastumkehr entsprechen in keiner Weise anerkannten Standards des Staatsbürgerrechts. Die im Gesetz vorgesehene weitgehend willkürliche und nicht wissenschaftlich begründete Zuordnung von Menschen zum Kreis der zu Sterilisierenden, d.h. der an einem der wesentlichsten menschlichen Merkmale, nämlich der Fortpflanzungsfähigkeit, zu Verstümmelnden, widerspricht den Grundrechten auf körperliche Unversehrtheit, auf Selbstbestimmung und auf Gleichheit vor dem Gesetz. Insofern muss trotz vorliegender gesetzlicher Regelung die Anwendung des GzVeN aus heutiger Sicht zumindest unter dem Blickwinkel der Menschrechtsverletzung auch als juristisch kritisch betrachtet werden.

3.4. Durchführung der Zwangssterilisierungen in Deutschland

Das GzVeN trat am 1. Januar 1934 in Kraft. In Zusammenhang damit muss auch das „Gesetz zur Vereinheitlichung des Gesundheitswesens" vom 3. Juli 1934 gesehen werden, das reichseinheitlich Aufbau und Aufgaben der Gesundheitsämter festlegte. Kernstück der Gesundheitsämter waren „Beratungsstellen für Erb- und Rassenpflege", die allerdings weniger der Beratung dienen sollten als vielmehr der Erfassung der als erbkrank Verdächtigen und der Anzeige bei den Erbgesundheitsgerichten wie auch der Mitwirkung an den Gerichtsverfahren. Grundsätzlich wurde eine lückenlose erbbiologische Erfassung der deutschen Bevölkerung angestrebt. Wie auch in anderen Bevölkerungssektoren war es Ziel, auf breiter Basis Daten zu erheben und einen lückenlosen Überblick über die Bevölkerung zu gewinnen. Um dies zu erreichen, wurde zum Beispiel die Vergabe von Ehestandsdarlehen für junge Ehepaare und auch die Gewährung von Kindergeld an die Bereitschaft zum Durchlaufen einer erbbiologischen Untersuchung geknüpft.[76]

Friedrich Zahn, damaliger Präsident des Bayrischen Statistischen Landesamtes, Mitglied zahlreicher Reichskommissionen und „Grandseigneur" der deutschen wie internationalen Statistik schreibt in seiner Abhandlung „Fortbildung der deutschen Bevölkerungsstatistik durch erbbiologische Bestandaufnahmen": „Die Bevölkerungspolitik muß ... nach den Grundsätzen der Rassenhygiene auf Förderung der wertvollen Erbwerte, auf Verhinderung der Fortpflanzung minderwertigen Lebens, der erbgesundheitlichen Entartung, bedacht sein, m. a. W. eine Hochwertigenauslese einerseits, eine Ausmerze erbbiologisch unerwünschter Volksteile andererseits zielbewußt betreiben. Zur Durchführung dieser Aufgabe ist eine volksbiologische Diagnose unerlässlich."[77]

Die mit deutscher Gründlichkeit etablierte Verwaltungs- und Gerichtsmaschinerie funktionierte. Für die ersten drei Jahre der Anwendung des GzVeN sind folgende Zahlen dokumentiert:[78]

Jahr	1934	1935	1936
Erbgesundheitsgerichtsverfahren	84.604	88.193	86.254
Sterilisierungen	62.463	71.760	64.646
Zustimmungsquote	73,8 %	81,4 %	74,9 %

Die genaue Zahl der auf der Grundlage des GzVeN sterilisierten Personen insgesamt lässt sich heute nicht mehr feststellen, da eine systematische Erhebung seit 1937 nicht mehr durchgeführt wurde und zudem die in der Regel bei den Gesundheitsämtern geführten Erbgesundheitsakten zum Teil verloren gegangen sind.[79] Es wird jedoch heute übereinstimmend davon ausgegangen, dass rund 400.000 Menschen zwangssterilisiert wurden. Die Zahlenangaben in der Literatur schwanken zwischen 360.000 und 400.000 Fällen.[80] Die Differenz er-

---

[76] Vg. Götz Aly/Karl Heinz Roth, Die restlose Erfassung. Volkszählen, Identifizieren, Aussondern im Nationalsozialismus, Berlin 1984, 101.
[77] Zahn zit.n. ebd.
[78] Quelle Zahlenmaterial: Bundesarchiv zit.n. Aly/Roth, Erfassung, 153; auch bei Uwe Gerrens, Medizinisches Ethos und theologische Ethik. Karl und Dietrich Bonhoeffer in der Auseinandersetzung um Zwangssterilisation und „Euthanasie" im Nationalsozialismus (Vierteljahrshefte für Zeitgeschichte. Schriftenreihe 73), München 1996, 198; Quotenberechnung, tabellarische Zusammenstellung und Diagramm vom Verfasser. Bei Bock, Zwangssterilisation, 232ff. finden sich etwas abweichende Zahlen, die sich auf eine andere Quelle stützen; diese sind jedoch von der Größenordnung her ähnlich.
[79] Durch Kriegseinwirkung oder Vernichtung von Akten nach 1945.
[80] Vgl. Ministerium der Justiz Rheinland-Pfalz 1995, 1309; Margret Hamm (Hg.), Lebensunwert zerstörte Leben. Zwangssterilisation und „Euthanasie", Frankfurt a.M. ²2006, 7, 225; Schmuhl, Rassenhygiene, 159; Rede von Bundesinnenminister Dr. Wolfgang Schäuble am 12.10.2006 anlässlich der Eröffnung der Ausstellung „Tödliche Medizin – Rassenwahn im Nationalsozialismus" im Deutschen Hygienemuseum Dresden; Bundes-

gibt sich möglicherweise aus der Tatsache, dass rund 40.000 Menschen in annektierten Gebieten sterilisiert wurden, also außerhalb der Grenzen Deutschlands von 1937, und somit je nach Betrachtungsweise nicht berücksichtigt werden.[81] Nach heutigem Kenntnisstand sind 5.000 bis 6.000 Frauen sowie 600 Männer bei den Eingriffen selbst oder an deren Folgen verstorben.[82]

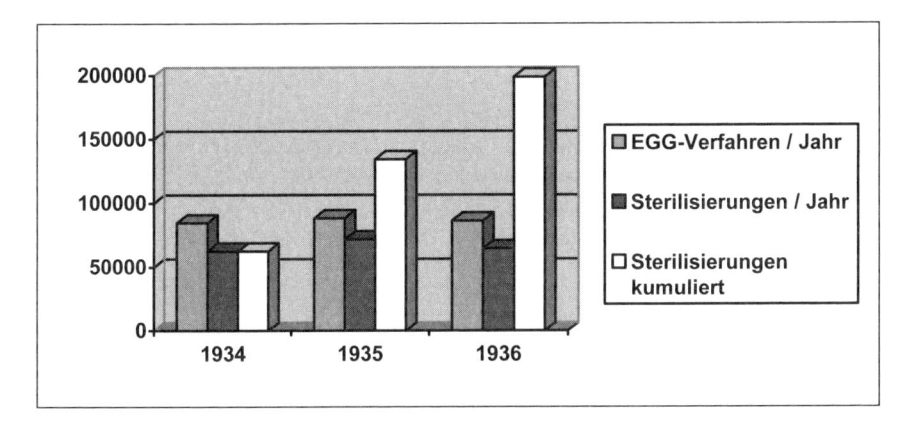

[Balkendiagramm: EGG-Verfahren / Jahr, Sterilisierungen / Jahr, Sterilisierungen kumuliert für die Jahre 1934, 1935, 1936]

Die Antragstellung erfolgte in den wenigsten Fällen von den Betroffenen selbst bzw. deren gesetzlichen Vertretern. Die Zahlen hierzu schwanken regional sehr stark. Hans-Walter Schmuhl geht davon aus, dass insgesamt der Anteil der freiwillig beantragten Unfruchtbarmachungen bei 1 % gelegen hat.[83] In der Ausführungsverordnung zum GzVeN war festgelegt, dass der Amtsarzt die Betroffenen bzw. deren gesetzliche Vertreter dazu bewegen sollte, den Sterilisationsantrag selbst zu stellen, offenbar hat dieses Ansinnen aber nicht in gewünschtem Umfang Erfolg gezeigt.[84]

Eine zentrale Rolle bei der Antragstellung spielten die Amtsärzte. Für Württemberg ist belegt, dass 78 % der Anträge auf Unfruchtbarmachung durch die Amtsärzte gestellt wurden, es ist davon auszugehen, dass eine Zahl im ähnlichen Bereich reichsweit anzusetzen wäre. Von württembergischen Anstaltsärzten wurden 18 % der Fälle angezeigt.[85] Die Bedeutung der Gesundheitsämter ist

---

tagsantrag vom 13.12.2006 „Ächtung des Gesetzes zur Verhütung erbkranken Nachwuchses vom 14. Juli 1933", Bundestagsdrucksache 16/3811 (beschlossen am 24.05.2007) und weitere Quellen.
[81] Vgl. Bock, Zwangssterilisation, 238.
[82] Vgl. Schmuhl, Rassenhygiene, 159; Bock, Zwangssterilisation, 237ff.; Bundestagsdrucksache 16/3811, 2.
[83] Vgl. Schmuhl, Rassenhygiene, 157.
[84] In Hamburg, wo eine intensive Propaganda die Einführung des Gesetzes begleitet hatte, stellten 61 % der Sterilisierten den Antrag ‚freiwillig'.
[85] Prozentangaben beziehen sich auf die Jahre 1935 bis 1941, vgl. Schmuhl, Rassenhygiene, 157.

auch an der Zahlenentwicklung abzulesen: 1937 gab es 1.523 beamtete Ärzte an 745 Gesundheitsämtern, 1943 waren es 2.600 hauptamtliche und rund 10.000 nebenamtliche Ärzte an 1.100 Gesundheitsämtern. Von den 634 Amtsärzten im Jahr 1937 in Preußen waren 519 Mitglieder der NSDAP oder deren Nebenorganisationen.[86]

Der überwiegende Teil der Zwangssterilisationen, 96 %, wurde unter den Indikationsstellungen ‚Schwachsinn', Schizophrenie, Epilepsie und manischdepressivem Irresein vorgenommen. Die größte Gruppe stellten die ‚Schwachsinnigen' mit rund zwei Dritteln der Sterilisierungen. Innerhalb dieser Gruppe waren wiederum zwei Drittel Frauen.[87]

Die „Feststellung" der Indikation ‚angeborener Schwachsinn' sollte einerseits durch eine Intelligenzprüfung, andererseits aber auch durch die Bewertung der ‚Lebensbewährung' und der familiären Situation erfolgen. Dies deutet bereits an, dass neben rein erblichen Gesichtspunkten auch die Tür offen stand für eine Auslese nach sozialen Kriterien. Tatsächlich vermerkten Gütt, Rüdin und Ruttke im Kommentar zum GzVeN:

„Mit größter Wahrscheinlichkeit liegt aber dann Schwachsinn vor, wenn der Betreffende nicht fähig ist, in einem geordneten Berufsleben seinen eigenen Unterhalt zu verdienen, noch sonst sich sozial einzufügen. Solche Schwachsinnigen fallen auf durch eine kümmerliche Entwicklung und Verbildung ihrer sittlichen Begriffswelt, durch Unfähigkeit, sich eine richtige Einsicht in die Ordnung der menschlichen Gesellschaft zu bilden. Wenn bei ihnen auch Ausfälle der Intelligenz im landläufigen Sinne kaum nachzuweisen sind, wenn auch vielfach sogar Überlistungs- und Täuschungserfolge von ihnen erreicht werden, so sind sie doch schwachsinnig, weil ihre Verstandesschärfe eben nach der Richtung der Erkenntnis, der Beurteilung, der Kritik ihres Tuns, ihr Willen zur Gestaltung ihres Lebens nicht normal stark ist, so dass sie sich in der Gemeinschaft nicht einzufügen vermögen. Dazu kommen dann noch Abschwächung der ethischen Vorstellung, Abstumpfung des ethischen Gefühls und grobe Charakterfehler."[88]

Mit diesen Vorgaben war de facto die Möglichkeit eröffnet, Unfruchtbarmachungen auch aufgrund sozialer Indikationen vorzunehmen. Ein „Bestehen" des Intelligenztests reichte nicht zwangsläufig aus, um der Einstufung als ‚schwachsinnig' zu entgehen. Die genannten Kriterien waren überdies kaum objektiv zu erheben, machten es also den Betroffenen vor Gericht praktisch unmöglich, sie zu widerlegen.

In der Praxis wurden dann auch viele Menschen auf der Grundlage des GzVeN zwangssterilisiert, bei denen objektiv keine erbliche Indikation vorlag. Insbesondere jugendliche Hilfsschüler und erwachsene Insassen von Einrich-

---

[86] Vgl. Bock, Zwangssterilisation, 188.
[87] Zahlenwerte vgl. Schmuhl, Rassenhygiene, 156.
[88] Gütt/Rüdin/Ruttke zit.n. Schmuhl, Rassenhygiene, 424.

tungen für Alkoholkranke wurden in hohem Maß Opfer dieser „diagnostischen Beliebigkeit", ohne dass konkrete Zahlen zu ermitteln sind.[89]

Die Eingriffe zur Sterilisierung wurden in Krankenhäusern vorgenommen, die von den Landesbehörden hierzu besonders ermächtigt worden waren. Die dem Verfasser vorliegende Liste für die Rheinprovinz umfasst beispielsweise 81 Krankenanstalten, überwiegend in öffentlicher und evangelischer Trägerschaft, aber auch einige katholischer Häuser.[90]

Die Sterilisierungen wurden zunächst nur auf operativem Wege vorgenommen, in der Regel bei Frauen durch eine Durchtrennung der Eileiter (Tubektomie) oder durch Unterbrechung bzw. Verlegung der Samenstränge bei Männern (Vasektomie, Vasoligatur). Mit dem zweiten Änderungsgesetz zum GzVeN vom 4. Februar 1936 wurde auch die Unfruchtbarmachung durch Röntgenbestrahlung zugelassen, jedoch in der Praxis nicht in großem Umfang angewandt. Das Verfahren bildete jedoch eine der Ideen ab, mit der Ärzte sich um die Entwicklung kostengünstiger, rationeller, „industrieller" Sterilisierungsmethoden bemühten, entsprechende Forschungsvorhaben kamen allerdings in den Kriegsjahren zum Erliegen. Auch sollte mit der Einführung alternativer Sterilisierungsverfahren den Sterberaten bei den bisherigen Eingriffen entgegengewirkt werden. Die genauen Zahlen sind nicht bekannt, wie bereits ausgeführt wird jedoch übereinstimmend davon ausgegangen, dass bei den insgesamt durchgeführten 360.000 bis 400.000 Sterilisationen nach dem GzVeN 5.000 bis 6.000 Frauen und rund 600 Männer verstorben sind.[91] Dies entspricht einer Letalitätsrate von 1,6 % bis 1,8 %. – Das Gesetz sah ausdrücklich vor, dass die operativen Eingriffe auch ggf. unter Zwang vorzunehmen sind. Im Auftrag des Amtsarztes war die Polizei verpflichtet, die betroffenen Personen nötigenfalls durch Anwendung unmittelbaren Zwangs[92] der Behandlung zuzuführen. Der Amtsarzt fungierte also nicht nur als Verfahrensauslöser und Verfahrensbeteiligter, sondern ggf. auch noch als „Vollstrecker". Es ist nicht exakt nachzuvollziehen, in wie vielen Fällen solche Maßnahmen durchgeführt wurden, da von einzelnen in den Erbgesundheitsakten belegten Fällen auf die Gesamtheit geschlossen werden muss. Genannt wird eine Quote von 3 bis 30 % der Eingriffe.[93]

Vor allem im Bereich der Psychiatrie kam es in großem Umfang zu Zwangssterilisationen, bei denen die Betroffenen weder am Verfahren beteiligt waren

---

[89] Für die Hilfsschüler im Bezirk des Jugendamtes Krefeld liegt eine konkrete Erhebung vor: vgl. Hofmann-Mildebrath, Zwangssterilisation.
[90] Vgl. Ministerialblatt für die Preussische Innere Verwaltung, Nr. 43 vom 24.10.1934, 1330ff., maschinenschriftliche Abschrift in ArchivLVR, Bd. 14061, Blatt 57ff.
[91] Vgl. Schmuhl, Rassenhygiene, 159; Bock, Zwangssterilisation, 237ff.; Bundestagsdrucksache 16/3811, 2.
[92] Der rechtliche Begriff „unmittelbarer Zwang" umfasst die Anwendung körperlicher Gewalt, Hilfsmittel körperlicher Gewalt (z.B. Diensthunde, Fesseln, Dienstfahrzeuge) und den Einsatz von Waffen.
[93] Vgl. Schmuhl, Rassenhygiene, 158; Bock, Zwangssterilisation, 256ff.

noch vor dem operativen Eingriff über diesen aufgeklärt wurden. Dorothea Buck, als Patientin der psychiatrischen Klinik in Bethel im Alter von 19 Jahren zwangssterilisiert, schildert dies:

„Als ich die Stationsschwester nach den Narben meiner jungen Mitpatientinnen in der Mitte über der Scheide befragte, erklärte sie mir diese als ‚Blinddarmnarben'. ... Dieses Verschweigen nicht nur der Sterilisationsnarben, sondern auch, dass die Operation, der ich unterzogen wurde, eine Sterilisation sei, war hier offenbar üblich, obwohl das Erbgesundheitsgesetz vorschrieb, dass die Sterilisandin von den Ärzten aufgeklärt werden müsste. Meine Mutter war bei ihrem Besuch in ‚Haus Magdala' vor die Wahl gestellt worden, entweder meiner Sterilisation zuzustimmen oder mich bis zu meinem 45. Lebensjahr in der Anstalt zu lassen. Mit 19 Jahren war man damals noch nicht mündig. – ‚Das ist ja noch viel schlimmer!' Erschrocken stimmte sie zu. Das erzählte sie mir viele Jahre später. Auch nach der Operation erfuhr ich nicht von einem Arzt oder einer Schwester, was gemacht worden war, sondern von einer Mitpatientin, einer Diakonisse, die nach einem Autounfall im Haus lebte. Verzweifelt ließ ich mir die Haare abschneiden. Ich fühlte mich nicht mehr als volle Frau. Wenigstens die Haare wollte ich noch wachsen sehen, wenn meine Entwicklung nun stillstand. Als ‚minderwertige Geisteskranke' hatte Bethel mich ohne ein einziges Gespräch zwangssterilisiert. Ich wusste, dass ich nicht mehr heiraten durfte, weil Ehen zwischen Zwangssterilisierten und Nicht-Sterilisierten verboten waren. Dass ich meinen lang vorbereiteten Wunschberuf der Kindergärtnerin nicht mehr erlernen durfte, überhaupt keinen sozialen Beruf."[94]

Der Vollständigkeit halber muss darauf hingewiesen werden, dass in Deutschland schon vor Inkrafttreten des GzVeN Zwangssterilisierungen in erheblichem Umfang erfolgt sind. Mit der Strafrechtsnovellierung vom 26. Mai 1932 wurde durch den neu eingeführten § 226a die Durchführung der Sterilisierung straffrei gestellt, sofern eine Einwilligung der Betroffenen vorlag. In der Praxis führte dies dazu, dass bei zahlreichen Menschen unter ‚indirektem Zwang', etwa das Anhängigmachen der Entlassung aus einer Anstalt von der Einwilligung in den Eingriff, Unfruchtbarmachungen vorgenommen wurden. Es gibt hierüber keine umfassenden Zahlen, lediglich exemplarische Belege aus Berichten einzelner Anstaltsverantwortlicher.[95]

Am 1. September 1939 wird durch eine Verordnung die weitere Umsetzung des GzVeN gestoppt. Nur noch in Fällen der „besonderen Fortpflanzungsgefahr" soll noch sterilisiert werden, ansonsten sind die Eingriffe ausgesetzt, die EGG-Verfahren eingestellt. Der Grund liegt auf der Hand: Anstelle der Fort-

---

[94] Aus: Dorothea Buck, Rede ‚Verleugnet – Vergessen' am 18.06.2000 in Bethel anlässlich der Einweihung des Mahnmahls für die in Bethel Zwangssterilisierten. Quelle: http://www.bpe-online.de/infopool/geschichte/pb/buck_verleugnet.htm, Stand 03.11. 2007. Siehe auch Dorothea Buck, 70 Jahre Zwang, Neumünster 2006, 3 sowie Sophie Zerchin (Dorothea Buck): Auf der Spur des Morgensterns, München 1990; Gespräch mit Dorothea Buck in ‚Soziale Psychiatrie' Heft 2/2005, 36ff.; Interview mit Dorothea Buck in ‚Psychosoziale Umschau', Heft 2/2005, 4ff.

[95] Vgl. Bock, Zwangssterilisation, 83. Mit der gleichen Novellierung wurden auch Schwangerschaftsabbrüche durch die Hinzufügung von §§ 219-220 erschwert. Es handelt sich also in bevölkerungspolitischem Sinne um eine sowohl antinatalistische als auch pronatalistische Gesetzesänderung.

pflanzungsregulierung wird die drastischere ‚Euthanasie' treten und die Ärzte werden dringender gebraucht, um hinter der Front Soldaten wieder einsatzfähig zu machen. Das Gesetz findet jedoch weiterhin bis 1945 mit geringeren Fallzahlen Anwendung, entsprechend begründete Fälle scheinen sich zu finden.[96]

Ergänzend sollte nicht unerwähnt bleiben, dass ohne eigentliche rechtliche Grundlage unter Bezug auf das GzVeN auch Schwangerschaftsabbrüche durchgeführt wurden. Obwohl die seinerzeit zunächst geltende Fassung des § 218 StGB derartige Eingriffe nur bei Lebensgefahr für die Schwangere oder bei übergesetzlichem Notstand zuließ, wurde häufig bei schwangeren Frauen, bei denen vom EGG die Sterilisierung angeordnet war, auch eine Abtreibung durchgeführt. Vor allem das EGG Hamburg machte sich als Vorreiter für diese Art der Auslese einen Namen. Mit einem Rundschreiben des „Reichsärzteführers" Wagner vom September 1934 wurde eine Abtreibung bei Vorliegen einer Erbkrankheit für zulässig erklärt und den ausführenden Ärzten Straffreiheit zugesichert. Mit der Reform des § 218 StGB im Zuge des Änderungsgesetzes zum GzVeN vom 26. Juni 1935 wurde das Vorliegen einer Erbkrankheit als Grund für einen Schwangerschaftsabbruch in das Gesetz aufgenommen und die vorherige Praxis somit legitimiert.[97]

3.5. Zwangssterilisierung im Kontext weiterer NS-Verbrechen

Hans-Walter Schmuhl bezeichnet die durch die Etablierung des GzVeN gekennzeichneten Jahre 1933 bis 1938 als „Inkubationsphase der ‚Euthanisieaktionen'",[98] eine ähnliche Einschätzung vertritt auch der Theologe und Journalist Ernst Klee.[99]

Wenngleich schon im Vorfeld der Zwangssterilisierung auch mehrfach schon von der Eliminierung sozial unerwünschten Lebens die Rede war, so etwa bei Hoche und Binding,[100] hatten doch die NSDAP-Vertreter lange Zeit von der Hand gewiesen, dass über die Fortpflanzungsregulierung hinaus tatsächlich Tötungen vorgenommen werden sollten. Im Rückblick ist jedoch heute die Zeit der Etablierung des GzVeN durchaus als Vorstufe zu den später durchgeführten Tötungsaktionen zu sehen. Insbesondere wurden durch die Diskussion in der Öffentlichkeit und die begleitenden Propagandaaktionen wichtige Grundsteine gelegt für die spätere Akzeptanz der Tötungsverbrechen:
– In der Öffentlichkeit wuchs ein Verständnis, dass ‚Ballastexistenzen' in erheblichem Maß eine Bedrohung für den Fortbestand des Volkes und eine im-

---

[96] Die hessische Diakonieanstalt Hephata bestellt z.B. noch am 27.09.1939 und am 15.03. 1940 Meldebögen für die Sterilisierungen, vgl. Ernst Klee, „Euthanasie" im NS-Staat. Die „Vernichtung lebensunwerten Lebens", Frankfurt a.M. [11]2004, 86.
[97] Vgl. Anahid S. Rickmann, Rassenpflege im völkischen Staat – Vom Verhältnis der Rassenhygiene zur nationalsozialistischen Politik, Bonn 2003, 136ff.
[98] Schmuhl, Rassenhygiene, 187ff.
[99] Vgl. Klee, Dokumente, 35ff.; Klee, „Euthanasie", 61ff.
[100] Vgl. Kapitel 3.1.

mense Verschwendung von Staatsressourcen (Finanzen, Arbeitskraft) begründen. Dies war natürlich nicht nur im Hinblick auf deren potenzielle und GzVeN-verhinderte Nachfahren zu verstehen.
– Die faktische Aufhebung der Gewaltenteilung im EGG-Verfahren gewann in der Öffentlichkeit Akzeptanz.
– Der Bruch von Menschenrechten durch staatliches Vorgehen gewann an Akzeptanz.
– Die Entrechtung der Betroffenen im Verfahrensweg gewann an Akzeptanz.
– In beispielhafter Weise wurde aufgezeigt, wie durch eine ausgeweitete Kriteriendefinition eine praktisch beliebige und kaum zu widerlegende Zuordnung zum Personenkreis der ‚zu Behandelnden' erfolgen kann. Auch dieser Punkt war Gegenstand breiter Akzeptanz geworden.
– Durch die Verstrickung vor allem der Evangelischen Kirche in Diskussion, Etablierung und Durchführung der eugenischen Maßnahmen[101] war das Kritikpotenzial gegen weitergehende Maßnahmen zumindest eingeschränkt und ein Glaubwürdigkeitsverlust eingetreten.

Man darf festhalten, dass die Diskussion um das GzVeN und dessen rasche und zuverlässige Umsetzung späteren NS-Verbrechen den Boden bereitet haben. Einige Autoren vertreten die Auffassung, dass das Hinnehmen der hohen Todeszahlen bei den Sterilisierungseingriffen bereits in diese Richtung deutete. Dass die Sterilisierungs-Propaganda bereits zielgerichtet auf spätere Tötungsaktionen vorbereiten sollte, wird zwar angezweifelt, ihre diesbezügliche Funktion jedoch bejaht.[102]

Öffentlich diskutiert wurde das Thema ‚Gnadentod' erstmalig im Frühjahr 1937 im SS-Organ „Das schwarze Korps". Zu dem Bericht über einen Bauern, der seinen geisteskranken Sohn erschossen hatte, und zu einer anschließenden Leserzuschrift wurde folgender Kommentar unter der Überschrift „Zum Thema Gnadentod" veröffentlicht:

„Wenn ein Erwachsener geisteskrank wird, hat er bis dahin immerhin einen Persönlichkeitswert gehabt und im Bewußtsein seines Daseins gelebt. Ihn auszulöschen ist ein schwerer Entschluß, obwohl er für ihn und alle Beteiligten zur Erlösung führt. Ein idiotisch geborenes Kind hat keinen Persönlichkeitswert. Es würde kaum ein Jahr vegetieren, wenn man es nicht künstlich am Leben erhielte. Das Bewußtsein seines Daseins geht ihm weniger auf als einem Tier. Man nimmt ihm nichts, wenn man sein Lebenslicht verlöschen läßt. Wenn einer sagt, der Mensch habe kein Recht zu töten, so sei ihm erwidert, daß der Mensch noch hundertmal weniger Recht hat, der Natur ins Handwerk zu pfuschen und etwas am Leben zu erhalten, was nicht zum Leben geboren wurde. Das hat mit christlicher Nächstenliebe nicht das geringste zu tun. Denn unterm ‚Nächsten' können wir nur den Mitmenschen verstehen, der imstande ist oder imstande sein könnte, die Liebe zu empfinden, die man ihm entgegenbringt. Wer den Mut hat, diese Überlegungen logisch zu Ende zu führen, wird zu der gleichen Forderung kommen, die unser Leser vertritt. Man müßte ein Gesetz schaffen, das der Natur zu ihrem Recht verhilft. Die Natur würde diese lebensunfähigen Geschöpfe verhun-

---

[101] Vgl. Kapitel 4.1.
[102] Vgl. Schmuhl, Rassenhygiene, 179.

gern lassen. Wir würden humaner sein und einen schmerzlosen Gnadentod bereiten. Das ist die einzige Humanität, die in solchen Fällen angebracht ist, und sie ist hundertmal edler, anständiger und menschlicher als jene Feigheit, die sich hinter Humanitätsduselei verkriecht und dem armen Geschöpf die Last seines Daseins, der Familie und der Volksgemeinschaft die Last des Unterhalts aufbürdet. Diejenigen, die sich als Wahrer der Humanität in die Brust werfen, sind gewöhnlich Menschen, die selbst nichts zur Erhaltung der Volkskraft tun und denen unter Umständen ein getaufter Idiot lieber ist als ein urgesunder Heide. Aus dem Bibelspruch Matth. 5,3: ‚Selig sind die am Geiste Armen', wird kein vernünftiger Mensch irdische Rechte der Idioten ableiten. Die anderen hat niemand bestritten. Ihrer mag das Himmelreich sein."[103]

Spätestens 1937 ist die ‚Euthanasie' somit öffentliches Thema. Es wird gemutmaßt, dass Hitler die ‚Vernichtung lebensunwerten Lebens" bereits 1933 oder früher beschlossen hat, jedoch in der Öffentlichkeit noch nicht propagieren wollte. Diese taktische Zurückhaltung weicht nun offener Anbahnung, ab Januar 1938 verhaftet die Staatspolizei sogenannte Verbrecher, Trinker, Landstreicher, Bettler und Arbeitsscheue und bringt sie ins Konzentrationslager Buchenwald. Jeder Kriminalleitstellenbezirk hat kraft Himmlers Anweisung innerhalb einer Juniwoche mindestens 200 männliche Betroffene zu verhaften und nach Buchenwald zu überführen. Die Mühe, derartige Aktivitäten noch – wie im Fall der Zwangssterilisierungen – durch ein wenn auch fragwürdig zustande gekommenes Gesetz zu legitimieren, macht man sich indes nicht mehr. Künftig reichen Erlasse, Anordnungen oder einfache Auftragsbriefe. – Die darauf folgenden Maßnahmen sind bekannt:[104]

– Der ‚Kindereuthanasie' fallen in den Jahren 1939 bis 1945 mindestens 5.000 Menschen zum Opfer. Es sind meist körperlich oder geistig behinderte Kinder, die in rund 30 ‚Kinderfachabteilungen' durch Medikamentenverabreichung, Giftspritzen oder schlicht durch mangelnde Versorgung sterben.
– Der generalstabsmäßig angelegten ‚Aktion T4' mit den sechs Tötungsanstalten in Grafeneck, Brandenburg, Hartheim, Sonnenstein, Bernburg und Hadamar fallen in den Jahren 1940 und 1941 nach heutigem Kenntnisstand 70.273 Menschen zum Opfer. Hierbei handelt es sich oft um geistig behinderte, lernbehinderte oder psychisch kranke Menschen, die in Gaskammern getötet und anschließend verbrannt werden. Auch viele zuvor bereits nach dem GzVeN zwangssterilisierte Menschen werden im Rahmen der Aktion ermordet.
– Bei der ‚Sonderaktion' zur Ermordung jüdischer Anstaltsinsassen werden 1940 zwischen 2.000 und 5.000 jüdische Patienten, meist psychiatrischer Kliniken, in Sammelstellen zusammengefasst und in die Tötungsanstalten der ‚Aktion T4' überführt und dort getötet.
– Im Rahmen der ‚Sonderbehandlung 14f13' werden in den Jahren 1942 bis 1944 ‚unerwünschte' KZ-Häftlinge an Tötungsanstalten der ‚Aktion T4' überstellt und dort ermordet, man geht von 20.000 Opfern aus. In einer zweiten Phase werden 1944 vermutlich nochmals 30.000 nicht mehr arbeitsfähige Gefangene des KZ Mauthausen in der Gaskammer der ‚T4'-Anstalt Hartheim umgebracht, deren Demontage eigens für diesen Zweck aufgeschoben wird.

---

[103] Zit.n. Klee, „Euthanasie", 63; auch auszugsweise Schmuhl, Rassenhygiene, 179.
[104] Zahlenangaben in der Auflistung vgl. Klee, „Euthanasie", 76ff.; Schmuhl, Rassenhygiene, 182ff.

– Nachdem die ‚Aktion T4' aufgrund zunehmenden öffentlichen Widerspruchs offiziell gestoppt wird, werden die Tötungen in dezentraler Form bis 1945 fortgesetzt mit einer abermaligen Intensivierung in den Jahren 1943/1944. Die Tötungen erfolgen nun direkt in den staatlichen Heil- und Pflegeanstalten, in der Regel durch Mangelversorgung oder Medikamentenüberdosierung, aber auch durch Giftspritzen oder elektrischen Strom. Meist wird diese Aktion mit dem Begriff ‚wilde Euthanasie' umschrieben, obwohl sie durchaus einer zentralen Steuerung unterliegt.

– Im Rahmen der ‚Aktion Brandt' werden 1943 Patienten aus Heil- und Pflegeanstalten getötet, um dort Platz für die Nutzung als Kriegslazarette und Ausweichkrankenhäuser zu schaffen. Auch hier läst sich keine genaue Opferzahl angeben, es wird aber mit mindestens 30.000 Getöteten gerechnet.

– Seit Ende 1941 finden in den Sammellagern für den Rücktransport polnischer und sowjetischer Zwangsarbeiter zahlreiche Menschen den Tod, vor allem aufgrund mangelnder Versorgung. Darunter sind auch viele Kinder von Zwangsarbeiterinnen. An Tuberkulose oder einer psychischen Erkrankung leidende Zwangsarbeiter werden zudem in Tötungsanstalten der ‚Aktion T4' überführt. Verlässliche Zahlen gibt es auch hier nicht.

– Nach Kriegsbeginn setzte man in den besetzten Gebieten der preußischen Ostprovinzen, Polens und der Sowjetunion in großem Maßstab mit der Tötung von Insassen der Heil- und Pflegeanstalten ein, weitgehend unabhängig von der zentral gesteuerten ‚T4'-Aktion. Für diese bis 1942 andauernde Aufgabe wurden eigens fahrbare Gaskammern entwickelt. Es ist davon auszugehen, dass diesen Tötungen rund 10.000 Menschen zum Opfer fallen.

Die Massentötungen der vorgenannten Aktionen stellten wiederum eine wichtige Vorstufe für die Ermordung von rund 6 Millionen Juden dar, bei deren Umsetzung auf die Erfahrungen bei den Krankentötungen zurückgegriffen wurde.

3.6. Situation der Zwangssterilisierten heute

Der heutige rechtliche Fortbestand des GzVeN ist umstritten. Einige Betroffenenorganisationen sehen es nach wie vor in Kraft und warnen vor einer erneuten Anwendung oder fühlen sich durch den Fortbestand diskriminiert. Tatsächlich wurde das Gesetz 1945 nicht vom alliierten Kontrollrat aufgehoben, aber in der amerikanischen und sowjetischen Besatzungszone förmlich außer Kraft gesetzt. Nach Auffassung des Deutschen Bundestages[105] endete die Gültigkeit des Gesetzes mit Inkrafttreten des Grundgesetzes am 23. Mai 1949, soweit Regelungen dem Grundgesetz widersprachen (Art. 123 Abs. 1 GG). Die danach noch geltenden Vorschriften des GzVeN wurden durch Art. 8 Nr. 1 des Gesetzes vom 18. Juni 1974 schließlich aufgehoben, das Gesetz ist demnach nicht mehr existent.

Der Bundestag hat in zwei Entschließungen 1988 und 1994[106] festgestellt, dass die auf der Grundlage des GzVeN durchgeführten Sterilisierungen nationalsozialistisches Unrecht waren und die Maßnahmen als Ausdruck der inhumanen nationalsozialistischen Auffassung vom ‚lebensunwerten Leben' geäch-

---

[105] Bundestagsdrucksache 16/3811 vom 13.12.2006, Beschluss vom 24.05.2007.
[106] Bundestagsdrucksache 11/1714 vom 05.05.1988 und 12/7889 vom 29.06.1994.

tet. Mit dem Gesetz vom 25. August 1989 schließlich hat der Bundestag sämtliche Sterilisierungsbeschlüsse der Erbgesundheitsgerichte aufgehoben. In der jüngsten Entschließung vom 24. Mai 2007[107] heißt es:

„II. Der Deutsche Bundestag bekräftigt erneut, dass die im ‚Gesetz zur Verhütung erbkranken Nachwuchses' vom 14. Juli 1933 vorgesehenen und auf der Grundlage dieses Gesetzes durchgeführten Zwangssterilisierungen nationalsozialistisches Unrecht sind. Er bekräftigt erneut die Ächtung dieser Maßnahmen als Ausdruck der inhumanen nationalsozialistischen Auffassung vom ‚lebensunwerten Leben'.

III. Der Deutsche Bundestag erstreckt diese Feststellung und diese Ächtung ausdrücklich auf das ‚Gesetz zur Verhütung erbkranken Nachwuchses' vom 14. Juli 1933 selbst, soweit dieses Zwangssterilisierungen rechtlich absichern sollte. Die gesetzlich vorgegebene Handlungsanweisung und die aufgrund dieser Anweisung durchgeführten Zwangssterilisationen können vor dem Hintergrund einer totalitären Staatspraxis nicht voneinander getrennt werden. Beides ist Ausdruck der gleichen verbrecherischen national- sozialistischen ‚Weltanschauung'. Beidem gebührt die gleiche Ächtung.

IV. Der Deutsche Bundestag stellt fest, dass mit dem ‚Erbgesundheitsgesetz' ein Weg beschritten wurde, der mit grauenhafter Notwendigkeit zielgerichtet in das ‚Euthanasie'-Massenmordprogramm führte. Die hohe Todesrate bei den Zwangssterilisationen enthüllt überdeutlich den Charakter des „Erbgesundheitsgesetzes" als Vorstufe des ‚Euthanasie'-Massenmords.

V. Der Deutsche Bundestag bezeugt den Opfern der Zwangssterilisierung und ihren Angehörigen erneut seine Achtung und sein Mitgefühl. Er tut dies in der Annahme, durch die nun erfolgte Ächtung des ‚Erbgesundheitsgesetzes' selbst jegliche Zweifel an seinem Willen zu einer umfassenden Genugtuung und Rehabilitierung der Betroffenen beseitigt zu haben."

Vorangegangen waren Appelle des „Bundes der ‚Euthanasie'-Geschädigten und Zwangssterilisierten" und mehrerer Einzelpersonen, die Opfer der Zwangssterilisierungen mit anderen Opfern des Nationalsozialismus gleichzusetzen, was Anspruch auf entsprechende Entschädigungsleistungen auslösen würde. Dies war bisher nicht erfolgt, da lediglich die durchgeführten Eingriffe geächtet worden waren, nicht jedoch das GzVeN selbst. Dies wurde damit begründet, dass es sich nicht um ein spezifisches NS-Gesetz gehandelt habe, da es bereits Vorentwürfe gegeben habe.[108] Die Betroffenen hatten daher kein Anrecht auf Entschädigung, erhielten aber gleichwohl auf Antrag hin ab 1990 freiwillige Beihilfen des Bundes in Höhe von 100,00 DM, seit 2006 in Höhe von 120,00 Euro monatlich.

Die neuerliche, weiter gefasste Entschließung wird viele der Betroffenen nicht mehr erreichen. Wer beispielsweise 1934 im Alter von 20 Jahren sterilisiert wurde, wäre inzwischen weit über 90 Jahre alt. Auch die neuerliche Entschließung ächtet jedoch das Gesetz nicht als Ganzes, wie von den Betroffenenverbänden gefordert, sondern lediglich soweit, als es zur Legitimierung von Zwangssterilisierungen diente. Bis zur ersten Bundestagsentschließung allein mussten 43 Jahre vergehen, in denen die einer ihrer primär menschlichen Ei-

---

[107] Bundestagsdrucksache 16/3811.
[108] Vgl. Kapitel 3.1.

genschaften, der Fortpflanzungsfähigkeit, beraubte Menschen erfahren durften, dass die durchgeführte Maßnahme zwar auf einem ordnungsgemäßen Gesetz beruhte, in der Ausführung selbst jedoch verwerflich war. Das bedeutete für viele Betroffene, so sie die NS-Zeit überhaupt überlebt hatten, bis ins Rentenalter hinein mit dem Makel der ungesühnten Unfruchtbarmachung leben zu müssen. Die späte Rehabilitierung mag darauf fußen, dass eine junge nachwachsende Ärzteschaft, vor allem aus dem Bereich der Psychiatrie, erst in den 1980er Jahren begann, das Geschehene wahrzunehmen und zu artikulieren. Man muss unterstellen, dass die Generation davor nicht dazu in der Lage war oder sein wollte, manchenfalls auch vor dem Hintergrund einer eigenen Involvierung in die Maßnahmen oder Verfahren.

3.7. Praxis und rechtlicher Rahmen heutiger Zwangssterilisierungen

Eine Sterilisation Minderjähriger auf eigene oder Veranlassung der Eltern bzw. Personensorgeberechtigten hin ist heute gesetzlich verboten (§ 1631c BGB). Volljährige haben grundsätzlich das Recht, sich freiwillig sterilisieren zu lassen, sofern sie die Tragweite des Eingriffs übersehen und umfassend informiert werden. Rechtlich handelt es sich um den Straftatbestand einer schweren Körperverletzung (§ 226, Abs. 1,1 StGB), von dem der durchführende Arzt vom Betroffenen durch dessen Einwilligung freigestellt werden muss (§ 228 StGB).

Bei unter gesetzlicher Betreuung stehenden Volljährigen, die einwilligungsfähig sind, darf die Notwendigkeit der eigenen Einwilligung nicht ersetzt werden. Bei nichteinwilligungsfähigen Volljährigen darf die Entscheidung über eine Sterilisierung nicht vom gesetzlichen Betreuer oder der Betreuungsbehörde getroffen werden (§ 1900 Abs. 5 BGB). Es ist ein separater Sterilisationsbetreuer zu bestellen (§ 1899 Abs. 2 BGB), die Sterilisierung muss durch das Vormundschaftsgericht genehmigt werden. Das Gericht darf dem Eingriff nur zustimmen, wenn
– er nicht gegen den Willen der Betroffenen geschieht,
– Betroffene auf Dauer einwilligungsunfähig bleiben,
– ohne den Eingriff eine Schwangerschaft wahrscheinlich ist,
– durch die Schwangerschaft eine Gefahr für körperliche oder seelische Gesundheit der Betroffenen einträte,
– eine Schwangerschaft nicht durch andere Mittel zu verhindern ist.

Bei der Sterilisierung ist vorrangig eine Methode anzuwenden, die eine spätere Wiederherstellung der Fruchtbarkeit zulässt. Für das Verfahren ist dem Betroffenen ein Verfahrenspfleger zur Seite zu stellen, die Genehmigung darf erst nach Einholung umfassender Gutachten erfolgen (§ 67, § 69d FGG). Der begutachtende Arzt darf nicht mit dem ausführenden Arzt identisch sein.

Die vorgenannten Regelungen, aus denen sich unschwer schützende Elemente ablesen lassen, die auf Erfahrungen in der Anwendung des GzVeN aufbauen, wurden mit der Neuregelung des Betreuungsrechts eingeführt, welches am 01. Januar 1992 das bisherige Vormundschaftsrecht ablöste. Zuvor war die Rechtsstellung der Betroffenen wesentlich schlechter, der Vormund konnte anstelle des Betroffenen in eine Sterilisierung einwilligen. Aus entsprechenden Kreisen ist zu hören, dass im Jahr 1991 vor Inkrafttreten des neuen Betreuungsrechts noch zahlreiche Sterilisierungen durchgeführt wurden.[109]

Es ist deutlich zu erkennen, dass die Rechtsstellung der Betroffenen heute gesichert ist und die Menschenrechte geachtet werden. Auch die EU-Charta vom 7. Dezember 2000 verbietet Zwangssterilisationen (wie auch explizit eugenische Maßnahmen). Dennoch ist es, wenn auch mit vielen rechtlichen Hürden, auch heute möglich, Menschen bei Vorliegen der Voraussetzungen zu sterilisieren. Allerdings sind die Zahlen seit Einführung des Betreuungsrechts gegenüber früher stark zurückgegangen. Es ist allerdings seit 2000 wieder ein Anstieg der gerichtlich genehmigten Fälle festzustellen. Der Verlauf seit Einführung des Betreuungsrechts ist in der folgenden Grafik dargestellt: [110]

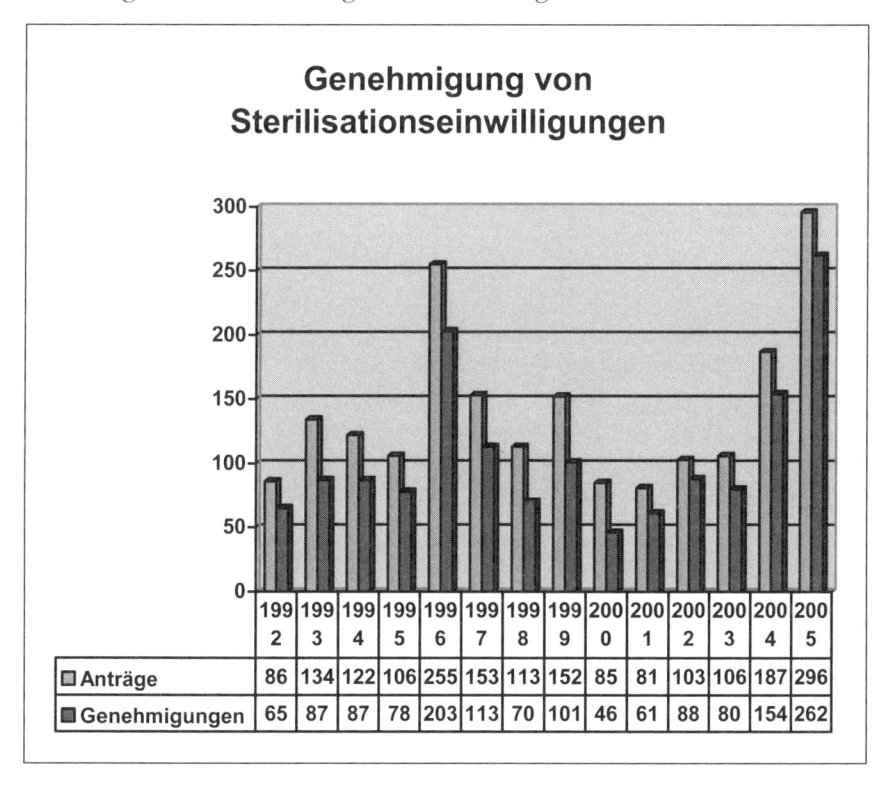

Genehmigung von Sterilisationseinwilligungen

	1992	1993	1994	1995	1996	1997	1998	1999	2000	2001	2002	2003	2004	2005
Anträge	86	134	122	106	255	153	113	152	85	81	103	106	187	296
Genehmigungen	65	87	87	78	203	113	70	101	46	61	88	80	154	262

---

[109] Persönliche Mitteilung einer langjährigen Mitarbeiterin eines Betreuungsvereines, zuvor Vormundschaftsvereines, an den Verfasser.
[110] Quelle der Zahlenangaben, auch für die folgenden Absätze: Bundesministerium der Justiz 2007, (Zahlen ab 2000 ohne Hamburg). Vgl. auch Olaf Deinert, Statistische und grafische Auswertungen der Sondererhebungen „Verfahren nach dem Betreuungsgesetz" (Bt-Prax, Stand 31.01.2007), Köln 2007. Quotenberechnung und Diagrammdarstellung vom Verfasser.

Die Quote der genehmigten im Vergleich zu den beantragten Fällen schwankt zwischen 54,1 % im Jahr 2000 und 88,5 % im Jahr 2005. Mit einer durchschnittlichen Zahl von 75,5 % seit 1992 liegt die Genehmigungsquote der Vormundschaftsgerichte augenfällig durchaus im Bereich der Quote der seinerzeitigen Erbgesundheitsgerichte, wenngleich natürlich angesichts der heutigen Rechtsstellung der Betroffenen, der Verfahrensabläufe und der absolut weit geringeren Fallzahlen[111] sich ein direkter Vergleich verbietet.

Regional bestehen starke Unterschiede in der Genehmigungspraxis der Vormundschaftsgerichte wie auch in der Anzahl der den Gerichten zur Genehmigung vorgelegten betreuerlichen Einwilligungen. Wurden im Jahr 2005 in Bayern 96,50 % (143 Verfahren) und in Nordrhein-Westfalen 93,55 % (93 Verfahren) der Anträge genehmigt, so gab es beispielsweise in Baden-Württemberg nur 7 Verfahren mit einer Genehmigungsquote von 57,14 % oder in Rheinland-Pfalz 17 Verfahren mit einer Genehmigungsquote von nur 35,29 %. Allerdings kann hieraus aufgrund geringer Fallzahlen in manchen Bundesländern und insgesamt jährlich stark schwankender Fallzahlen[112] kein genereller Trend abgeleitet werden, es kann nur eine Unterschiedlichkeit konstatiert werden. Diese Unterschiedlichkeit ist auch grundsätzlich in einer regionalen starken Streuung der Betreuungsfälle insgesamt festzustellen: In Baden-Württemberg standen am Jahresende 2005 von 1000 Einwohnern nur knapp 9 unter Betreuung, im Saarland dagegen fast 21.

4. Zwangssterilisation im diakonischen Arbeitsfeld
4.1. Innere Mission und der Gedanke der Eugenik

Die diakonischen Arbeitsfelder der Evangelischen Kirche waren seinerzeit unter dem Begriff „Innere Mission" subsumiert und verfügten hier über eigene Strukturen analog zur Kirchengliederung, ähnlich den heutigen Diakonischen Werken. Die Innere Mission verfügte über ein weites Netz von Einrichtungen verschiedenster Art, so z.B. Krankenhäuser, Psychiatrische Kliniken, Kinder- und Jugendheime, „Krüppelanstalten" usw. Die Innere Mission konnte durchaus als „Sozialkonzern" im Spannungsfeld zwischen Kirche und Gesellschaft gesehen werden.[113]

Das Ansehen in der Öffentlichkeit wie auch innerkirchlich war beschädigt durch den Konkurs der Bausparkasse „Devaheim" der Inneren Mission im Jahr

---

[111] Allein im Jahr 1935 wurden 48mal so viele Menschen nach dem GzVeN sterilisiert (71.760) wie in den gesamten Jahren 1992 bis 2005 zusammen nach Betreuungsrecht (1.495).

[112] In Nordrhein-Westfalen wurden z.B. im Jahr 2003 18 Sterilisationen bewilligt, im Jahr 2004 102 und im Jahr 2005 87. In Bayern erfolgten im Jahr 2003 und 2004 jeweils 7 Genehmigungen, im Jahr 2005 jedoch 138.

[113] Vgl. Kurt Nowak, Eugenik, Zwangssterilisation und „Euthanasie", in: Ursula Röper/ Carola Jüllig (Hg.), Die Macht der Nächstenliebe. Einhundertfünfzig Jahre Innere Mission und Diakonie 1848–1998, Berlin 1998, 236-247.

1931, bei dem Tausende von Sparern ihre Einlagen verloren hatten und der zum Rücktritt des gesamten Vorstandes des ‚Central-Ausschusses für Innere Mission' geführt hatte. Vor allem die linke Presse berichtete zudem in den frühen 1930er Jahren immer wieder über Revolten und Prügelskandale in Erziehungsheimen vor allem der männlichen Diakonie, auch dies nicht förderlich für das Ansehen der Inneren Mission insgesamt.[114] Die wirtschaftliche Lage in den betreuenden Einrichtungen war spätestens seit der Depression von 1929 angespannt, die Versorgung der zahlreicher werdenden Insassen oft schwierig.

1926 wurde innerhalb des Central-Ausschusses für Innere Mission, also dem Reichsspitzenverband, ein Fachreferat IV „Gesundheitsfürsorge und Kranken- und Pflegeanstalten" neu geschaffen. Die Leitung wurde Hans Harmsen (1899–1989) übertragen, einem einstigen Assistent des Eugenikers Alfred Grothjahn (1869–1931) am Sozialhygienischen Institut der Universität Berlin. Mit der Benennung Harmsens, der eifrig über Erbgesundheitslehre publizierte, setzte die Innere Mission ein Zeichen der Öffnung für die Idee der Eugenik und setzte zugleich eine kaum wieder zu bremsende Entwicklung in Gang.

Diese Weichenstellung wurde unterstützt durch öffentliche Äußerungen bedeutender Anstaltsvertreter der Inneren Mission. Der Direktor der von Bodelschwinghschen Anstalten Bethel, Friedrich von Bodelschwingh (1877–1946), erklärte beispielsweise 1929 in einem öffentlichen Vortrag in Lübeck zur Frage der Bedeutung der ‚Erkenntnisse' der erbbiologischen Forschung: „Schon rechnet man damit, daß gegenwärtig in Deutschland 2,5 Prozent aller Menschen schwachsinnig seien und etwa der zehnte Teil zudem zu den sogenannten Psychopathen gehöre. ... Ich stehe in tiefer Ehrerbietung vor dieser Forschung."[115]

Harmsen veröffentlichte 1931 seinen programmatischen Aufsatz „Eugenische Neuorientierung unserer Wohlfahrtspflege", dessen Kernpunkte er bereits zuvor im Vorstand des Central-Ausschusses referiert hatte und die auf breite Zustimmung gestoßen waren. Der Aufsatz orientierte sich an den Konzepten der Eugeniker als auch an Kosten-Nutzen-Rechnungen betriebswirtschaftlicher Denkweise.

Praktisch zeitgleich lud die Innere Mission ein zur „Evangelischen Fachkonferenz für Eugenik", die vom 18. bis 20. Mai 1931 in der Evangelischen Heil- und Pflegeanstalt Hephata in Treysa stattfand. An dem von Harmsen mitinitiierten Treffen nahmen acht Anstaltsmediziner und zehn theologische Anstaltsleiter der bedeutendsten Einrichtungen der Inneren Mission teil sowie mehrere Wissenschaftler als Referenten. In der Einladung heißt es:

---

[114] Zum Verhältnis zwischen Innerer Mission und Nationalsozialismus allgemein siehe auch: Jörg Thierfelder, Zwischen Anpassung und Selbstbehauptung, in: Ursula Röper/Carola Jüllig (Hg.), Die Macht der Nächstenliebe. Einhundertfünfzig Jahre Innere Mission und Diakonie 1848–1998, Berlin 1998, 224-235 sowie Ernst Klee, „Die SA Jesu Christi" – Die Kirche im Banne Hitlers, Frankfurt/M. 1989, 35ff.

[115] Von Bodelschwingh zit.n. Nowak, Eugenik, 236.

"Auf dem Gebiet der Fürsorge für Minderwertige und Asoziale tritt immer bedrohlicher das Problem des Ansteigens bzw. der stärkeren Vermehrung des minderwertigen Bevölkerungsteils gegenüber dem gesunden in Erscheinung und erfordert eine grundsätzliche Besinnung und Stellungnahme von unserer Seite. Wir brauchen nicht nur eine bevölkerungspolitische Neuorientierung unserer gesellschaftsfürsorgerischen Maßnahmen ..., sondern eine eugenische Neuorientierung unserer Wohlfahrtspflege. Die übertriebenen Schutzmaßnahmen für Asoziale und Minderwertige, aus einer falsch verstandenen Humanität entstanden, führen zu einer immer stärker werdenden Vermehrung der asozialen Bevölkerungsgruppen. Dabei wird die bisherige eugenische Wirkung unserer asylierenden Anstaltsunterbringung durch die zunehmende Auflockerung – frühzeitige Entlassung Haltloser und Minderwertiger, offene Geisteskrankenfürsorge – praktisch aufgehoben. ... Je stärker die wirtschaftliche Verelendung der gesunden Teile der Bevölkerung in Erscheinung tritt, um so eher gewinnen die radikalen Forderungen auf Beseitigung alles krankhaften Lebens an Bedeutung."[116]

Tatsächlich befassten sich die Teilnehmer intensiv sowohl mit den Möglichkeiten der Tötung kranker Menschen als auch der Verhütung der Fortpflanzung ‚Minderwertiger' durch Sterilisierung. Da alle Redebeiträge protokolliert sind, ist zu erkennen, dass neben Harmsen besonders Friedrich von Bodelschwingh nach radikalen Lösungen strebt:

„Im Dienst des Königreichs Gottes haben wir unseren Leib bekommen ..., das Auge, das mich zum Bösen führt usw.' zeigt, daß die von Gott gegebenen Funktionen in absolutem Gehorsam zu stehen haben, wenn sie zum Bösen führen und zur Zerstörung des Königreiches Gottes in diesem oder jenem Glied, daß dann die Möglichkeit oder Pflicht besteht, daß eine Eliminierung stattfindet. Deshalb würde es mich ängstlich stimmen, wenn die Sterilisierung nur aus einer Notlage heraus anerkannt würde. Ich möchte es als Pflicht und mit dem Willen Jesu konform ansehen. Ich würde den Mut haben, vorausgesetzt, daß alle Bedingungen gegeben und Schranken gezogen sind, hier im Gehorsam gegen Gott die Eliminierung an anderen Leben zu vollziehen, wenn ich für diesen Leib verantwortlich bin."[117]

Obwohl in der Konferenz ernsthaft und nachdrücklich gewarnt wurde, angesichts der mangelnden wissenschaftlichen Grundlage sich zu eugenischen Maßnahmen zu bekennen, setzten sich letztlich die Befürworter durch. In der Abschlusserklärung[118] der Konferenz wurde zwar ein deutliches Nein zur „Ver-

---

[116] Archiv Diakonisches Werk der EKD Berlin, CA/G 1800/1, Bl. 25 zit.n. Klee, „Die SA Jesu Christi", 84. Es fällt auf, dass der Einladungstext einen christlich-diakonischen Bezug völlig vermeidet, und falsch verstandene Humanität (nicht christliches Denken!) bemängelt.

[117] Archiv Diakonisches Werk der EKD Berlin, CA/G 1800/1, Bl. 98ff. zit.n. Klee, „Die SA Jesu Christi", 88. Das angeführte Zitat bezieht sich auf Mt 5,27-30: „²⁷ Ihr habt gehört, dass gesagt ist: ‚Du sollst nicht ehebrechen.' ²⁸ Ich aber sage euch: Wer eine Frau ansieht, sie zu begehren, der hat schon mit ihr die Ehe gebrochen in seinem Herzen. ²⁹ Wenn dich aber dein rechtes Auge zum Abfall verführt, so reiß es aus und wirf's von dir. Es ist besser für dich, dass eins deiner Glieder verderbe und nicht der ganze Leib in die Hölle geworfen werde. ³⁰ Wenn dich deine rechte Hand zum Abfall verführt, so hau sie ab und wirf sie von dir. Es ist besser für dich, dass eins deiner Glieder verderbe und nicht der ganze Leib in die Hölle fahre."

[118] Die Abschlusserklärung ist in weiten Teilen abgedruckt in: Klee, Dokumente, 46ff.

nichtung lebensunwerten Lebens" festgehalten,[119] gleichzeitig wurde aber die Sterilisierung nicht nur gutgeheißen, sondern ausdrücklich gefordert:

„Träger erblicher Anlagen, die Ursache sozialer Minderwertigkeit und Fürsorgebedürftigkeit sind, sollten tunlichst von der Fortpflanzung ausgeschlossen werden. ... Gott gab dem Menschen Seele wie Leib, er gab ihm die Verantwortung für beides – nicht aber ein Recht, nach freiem Belieben damit zu schalten. Scharf ist deshalb die häufige mißbräuchliche Vornahme sterilisierender Eingriffe zu geißeln, die als Maßnahme der Geburtenregelung egoistischen Beweggründen entspringt. Dennoch fordert das Evangelium nicht die unbedingte Unversehrtheit des Leibes. Führen seine von Gott gegebenen Funktionen zum Bösen oder zur Zerstörung seines Reiches in diesem oder jenem Glied der Gemeinschaft, so besteht nicht nur das Recht, sondern eine sittliche Pflicht zur Sterilisierung aus Nächstenliebe und der Verantwortung, die uns nicht nur für die gewordene, sondern auch für die kommende Generation auferlegt ist. Die Konferenz ist deshalb der Meinung, daß in gewissen Fällen die Forderung zur künstlichen Unfruchtbarmachung religiös-sittlich als gerechtfertigt anzusehen ist."[120]

Die Konferenz von Treysa manifestiert eine Zäsur im diakonischen Verständnis und Handeln dar. Zuvor war eine auf dem Gedanken christlicher Nächstenliebe begründete umfassende und uneingeschränkte Fürsorge Leitbild diakonischen Tuns. Nun sollte es eine generationenorientierte Vorsorge nach sozialökonomischen Aspekten sein unter Anwendung der Erbgesundheitslehre. Der Boden für das Gedeihen eines eugenischen Selbstverständnisses in den Einrichtungen der Inneren Mission war bereitet, zwei Jahre bevor die NS-Regierung den Gesetzentwurf zum GzVeN vom Kabinett verabschieden ließ.

Der Konferenzkreis bestand fort und führte künftig den Titel „Ständiger Ausschuss für eugenetische Fragen". Es wurden weiterhin Tagungen und Schulungen durchgeführt, um die eugenische Praxis in den diakonischen Einrichtungen zu begleiten. Es sind kaum Stimmen aus der Inneren Mission bekannt, die sich kritisch zur Sterilisierung äußerten.

4.2. Zwangssterilisierungen in Einrichtungen der „Inneren Mission"

Die Verabschiedung des „Gesetzes zur Verhütung erbkranken Nachwuchses" wurde aus den Kreisen der Inneren Mission nicht kritisch aufgenommen, lag sie doch bei vordergründiger Betrachtung auf der Linie von Treysa. Ein Problem sah man möglicherweise in der zwangsweisen Durchführung, was dadurch gelöst wurde, dass man die Vornahme des zwangsweisen Eingriffs in den Evangelischen Einrichtungen selbst ablehnte.[121] Der „Ständige Ausschuss für eugenetische Fragen", nunmehr bereits umbenannt in „Ständiger Ausschuss für Fragen der Rassenhygiene und Rassenpflege", veröffentliche am 18. Juli 1934 Richtli-

---

[119] Wenn auch mit der Einschränkung, die „künstliche Fortschleppung erlöschenden Lebens" könne „ebenso ein Eingriff in den göttlichen Schöpferwillen sein wie die Euthanasie".

[120] In: Die Innere Mission 26. 1931, 336ff., hier zit.n. Klee, Dokumente, 48ff.

[121] Aus Einzelfallschilderungen und aus Einzelfallakten ist allerdings bekannt, dass auch an evangelischen Krankenhäusern unfreiwillige Eingriffe vorgenommen wurden.

nien zur Durchführung des Gesetzes in der Diakonie. Die Verfasser, Harmsen und Karl Themel (1890–1973),[122] ein Berliner Pfarrer und seinerzeit Präsident des Central-Ausschusses, schreiben zur Einführung: „Bei grundsätzlicher Bejahung der Notwendigkeit der Sterilisierung und aus der Verantwortung, die uns nicht nur für die gewordene, sondern auch für die künftige Generation auferlegt ist ..., haben sich alle Stellen der Inneren Mission nachdrücklichst für die Durchführung des Gesetzes zur Verhütung erbkranken Nachwuchses vom 14. Juli 1933 einzusetzen und alle erlassenen Vorschriften genau zu befolgen."[123]

Die Maßnahmen wurden als ‚Opfer für die Volksgemeinschaft' deklariert und ein gutes Zusammenarbeiten mit den staatlichen Stellen gefordert. Es sollte darauf hingewirkt werden, dass möglichst viele Pfleglinge sich freiwillig zur Sterilisierung meldeten, da so das Verfahren am einfachsten durchzuführen sei.

Tatsächlich arbeiteten bis auf wenige Ausnahmen die Einrichtungen mit den Behörden hervorragend zusammen. Teilweise fanden z.B. Sitzungen der Erbgesundheitsgerichte direkt in den Einrichtungen statt oder die Intelligenzbegutachtungen wurden zur Entlastung des Amtsarztes von den Einrichtungen selbst durchgeführt. Manchen Einrichtungen waren die Verfahrensabläufe zu langsam und sie drängten bei den Aufsichtsbehörden auf eine raschere Abwicklung durch die Gesundheitsämter.[124]

Um die Verfahrensabwicklung zu vereinfachen und zu beschleunigen, ließ der „Ständige Ausschuss" Formulare für Sammelanzeigen drucken. Gleichzeitig wurde eine umfassende Unterstützung der Amtsärzte eingefordert, um diese von der mit der Antragstellung beim EGG verbundenen Schreibarbeit zu entlasten. – Dass im Kommentar zum GzVeN Erbdiagnosen und Sozialdiagnosen wild durcheinandergeworfen wurden, scheint in der eugenischen Euphorie innerhalb der Inneren Mission niemand wahrgenommen zu haben. Die sozialsanitär bzw. ordnungspolitisch ausgerichteten Intentionen des GzVeN nahmen so praktisch ungefiltert Einzug in die diakonischen Einrichtungen.

Viele evangelische Krankenhäuser finden sich auf den Ermächtigungslisten der Länder und waren zur Durchführung der gerichtlich angeordneten Sterilisa-

---

[122] Themel tat sich wenig später dadurch hervor, dass er aus freien Stücken die Bereitstellung der Kirchenbücher für Erstellung von Sippentafeln anbot. Später entwickelte er für die ‚Reichsstelle für Sippenforschung' Auswertungsmethoden für Kirchenbücher und reorganisierte zu diesem Zweck das Kirchenbuchwesen in Berlin und Brandenburg („Kirchenbuchstelle"). Mit der Bereitstellung der Daten getaufter Juden an die Polizei trug er wesentlich zur Judenverfolgung bei. Vgl. Manfred Gailus, „Für Gott, Blut und Rasse" – der Berliner Pfarrer Karl Themel und sein Beitrag zur Judenverfolgung, in: Die Zeit vom 25.10.2001.

[123] Harmsen/Themel zit.n. Nowak, Eugenik, 239.

[124] Bei den Recherchearbeiten für diese Arbeit stieß der Verfasser im Archiv des Landschaftsverbandes Rheinland auf mehrere Beschwerdeschreiben evangelischer Einrichtungen (nicht allerdings der Stiftung Bethesda-St. Martin), in denen diese anmahnten, dass die von ihnen angezeigten Fälle nicht rasch genug durch die Gesundheitsämter dem Verfahren am Erbgesundheitsgericht zugeführt würden.

tionseingriffe befugt. Den Ärzten dort scheinen die Eingriffe nicht bedenklich vorgekommen zu sein, in vielerlei Fachartikeln wurde über die Erfahrungen berichtet. Eine Statistik für den Zeitraum 1. Januar 1934 bis 30. Juni 1935 weist 5.539 durchgeführte Sterilisationen in evangelischen Krankenhäusern und 3.317 Eingriffe in Pflegeanstalten aus, insgesamt 8.856.

Eine hohe Bedeutung maß die Innere Mission bald der Betreuung der zu Sterilisierenden und der Sterilisierten zu. Berichte aus den Anstalten hatten aufgezeigt, dass die Eingriffe oft traumatische Folgen nach sich zogen. Manche Betroffene begingen Suizid, andere flüchteten aus den Einrichtungen oder versuchten, durch ‚Trotzschwangerschaften' dem Eingriff zu entgehen.[125] Die Seelsorge an den betroffenen Menschen bekam eine wichtige Bedeutung, 1935 verbreitete der „Ständige Ausschuss" eine „Handreichung für die Schulung der in unseren Anstalten und in der Wohlfahrtspflege wirkenden Kräfte", darin auch ein Artikel über die „Seelsorgerische Betreuung Sterilisierter und zu Sterilisierender" von Gerda Lucas, einer Gefährdetenseelsorgerin.[126] Die Seelsorge beschränkte sich jedoch praktisch auf die Insassen von Anstalten, da aufgrund fehlender Daten eine Betreuung im normalen Wohnumfeld lebender Betroffener durch die Ortspfarrer nicht zustande kam; ein entsprechendes Vorbringen von Harmsen im Reichsinnenministerium erbrachte kein Ergebnis. Über die Qualität der Seelsorge in den Einrichtungen wird in der Literatur Unterschiedliches berichtet, in manchen Häusern scheint der seelsorgerische Aspekt in erster Linie darin gelegen zu haben, den Betroffenen verständlich zu machen, mit welch hohem Anteil sie sich der ‚Volksgesundheit' verdient gemacht hatten.

Da Sterilisierte keine Ehen mit Nichtsterilisierten eingehen durften, befasste sich der „Ständige Ausschuss" mit der Möglichkeit einer Ehevermittlung innerhalb der Betroffenen, dies war auch Gegenstand einer Sonderkonferenz im April 1935 und Thema einer von Harmsen veröffentlichten Broschüre. In welchem Umfang tatsächlich Ehen gestiftet wurden, ist jedoch nicht bekannt.

4.3. Marie Sievers, Oberin von Bethesda-St. Martin und ihre Rolle in der „Inneren Mission"

Marie Sievers (*1868) kam 1910 nach Boppard, um die Leitung von Bethesda zu übernehmen, nachdem die vorherige Oberin, Emilie Horn, wegen schwerer Erkrankung ihr Amt nicht mehr ausüben konnte. Mit Emilie Horn verließen mehrere Schwestern die Einrichtung, was den Vorstand veranlasste, bei rheinischen Diakonissenhäusern um Personal nachzusuchen. Als diese dem Ansinnen nicht nachkommen

---

[125] Was mit der Novellierung des Abtreibungsrechts am 26.06.1935 nicht mehr möglich war, da dann mit dem Sterilisierungsbeschluss gleichzeitig ein Schwangerschaftsabbruch möglich war.
[126] Gerda Lucas hat sich später im Central-Ausschuss für eine eindeutige Haltung der Inneren Mission gegen Euthanasie ausgesprochen, vgl. Kaminsky, Zwangssterilisation, 310.

konnten, wurde schließlich ein Vertrag mit dem Evangelischen Diakonieverein Zehlendorf[127] geschlossen. Auch Marie Sievers war eine Zehlendorfer Schwester. Seit 1904 war sie als leitende Schwester in Krankenhäusern und Pflegeheimen eingesetzt, so in Magdeburg, Cuxhaven, Graz und auf der Godeshöhe (bei Bonn). Marie Sievers verfügte über ein Lehrerinnen- und ein Vorsteherinnenexamen sowie eine Ausbildung in der Pflege von ‚Geisteskranken'.[128] Ihren Dienstbeginn in Boppard beschreibt Marie Sievers rückblickend im 80. Jahresbericht von 1935:

„Im Juli 1910 durfte ich die Arbeit in Bethesda übernehmen. Ich fand ein Haus von großer Einfachheit, Sauberkeit und Ordnung [vor]. Die Hausordnung wurde mit größter Pünktlichkeit durchgeführt, der Verkehrston zwischen Schwestern und Mädchen war ein knapper, Gehorsam fordernder, entbehrte aber nicht der Gerechtigkeit und der Fürsorge. ... Ich kam mit einem Herzen voll Angst und Liebe. Durch die ersten Jahre hindurch war mir Herr Pastor Frey ein treuer Helfer. Ihm verdanke ich meine Auffassung von der Arbeit und meine Einstellung zu den mir anvertrauten Mädchen".[129]

In einem grundlegenden Vortrag, den sie 1912 vor Mitschwestern des Zehlendorfer Diakonievereins hielt, skizzierte Marie Sievers ihr pädagogisches Konzept, an dem sie nach eigenen Worten zeit ihres Wirkens in Boppard festgehalten hat, unter dem Titel „Die Schwester als Volkserzieherin in der Arbeit an den Gefährdeten". Als Kernpunkt führt sie an: „Wir wollen versuchen, unsere Mädchen zu körperlich und geistig gesunden sittlichen Persönlichkeiten zu erziehen, sie schulen zu tüchtigen Dienstboten als Vorstufe zu ihrem Beruf als Frau und Mutter, und damit zu brauchbaren Staatsmitgliedern."[130]

Unter der Führung von Marie Sievers gewann Bethesda innerhalb der Inneren Mission im Rheinland an Bedeutung und an Größe. Waren bei ihrem Amtsantritt 45 ‚Zöglinge' im Alter zwischen 18 und 21 Jahren in Bethesda, so waren es 1932 nunmehr 147 Mädchen im Alter von 12 bis 20 Jahren (45 im Haus Bethesda, 82 im Haus St. Martin und 20 im Aufnahmeheim).[131] Insbesondere mit der Beauftragung als Fürsorgeerziehungsheim nach dem Reichsjugendwohlfahrtsgesetz im Jahr 1924 und durch die Einrichtung einer Aufnahme- und Sichtungsstation für die neu der Fürsorgerziehung zugeführten evangelischen Mädchen des Rheinlands im Jahr 1924 gewann die Einrichtung Ansehen bei den Behörden und in diakonischen Kreisen. Marie Sievers' Ansatz, den Mädchen über eine geregelte Ausbildung eine Grundlage für eine eigenständige Zu-

---

[127] Heute Evangelischer Diakonieverein Berlin-Zehlendorf.
[128] Quelle der Fotografien in diesem Kapitel: Archiv Stiftung, Bd. 184.
[129] 80. Jahresbericht für das Fürsorge-Erziehungsheim „Bethesda"–St. Martin in Boppard a/Rh., Archiv Stiftung, Bd. 18. Pastor Frey war seinerzeit Vorsitzender des Vorstands von Bethesda.
[130] Von ihr selbst zitiert im Vortrag des Reichsverbandes Evangelischer Mädchenerziehungsheime in Kaiserswerth am 01.09.1933, maschinenschriftliches Redemanuskript, Archiv Stiftung, Bd. 65.
[131] Zahlenangaben aus: Jahresbericht 1932/33, Archiv Stiftung Bd. 18.

kunft zu geben, fand zunehmend fachliche wie gesellschaftliche Aufmerksamkeit; im Jahr 1932 erhielt die Haushaltungsschule die staatliche Anerkennung. Innerhalb der Inneren Mission in der Rheinischen Landeskirche und wohl auch für die staatlichen Stellen der Rheinprovinz gab es zu Beginn der 1930er Jahre zwei „Kapazitäten" auf dem Gebiet der Fürsorgeerziehung: Toni Keßler, die Oberin des Dorotheenheims in Düsseldorf und Marie Sievers. Sie leiteten die beiden größten Einrichtungen der Fürsorgeerziehung für weibliche ‚Zöglinge' in der rheinischen Inneren Mission.

Beiden gemeinsam war die Deutung von Missständen in der Weimarer Republik als Ausfluss revolutionärer Umtriebe, Demokratisierung, Frauenemanzipation und Verlust an moralischen Werten. Insofern folgten sie den in der Inneren Mission weit verbreiteten Ansichten, wonach in erster Linie eine Entsittlichung zur Krise der Heimerziehung ausgangs der 1920er Jahre mit dem Scheitern zahlreicher Erziehungsverläufe und den bereits erwähnten Aufständen und Skandalen geführt hat.[132] Dem wollte vor allem Marie Sievers mit ihrem Modell der „Volkserneuerung durch Keuschheitskraft"[133] entgegentreten. Die staatliche Fachzeitschrift „Die Wohlfahrtspflege in der Rheinprovinz" veröffentliche 1930 einen Artikel von Marie Sievers, in dem sie sich anlässlich des 75-jährigen Bestehens von Bethesda mit der ‚Krise der Fürsorgeerziehung' befasste. Unter anderem schrieb sie:

„Erziehungsschwierigkeiten und -nöte kennt heute jedes Heim. Sie resultieren aus den einschneidenden Veränderungen der Lebensverhältnisse, die der Weltkrieg und die Revolution zur Folge hatten. Kein Gebiet hat wohl unter der allgemeinen Krise so zu leiden, wie die Fürsorgeerziehung. Jeder meint, ein Recht zu haben an ihr Kritik zu üben. Sie ist ein Problem politischer, finanzieller, erzieherischer und ärztlicher Art geworden. Wir sind durch die veränderten Zeitverhältnisse und die veränderten Menschen, vor veränderte schwere Aufgaben gestellt, deren Lösung das Suchen neuer Wege bedingt. Wir müssen uns mit der Tatsache abfinden, daß die Mädchen verwahrloster als früher sind, daß sie sittlich tiefstehender und geistig minderwertiger sind, daß die Anforderungen an die Erziehung in jeder Hinsicht größere geworden, die Erziehungsmittel aber geringere und daß die Strafmittel uns genommen sind. An sich ist es gewiß zu begrüßen, daß die Disziplinarpädagogik zurückgetreten und durch eine feinere vom entwicklungspädagogischen Standpunkt ausgehende Führung ersetzt werden soll. Bei unseren Mädchen kommen wir aber zunächst nicht damit durch. Wie jeder Arzt einen Kranken zeitweise jegliche Bewegungsfreiheit nehmen muß, so können wir in unserer Arbeit nicht ohne jede Bindung fertig werden. Wir brauchen für die Mädchen, deren Freiheit in Zügellosigkeit ausgeartet war, zunächst begrenzenden Lebensraum, geschlossene Lebensordnung. Um Erleichterung in der heutigen Erziehungsarbeit zu schaffen, gilt es zunächst, diejenigen Elemente auszuscheiden, die wir als unerziehbar bezeichnen müssen. Es

---

[132] Vgl. Kaminsky, Zwangssterilisation, 72ff.
[133] Kaminsky, Zwangssterilisation, 82 unter Bezug auf einen Artikel von Sievers 1929, unter dem Titel „Zur sexuellen Aufklärung in den Fürsorge-Erziehungsanstalten für schulentlassene Mädchen" in: Evangelische Jugendfürsorge, 1929, Heft 5, 2ff.

sind diejenigen, die wegen geistiger oder psychischer Erkrankung oder Minderwertigkeit in Heil und Pflegeanstalten gehören."[134]

Man darf allerdings auch bei solchen klar ausgrenzenden Aussagen nicht annehmen, dass Marie Sievers je den Boden ihres subjektiv zutiefst im christlichen Glauben verankerten Menschenbildes verlassen hat. Aus ihrem Tagebuch[135] ist bekannt, dass sie bei Problemen in der Arbeit in Bethesda – und derer gab es reichlich – oder wenn sie mit ihren Erziehungsmitteln bei Mädchen an Grenzen stieß, stets Hilfe und Rat im Gebet suchte. Auch war sie bemüht, den Mädchen den christlichen Glauben nahezubringen, sei es durch Beachtung der christlichen Feste, durch Gottesdienste in der Einrichtung oder durch beispielhaftes Vorleben. Ihre Vorträge und Berichte arbeitete sie maschinenschriftlich aus, versah sie dann aber oft – möglicherweise erst kurz vor dem Vortrag – handschriftlich mit einem Bibelvers als Votum. Solcherlei Zeugnisse von tiefer Gläubigkeit finden sich in den Archivalien zuhauf.

Die Unterlagen der Heimaufsichtsbehörde[136] zeugen davon, dass Marie Sievers die Einrichtung zur Zufriedenheit der Landesbehörden führt, es wird die warmherzige, familiäre Atmosphäre gelobt und die Erfolge, für ausgebildete und stabilisierte Mädchen außerhalb der Einrichtung Arbeitsstellen zu finden und sie dort ambulant nachzubetreuen. Auch wird die medizinische Versorgung der Mädchen, die häufig mit Geschlechtskrankheiten aufgenommen werden, in der heimeigenen Krankenstation als beispielhaft angesehen. Insgesamt erhält man den Eindruck, dass Marie Sievers mit großer Konsequenz, aber auch großer Umsicht und Verantwortungswahrnehmung die Einrichtung nach ihrem Erziehungskonzept führte.

Auch scheint trotz aller Forderung nach Strenge und Konsequenz Marie Sievers bei den Mädchen nicht unbeliebt gewesen zu sein. Trotz der Größe der Einrichtung stand sie offenbar den Mädchen auch als Gesprächspartnerin und Ratgeberin zur Verfügung, wenn diese in Nöten waren. Bei Ausflügen war sie mit dabei, mitunter kämpfte sie gegen Verwandte oder Behörden um das Wohlergehen eines Mädchens. Ein von zwei der Mädchen verfasster Artikel in der Hauszeitung im Jahr 1932 mag das Verhältnis der ‚Zöglinge' zur Oberin etwas illustrieren:

---

[134] Die Wohlfahrtpflege in der Rheinprovinz 6. 1930, 284ff. Es ist davon auszugehen, dass Marie Sievers den Begriff „Minderwertigkeit" nicht in den von den Nationalsozialisten geprägten Sinn des „minderwertigen Lebens" verwendet, sondern im üblichen damaligen Sprachgebrauch als Oberbegriff für geistige Behinderung. Wegen der Umdeutung durch das NS-Regime gilt der Begriff bei uns heute als Unwort, während er im Ausland durchaus noch gebräuchlich ist, z.B. in Niederländischen *mindervaliden* für Menschen mit Behinderung allgemein.
[135] Vgl. Archiv Stiftung, Bd. 62.
[136] Vgl. Archiv LVR, Bd. 14097.

„Frau Oberin kommt zurück!
Ueberall, wo man geht, schallt einem immer wieder dieser kurze Satz entgegen: ‚Frau Oberin kommt zurück'! Jeder will nun den Tag möglichst genau wissen. So waren wir hocherfreut, als uns Schwester Helene sagte: ‚Dienstag Abend'! – Wir wollten so gerne alle Frau Oberin zugleich begrüßen und so freuten wir uns sehr, als unsere Stationsschwestern uns erlaubten, ein Spalier zu bilden. Wir zogen schnell unsere Sonntagskleider an und stellten uns vor dem Hause auf. Am Toreingang fingen die Mädchenreihen an und endeten am Schweizerhaus. Der Chor bildete den Schluß. War das erst eine Freude! Jedes Auto, das des Weges kam, wurde für das ersehnte gehalten und laut brach sich die Enttäuschung Bahn, wenn dasselbe vorbeifuhr. Endlich kam das Auto und Frau Oberin und Schwester Leni wurden mit Freude und Jubel empfangen. Zu ihrer Begrüßung sangen wir: ‚Auf, auf, ihr Wandersleut'! Frau Oberin begrüßte jeden von uns herzlich. Dann schlossen wir uns Frau Oberin an und brachten sie zum Schweizerhaus. Zum Abschied sang der Chor: ‚Nun wollen wir singen das Abendlied'! Dann wünschte uns Frau Oberin Gute Nacht und wir gingen zu Bett. Da haben wir doch gesehen, wie lieb wir alle Frau Oberin haben. Wir sind so froh, daß sie wieder da ist, obwohl wir ihr gerne einen etwas längeren Urlaub gegönnt hätten."[137]

Aus den archivierten Unterlagen, dem Schriftwechsel und Berichten von Dritten lässt sich mit wenig Mühen erahnen, dass Marie Sievers eine sehr disziplinierte Persönlichkeit war, die ihrer Aufgabe ihren vollen Einsatz widmete. Es ist zwar bekannt, dass sie Bethesda für kurze Urlaube verlies, jedoch nicht, dass sie in ihrem Alltag irgendwelchen Vergnügungen oder etwa einem Hobby nachging.[138] Sie selbst hätte vermutlich dazu geäußert, dass sie mit ihrer großen Aufgabe ganz und gar erfüllt sei und ihr die Kontemplation als Ausgleich für ihre Arbeit völlig hinreiche. Handschriftliche Aufzeichnungen von ihr bestechen durch große Präzision, ein gestochen scharfes, gleichmäßiges Schriftbild und Fehlerfreiheit. Eine treffende Charakteristik zeichnet wohl der Landeshauptmann der preußischen Rheinprovinz in seinen Schreiben zur Verabschiedung von Marie Sievers in den Ruhestand im Jahr 1938:

„28 Jahre lang haben Sie an der Spitze einer der schwierigsten Anstalten innerhalb der rheinischen Fürsorgeerziehung sich unermüdlich um die Beobachtung und Erziehung gefährdeter Mädchen bemüht. Beim Abschluss dieser Tätigkeit können Sie nicht nur auf grosse und dauerhafte Erfolge in dieser Richtung zurückblicken, sondern auch auf außerordentliche Leistungen in organisatorischer Hinsicht, sodass Sie heute Ihre Häuser St. Martin und Bethesda als vorbildlich in ihrer inneren und äußeren Einrichtung Ihrer Nachfolgerin übergeben können. Der hohe Stand der Organisation und Erziehung in Ihrem Hause ist einmal der gradlinigen Folgerichtigkeit zu verdanken, mit der Sie in der Last der alltäglichen Kleinarbeit stets Ausgangspunkt und Ziel der Verwahrlosten-Erziehung unbeirrt im Auge behalten ha-

---

[137] Artikel von Helene Humpe und Rosa Müller in „Einkehr und Ausschau", Monatsblatt der beiden Häuser Bethesda und St. Martin zu Boppard am Rhein 1. 1931, Nr. 10 (Juli) (Archiv Stiftung Bd. 156). In dem erwähnten „Schweizerhaus" auf dem Gelände von St. Martin befand sich ab ca. 1926 unter anderem die Wohnung von Marie Sievers.
[138] Einen weiteren Einblick könnte wohl die Auswertung ihrer in Sütterlin verfassten Tagebuchaufzeichnungen geben, die teilweise im Archiv der Stiftung erhalten sind (für den Zeitraum 23.03.1920 bis 08.10.1923; Archiv Stiftung Bd. 62). Im Rahmen dieses Beitrags war diese Auswertung nicht leistbar.

ben, vor allem aber der eisernen Pflichterfüllung, mit der Sie all Ihren Erzieherinnen und Mädchen ein leuchtendes Vorbild, selbst in den Tagen körperlicher Schwäche, gewesen sind."[139]

Aus den Archivunterlagen lässt sich die Vermutung ableiten, dass Marie Sievers am ehesten einen patriarchalischen Führungsstil[140] pflegte, möglicherweise mit einem charismatischen Akzent. Jedweden Schriftwechsel mit Kostenträgern, Aufsichtsbehörden usw. führte sie trotz der Größe der Einrichtung selbst, die Abnahme der Prüfungen der Hauswirtschaftsschule leitete sie selbst. Es ist durchgängig nicht zu erkennen, dass Marie Sievers Aufgaben ihrer Leitungsfunktion delegiert hätte, soweit bekannt gab es auch keine Abwesenheitsvertretung. In Berichten über die Mädchen an die Behörden tauchen nie Formulierungen auf, dass etwa eine bestimmte Mitarbeiterin eine Einschätzung vertrete oder mit dem betreffenden Mädchen etwas Bestimmtes unternommen habe. Es gibt nur ein „ich" und ein „wir".[141]

---

[139] Archiv LVR, Bd. 14097, Bl. 133-134.
[140] Natürlich müsste es eigentlich matriarchalischer Führungsstil heißen, jedoch ist die Bezeichnung „patriarchalischer Führungsstil" in der Beschreibung von Führungskonzepten ein feststehender Begriff.
[141] Archiv Stiftung Bd. 179: Marie Sievers im Kreis der Mitschwestern 1933 (handschriftlicher Eintrag im Album: im Schwesternwohnzimmer).

Vermutlich hatte Marie Sievers eine psychisch behinderte Schwester, die bei ihr in Bethesda lebte und die zeitweise als Hausdame im Bopparder Privathaushalt eines Vorstandsmitglieds beschäftigt war. Dies ist jedoch nur anhand einer handschriftlichen Notiz auf der Rückseite einer Fotografie[142] belegt, die beide im Garten von St. Martin zeigt.

Mit ihrem Erziehungskonzept und ihrer praktischen Erfahrung in Aufbau und Leitung der Einrichtung war Marie Sievers in Fachkreisen eine anerkannte Größe. Mehrfach hielt sie Vorträge bei diversen Fachtagungen oder veröffentlichte Artikel in einschlägigen Zeitschriften. Einige Beispiele seien hier genannt, um einen Einblick in die Thematiken zu bekommen, mit denen sich Marie Sievers auseinandersetzte.[143]

1925: „Die Sonderbehandlung der schwererziehbaren Fürsorgezöglinge und der Geschlechtskranken innerhalb und außerhalb der Anstalt". Vortrag auf dem *Allgemeinen Fürsorge-Erziehungstag* in Dresden.[144]

1927: „Das pädagogische Problem in der Behandlung der geschlechtskranken Mädchen". Vortrag.[145]

1929: „Zur sexuellen Aufklärung in den Fürsorge-Erziehungsanstalten für schulentlassene Mädchen". Artikel in: *Evangelische Jugendfürsorge* (Nr. 5, 1929).

1930: „Erziehungsschwierigkeiten in weiblichen Erziehungsheimen". Artikel in: *Die Wohlfahrtpflege in der Rheinprovinz* (Nr. 6, 1930).

1933: Eine neue Zeit – zur Umorientierung der Erziehungsarbeit in den Fürsorgeerziehungsheimen. Vortrag auf der Tagung des *Reichsverbandes Evangelischer Mädchenerziehungsheime* in Kaiserswerth.[146]

1935: „Die fürsorgerische Betreuung Sterilisierter und zu Sterilisierender". Vortrag auf dem *Lehrgang über die Aufgaben der Inneren Mission im Rahmen der völkischen Erbgesundheitspflege* in Kaiserswerth,[147] auch als Artikel in: „*Der Armen- und Krankenfreund*" (1935).

---

[142] Archiv Stiftung Bd. 182: Frau Oberin Sievers mit ihrer Schwester (handschriftlicher Vermerk auf Rückseite).
[143] Die Auflistung erhebt keinen Anspruch auf Vollständigkeit. Die Recherche einer vollständigen Publikations- und Vortragsliste war im Rahmen der Erstellung dieser Arbeit nicht möglich.
[144] Archiv Stiftung Bd. 63.
[145] Archiv Stiftung Bd. 64.
[146] Archiv Stiftung Bd. 65. Das maschinenschriftliche Redemanuskript trägt keine Überschrift, der genannte Vortragstitel wird aufgrund des Inhaltes des Vortrags vorgeschlagen.
[147] Archiv Stiftung Bd. 65, auch auszugsweise zit. bei Kaminsky, Zwangssterilisation, 668ff.

Im Rückblick stellt sich natürlich eine Frage: Wir sehen Marie Sievers als eine fest im Glauben verwurzelte, möglicherweise auch charismatische Diakonisse, die sich über zwei Jahrzehnte hinweg über die rheinische Innere Mission hinaus einen Namen gemacht hatte, die ein streng geregeltes, aber doch christlich bestimmtes Miteinander in der Einrichtung forderte und lebte, die wichtige Impulse für den Aufbau evangelischer Jugendhilfe gegeben hat. Wie war es möglich, dass diese Frau die Zwangssterilisierungen guthieß, ihr anvertraute ‚Zöglinge' dem Sterilisationsverfahren zuführte und bei der Abwicklung des Verfahrens unterstützend mitwirkte?[148]

Man muss davon ausgehen, dass Gründe wie Boshaftigkeit, Verkennung der physischen Bedeutung oder Desinteresse nicht vorgelegen haben. Vielmehr muss mit großer Sicherheit angenommen werden, dass Marie Sievers davon überzeugt war, das Richtige zu tun, und auch, es auf dem Boden ihrer christlichen Grundüberzeugung zu tun. Um diese aus heutiger Sicht als ‚Verkennung' oder ‚Verirrung' zu bezeichnende Haltung zu verstehen, bedarf es des Versuchs eines mehrdimensionalen Erklärungszuganges:

Bethesda als Teil der Inneren Mission
Marie Sievers war eine engagierte und disziplinierte Oberin, die stets die Zugehörigkeit ‚ihrer' Einrichtung zur Inneren Mission betont hat. Man darf davon ausgehen, dass sie alle Weisungen und Handreichungen, die vom Central-Ausschuss der Inneren Mission oder dem rheinischen Provinzialausschuss ausgingen, nicht nur gelesen, sondern auch beachtet und befolgt hat. So hat sie sicherlich auch die von der Konferenz von Treysa und vom späteren „Ständigen Ausschuss für Fragen der Rassenhygiene und Rassenpflege" ausgehenden Impulse antizipiert. Hans Harmsen war ihr von gemeinsamen Vortragsauftritten bei Tagungen persönlich bekannt.

Marie Sievers und das ‚Führerprinzip'
Marie Sievers sah sich selbst ohne Zweifel als zentrale Figur in Bethesda, wenngleich sie dies wohl in keiner Weise zu ihrem eigenen Vorteil nutzte. Insofern kann man zugespitzt mutmaßen, dass das ‚Führerprinzip' in Bethesda bereits lange vor der Machtübernahme der Nationalsozialisten etabliert war, wie im übrigen in einer Vielzahl von Einrichtungen der Inneren Mission. Dies gewinnt in Zusammenhang mit der Sterilisationsfrage doppelte Bedeutung: Marie Sievers allein setzte die Maßstäbe für die Arbeit in Bethesda, eine möglicherweise korrigierende Reflexion mit ebenbürtigen Kollegen im Sinne kollegialer Beratung, etwa mit einer stellvertretenden Leiterin, war nicht vorgesehen. Andererseits legt die konsequente Annahme dieser Rolle auch nahe, dass Weisungen ‚von oben', in diesem Fall vom Central-Ausschuss oder vom Provinzialausschuss, ebenso für Marie Sievers Bindungswirkung hatten wir ihr Wort für ihre

---

[148] Vgl. Kapitel 5.3.

Untergebenen. Dieser Erklärungsansatz schließt natürlich auch ein, dass eine Entscheidung über eine mögliche Sterilisierung nicht in partizipativer Weise mit der Betroffenen zusammen diskutiert werden konnte, sondern Empfehlungen von mit entsprechenden Fachkenntnissen und entsprechender Position ausgestatten Menschen zu akzeptieren und an die Mädchen zu vermitteln waren.

‚Entsittlichung', Werteverlust und Resignation
Marie Sievers beklagte immer wieder, dass im Verlaufe ihrer Tätigkeit die aufzunehmenden Mädchen zunehmend schwieriger, verwahrloster, bildungsunfähiger und zügelloser wurden. Tatsächlich stieg z.b. die Zahl der aufgenommen Mädchen mit Geschlechtskrankheiten drastisch an.[149] Marie Sievers führte dies, wie weite Kreise in der Inneren Mission, auf einen Werteverfall innerhalb der Gesellschaft, auf eine ‚Entsittlichung', auf eine zunehmende Verbreitung hedonistischer Haltung und auf negative kommunistische Einflüsse zurück. Gleichzeitig beklagte sie fast resignierend, dass den Heimen durch die Einführung der Fürsorgeerziehung wichtige disziplinarische Erziehungsmittel genommen wurden. Insofern begrüßte sie euphorisch die von ihr als ‚nationale Erhebung' dargestellte Machtübernahme der Nationalsozialisten unter dem Gesichtspunkt, dass nun wieder Werte und Zucht im Vordergrund stehen sollten und einer ‚ausufernden Freiheit' Einhalt geboten würde.

Marie Sievers' Sorge um die Mädchen
Man darf unterstellen, dass die Möglichkeit, die Mädchen ggf. sterilisieren zu lassen, aus der Sicht von Marie Sievers zur Lösung von zwei großen Problemen ihrer Arbeit beitragen konnte: Viele der aufgenommenen Mädchen, auch in minderjährigem Alter, hatten bereits Schwangerschaften oder Schwangerschaftsabbrüche hinter sich. Marie Sievers war wohl Realistin genug, nicht anzunehmen, dass allein der Ruf nach Keuschheit dieses Problem künftig lösen sollte. Insofern mag ihr eine Unfruchtbarmachung als das geringere Übel erschienen sein. Andererseits sah sich Marie Sievers für die Zukunft mit dem Problem konfrontiert, dass von Generation zu Generation immer größere Wellen gefährdeter Mädchen, stets noch verwahrloster werdend, über die Heime hereinbrechen würden, denen man dann nicht mehr ausreichende Hilfe würde geben können. Hier schlägt sich wohl auch die Propaganda von der verstärkten Vermehrung der ‚Minderwertigen' nieder. Es mag daher in den Augen von Marie Sievers auch ein Akt der Vorsorge gewesen sein, einen Teil ‚ihrer' Mädchen der Fortpflanzungsfähigkeit zu berauben.

Marie Sievers' Sorge um das Volk
Marie Sievers machte sich die Feststellungen der Eugeniker zu eigen, wonach das Volk binnen weniger Generationen von einem biologischen Verfall bedroht

---

[149] Vgl. Jahres- und Krankenberichte in: Archiv Stiftung, Bde. 14-18, Archiv LVR, Bd. 14097, Bl. 146ff.

sei. Aus ihrer Sicht deckte sich dies mit ihren Feststellungen bezüglich der immer stärker werdenden Verwahrlosung der Mädchen und der Zunahme der Erziehungsschwierigkeiten. Da sie selbst immer wieder ihre Volksverbundenheit, fast möchte man sagen, ihre völkische Gesinnung, betonte, erstaunt es wenig, dass sie sich auch den Lösungsvorschlägen der Eugeniker zur ‚Lösung' dieses ‚Problems' öffnete.

Marie Sievers' Achtung der Gebote
Marie Sievers ließ keinen Zweifel daran, dass sie die Umstände, die zur Aufnahme der Mädchen in ihr Heim führten, in der Regel als Sünde auffasste. In vielen Einzelfallstellungnahmen im Zuge der Erbgesundheitsverfahren wird deutlich, dass sie eine ‚soziale Erblichkeit' unterstellt, sofern auch schon Eltern oder Großeltern auffällig waren. Möglicherweise sah sie die Versündigung generationendurchdringend, was ihr als Diakonisse und Christin natürlich die entsprechende Bibelstelle aus der Verkündung der Zehn Gebote vor Augen rief.[150] Es steht zu vermuten, zumindest hat sie es so publiziert, dass Marie Sievers tatsächlich überzeugt war, dass die möglicherweise zwangsweise Aufhebung der Fortpflanzungsfähigkeit durch einen ärztlichen Eingriff durch biblische Begründung legitimiert war.

Anhand von Originaltexten aus der Feder Marie Sievers' soll im Folgenden der Versuch unternommen werden, sich diesen sechs Erklärungszugängen anzunähern. Eine finale Einordnung oder auch Evaluation wird nicht erfolgen können, da der Versuch lediglich auf das archivierte Material gestützt ist, das naturgemäß kein umfassendes Bild einer Person zeichnen kann.

Im Jahresbericht 1932/33, den die Oberin im Frühsommer 1933 vor dem Vorstand vorträgt, setzt sie große Hoffnungen auf eine Erneuerung der Arbeit in Folge der politischen Veränderungen. Den maschinenschriftlichen Text des Berichts überschrieb sie handschriftlich mit dem Bibelwort „Jesus Christus gestern und heute und derselbe auch in Ewigkeit. Hebr. 18,8". Sie führt dann nach der Einleitung aus:

„Wir stehen in einer Zeitenwende, man sagt wohl auch Notwende. Wir stehen im Kampf um die Neuwerdung unseres Volkes. Und als Christen müssen wir wissen: die letzte Entscheidung fällt auf dem Gebiet des Glaubens. Wir haben die gewaltigen Geschehnisse der nationalen Revolution miterlebt und haben erkannt, daß Gott sich wieder zu unserem gedemütigten Volk bekennt. Er hat uns den Führer Adolf Hitler geschenkt, der uns die nationale Erhebung brachte und hoffentlich mit ihr die sittliche Erneuerung. Wir in unserer Arbeit haben vielleicht mehr als andere die unheilvollen Mächte, die auf unseres Volkes und Landes Verderben hinarbeiteten, herannahen gefühlt, und erleben diese Erhebung als eine Befreiung von schwerem Druck. Wir sind voll Freude über den neuen großen Zug zur Volksgemeinschaft. Wir danken Gott, daß ein neuer, weitschauender Führerwille am Werk ist, der nicht allein den Blick auf die äußere Befreiung unseres Volkes richtet, sondern mit derselben Zielklarheit als deren innere Voraussetzung die innere Erneuerung unseres Volkes anstrebt. Dar-

---

[150] Ex 20,5 und Ex 43,7.

um freuen wir uns neben dem, was auf politischem und wirtschaftlichem Gebiet geschieht, über alles, was zur Hebung der Volkssittlichkeit unternommen wird, im Kampf gegen die Gottlosenbewegung, gegen Korruption und Klassendünkel. Wir spüren schon jetzt die Auswirkungen des zielbewußten Willens und der Autorität des Geistes. Wie gern stellen wir uns im nationalen und sozialen Verantwortungsgefühl mit unserm Tun und Arbeiten unter den großen Gedanken des Dienstes für das Volksganze. Gott hat unserm Volk und uns diese Stunde der Entscheidung gegeben. Alle, die tiefer blicken, wissen, wie neben allem Erfreulichen und Verheißungsvollen auch mancherlei ernste Gefahren unserm Volk und unserer Kirche drohen. Da müssen wir an die Macht der Fürbitte denken und diese nicht unterlassen für unseren Führer, für unser Volk, für unsere Kirche!"[151]

Dass Marie Sievers diese neuen Herausforderungen und Möglichkeiten durchaus auf dem Boden des Christentums verankert sehen will, bekräftigt sie in der Vorstellung des folgenden Jahresberichtes:

„Wir stehen in einer Zeitenwende. Eine neue Zeit zieht hinauf. Sie will nicht Freiheit, sondern Zucht, nicht Gleichheit, sondern Gliederung, nicht Über- und Unterordnung, nicht Demokratie, sondern Führung, nicht Menschheitsverbrüderung, sondern Volkstum. In die deutsche Zeitwende sind wir mitten hineingestellt mit der verantwortungsvollen Mahnung: „dies ist der Anfang, sehet wohl zu, wie der Fortgang und das Ende werde!" Deutsches Volk, höre die Stimme aus der Ewigkeit! Von uns wird gefordert, die ungeheure Spannung, die über der Erde liegt, zu verstehen und sie vom Evangelium her zu beurteilen."[152]

Dem Jahresbericht stellt sie folgende Zeilen voran:

„Zwei Schriftworte möchte ich als Überschrift und Prüfstein für unsere Arbeit geben: einmal die Mahnung des Apostels Paulus im Römerbrief (12,11): ‚Schicket euch in die Zeit' und zum anderen das Wort aus dem Epheserbrief (15,15): ‚Kaufet die Zeit aus, denn es ist teure Zeit', d.h. eine Zeit voller Versuchungen und Gefahren, eine Zeit der Verantwortung."

In ihrem Vortrag, den sie am 1. September 1933 auf der Tagung des Reichsverbandes Evangelischer Mädchenerziehungsheime in Kaiserswerth hält, unterstreicht Marie Sievers abermals ihre Hoffnung, die sie in die politische Wende setzt. Auch hier finden wir kein Infragestellen, kein Bedenken:

„Die alten, bewährten Erziehungsmittel wurden uns genommen, die Hände wurden uns gebunden und das Gewissen uns belastet. In allen Erlassen und Bestimmungen wurde betont, daß jedem einzelnen Zögling Verständnis entgegengebracht werden müsse, jede Eigenart des Zöglings berücksichtigt werden müsse, bei Krankhaftigkeit Nachsicht geübt werden müsse, jede Abwegigkeit des Charakters verstanden und jede Fehlentwicklung entschuldigt werden müsse. Man gab dem Zögling immer mehr Rechte, er durfte Anforderungen stellen und Ansprüche machen, konnte Berufsausbildung verlangen, u.s.w. Pflichten und Verantwortung gab man nur den Erzieherinnen, die dafür Sorge tragen mußten, daß das Geforderte erfüllt wurde, und die den Mädchen das Leben im Heim schön und angenehm machen mußten. – Daß dabei die Forderung und der Auftrag unseres Herrn und Heilands zu kurz kamen

---

[151] Aus: Marie Sievers, Jahresbericht des Fürsorge-Erziehungsheims „Bethesda" in Boppard a/Rh. Über die Zeit vom 1.4.1932 bis 31.3.1933, Archiv Stiftung, Bd. 18, auch teilweise zitiert bei Kaminsky, Zwangssterilisation, 108.
[152] Aus: Marie Sievers, Jahresbericht des Fürsorgeerziehungsheims Bethesda-St. Martin in Boppard a. Rh. Für die Zeit vom 1.4.1933 bis 31.3.1934, Archiv Stiftung, Bd. 18.

und nicht richtig ausgeführt werden konnten, haben wir oft in tiefer Not verspürt. Wir hatten gearbeitet und waren müde und mürbe geworden und standen mit leeren Händen: ‚Herr, wir haben die ganze Nacht gearbeitet und nichts gefangen!' Schon vor dem Krieg fing es an, daß dunkle Mächte des Materialismus, Individualismus, Marxismus, Atheismus an der Arbeit waren, die Grundsäulen, Deutschtum und Christentum, von denen unser Staatswesen und unsere Volksgemeinschaft getragen werden, zu zerstören. Dann umbrausten die Kriegsstürme unser Land und es zitterte in allen Herzen die Frage: sind es Herbst-, sind es Frühlingsstürme, die durch die Lande wehen? Geht es abwärts, geht es aufwärts? Wir hofften, es gehe zur Hochebene unserer Geschichte, zur Neugeburt unseres Volkes! – Wie sind wir so furchtbar enttäuscht worden! Der Zusammenbruch, den wir Deutsche erlebt haben, ist so furchtbar, wie ihn seit zweitausend Jahren kein Volk erlebt hat! Seitdem wandelte unser Volk immer am Abgrund. – Wieder steht unser Volk vor einem Wendepunkt von unermeßlicher Tragweite. Wieder ruft Gott sein Volk und zeigt ihm Weg und Hilfe. Er gab uns den Führer Adolf Hitler, der in langen schweren Jahren der Not erstarkte, die Schäden an ihren Wurzeln erkannte und nun mit fester Hand die Zügel ergriffen hat. Die nationale Erhebung ist da! – Wir begrüßen sie alle. Jetzt kommt es auf uns an, daß wir, um einmal modern zu reden, uns richtig einschalten können. Wir können jetzt zeigen, ob wir aus all dem Wirrwarr gelernt haben, ob wir noch Schwungkraft haben, in der rechten Weise mitzumachen und uns im Heer der Führer zu behaupten. Wir dürfen nicht vergessen, daß der Staat uns seine Kinder anvertraut, wir müssen das uns geschenkte Vertrauen rechtfertigen. Das staatliche Ziel ist „die Erhaltung und Sicherung eines von Kräften des Christentums getragenen Volkstums." Auch in unseren Heimen muß Vieles wieder anders werden. Die Zügel müssen wieder straffer gefaßt werden, daß sie nicht am Boden schleifen. Wir müssen die Disziplinarpädagogik wieder mehr zu ihrem Recht kommen lassen. Wir dürfen wieder mehr die Arbeitszucht zur Anwendung bringen, dürfen wieder einfacher und sparsamer werden. Die Mädchen waren verwöhnt und anspruchsvoll geworden; jetzt müssen sie lernen, wie durch Einfachheit und Sparsamkeit unserem Volk wieder aufgeholfen werden kann. Der Überbetonung der hervorgetretenen Zöglingsrechte muß stärkere Betonung der Pflichten entgegengestellt werden. Die autoritäre Stellung der Erzieherin muß gestärkt werden. – Wie die Disziplin eines Heimes der Maßstab für die Erzieherinnen ist, so ist Gehorsam oder Ungehorsam der Mädchen der Maßstab für taugliche oder untaugliche Erziehung. Wir stehen noch in einer Zeit starker sozialer Umschichtung, der Auflösung und Neubildung gesellschaftlicher Gehorsamsverhältnisse. Nur der wird sich als Führer und Erzieher behaupten können, der selbst im Gehorsam das Geheimnis der menschlichen Autorität anerkennt. Aufkündigung des Gehorsams gegen Gott und Menschen hat weitgehendere niederreißende Folgen als man zunächst denkt. Erzieherische Autorität im evangelischen Sinn ist die Fähigkeit des Erziehers, das Glaubensleben und damit die Kraft zur Nächstenliebe in den ihm Anvertrauten zu wecken, d.h. in nationalsozialistischer Übersetzung: sie zu lehren, daß Gemeinnutz vor Eigennutz geht."[153]

Hier bereitet Marie Sievers ganz offensichtlich auch für sich und für Bethesda den Weg zum Scheidepunkt diakonischer Auffassung, wie er auch mit der Konferenz von Treysa beschritten wurde: Nicht mehr die individuelle Fürsorge für den Einzelnen, den Nächsten, ist das Leitideal. Vielmehr steht nun das Interesse der Gemeinschaft, wer auch immer dies definieren möge, über dem Einzelnen – im Hinblick auf die Sterilisierungen bedeutet dies: es muss sich der Einzelne „opfern", damit die Gemeinschaft „gesunden" kann.

---

[153] Auszüge, Archiv Stiftung, Bd. 65.

In ihrem Vortrag am 26. März 1935 auf dem „Lehrgang über die Aufgaben der Inneren Mission im Rahmen der völkischen Erbgesundheitspflege" in Kaiserswerth vor Einrichtungsvertretern aus dem gesamten Rheinland spricht Marie Sievers dies deutlich aus:

> „Wir wissen, dass die Eugenik glaubt, in dem Gesetz zur Verhütung erbkranken Nachwuchses Mittel und Wege gefunden zu haben, dem biologischen Verfall des Volkes Einhalt zu tun. – Alle diejenigen, die in der sozialen Arbeit stehen und tagtäglich das grosse Elend und das grosse Leid in den Krankenhäusern, Nervenheilstätten und auch in den Fürsorgeheimen sehen, werden das Gesetz begrüssen. Wir wissen, die Verhütung der Fortpflanzung erbkranken und erbbelasteten Lebens ist in vielen Fällen eine Barmherzigkeit und keine Härte. Auch wir in der geschlossenen evangelischen Fürsorge bejahen das Gesetz und sind bereit, bei der Durchführung desselben zu helfen, wenn die Unfruchtbarmachung wirklich notwendig und ethisch-sozial gerechtfertigt erscheint; wir fühlen uns nicht nur verantwortlich für das gegenwärtige Geschlecht sondern auch für das kommende. Als Christen nehmen wir die Erbgesetze sehr ernst; sie sind Ordnungen Gottes, durch die wir uns verpflichtet fühlen. Nicht nur von den Erbgesetzen her begreifen wir, warum das Kind die Sünden der Eltern tragen muss, sondern wir besinnen uns auf die alten religiösen Wahrheiten, die oft vergessen werden: ‚Ich will die Sünden der Väter heimsuchen an den Kindern bis ins 3. und 4. Glied.' Mit dem Begriff ‚feststellbare Vererbbarkeit' muss äusserst vorsichtig umgegangen werden. Der Heimerziehung fällt die verantwortungsvolle Aufgabe zu, in erbbiologischer Hinsicht die Erforschung des Kindes vorzunehmen und seine erbbiologische Wertigkeit festzustellen."[154]

Man muss also zumindest für den Bereich der Inneren Mission im Rheinland anerkennen, dass Marie Sievers nicht nur deutlich dafür eingetreten ist, Mädchen aus der Fürsorgeerziehung zu sterilisieren, sondern auch die Mitwirkung der Heime daran in einem Umfang eingefordert hat, der über den im GzVeN gesetzten Rahmen hinausgeht. Ihre Haltung legitimierte sie durch Verweis auf die biblische Ordnung. Hierbei verkannte sie, vermutlich unbewusst, dass sich Aussagen in den Geboten auf ein soziales Fehlverhalten beziehen, nicht auf ein biologisch begründetes. Sie nahm damit die Praxis in den Sterilisierungsverfahren vorweg, wo häufig erblich-biologische Faktoren überhaupt keine Rolle mehr spielten, sondern sozialen Auffälligkeiten der Faktor Erblichkeit per Einschätzung, aber ohne wissenschaftliche Legitimierung beigegeben wurde.

Bei aller Akzeptanz der nationalsozialistischen Sache war Marie Sievers allerdings im Kleinen eher zurückhaltend hinsichtlich der Hitlerverehrung. Im umfassenden Schriftverkehr mit der Verwaltung des Provinzialverbandes finden sich nur zwei mit der Schlußgrußformel ‚Heil Hitler' versehene Schreiben,[155] ansonsten vermeidet sie – im Gegensatz zu ihren Kollegen aus anderen evange-

---

[154] Archiv Stiftung, Bd. 65. Auch wiedergeben bei Kaminsky, Zwangssterilisation, 668ff. Das Bibelzitat bezieht sich auf Ex 20,5 bzw. Ex 34,7.

[155] Das eine ist ein Schreiben an Landesverwaltungsrätin Gräfin von Merveldt mit der Bitte, geeigneten Mädchen den Zugang zum BDM zu ermöglichen; das andere ein Terminbestätigungsschreiben an dieselbe Empfängerin. (Vgl. Archiv LVR, Bd. 14097, Bl. 02 und 143).

lischen Heimen – diese Floskel. Anderseits zeigen zeitgenössische Fotografien Hitlerbilder in den Unterrichtsräumen.

5. Zwangssterilisation in der Stiftung Bethesda-St. Martin
5.1. Die Situation in der Stiftung Bethesda- St. Martin

Bei Inkrafttreten des GzVeN verfügte Bethesda-St. Martin über 165 Plätze der Fürsorgeerziehung. Diese waren im Zeitraum, über den diese Arbeit berichtet, wie folgt belegt:[156]

	1934	1935	1936	1937	1938	1939
Aufnahmeheim	25	26	30	25	17	nicht bekannt
Haus Bethesda	50	50	53	49	47	nicht bekannt
Haus St. Martin	86	98	92	99	98	nicht bekannt
insgesamt	**161**	**168**	**175**	**173**	**162**	nicht bekannt
Aufnahmen	185	187	228	246	225	nicht bekannt
Entlassungen	176	182	221	248	236	nicht bekannt

Auffallend ist insbesondere die hohe Fluktuation, die regelmäßig die Gesamtplatzzahl überschritt. Man könnte annehmen, dass in weniger als einem Jahr die gesamten Mädchen ausgetauscht wurden, dies entspricht jedoch nicht den Tatsachen. Vielmehr ergab sich naturgemäß vor allem im Aufnahmeheim ein hoher Durchsatz, da hier nach einer pädagogischen Diagnostik oft an andere Einrichtungen weitervermittelt wurde. Für den Berichtszeitraum 1934/35 gab Oberin Marie Sievers zum Beispiel folgende Gründe für die Entlassungen an:

– Bei sechs Mädchen wurde der vorläufige FE-Beschluss wieder aufgehoben.
– 63 Mädchen wurden aus dem Aufnahmeheim in andere Erziehungsheime überwiesen.
– 29 Mädchen wurden nach beendeter Heimerziehung in die eigene Familie bzw. in den Heimatort entlassen.
– 62 Mädchen wurden außerhalb des Heimes in einer Stellung untergebracht.
– 22 Mädchen wurden in andere Einrichtungen versetzt, davon zwei in halboffene Heime, zwei aus ‚erziehlichen Gründen' in andere Erziehungsheime, zwei in eine Nervenheilanstalt, fünf in eine ‚Schwachsinnigenanstalt' und acht in ‚Bewahrung'.

---

156 Quelle aller Angaben in diesem Kapitel, soweit nicht anders angegeben: Jahresberichte 1933/34, 1934/35, 1936/37, 1936/37, 1937/38, Archiv Stiftung Bd. 18. Die Belegungszahlen beziehen sich jeweils auf den Stichtag 01.04., die Fluktuationszahlen auf den Zeitraum vom 01.04. des Vorjahres an.

Die durchschnittliche Dauer des Heimaufenthaltes für die nicht nach Durchlaufen des Aufnahmeheims abgegebenen Mädchen wird mit ein bis zwei Jahren angegeben.

Ein interessantes Bild zeichnet die Datenerhebung für die neu aufgenommenen Mädchen, die teilweise den Jahresberichten beigefügt sind. Für das Berichtsjahr 1934/35 ist beispielsweise Folgendes ausgewiesen für die 84 neu ins Erziehungsheim aufgenommenen Mädchen (ohne Aufnahmeheim):[157]

Alter		
2	Dreizehnjährige	
21	Vierzehnjährige	
20	Fünfzehnjährige	
19	Sechzehnjährige	
16	Siebzehnjährige	
6	Achtzehnjährige	
Körperlicher Aufnahmebefund		
41	waren gesund	
24	schwächlich, 7 hatten überreizte Nerven	
19	waren gonorrhoekrank	
1	Schwanger	
15	kamen in körperlich sehr verwahrlostem Zustand (7 mit Läusen oder Krätze, 3 Bettnässer)	
Geistiger Aufnahmebefund		
41	hatten normale Intelligenz	
25	waren beschränkt	21 sind bei uns in der Hilfsschulabteilung,
18	geistig minderwertig	18 fallen unter das Gesetz z. Verhütung erbkranken Nachwuchses
27	sind schwererziehbar, Psychopathen oder Hysterikerinnen	
9	haben religionslose Schulen besucht, bei 5 sind die Eltern aus der Kirche ausgetreten	
13	waren nicht konfirmiert	
Vor der Aufnahme		
56	stammen aus der Großstadt	
18	aus Mittelstädten	
8	aus der Kleinstadt	
2	vom Lande	
7	waren noch Schulkind	
32	hatten Stellen im Haushalt gehabt	
9	hatten in Fabriken gearbeitet	
4	hatten auf dem Lande gedient	
5	waren vorübergehend in Lehrstellen gewesen	
27	waren ohne Beruf zu Hause	
31	waren im BdM gewesen	
Häusliche Verhältnisse		
	Der Berufsstand des Vaters war nur von 67 festzustellen:	
	16 sind Arbeiter	
	32 Handwerker	
	5 Kaufleute	
	8 Beamte	
	2 Bauern	

---

[157] Die Formulierungen sind wörtlich aus dem Jahresbericht übernommen, die tabellarische Darstellung ist vom Verfasser.

	1 Wirt	
	1 Musiker	
	1 Schausteller	
	1 Vagabund	
	20 sind erwerbslos	
22	Mädchen sind unehelich geboren (1 außerehelich)	
17	sind nicht im Elternhaus aufgewachsen	
33	sind Waisen: 9 Vater-, 15 Mutter-, 9 Vollwaisen	
17	stammen aus zerrütteten, teils geschiedenen Ehen (2 Fälle von Selbstmord bei den Eltern)	
bei 59	sind die Eltern sittenlos:	
	14 Vater Trinker oder Verbrecher	
	16 Mutter sittenlos	
	19 beide Eltern sittlich tiefstehend	
	An 10 Mädchen wurde Blutschande oder Sittlichkeitsverbrechen begangen.	
bei 19	sind die Eltern aktenmäßig äusserlich ordentlich, doch unfähig zur Erziehung der Tochter	
bei 18	beantragten die Eltern selbst die F.E.; 8 brachten die Tochter selbst ins Heim	
43	Mädchen haben vor der Überweisung zur F.E. länger unter Betreuung der Jugendämter gestanden, teils unter Schutzaufsicht. 5 waren schon einmal in Heimen untergebracht.	
Grund für Fürsorgeerziehung		
bei 3	vorbeugende Maßnahme	
bei 81	subjektive Verwahrlosung:	
	9 waren Diebinnen	
	32 sexuell entgleist	von diesen waren 22 schon auf dem Wege zur gewerbsmäßigen Unzucht
	34 Diebinnen und sexuell entgleist	

Zur allgemeinen Situation im Jahr des Inkrafttretens des GzVeN ist im Jahresbericht 1933/34 nachzulesen, dass die Zahl der Unternehmungen und Ausflüge mit den Mädchen gesteigert wurde und dass eine Vielzahl von Festen im Jahreskreis begangen wurde, sowohl christliche als auch nationalsozialistische. Regelmäßig fanden Gottesdienste und Andachten statt.

Aus dem Schulbetrieb wird berichtet, dort sei nun der Geist des neuen Deutschlands eingekehrt und der Unterricht sei um die Rassenfrage und ähnliche Dinge erweitert worden. Im Rahmen des Unterrichts sei das neue Sterilisierungsgesetz von der Oberin persönlich den Mädchen nahegebracht worden. Es wird betont, dass trotz der neuen Lehrinhalte weiterhin der Religionsunterricht besondere Bedeutung finde. „Wir erschließen unseren Kindern die Quellen echten, wahren Volkstums und führen sie zu den ewigen Quellen im Evangelium."

Beim Personal wird von Wechsel berichtet, ohne Namen zu nennen; als Gründe sind Krankheit und fehlende Eignung genannt. Mehrere Schwestern seien zu nationalsozialistischen Schulungen gereist und hätten an diversen Tagungen teilgenommen. Die Lehrerschaft habe sich bei Veranstaltungen des N.S. Lehrerbundes beteiligt, die Schwestern seien meistenteils Mitglied der N.S. Frauenschaft. Im Hause seien mehrere Vorträge durchgeführt worden, so auch von Landespsychiater Dr. Lückerath über Psychopathie, Schwererziehbarkeit und das Sterilisationsgesetz.

Mehrfach seien große Gruppen von außen in die Einrichtung gekommen und bewirtet worden, so die Frauenhilfe mit 650 Teilnehmerinnen, aber auch die Hitlerjugend oder BdM-Mädel. Ausführlich wird berichtet über die Außenfürsorge an den entlassenen Mädchen, die in Stellung außerhalb untergebracht waren.

Insgesamt gewinnt man das Bild einer nach geordneten Regeln ablaufenden Einrichtung, in der vielerlei Angebote und Aufgaben wie ein Räderwerk ineinander greifen und wo durch Feste, Ausflüge und Besuche von Gruppen von außen immer wieder besondere Momente entstehen als Kontrapunkt zum geregelten Alltag. Dabei scheinen neu eingeführte Festtage, etwa Sonnenwendfeiern oder der 1. Mai, gleichberechtigt zu den kirchlichen Festen zu stehen.

Wie sehr sich ‚völkische' Feste im Betrieb von Bethesda etabliert hatten, illustriert die Zuschrift eines Kurgastes, die 1935 in der Bopparder Zeitung veröffentlicht wurde:

„Als ich gestern abend meinen Waldspaziergang machte, tönte mir aus dem Walde frohes Singen und übermütiges Mädchenlachen entgegen. Ich ging diesen lustigen Weisen nach und kam an einen alten Pflanzengarten, allwo unter den prächtigen, alten Buchen ein frohes Treiben herrschte. Ich sah Schwestern geschäftig hin und her eilen, sah, wie hellgekleidete Mädchen kräftig in mitgebrachte Butterbrote bissen. Auf mein Befragen erfuhr ich, daß die Stifte Bethesda und St. Martin oben auf der Höhe das Sonnwendfest begehen wollten. In schön geordnetem Marsch ging es, nachdem gegessen und getrunken war, singend hinauf zur Heide. Dort wartete ein großer Holzstoß auf seine Bestimmung, durch sein Feuer der Umwelt zu zeigen, daß hier oben gesunde, deutsche Jugend ihre Liebe zum Vaterland bekennen will. Es war ein erhebendes Bild, als die ungefähr 150 Mädchen, mit ihren sie betreuenden Schwestern, an deren Spitze Frau Oberin Sievers mit Herrn Pfarrer Goebel stand, ihre Reigen um die lodernde Lohe tanzten. Es wurden Lieder gesungen und ein würdiges Johannesspiel aufgeführt und ein kräftiges, jubelnd aufgenommenes Sieg-Heil auf unseren Führer und unser Vaterland, ausgebracht von Pfarrer Goebel, schloß, unter Absingung des Deutschland- und Horst-Wessel-Liedes, die würdige und erhabene Feier. Von ganzem Herzen freute ich mich über das Verhältnis, das zwischen Frau Oberin, den Schwestern und den Mädchen herrschte, es war wie eine große, große Familie und Frau Oberin die alles betreuende Mutter. Ich möchte auf diesem Wege Frau Oberin, Herrn Pfarrer Goebel und den Mädchen allen, Dank sagen, für die erhebende, mich tief berührende Sonnenwendfeier."[158]

Marie Sievers setzte sich dafür ein, dass die vom Heim betreuten Mädchen, zumindest die in den Außenarbeitsstellen, Zugang zum BdM erhielten. Diesbezüglich korrespondierte sie mit Landesverwaltungsrätin Gräfin von Merveldt. Im Weihnachtsrundbrief 1934 schrieb sie: „Nun denkt euch, wir wollen auch im Heim eine BDM-Gruppe bilden, wo aber nur die hineinkommen, die echte

---

[158] Der Buchholzer Kurgast H. Moosmann über die Sonnwendfeier 1935 in einem Beitrag für die Bopparder Zeitung, zitiert in: Einkehr und Ausschau, Weihnachtsgruß der beiden Häuser Bethesda und St. Martin zu Boppard. Weihnachten 1935 (Archiv Stiftung Bd. 156).

deutsche Mädels werden sollen. Ich hoffe, daß Ihr, die Ihr draußen in den Gruppen seid, Euch dort auch als solche beweist."[159]

In einer zeitgenössischen Fotoserie, wohl dazu bestimmt, dass Besucher sie käuflich erwerben können oder als Geschenk für Gäste, ist das im Jahresbericht und im Zeitungsartikel geschilderte fröhlich-geordnete Treiben auch bildlich dokumentiert.[160] Mit Aufnahmen von einer Sonnwendfeier bewirbt sich Bethesda sogar für eine Fotoausstellung des „N.S. Rechtswahrerbundes", der Berufsorganisation der Juristen.[161]

5.2. Umfang der Sterilisierungen

Die Datenlage ist leider nicht für alle Jahre befriedigend. Die ursprünglichen Erziehungsakten der Mädchen in der Stiftung existieren nicht mehr, die Gegenstücke des Landesjugendamtes befinden sich in einem geschützten Sonderbestand des Archivs des LVR.[162] Für die Jahre 1935 bis 1939 liegen sowohl im Archiv der Stiftung als auch im Archiv des LVR namentliche Listen vor,[163] die aufgrund einer entsprechenden Anordnung der Provinzialverwaltung jeweils zum Stichtag 1. Oktober zu erstellen waren. Die Zahlen für das Jahr 1934 mussten hingegen rechnerisch ermittelt werden aus den Zahlen, die Oberin Marie Sievers in ihrem bereits zitierten Vortrag im Jahr 1935 angegeben hatte. Demnach ergibt sich folgende Gesamtübersicht:

Berichtszeitraum	34/35 errechnet	1.10.35-1.10.36 Liste	1.10.36-1.10.37 Liste	1.10.37-1.10.38 Liste	1.10.38-1.10.39 Liste	34–39 Summe
Als erbkrankverdächtig beobachtet	83					
Davon angezeigt	58					
Sterilisierung durchgeführt	37	19	11	10	2	79
Bereits vor Aufnahme sterilisiert			2			2
Antrag auf Sterilisierung abgelehnt		6	2	3	5	16
Verfahren ausgesetzt			2		3	
Verfahren nicht entschieden	11	8	13	9	2	
Angezeigt, aber verlegt (noch nicht sterilisiert)	20	4	1	6	2	33

---

[159] Archiv Stiftung Bd. 156.
[160] Vgl. Archiv Stiftung, Bd. 188.
[161] Aus der Korrespondenz lässt sich schließen, dass es sich vermutlich um das auch in der vorg. Serie aufgenommene Bild handelt, das Hakenkreuzfähnchen schwenkende Mädchen beim Tanz um das Sonnwendfeuer zeigt.
[162] Aber auch bei Zugänglichkeit des Bestandes wäre die systematische Auswertung mehrerer hundert Fürsorgeerziehungsakten im Rahmen dieser Arbeit nicht leistbar gewesen.
[163] Vgl. Archiv Stiftung, Bd. 18 und Archiv LVR, Bd. 14063-14065.

Als erbkrankverdächtig eingeschätzt, aber verlegt		13	4	7		24
Als erbkrank eingeschätzt, aber wg. Verlegung nicht angezeigt		17	4	1		22
Erbkrankverdächtig, zur Beobachtung, noch nicht angezeigt		11	12	18		
Jahresfallzahl	83	78	51	54	12	
Belegung am 01.04.	168	175	173	162	nicht bekannt	
Anteil der Verdachtsfälle	49,4 %	44,6 %	29,5 %	33,3 %		
Anteil der Sterilisierungsfälle	22,0 %	10,9 %	6,4 %	6,2 %		

Es fällt auf, dass im ersten Jahr der Anwendung des GzVeN fast die Hälfte der Bewohnerinnen des Heims als erbkrankverdächtig beobachtet wurden. (Diese Zahl muss allerdings relativiert werden, lässt man die eingangs erwähnte Fluktuation mit in die Betrachtung einfließen).

Insgesamt wurden innerhalb der 6 Jahre der Anwendung des GzVeN 79 Mädchen und junge Frauen aus Bethesda-St. Martin sterilisiert. Weitere 33 Mädchen wurden zur Vornahme der Sterilisierung angezeigt, aber vor Durchführung des Verfahrens am EGG in andere Häuser verlegt. 22 Mädchen wurden als erbkrank eingeschätzt, aber wegen anstehender Verlegung von Boppard aus noch nicht angezeigt.

5.3. Profil der betroffenen Mädchen und Frauen

Aufgrund des besonderen Verfahrensablaufs in der rheinischen Fürsorgeerziehung, die im nächsten Abschnitt näher ausgeführt wird, liegen für die meisten der betroffenen Mädchen bis zu drei Stellungnahmen in listenmäßiger Form vor. So ist es auch möglich, ohne Vorliegen der Erziehungsakten sich ein ungefähres Bild vom Profil der betroffenen Mädchen zu machen. Es würde den Rahmen dieser Arbeit sprengen, dies für alle 79 Fälle detailliert umsetzen zu wollen, zumal die Daten nur sehr lückenhaft vorhanden sind. Es wurden daher exemplarisch einige Fälle ausgewählt, deren Merkmale sich auch in einer Reihe von anderen Fällen in ähnlicher Ausprägung wiederfinden.

Die angeführten Einschätzungen sind einmal die von dem Landespsychiater Dr. Lückerath bei seinen Bereisungen der Heime festgehaltenen Untersuchungsergebnisse[164] und zum Zweiten – soweit verfügbar – die Rückmeldung des Heimes zu einer Anfrage der Behörde bezüglich der Reaktion der Mädchen auf die Sterilisierung und die anschließende Entwicklung (dies ist jedoch nur für zwei Jahrgänge festgehalten bzw. archiviert).[165]

---

[164] Vgl. Archiv LVR Bd. 14061.
[165] Vgl. Archiv LVR Bd. 14065. Die Rückmeldung für den Berichtszeitraum 1935/36 wurde von Marie Sievers verfasst, für 1937/38 von der nachfolgenden Oberin, Renate von Soden. – Bei der Darstellung wurden die Angaben zur Person aus Datenschutzgründen

Hilde S., geb. **.**.1916 – sterilisiert 1935/36 im Alter von 19 Jahren
Dr. Lückerath: „Vater 1917 gestorben. Mutter führt leichtsinnigen Lebenswandel, Sorgerecht entzogen. Hilde nach Schule leichtsinnig, lief von Hause weg, Geschlechtsverkehr, hatte mit 14 eine Fehlgeburt, mit 16 Jahren wieder Fehlgeburt. Ist triebhaft, erregbar. Rechnet im kleinen 1x1 schlecht. Versagt bei Begriffs- und Urteilsbildung und Kombinationsvermögen. Ist debil. Angeborener Schwachsinn."
M. Sievers: „Stand 4 Monate unter Beobachtung. Es lagen zwischen der Anzeige und der Ausführung der Sterilisierung 4 Monate Zeit. Hilde kam nach 6 Wochen in eine ländliche Dienststelle. Der Frage der Sterilisation stand sie selbst zunächst ablehnend gegenüber, gab dann aber willig und vertrauensvoll auf das Urteil anderer nach. Sie hat keine eigentlichen Angehörigen, und so wurde auch kein Einspruch erhoben. In der Stelle geht es bis jetzt leidlich gut mit ihr."

Johanna W., geb. **.**.1918 – sterilisiert 1935/36 im Alter von 18 Jahren
Dr. Lückerath: „Unehelich. Linke Hand von Geburt stark verkrüppelt. Die 4 Finger sind nur angedeutet. Mutter geistig minderwertig; ihre Verwandten übel beleumdet. Diebstähle, Herumtreiben, mannstoll, Geschlechtsverkehr. Hat die Hilfsschule besucht; längere Zeit im Krüppelheim. Rechnen im Zahlenkreis bis 100 mangelhaft, Schulkenntnisse gering. Begriffs- und Urteilsbildung stark zurückgeblieben. Debil; angeborener Schwachsinn."
M. Sievers: „Die Anzeige wurde nach 4 Monaten Beobachtungszeit erstattet, die Sterilisation wurde nach 2 Monaten durchgeführt, Johanna ist noch im Heim. Sie hat eine verkrüppelte Hand, welche neben leichtem angeborenen Schwachsinn der Grund zur Sterilisation war. Die Mutter stand der Sterilisation nicht gerade oppositionell gegenüber und gab ihre Zustimmung. Johanna selbst war aussersich, schimpfte über das Gesetz und über den Führer. Es gehörte grosse Geduld dazu, bis sie sich entschloss, ins Krankenhaus zu gehen. Sie ist jetzt ruhiger geworden und ihr Benehmen ordentlich. Schwierigkeiten werden kommen, wenn es ihr zu Bewusstsein kommt, dass sie nicht heiraten darf, denn sie ist voller Lebenslust und Lebenskraft."

Sibille F., geb. **.**1918 – sterilisiert vor dem 1. Oktober 1935 im Alter von 16 Jahren
Dr. Lückerath: „Vater geistig minderwertig, Mutter sittlich tiefstehend, ein Bruder in Idiotenanstalt. Hilfsschülerin. Infantil, debil. Erbschwachsinn."
EGG Koblenz im Beschluss vom 10.12.1934: „Sibille F. aus K., geboren daselbst am **.**.1918, zur Zeit in der Anstalt ‚Bethesda' in Boppard, gesetzlich vertreten durch den Rechtsanwalt Dr. B. in K. als Pfleger, ist unfruchtbar zu machen. Gründe: Der für die Anstalt ‚Bethesda' zuständige Kreisarzt des Kreises St. Goar hat den Antrag auf Unfruchtbarmachung gestellt. Nach dem überzeugenden Gutachten des Anstaltsarztes Dr. M. leidet die S. an Erbschwachsinn. ..."
M. Sievers an das EGG: „Für Sibille F., die sich bei der Familie Christian P. ... in Stellung befindet, ist lt. Mitteilung des Herrn Kreisarzt Dr. H. der Beschluss auf Unfruchtbarmachung ausgesprochen worden. Die Herrschaft hat gebeten, dass das Mädchen möglichst bald in das Krankenhaus gebracht würde, damit es dann bei der Frühjahrsbestellung wieder gesund und arbeitsfähig sei. Wir möchten deshalb erg. um Beschleunigung der Angelegenheit bitten." [166]

---

anonymisiert, neben den erkennbaren Auslassungen wurde der Herkunftsort weggelassen.
[166] Quelle der Textpassagen Erbgesundheitsgericht und M. Sievers, abweichend von den übrigen Darstellungen: Archivbestand EGG-Akten Gesundheitsamt der Stadt Krefeld, Akte 1059 zit.n.; Hofmann-Mildebrath, Zwangssterilisation, 238.

Anna H., geb. **.**.1922 – sterilisiert 1936/37 im Alter von 15 Jahren
Dr. Lückerath: „Unehelich. Als Kind Masern, Scharlach, Diphterie. 5. Schuljahr. Herumtreiben mit jungen Burschen. Versagt stark in Schulkenntnissen, Rechnen, bei Prüfung der Begriffs- und Urteilsbildung. Stark debil. Angeborener Schwachsinn."

Johanna A., geb. **.**.1918 – sterilisiert 1936/37 im Alter von 18 Jahren
Dr. Lückerath: „Vater oft bestraft. Mutter steht sittlich tief; ihre beiden Töchter dirnenhaft. Hat diffuse Vergrößerung der Schilddrüse. Versagt stark bei Prüfung der Schulkenntnisse, des Rechnens, der Begriffs- und Urteilsbildung. Stark debil, angeborener Schwachsinn."

Erna K., geb. **.**.1922 – sterilisiert 1936/37 im Alter von 14 Jahren
Dr. Lückerath: „Vater 1928 †. Als Kind Masern; hat Hilfsschule besucht. Sittlich verwahrlost, mehrfach Geschlechtsverkehr. Versagt stark im Rechnen und Schulkenntnissen, bei Prüfung der Begriffs- und Urteilsbildung. Stark debil, angeb. Schwachsinn."

Paula S., geb. **.**.1921 – sterilisiert 1936/37 im Alter von 16 Jahren
Dr. Lückerath: „Eltern leben; häusliche Verhältnisse ungünstig, Mutter ging mit ihr betteln. Herumtreiben mit jungen Burschen. Einziges Kind. 5. Schuljahr; leichtsinnig. Versagt stark im Rechnen, bei Schulkenntnissen, in Begriffs- und Urteilsbildung. Stark debil, angeborener Schwachsinn."

Helga K., geb. **.**.1921 – sterilisiert 1936 im Alter von 14 Jahren
Dr. Lückerath: „Unehelich. Name des Stiefvaters. Mutter führt unsittlichen Lebenswandel. 5. Schuljahr, haltlos, triebhaft. Von mir 1935 untersucht und wahrscheinlich als debil, Steril. Fall bezeichnet. Die heutige Untersuchung bestätigt das Urteil. Versagt bei der Intelligenzprüfung erheblich. Debil, angeborener Schwachsinn."

Helene W., geb. **.**.1921 – sterilisiert 1936/37 im Alter von 15 Jahren
Dr. Lückerath: „Vater starker Trinker, Mutter †, Stiefmutter. Als Kind Masern. Volksschule und dann Hilfsschule; Herumtreiben, Geschlechtsverkehr gegen Geld (5–20 Pfennig). Erweist sich bei der Intelligenzprüfung als stark debil; angeborener Schwachsinn. Wird wahrscheinlich später einer Anstalt für Schwachsinnige zugeführt werden müssen; Erfolg durch F.E. sehr fraglich."

Hilde G., geb. **.**.1922 – sterilisiert am 11.11.1937 im Alter von 15 Jahren
R. v. Soden: „Vom 29.6. bis einschl. 10.7.1937 war Hilde in der Rhein. Provinzialkinderanstalt für seelisch Abnorme in Bonn zur Beobachtung. Bei Hilde haben wir den Versuch der Entlassung aus dem Heim gemacht. Wir fanden für sie eine leichte, gute Stelle in Eimsheim (Rheinhessen) über Oppenheim, wo sie geringen Lohn und gute Betreuung hat und mehr als Pflegekind gehalten wird. – Bei dem Besuch unserer Außenfürsorgerin wurde festgestellt, dass ihre Führung gut ist und Hilde in ihrem kleinen Pflichtkreis gewissenhaft und treu ist."

Johanna S., geb. **.**.1921 – sterilisiert am 30.03.1938 im Alter von 16 Jahren
Dr. Lückerath: „Mutter früher sittlich nicht einwandfrei. Eltern sittlich tiefstehend; Schwester in Hilfsschule. Masern, 5. Schuljahr, Herumtreiben, geschlechtskrank. Erweist sich beim Rechnen, Prüfung der Schulkenntnisse, der Begriffs- und Urteilsbildung als debil; stumpf. Angeborener Schwachsinn. Ist im Rahmen ihrer Debilität erziehungsfähig."
R. v. Soden: „Bei Johanna war das Verfahren für 1 Jahr ausgesetzt. In ihrer Stelle versagte sie, sie erwies sich als unfähig und musste zurückgenommen werden. Die Nachprüfung durch das Erbgesundheitsgericht ergab die Notwendigkeit der Sterilisierung. Bald nach derselben haben wir sie in unserem Bezirk in einer leichten Stelle untergebracht, wo es bis jetzt leidlich

gut mit ihr geht. – Johanna ist in ihrem Wesen ein gutmütiges, williges, aber charakterschwaches Mädchen und bedarf weiterhin der Betreuung."

Es ist erschreckend auffällig, dass in der ganz überwiegenden Mehrzahl gesellschaftlich unerwünschtes Verhalten in der Vergangenheit der Mädchen, oft gepaart mit einem ungünstigen Herkunftsmilieu, in der Begutachtung von Dr. Lückerath genannt wird. In praktisch allen Fällen lautet sein Credo: „Fällt unter § 1 Abs. 2 Ziffer 1 des Gesetzes vom 14.7.1933", das heißt, die Indikationsstellung für die Sterilisierung lautet ‚angeborener Schwachsinn'.

Es kann festgehalten werden, dass die sterilisierten Mädchen ganz überwiegend
– aus einem belasteten oder zumindest nicht förderlichen Herkunftsmilieu stammten,
– kaum über Schulbildung verfügten,
– bereits in gesellschaftlich unerwünschter Weise auffällig geworden waren (z.B. Herumtreiben, sexuelle Kontakte),
– jedoch keine nach heutigem Kenntnisstand eindeutig vererbbare Behinderung oder Erkrankung hatten.

Dass das vielfach von Dr. Lückerath vermerkte Versagen bei Rechenaufgaben, der Abfrage von Schulkenntnissen oder bei der ‚Begriffs- und Urteilsfindung' tatsächlich ein Indiz für Debilität oder ‚angeborenen Schwachsinn' darstellt, muss ernsthaft bestritten werden. Diese Probleme ließen sich z.B. ebenso mit einer mangelnden Bildung, einer Lernschwäche, einer Entwicklungsverzögerung oder einer situativen Blockade erklären. Man kann daher trotz der fast durchgängigen Nennung der Indikationsdiagnose ‚Schwachsinn' nicht verlässlich davon ausgehen, dass bei der Mehrzahl der in Bethesda-St. Martin sterilisierten Mädchen eine geistige Behinderung vorlag.

Sollte objektiv dennoch bei einigen Mädchen eine Lernbehinderung oder eine geistige Behinderung vorgelegen haben, so ist aufgrund der – zugegebenermaßen sehr knappen – Sozialanamnese wohl häufig davon auszugehen, dass es sich vielmehr um eine erworbene als um eine angeborene Beeinträchtigung gehandelt hat. Hans-Joachim Schmutzler führt zu dieser Thematik aus:

„In einer Untersuchung (M. Liepmann) heißt es: ‚Die Befunde zur sozialen Schichtzugehörigkeit weisen darauf hin, daß nicht nur – wie inzwischen bekannt – die leichteren Grade der geistigen Behinderung (IQ>60), also die Lernbehinderung, vorwiegend ein Problem der sozial unterprivilegierten Schichten sind, sondern auch schwere geistige Behinderung (IQ<50). Dieses Ergebnis ist unerwartet.' Die Autorin sieht die Ursachen des Zusammenhanges zwischen geistiger Behinderung und Schichtzugehörigkeit z.B. in der ‚Quantität' medizinischer Versorgung ... sowie unzureichende Mutterschutzregelungen und schichtspezifisches Verhalten der schwangeren Frauen. ...' Die primär soziale Bedingtheit vieler Behinderungen und insbesondere der größten Gruppe – Lernbehinderungen – darf heute als feste Erkenntnis gelten: Die wirtschaftlich sozialen Daten der Eltern (keine oder niedrige berufliche Qualifikation, Arbeitslosigkeit, Gelegenheitsarbeit), ihr i.d.R. niedriger Bildungsstand, schlechte bis katastrophale Wohnverhältnisse (Obdachlosengebiete), keine kindgemäßen Erziehungsmethoden, fehlende Kindergartenplätze u.v.a. Bedingungen sind als soziale Hauptursachen für Lernbehinderung anzusehen".[167]

5.4. Verfahrensablauf der Sterilisierungen

Der Verfahrensablauf für die Fürsorgeerziehungsheime wurde von der Fürsorgeerziehungsbehörde mit Rundschreiben vom 20. Februar 1934[168] und später durch weitere Rundschreiben angepasst.

In dem Rundscheiben wird u.a. die Verpflichtung der Heimleitung von Fürsorgeerziehungsheimen zur Anzeige erbkrankverdächtiger ‚Zöglinge' unterstrichen. Grundlage hierfür war eine vorgegebene, tatsächlich aber nicht existente Passage in der Verordnung zur Ausführung des GzVeN, wonach die Leiter von Fürsorgeerziehungsheimen den Leitern von Heil- und Fürsorgeanstalten bei der Meldepflicht gleichzusetzen sind. Zur Verfahrensvereinfachung war dem Rundschreiben gleich ein entsprechender Vordruck beigefügt.

Es wurde darauf hingewiesen, dass zusätzlich zur eigenen Ermittlungspflicht der Heime im Rahmen von Bereisungen durch den Landespsychiater Sanitätsrat Dr. Lückerath alle Fürsorgeerziehungsfälle überprüft und eine Einzelfalleinschätzung zur ‚Fortpflanzungsgefährlichkeit' abgegeben wird, aufgrund deren wiederum die Heime von der Fürsorgeerziehungsbehörde dann aufgefordert werden, die erkannten erbkranken Fälle anzuzeigen.

Tatsächlich war Dr. Lückerath drei Mal für mehrere Tage in Boppard, um die Mädchen von Bethesda-St. Martin zu begutachten. Nach 1936 erfolgten keine Besuche mehr, da Dr. Lückerath pensioniert wurde. Seine Untersuchungen erbrachten folgende Ergebnisse: [169]

	1933 06.11.–10.11.	1934 05.11.-07.11.	1936 13.05.–15.05.	Summen
begutachtete Fälle	139	76	32	247
als ‚erbgesund' eingestuft	92	65	10	167
als ‚erbkrank' eingestuft	38	11	21	70
noch offen	9	0	1	

Es fällt auf, dass Dr. Lückerath als Kriterium für die Erbgesundheit offenbar nur die Frage nach der Intelligenz zulässt. Im ersten Bericht schreibt er z.B. „von den 139 Mädchen sind 92 intellectuell als normal zu bezeichnen." Oder 6 Seiten weiter: „Folgende Fälle sind als schwachsinnig zu bezeichnen und zwar

---

[167] Hans-Joachim Schmutzler, Heilpädagogisches Grundwissen. Einführung in die Früherziehung behinderter und von Behinderung bedrohter Kinder, Freiburg i.Br. u.a. 1994, 54. Das Zitat bezieht sich auf Mirjam C. Liepmann, Geistig behinderte Kinder und Jugendliche. Eine epidemiologische, klinische und sozialpsychologische Studie in Mannheim (Zeitschrift für Kinder- und Jugendpsychiatrie. Beiheft 4), Bern 1979, 126.
[168] Vgl. Archiv LVR, Bd. 13902, Bl. 17ff.
[169] Zahlenerhebung aus: Archiv LVR, Bd. 14061, Bl. 402ff., tabellarische Darstellung vom Verfasser.

als erbschwachsinnig im Sinne des Gesetzes vom 14.7.1933."[170] Es erfolgte also offenbar eine Prüfung nur nach der „weichen" Indikationsstellung ‚angeborener Schwachsinn' des GzVeN.

In seinem ersten 13-seitigen Bericht hatte Dr. Lückerath den Block der als ‚erbschwachsinnig' eingestuften Mädchen im Eingangsabsatz ursprünglich mit dem Zusatz versehen „Bei einigen muss die Familiengeschichte geprüft werden." Dieser Satz wurde von ihm selbst später handschriftlich gestrichen und mit der Paraphe „gelöscht. Dr. Lückerath" versehen. Ein entsprechender paraphiert gestrichener Vermerk findet sich bei 23 der 38 eingestuften Mädchen. Offenbar war sich Dr. Lückerath durchaus bewusst, dass es auch exogene Formen der Minderbegabung gibt. In den späteren Berichten finden sich derartige Einträge nicht mehr.

Im vorangegangenen Kapitel wurden bereits einige der von Dr. Lückerath abgegebenen Stellungnahmen zitiert, eine erneute exemplarische Wiedergabe kann an dieser Stelle daher unterbleiben, zumal sich die Formulierungen weitgehend schablonenhaft wiederholen.

Die Anzeige aufgrund der Erhebungen des Landespsychiaters war jedoch in der Praxis nur eine Möglichkeit. Das Heim hatte auch die Möglichkeit und nach dem Rundschreiben der Fürsorgeerziehungsbehörde auch die Verpflichtung, aus eigener Erkenntnis heraus anzuzeigen. Hiervon wurde in Boppard offenbar auch Gebrauch gemacht. Dies kann zwar nicht anhand der Erbgesundheitsakten belegt werden,[171] erschließt sich jedoch aus der Tatsache, dass auf den vom Heim eingereichten jährlichen Sterilisierungslisten zahlreiche Namen auftauschen, die in den Berichten von Dr. Lückerath fehlen. Gleicht man in etwa die Besuchstermine von Dr. Lückerath mit dem Berichtszeitraum der Sterilisierungslisten ab, so kann man überschlägig davon ausgehen, dass nur 30 % der Sterilisierungen auf einen Anstoß des Landespsychiaters zurückgehen (nach 1936 keine mehr, da keine Besuche mehr erfolgten). Es steht zu erwarten, dass eine Mehrzahl der übrigen Fälle von der Einrichtung in eigener Motivation angezeigt wurden.

Dem vorliegenden Material ist zu entnehmen, dass zwischen der Feststellung des Verdachts des Vorliegens einer ‚Erbkrankheit' und der Anzeige beim Gesundheitsamt – zuständig war St. Goar – zunächst eine ‚Beobachtungszeit' von zumeist zwei bis vier Monaten eingeschoben wurde. Dies sowohl bei Fällen, die laut Dr. Lückerath anzuzeigen waren, als auch bei Fällen, in denen man das Verdachtsmoment heimintern festgestellt hatte. Man nahm in Bethesda die eigene Fachlichkeit und Kompetenz also durchaus wahr.

---

[170] Archiv LVR, Bd. 14061, Bl. 402ff.
[171] Die Einsicht in die beim Landeshauptarchiv Rheinland-Pfalz lagernden Erbgesundheitsakten des EGG-Bezirks Koblenz für die Zwecke dieser Arbeit hat das Landeshauptarchiv mit Schreiben vom 24.07.2007 aus Datenschutzgründen abgelehnt.

Es ist belegt, dass in einigen Fällen Marie Sievers der Einschätzung von Dr. Lückerath widersprochen hat und soweit bekannt dann auch keine Sterilisation erfolgt ist. Zwei Fälle seien hier exemplarisch wiedergegeben.[172]

Emmi H., geb. **.**.1915
Dr. Lückerath: „Ehe der Eltern geschieden, Vater haltloser Trinker, Mutter unsittlich, war schwermütig, in Heilanstalt. Emmi ist ein sinnliches, debiles Mädchen. Erbschwachsinn."
M. Sievers: „Emmi H. ist seit dem 1.12.33 in Stellung bei Bürgermeister a.D. Sch. in U./Reinhessen. Sie führt sich gut und steht unter guter Aufsicht. Sie hat etwas Psychopathisches, sehr Zurückhaltendes in ihrem Wesen und etwas Undurchsichtiges in ihrem Charakter. Fortpflanzungsgefährlich erscheint sie jetzt nicht."

Erna J., geb. **.**.1916
Dr. Lückerath: „Vater hat keinen guten Ruf, ungünstige Verhältnisse. Hilfsschülerin. Als Kind Gonorrhoe, wahrscheinlich vom Vater! Debil, gefühlsarm."
M. Sievers: „Erna J. ist seit dem 15.2.34 in Stellung im Ev. Krankenhaus in Burscheid. Ich halte Erna nicht für ‚fortpflanzungsgefährlich'. Sie ist Psychopathin, aber in sexueller Hinsicht haben wir keine besondere Triebhaftigkeit beobachten können. Sie ist dort im Krankenhaus unter guter Betreuung."

In dem eingangs erwähnten Rundschreiben an die Heime ist auch betont, dass das Personal und insbesondere die Heimärzte bei der Begutachtung im Rahmen des Erbgesundheitsverfahrens mitzuwirken haben. In der Umsetzung bedeutete dies, dass das Heim zugleich Anzeigender als auch Begutachtender sein konnte. Aufgrund des fehlenden Zugriffs auf die Verfahrensakten konnte nicht überprüft werden, in wie vielen Fällen in Boppard so verfahren wurde. Brigitte Hofmann-Mildebrath belegt jedoch zumindest in einem Fall anhand der Krefelder Akten, Sibille F., dass von Bethesda aus eine Verfahrensunterstützung erfolgt ist. Im Kapitel „Zubringerdienste' auf staatlicher und kirchlicher Seite" schreibt sie:

„Ein Beispiel für aktive Mitarbeit bei der Erstellung des amtsärztlichen Gutachtens findet sich nachfolgend. In der Akte 1059 ist als Unterschrift unter den Intelligenzprüfbogen zum Gutachten der Name einer weiblichen Person und deren Amtsstellung als Oberin bezeichnet. Offensichtlich hat am 21.6.1934 die Oberin des Fürsorgeheimes „Bethesda", Boppard a. Rh. (Ev. Fürsorgeheim für Mädchen), die Befragung der 15-jährigen Probandin durchgeführt (die handschriftlichen Eintragungen decken sich mit der Unterschrift). In der Beschlussfassung des EGG Koblenz vom 10.12.1934 heißt es: ‚Sibille F. aus K., geboren daselbst am **.**.1918, zur Zeit in der Anstalt ‚Bethesda' in Boppard, gesetzlich vertreten durch den Rechtsanwalt Dr. B. in K. als Pfleger, ist unfruchtbar zu machen. Gründe. Der für die Anstalt ‚Bethesda' zuständige Kreisarzt des Kreises St. Goar hat den Antrag auf Unfruchtbarmachung gestellt. Nach dem überzeugenden Gutachten des Anstaltsarztes Dr. M. leidet die S. an Erbschwachsinn.'"[173]

---

[172] Quelle: Archiv LVR, Bd. 14061, Bl. 402-412, Personen- und Herkunftsdaten vom Verfasser anonymisiert.
[173] Hofmann-Mildebrath, Zwangssterilisation, 237ff.; weitergehende Anonymisierung der Personendaten vom Verfasser.

Hieraus ergibt sich, dass einerseits Marie Sievers die Intelligenzprüfung zur Feststellung der Diagnose ‚Schwachsinn' selbst durchgeführt hat und zum anderen der seinerzeitige Heimarzt von Bethesda, Dr. Macke († 1936) das Gutachten für das EGG-Verfahren erstellt hat.

Ob dies ein Einzelfall oder die Regel war, lässt sich anhand des verfügbaren Materials derzeit nicht feststellen. Aufgrund der bekannten Überlastung[174] des Erbgesundheitsgerichts Koblenz, wo die meisten Verfahren der Mädchen geführt wurden, und der zuständigen Gesundheitsämter bzw. Amtsärzte mit der Folge des ‚Gutachterengpasses' steht jedoch zu vermuten, dass es gerne gesehen wurde, wenn Testung und Begutachtung vom Heim erbracht wurden.

Die Verfahren erfolgten wohl in der Regel vor dem EGG Koblenz, das auch mehrere Sitzungstage vor Ort in Boppard abhielt, um jeweils gleich eine Reihe von Fällen zu behandeln. Das führte, wie Oberin Sievers in einem Vortrag beklagte, zu großer Unruhe und Aufregung unter den Mädchen, da ihnen nun deutlich wurde, dass es nicht mehr nur um Einzelfälle ging.[175] Ob die Mädchen an den Verfahren selbst teilnahmen, kann nicht ermittelt werden. Untersuchungen am Aktenbestand des EGG Koblenz haben aber ergeben, dass bei ‚Anstaltsfällen' oft versucht wurde, ohne die Betroffenen zu verhandeln, nur unter Hinzuziehung des gesetzlichen Vertreters, zunächst um effektiver zu arbeiten und der großen Zahl der Fälle Herr zu werden.[176]

Die Sterilisierungseingriffe wurden nicht im Hause durchgeführt, sondern in einem dazu ermächtigten Krankenhaus. In den verfügbaren Unterlagen heißt es stets, die Mädchen seien für den Eingriff „nach Koblenz" gekommen, ohne konkret ein Krankenhaus zu benennen. In Koblenz waren ausweislich der entsprechenden Liste des preußischen Ministeriums für Innere Verwaltung folgende Häuser ermächtigt: Städtisches Krankenhaus Kemperhof, Krankenhaus Ev. Stift St. Martin, Elisabeth-Krankenhaus. Es ist zu vermuten, dass die Eingriffe entweder am städtischen oder am evangelischen Krankenhaus vorgenommen wurden.

Die Begleitung der Sterilisierungen durch das Personal und auch Oberin Sievers selbst erfolgte auf mehrfache Art: Zunächst wurde allen Mädchen, etwa im Rahmen des Schulunterrichts und bei ‚Familienabenden' der einzelnen Wohngruppen die Idee der Rassenhygiene nahegebracht und für Verständnis für die sich daraus ergebenden ‚notwendigen' Maßnahmen geworben. In einer zweiten Stufe wurden die als ‚erbkrankverdächtig' befundenen Mädchen einer genauen Beobachtung unterzogen mit dem Ziel, eine Einschätzung hinsichtlich der ‚Sterilisierungsnotwendigkeit' zu erhalten.

---

[174] Vgl. Erbacher/Höroldt, Erbgesundheitsgerichtsbarkeit, in: Justiz Rheinland-Pfalz (Hg.), Justizverwaltung, Rechtssprechung und Strafvollzug auf dem Gebiet des heutigen Rheinland-Pfalz, Teil 1 und 2, Frankfurt 1995, 1141 ff.
[175] Vortrag „Die fürsorgerische Betreuung Sterilisierter und zu Sterilisierender" vom 26.03.1935, Archiv Stiftung, Bd. 15.
[176] Vgl. Erbacher/Höroldt, Erbgesundheitsgerichtsbarkeit, 1141 ff.

Sah man dies gegeben, erfolgte die Anzeige beim Kreisgesundheitsamt. In der dritten Stufe der Begleitung galt es nun, die Mädchen auf das anstehende Verfahren und die wahrscheinliche Sterilisierung vorzubereiten, um Verständnis zu werben und darauf hinzuwirken, ‚Einsicht' in die Notwendigkeit zu entwickeln und selbst der Maßnahme zuzustimmen. In einer vierten Stufe musste man sich besonders um Mädchen kümmern, die nach dem Urteil des EGG auffällig wurden, sei es in renitenter oder depressiver Weise. Auf fünfter Ebene erfolgte dann die Begleitung der Mädchen im Umfeld des Eingriffs im Krankenhaus; Mädchen, die Angst vor der Operation hatten, wurden ins Krankenhaus begleitet. Auf einer sechsten Ebene musste man sich ggf. um Mädchen kümmern, die nach dem Eingriff auffallend verändert waren, aufsässig oder depressiv, oder „gar nicht zu gebrauchen", wie die Oberin einen Einzelfall beschrieb.

Die siebente Stufe der Begleitung, die Marie Sievers besonders am Herzen lag, umfasste dann die Seelsorge an den sterilisierten Mädchen. Durch warmherzige Begleitung sollte ihnen trotz des Makels der Unfruchtbarkeit eine positive Lebenseinstellung vermittelt werden und sie sollten in die Lage versetzt werden, trotz eingeschränkter Perspektiven (Heiratsverbot, Verbot der Ausübung erziehender Tätigkeiten) tragfähige Zukunftsperspektiven zu entwickeln. Als achte Stufe erfolgte schließlich die Außennachsorge für Mädchen, die aus dem Heim in Arbeitsstellen im Umland entlassen wurden und dort meist bei den Familien lebten, bei denen sie beschäftigt waren (das übliche Konzept der Ablösung vom Heim auch bei den nicht sterilisierten Mädchen).

5.5. Haltung des Personals

Dieser Abschnitt muss leider sehr kurz ausfallen, da abgesehen von der bereits dargestellten Haltung der Oberin Marie Sievers und der zumindest im Einzelfall belegten gutachterlichen Tätigkeit des Heimarztes Dr. Macke keinerlei Informationen vorliegen, wie sich das übrige Personal zu den Sterilisationen stellte.

Da in den vorliegenden Berichten wie auch in den Unterlagen der Heimaufsicht immer wieder hervorgehoben wird, dass das Personal an einschlägigen Schulungen und Tagungen teilgenommen hat, dass ‚Rassenkunde' und ‚Erbgesundheit' an der heimeigenen Schule gelehrt wurde und dass das Personal einen hohen Organisationsgrad in nationalsozialistischen Verbänden hatte, muss man davon ausgehen, dass zumindest kein Widerstand gegen die Sterilisierungen vom Personal ausgegangen ist. Marie Sievers berichtet zwar in den Jahresberichten, man habe sich von einigen Mitarbeiterinnen trennen müssen, da sie sich für die ‚Aufgabe als ungeeignet erwiesen' hätten. Es wäre jedoch reine Hypothese, dies mit einer möglichen Ablehnung des nationalsozialistischen Gedankenguts in Verbindung zu bringen.

5.6. Reaktionen der betroffenen Mädchen und Frauen

Nach dem vorliegenden Quellenmaterial reagierten die Mädchen sehr unterschiedlich auf das Vorhaben, sie unfruchtbar zu machen: Renitent, verzweifelt, passiv, resigniert ... manche konnten wohl auch Bedeutung und Tragweite des

Eingriffs nicht erkennen. Auf eine Erhebung der Fürsorgeerziehungsbehörde hin zu dieser Fragestellung schreibt Marie Sievers am 29. November 1934:

„Die Mädchen reagierten sehr verschieden. Zunächst hat besonders die Abhaltung der Termine der Erbgesundheitsgerichte in unserem Hause eine ziemliche Aufregung unter den Betroffenen hervorgerufen. Drei der Mädchen sind, wie ich seinerzeit berichtete, aus Angst vor der Sterilisierung zusammen aus der Anstalt entwichen. Andere waren tagelang erregt und unbrauchbar. Johanna L. hat auch die Spannung und das Warten auf die Entscheidung veranlasst zu entfliehen. ... Bis auf Erika E. hoffe ich ohne Schwierigkeiten mit den zur Sterilisierung vorgeschlagenen Mädchen durchzukommen. Erika allerdings ist wie eine Besessene und erklärt auch heute noch: ‚ich nehme mir das Leben und tue sonst was, aber sterilisieren lasse ich mich nicht!' Und gerade sie gehört, was erbliche Belastung anbelangt, zu denen, die zweifelsohne unter das Gesetz fallen. Die Mutter selbst hat den Antrag gestellt.

Bis jetzt sind von unseren Mädchen 9 sterilisiert. ...

Helene A. ist am 24. September 34 ganz freundlich und willig hingegangen, sie kann wohl noch nicht so ganz die Folgen überdenken. Sie hatte eine recht schwere Operation, da sich eine Geschwulst vorfand; es wurde dadurch die Heilung sehr hinausgeschoben. Helene ist auch heute noch nervös und gereizt. ...

Margarete W., Elisabeth H. und Elfriede G., alle drei recht beschränkte, geltungsbedürftige Mädchen, sind am 22.11.34 recht vergnügt mitgegangen; die Abwechslung war ihnen willkommen. ...

Gertrud S. war die Vernünftigste und Ernsteste; sie schickte sich in das Unvermeidliche. Sie ist noch zur Nacherholung hier im Heim, wird aber in den nächsten Tagen in ihre Stelle zurückkehren.

Elisabeth A. ist ein moralisch ganz tiefstehendes, minderwertiges Mädchen, das mit Freuden die Sterilisierung begrüsste und geradezu darauf drängte. Sie ist heute operiert worden und ist die Operation gut verlaufen. ..."[177]

Sinngemäß Gleiches berichtet sie auch in ihrem Vortrag im März 1935 auf dem „Lehrgang über die Aufgaben der Inneren Mission im Rahmen der völkischen Erbgesundheitspflege" in Kaiserswerth.[178] Hier beschreibt sie noch einen Fall eines außerhalb des Heims in Stellung untergebrachten Mädchens:

„Als Rosa ... vom Kreisarzt die Aufforderung bekam, dem Antrag auf Unfruchtbarmachung zuzustimmen, verstand sie zunächst nichts. Als ihr dann der Kreisarzt die Aufklärung gegeben, lief sie aus der Stelle, kam noch spät abends nach dreistündiger Wanderung zu uns ins Heim und bat unter heissen Tränen um Hilfe. Als ich ihr dann gut zugeredet hatte, schrieb sie folgenden Brief an das Erbgesundheitsgericht: ‚Ich bin nicht damit einverstanden, dass ich unfruchtbar gemacht werden sollte. Ich meinte doch, dass ich noch gesunde Kinder auf die Welt bringen könnte, um diese anständig zu erziehen, wenn nicht, so wüsste ich nicht, was ich noch auf der Welt tun sollte. Von nun an will ich anständigen Lebenswandel führen, um später wenn ich heirate eine tüchtige und rechtschaffende Hausfrau werde. Ich

---

[177] Archiv Stiftung, Bd. 65; auch Archiv LVR, Bd. 14062, Bl. 52ff. Der Beitrag fand Eingang in den Artikel von Landesrat Dr. Saarbourg, Erfahrungen mit unfruchtbar gemachten Fürsorgezöglingen nach ihrer Entlassung aus der Heimerziehung, in: Die Rheinprovinz, Januar 1937, 41-43.
[178] Redemanuskript Archiv Stiftung, Bd. 35; auszugsweise auch zitiert bei Kaminsky, Zwangssterilisation, 668ff.

warte auf Antwort.' Es hat nichts genützt, sie wurde sterilisiert und ist wieder in ihrer Stelle, wo man bis jetzt mit ihrer Arbeit und ihrer Führung zufrieden ist."

Marie Sievers berichtet mit Schreiben vom 31. Oktober 1936 erneut zu ähnlicher Fragestellung an die Fürsorgeerziehungsbehörde:

„Die Reaktion der Mädchen selbst ist so verschieden wie ihre geistige Fassungskraft, das Entwickeltsein ihres seelischen Empfindens und ihr Temperament. Ernstere Schwierigkeiten machten nur die, die schon augenscheinlich ein Sterilisationsfall waren und die von den Eltern oppositionell beeinflußt waren. Im Ganzen ist die Aufregung und Unruhe, wie wir sie im ersten Jahr bei der Durchführung des Gesetzes erlebten, nicht mehr so groß. Die Mädchen sind schon aufgeklärt und haben schon Stellung dazu genommen. Sie wissen von Schicksalsgenossinnen und wissen sich zu trösten. Die Jüngeren und Unerfahreneren verstehen und begreifen die Tragweite der Sterilisierung noch nicht, fürchten sich wohl vor der Operation. Andere dagegen, die schon schlechte Wege gegangen sind, freuen sich instinktiv, daß ihnen eine Verantwortung abgenommen wird."[179]

In der Literatur[180] wird teilweise berichtet, eines der Mädchen habe sich am 21. Juli 1935 in suizidaler Absicht aus dem Fenster gestürzt, um der Sterilisation zu entgehen, und sei danach an den Folgen im Bopparder Krankenhaus verstorben. Belegt ist jedoch nur, dass ein namentlich nicht genanntes Mädchen diesen Suizid unternommen hat, nicht jedoch die Gründe. Birgit Lamberti[181] vermutet, dass es sich hierbei um den von Kurt Nowak (1980) beschriebenen Suizidfall eines trotz Widerstandes zur Sterilisation bestimmten Mädchens handelt. Das von Nowak beschriebene Mädchen hatte vorher versucht, sich der Sterilisierung durch Flucht oder Suizidversuche zu ‚entziehen'. Landesrat Dr. Saarbourg schreibt in seinem Artikel zu Erfahrungen mit der Anwendung des GzVeN in den Heimen im Januar 1937: „Flucht- und Selbstmordversuche kamen nur ganz vereinzelt vor."[182]

Neben den hier zitierten und weiteren ähnlichen Wiedergaben liegen im überlieferten Bestand leider keine Originaläußerungen von betroffenen Mädchen vor. Daher können Primärzitate hier leider nicht einfließen. Es wäre ein eigenes Vorhaben, etwa durch Ausfindigmachen der Familien der sterilisierten Mädchen nach originären Äußerungen, vielleicht in Form erhaltener Briefe, zu forschen.

5.7. Späterer Werdegang der betroffenen Mädchen und Frauen

Da die Fürsorgeerziehung mit der Heimentlassung endete, können sowohl aus dem Archivbestand der Stiftung als auch aus den zur Verfügung stehenden Unterlagen des Landesjugendamtes leider nur wenig Aussagen zum weiteren Wer-

---

[179] Archiv LVR, Bd. 14062, Bl. 139ff.
[180] Bei Stiftung Bethesda-St. Martin 2005, 28 und bei Kaminsky, Zwangssterilisation, 228.
[181] Birgit Lamberti, Evangelische Sozialarbeit im Nationalsozialismus – aufgezeigt am Beispiel von Kirchengemeinden im Evangelischen Kirchenkreis Koblenz (Diplomarbeit, unveröffentlicht), Koblenz 1990, 236.
[182] Saarbourg, Erfahrungen, 41ff.

degang der betroffenen Mädchen gemacht werden. Von vielen ist aus den Berichten von Bethesda an die Fürsorgeerziehungsbehörde bekannt, dass sie im Anschluss an den Heimaufenthalt in einer Stellung außerhalb untergebracht wurden, was dem in Boppard üblichen Konzept für die Verselbstständigung der Mädchen entsprach. Es ist nirgends erwähnt, dass die sterilisierten Mädchen hier ein von der Gesamtheit der Entlassenen abweichendes Schicksal erwartete. Nach den lückenhaft vorliegenden Ausführungen zu dieser Thematik, im Wesentlichen bestehend aus den Vorträgen von Marie Sievers und den beiden Erfahrungsberichten an die Fürsorgeerziehungsbehörde, kann geschätzt werden, dass etwa zwei Drittel der sterilisierten Mädchen später in eine Anstellung vermittelt wurden, während das restliche Drittel entweder wieder in die Heimatregion oder zu den Eltern entlassen oder in andere Einrichtungen verlegt wurde.

Auch hier wäre es u.U. eine weitergehende Aufgabe, durch Auffinden der Familien weitere Informationen über den späteren Werdegang zu erhalten.

6. Die Bedeutung der Geschehnisse für die Arbeit heute
6.1. Schlussfolgerungen für Leitungsorgane und Personal diakonischer Einrichtungen

So schwer das aus heutiger Betrachtung fällt, muss man unterstellen, dass Marie Sievers und wohl auch ihr Personal, darunter ebenfalls viele Diakonieschwestern, ihre Mitwirkung an der Anbahnung und Durchführung der Sterilisierungen nach bestem Gewissen vornahmen. Es steht sogar zu vermuten, dass sie sich damit sicher auf christlichem Boden wähnten und eine diakonische Aufgabe zu meistern glaubten, die zwar gegenwärtig viel Arbeit und Probleme mit sich brachte, in der Zukunft jedoch segensreich sich auswirken sollte.

Heute, rückblickend, kommen wir zu einer anderen Einschätzung:

„Unter dem Nationalsozialismus waren die Gemeinden und kirchlichen Einrichtungen, wenn es um Widerstand gegen das staatliche Verbrechen ging, fast ausnahmslos wie gelähmt, weil sie sich der langen geistigen Vorgeschichte nicht entziehen konnten und meinten, dem Staat auch in dieser Frage Gehorsam zu schulden. – Kirchliche Einrichtungen wirkten bei der Zwangssterilisierung mit und waren meistens hilflos gegenüber dem staatlich verordneten Mord an ihren Bewohnern, als diese, wie es hieß, ‚verlegt' wurden. ... Wir bekennen, daß wir in unserer Kirche zu wenig Widerstand gegen die Zwangssterilisierung, die Ermordung kranker und behinderter Menschen und gegen unmenschliche Menschenversuche geleistet haben. Wir bitten die überlebenden Opfer und die hinterbliebenen Angehörigen der Ermordeten um Vergebung."[183]

Das damalige Handeln müssen wir als falsch, als menschenverachtend und als Bestreiten der göttlichen Zusage der Annahme aller Menschen einordnen. Insofern haben die Mitarbeiterinnen in Bethesda zumindest im Hinblick auf ihre

---

[183] Aus dem Beschluss der Landessynode der Ev. Kirche im Rheinland vom 12.01.1985 „Erklärung zu Zwangssterilisierung, Vernichtung sogenannten lebensunwerten Lebens, und medizinischen Versuchen an Menschen unter dem Nationalsozialismus".

Rolle bei der Zwangssterilisierung diakonisch versagt und Schuld auf sich geladen – wie Mitarbeiter/innen anderer Einrichtungen der Inneren Mission auch. Auch aus solchen Gründen unterstreicht das heutige Leitbild der Diakonie ausdrücklich die Verpflichtung zur Anwaltlichkeit: „Zugleich erheben wir unsere Stimme für diejenigen, die nicht gehört werden. Gemeinsam mit anderen treten wir für eine menschenwürdige Gesetzgebung ... ein." Der Gottesebenbildlichkeit und den diakonischen Verpflichtungen daraus widmet das Leitbild einen eigenen Abschnitt:

„Wir achten die Würde jedes Menschen.

– Die Bibel nennt den Menschen, Mann und Frau, das „Ebenbild Gottes".
– Gott will und liebt jeden Menschen, unabhängig davon, was er ist und was er kann.
– Er nimmt ihn an – auch im Scheitern und in der Schuld.
– Daran richten wir unser Handeln aus.
– Wir treten besonders für Menschen ein, deren Würde missachtet wird.

Gott traut uns zu, solidarisch zu handeln, das Recht der Schwachen und Fremden zu achten und jedem Gerechtigkeit zukommen zu lassen. Dies gibt uns Kraft, den Menschen vorbehaltlos anzunehmen. Diakonisches Handeln fragt nicht nur nach dem, was der Mensch braucht, sondern auch nach dem, was er will. Menschen können zwar würdelos handeln, aber dennoch ihre Würde nicht verlieren, weil Gott in Jesus Christus den Menschen auch in seinem tiefsten Scheitern angenommen hat. Diese Überzeugung verpflichtet uns im diakonischen Handeln. Zur Würde des Menschen gehört, dass Anfang, Mitte und Ende des Lebens in Gottes Hand liegen. Die Einsicht in Versagen und Schuld der Vergangenheit schärft das Gewissen."[184]

Es fällt leicht, heute aus einer Position des Rückblicks, der gesicherten Erkenntnis und vielfachen themenbezogenen Beratung und Publikation zu urteilen. Wir müssen uns aber die Frage stellen, ob wir in einer vergleichbaren Situation anders gehandelt hätten. Hätten wir uns widersetzt? Würden wir uns heute widersetzen? Wäre unser Glaube, unser Gespür für die wahre Erkenntnis oder auch schlichtweg unser Mut – groß genug?

Klaus Dörner, einer der frühen Aufklärer der Verstrickung und Schuld von Einrichtungen und deren Mitarbeitern während des Nationalsozialismus,[185] vor allem im Bereich der Psychiatrie, und bis heute ein glühender Bekämpfer aller mit der Einschränkung von Persönlichkeitsrechten einhergehenden Betreuungsmaßnahmen – und Mitglied des Präsidiums des Deutschen Evangelischen Kirchentages – erklärte auf dem Kirchentag in Hannover am 25. Mai 2005 zu einer diesbezüglichen Frage den mit ihm diskutierenden Schülern:

„Bleiben eure dritte und vierte Frage nach dem Widerstand gegen diese Verbrechen und danach, ob ich persönlich auch damals so gehandelt hätte: Die Wenigen, die nach unserem

---

[184] Leitbild der Diakonie vom 15.10.1997.
[185] Vgl. Klaus Dörner/Christiane Haerlin/Veronika Rau/Renate Schernus/Arnd Schwendy (Hg.), Der Krieg gegen die psychisch Kranken (Sonderband der Zeitschrift „Sozialpsychiatrische Informationen"), Rehburg-Loccum 1980.

bisherigen Wissen nicht als Legendenbildung der jeweiligen Anstalt, sondern nachprüfbar wirklich kompromisslose Widerständler waren, handelten vor allem aus zwei Beweggründen: Sie waren entweder fast fundamentalistisch religiös, am besten katholisch, oder sie waren im Umgang schwierige, bis zur Prinzipienstarre unbeugsame Persönlichkeiten; in beiden Fällen waren es Menschen, die im biblischen Sinn vom Letzten her denken und handeln konnten. Da ich mehr zum Ausgleich und zum Kompromiss neige, muss ich fürchten, dass ich damals eher nicht zu diesen Widerständlern gehört hätte. So bleiben euch und eurer Generation noch viele Chancen, besser als wir aus den ... Verbrechen in der NS-Zeit zu lernen."[186]

Diakonische Arbeit ist damals wie heute eingebettet in einen gesamtgesellschaftlichen Kontext, der eher nicht überschaubarer, sondern komplexer geworden ist. Von daher stehen die Diakonieverantwortlichen, aber auch jeder Mitarbeiter unter einer ständigen Geltendmachung unterschiedlichster Interessen, seien sie staatlicher, politischer, trägerseitiger oder interessenverbandlicher Art; die Liste ließe sich noch lange fortsetzen. Die Frage stellt sich, ob es gelingt, inmitten dieser ‚lauten' Forderungen die ‚leise" Forderung unseres Nächsten nach seinen Bedürfnissen und Achtung seiner selbst stets wahrzunehmen.

Ein aktuelles Beispiel mag das illustrieren: In den sozialpsychiatrischen Einrichtungen der Diakonie ist es seit Jahren geübter und wissenschaftlich untermauerter Standard, die betreuten Menschen bei der Einnahme der zur Akutbehandlung von Psychosen und deren Rückfallprophylaxe bestimmten Medikamente zu unterstützen, die Medikamenteneinnahme nötigenfalls zu überwachen oder auch bei ablehnender oder zögerlicher Haltung der Einnahme zuzuraten. Millionen von Tagesdosen dieser Neuroleptika wurden somit in den vergangenen 20 Jahren mit ‚diakonischer Hilfe' und sicher oft auch mit ‚sanft motivierendem Zwang' den Patienten verabreicht, zumeist ja auch mit der befriedigenden Wirkung, dass sich der Gesundheitszustand der Betroffenen, zumindest vorübergehend, stabilisierte.

Nun sorgt seit kurzem eine Veröffentlichung[187] erschreckender Forschungsergebnisse für Unruhe: Das Mortalitätsrisiko unter langjähriger Neuroleptika-Einnahme sei drastisch erhöht, bei der Einnahme von mehreren Präparaten sogar bis auf das fast siebenfach des Bevölkerungsdurchschnitts. Der Verfasser, Facharzt für Psychiatrie und Dozent für Sozialpsychiatrie an der Universität Greifswald, fasste für diese Aussage die Ergebnisse einiger Studien zusammen und führt gleichzeitig aus, dass praktisch keine unabhängige Forschung auf dem Gebiet der Medizin unternommen würde, da alle wesentlichen Untersuchungen von der Pharmaindustrie mitfinanziert seien.

Wird nun in einigen Jahren womöglich jemand an einer Diplomarbeit schreiben, die sich damit auseinandersetzt, welches Menschenbild Leiter diakonischer Einrichtungen der Psychiatrie wohl hatten, welchen Verirrungen sie aufsaßen, dass sie die Einnahme der Neuroleptika nicht nur zuließen, sondern auch för-

---

[186] http://cdl.niedersachsen.de/blob/images/C11355564_L20.pdf, Stand: 18.11.2007.
[187] Volkmar Aderholt, Mortalität durch Neuroleptika, in: Soziale Psychiatrie 2007, H. 4, 5ff.

derten und forderten – um damit wohl den frühen Tod tausender ihnen anvertrauter psychisch Kranker mitverschuldet zu haben?
Noch ist dieses Szenario nur ein Denkkonstrukt. Doch ist die Selbstverständlichkeit der Präsenz der betreffenden Medikamente in diakonischen Einrichtungen heute genauso ein Fakt wie die Selbstverständlichkeit der Integration eugenischer Ideen in die Realitätswelt der Diakonie vor nunmehr fast 75 Jahren.
Will man aus den Erfahrungen mit der Zwangssterilisierung, in der Inneren Mission im Großen, aber auch im ‚Mikrokosmos'Bethesda-St. Martin tatsächlich Schlussfolgerungen ableiten für Verantwortliche in der Diakonie, so können diese nur plakativ ausfallen. Gefüllt werden müssen diese von Menschen, die sie leben. Folgende Punkte halte ich für wichtig und richtig und vom diakonischen Verständnis her durchaus für verbindlich:
– Der einzelne Mensch mit seinen Bedürfnissen, seinem Recht auf Selbstverwirklichung und auf Unversehrtheit muss zentrales Thema unserer Arbeit sein. Diese Werte können in keinem Fall einem ‚größeren Ganzen' untergeordnet werden.
– Anforderungen von Außen müssen wir ggf. standhalten, wenn diese nicht unseren Leitidealen entsprechen. Um dies leisten zu können, müssen wir unser eigenes Profil schärfen und mehr Selbstbewusstsein entwickeln. Für diese ‚Standhaftigkeit' benötigen wir Zurüstung, sowohl im spirituellen als auch im ideellen Sinne.
– Bei den unsere Arbeit bestimmenden Wertvorstellungen müssen wir uns davor hüten, diese nach Zeitströmungen auszurichten. Grundlage unserer Arbeit muss stets das christliche Verständnis bleiben.
– Eine Arbeit, die – ggf. auch in Teilen – nicht verantwortet werden kann, dürfen wir nicht tun. Dies umfasst ggf. auch den Ausstieg vom Markt der Anbieter oder die Schaffung alternativer Angebote.
– Jedes Führungsgremium, jede Führungskraft muss Möglichkeiten haben, eigene Entscheidungen und die eigene Haltung zu reflektieren und ggf. zu revidieren. Mit allumfassender Machtfülle ausgestattete ‚Alleinführer', die bar jeder Korrektivinstanz die Ausrichtung der Arbeit bestimmen, haben sich als im diakonischen Sinn untragbar erwiesen.
– Um Möglichkeiten zu gewährleisten, die eigene Arbeit zu hinterfragen und zu reflektieren, müssen wir weiträumige Partnerschaften suchen, auch außerhalb der deutschen Diakonie, etwa im EU-Raum. Wir dürfen nicht der fehlerhaften Ansicht unterliegen ‚Wenn ganz Deutschland es so macht, können wir es so auch nicht falsch machen'.
– Wir müssen auch ‚leise Kritikkrümel' suchen und aufnehmen, denn nicht immer ist die am lautesten proklamierte Sichtweise die diakonisch richtige.
– Leitungsorgane und Leiter müssen zur Vergangenheit ihrer Einrichtung stehen, sei sie auch dunkel befleckt, und Wege finden, über ihre Annahme und Reflexion heute ein Klima zu schaffen, das neuerliche Verfehlungen ausschließt.

6.2. Vorschläge zur Erinnerung und Aufarbeitung in heutiger Zeit
Mit der Jubiläumsschrift „Zeitreise 1855-2005" hat die Stiftung Bethesda-St. Martin unter ihrem neuen Vorstand bereits das nächste Kapitel im Umgang mit der Stiftungshistorie aufgeschlagen: Erstmals wurde die Tatsache der Zwangssterilisierungen in einer eigenen Veröffentlichung, außerhalb von Fachbüchern und wissenschaftlichen Arbeiten, publiziert und so öffentlich bejahend angenommen. Auch der ausdrückliche Wunsch des Vorstandes nach dem Entstehen der vorliegenden Arbeit, verbunden mit uneingeschränktem Zugang zum Stiftungsarchiv, ist in diesem Sinn als deutliches Zeichen zu sehen.

Es muss jedoch das Ziel sein, weitere Möglichkeiten zu finden und zu realisieren, um das geschehene Unrecht präsent zu halten und zum Nachdenken und zum Austausch darüber einzuladen. Nur wenn jeder einzelne in der Stiftung Beschäftigte die Möglichkeit hat, für sich selbst zu einem „nie wieder!" zu kommen, ist dem „nie wieder!" auch eine Chance eingeräumt.

Bislang völlig fehlt innerhalb der Stiftung ein Symbol, ein Ort, der Wertschätzung und den Willen nach Entschuldigung an den unfruchtbar gemachten Frauen ausdrückt. – Auch heute werden in der Stiftung in den verschiedenen stationären, teilstationären, ambulanten und offenen Angeboten[188] mehrere hundert Frauen betreut. Angesichts der Geschehnisse 1934-39 täte es dem Ansehen der Stiftung im Innen- wie im Außenverhältnis gut, sie würde das Geschehene nicht nur darstellen, sondern auch für ihr heutiges Handeln ausschließen. Ich möchte die Arbeit abschließen mit folgenden konkreten Vorschlägen zur Umsetzung der vorangegangenen Gedanken:

Schaffung eines Ortes des Gedenkens und der Besinnung
Auf dem Stiftungsgelände (wo ja seinerzeit auch die meisten Mädchen lebten und arbeiteten) wird ein Symbol des Gedenkens errichtet. Idealerweise wäre dies eine künstlerisch gestaltete Plastik oder Skulptur mit Bezug zur Thematik. Dieses Symbol wird eingebettet in einen Ort, der zur Besinnung einlädt. Dies könnte zum Beispiel ein entsprechend gestalteter Abschnitt im Garten der Stiftung sein, der sowohl vom Stiftungsgelände als auch vom öffentlichen Weg am Rhein aus zugänglich ist. Alternativ könnte ich mir auch eine Integration in die St.-Martin-Kapelle vorstellen. Von der Anbringung einer Wandtafel, wie aus ähnlichen Anlässen vielfach üblich, halte ich wenig, da dies in meinen Augen eher ein Symbol für eine leidige Pflichterfüllung ist als eine Einladung zum Ge- und Nachdenken.

Da in der Stiftung auch heute Menschen mit vielerlei Begabung leben und arbeiten, wäre es möglicherweise eine gute Idee, die für den Ort zu schaffende Plastik mit den heute dort Lebenden und Arbeitenden gemeinsam zu schaffen z.B. im Rahmen eines Kunstprojektes.

---

[188] Übersicht: http://stiftung-bethesda.de/.

Sollte ein solcher Ort geschaffen werden, wäre seine Einweihung gleichzeitig eine Möglichkeit für die Stiftung, das bisher lediglich deskriptiv Dargestellte auch mit einer ehrlichen Aussage des Bedauerns und der Reue aufzuwerten.

Berücksichtigung im Leitbild der Stiftung
Das 1999 entstandene Leitbild der Stiftung Bethesda-St. Martin [189] umfasst zwar Aussagen zum uneingeschränkten Wert eines jeden Menschen, aber nicht zum Recht auf körperliche und seelische Unversehrtheit. Angesichts der Tatsache, dass die betroffenen Mädchen mit der Sterilisierung an Körper und Seele tief beschädigt wurden, schlage ich vor, das Leitbild entsprechend zu überarbeiten.

Kommunikation des Geschehenen gegenüber den Mitarbeitenden
Es müssen Wege gefunden werden, den heute in der Stiftung in vielerlei Weise Mitarbeitenden einen Zugang zu den Geschehnissen 1934-39 zu ermöglichen und ihre eigene Haltung daran wachsen zu lassen. Eine Möglichkeit hierfür ist sicher der an erster Stelle genannte Ort des Gedenkens und der Besinnung, sowie die bereits teilweise erfolgte Aufnahme in Publikationen der Stiftung. Darüber hinaus schlage ich vor, in das bereits recht umfassende und facettenreiche Fortbildungsprogramm der Stiftung eine Einheit über die Zwangssterilisationen aufzunehmen. Diese Einheit sollte zum einen die Vermittlung der historischen Tatsachen und Zusammenhänge umfassen, zum anderen jedoch auch die Reflexion des Geschehenen und den Transfer der Erkenntnisse in die Arbeitsrealität der Teilnehmenden.

Gedenktag
Gedenken braucht seinen Ort, damit habe ich meine Auflistung begonnen. Gedenken braucht aber auch seine Zeit, sonst verliert es sich in der Zeit. Ich schlage daher vor, innerhalb der Stiftung einen Tag im Jahr zum Gedenktag für die Sterilisierungsopfer zu bestimmen. An diesem Tag könnte dann beispielsweise ein Gedenkgottesdienst in der Kapelle auf dem Stiftungsgelände oder auch am ‚Ort des Gedenkens und der Besinnung' stattfinden. Als Tag schlage ich einen Tag im August vor, da im August 1934 (das genaue Datum ist unbekannt) das erste Mädchen aus Bethesda sterilisiert wurde.

Dokumentensuche
Bislang fehlen in der Betrachtung Originalaussagen von Zeitzeugen, etwa Mitarbeiterinnen oder im Heim lebender Mädchen. Da viele Mädchen entfernt von zu Hause in Boppard untergebracht waren, ist zu vermuten, dass zumindest manche Briefverkehr mit ihren Familien pflegten. Ähnliches gilt für die Schwestern. Es wäre eine sinnvolle, wenngleich sicher auch aufwändige und nicht mit

---

[189] Im Internet abrufbar: http://stiftung-bethesda.de/leitbild/index.htm.

Erfolgsgarantie versehene Arbeit, nach solchen Dokumenten zu forschen. Diese können dann z.B. in einer Anthologie veröffentlicht werden und so die Kenntnisse um das Geschehene bereichern.

DOROTHEE SCHEEL

Die NS-„Euthanasie"-Aktion am Beispiel des Kreispflegeheims Sinsheim
Historische und theologische Erwägungen[1]

„Eine Unterbrechung in der Entwicklung brachte die Zeit des sogenannten 3. Reiches. Während des Krieges wurde der Betrieb eingestellt, die Pfleglinge ‚verlegt', wie man das damalige unmenschliche Geschehen nannte. Die Kreispflegeanstalt diente danach als Lehrerinnenbildungsanstalt, als Lazarett und als Flüchtlingslager. Die ursprüngliche Aufgabe konnte erst wieder 1949 aufgenommen werden".[2]

Nur diese mageren Zeilen wurden den schrecklichsten Jahren des Kreispflegeheims Sinsheim in einer Broschüre zum hundertjährigen Bestehen der Institution 1978 gewidmet. Pfarrer Dietmar Coors, der im heutigen Kreispflegeheim die seelsorgerische Betreuung im Auftrag der badischen Landeskirche wahrnimmt, waren diese Zeilen zu wenig, um das tatsächliche schreckliche Schicksal der damaligen Patienten während des Dritten Reiches zu erfassen. Um bei der Erforschung der sogenannten „Euthanasie"-Opfer nicht auf sich allein gestellt zu sein, gründete er mit Mitarbeitern des Kreispflegeheims den Arbeitskreis „Euthanasie". Die ersten Nachforschungen wurden mit Erfolg belohnt, als Dietmar Coors bereits 1995 im hessischen Hauptstaatsarchiv fündig wurde: Dort sind die Akten des sogenannten „Heyde-Verfahrens" archiviert, unter denen sich auch zahlreiche Dokumente aus der Sinsheimer Kreispflegeanstalt befinden.[3] Der vorliegende Beitrag[4] hat primär zum Ziel, die NS-„Euthanasie"-

---

[1] Dieser Beitrag geht zurück auf meine wissenschaftliche Arbeit zur Prüfung für das Lehramt an Gymnasien im Fach Evangelische Theologie im Herbst 2001, das Thema wurde gestellt von Prof. Dr. Dr. Gerhard Besier.
[2] Veh-Schindlmayr, Vom Franziskanerkloster zur Kreispflegeanstalt von heute, in: Ein Jahrhundert Kreispflegeanstalt Sinsheim. 1878–1978, hg. vom Rhein-Neckar-Kreis im Januar 1978, 9.
[3] Hessisches Hauptstaatsarchiv Wiesbaden (H H StA) 631a/343b 343a. Werden die in der folgenden Arbeit verwendeten Dokumente nicht anders kenntlich gemacht, handelt es sich immer um Akten aus dem Bestand des „Heyde-Verfahrens".
[4] Da Dietmar Coors und sein Arbeitskreis nicht die Zeit für die Auswertung der vorliegenden Dokumente aufbringen konnten, baten sie Anfang 2000 das Diakoniewissenschaftliche Institut der Universität Heidelberg um Unterstützung. Prof. Dr. Dr. Theodor Strohm und v.a. Prof. Dr. Jörg Thierfelder legten mir ans Herz, diese Aufgabe zu übernehmen. In Zusammenarbeit mit dem Diakoniewissenschaftlichen Institut und v.a. mit Dietmar Coors und den Mitgliedern des „Euthanasie"-Arbeitskreises entstand diese Arbeit. Zu besonderem Dank bin ich dabei Dietmar Coors verpflichtet, der mich in seine Arbeit einführte und mich immer auf dem Laufenden hielt. Weiterhin danke ich Herrn Hoffmann, der mich zu meinen Nachforschungen in den Hördter „Archives Médicales

Aktion der Jahre 1939 bis 1945 am Beispiel der Kreispflegeanstalt Sinsheim chronologisch darzustellen. Da der Begriff „Euthanasie" verschiedene Aspekte aufzuweisen hat, ist es zunächst wichtig, den Begriff entwicklungsgeschichtlich einzuordnen. Die Leitfrage soll dabei lauten: Wie kann ein Begriff, der eigentlich „guter Tod" bedeutet, von den Nationalsozialisten plötzlich als Euphemismus für die „Vernichtung lebensunwerten Lebens" verwendet werden? Wie kam man überhaupt auf die Idee, das Leben von behinderten und alten Menschen immer als „lebensunwert" zu bezeichnen? Nachdem die Entwicklung des Begriffs „Euthanasie" von der Antike bis zum Ende des Weimarer Reichs dargestellt worden ist, soll die Reaktion der protestantischen Kirche in Form der Inneren Mission auf die am Vorabend des Dritten Reichs aktuelle „Euthanasie"-Debatte aufgezeigt werden.

Danach folgt mit der Darstellung der „Euthanasie"-Aktion in den Jahren 1939 bis 1945 dann der eigentliche Schwerpunkt der Arbeit. Um die Vorgänge im Kreispflegeheim Sinsheim einordnen zu können, beginnt der Hauptteil mit einer allgemeinen Einführung über die „Euthanasie-Aktion". Mit dem tatsächlichen Beginn der eigentlichen „T4-Aktion" werden die einzelnen Schritte und die damit verbundenen Ereignisse am Beispiel des Sinsheimer Kreispflegeheims dargestellt: Von den einzelnen Vorgängen sind jeweils Menschen betroffen, die zur damaligen Zeit in der Kreispflegeanstalt untergebracht waren und von den Nazis als „lebensunwert" angesehen wurden. Durch die Auswertung zahlreicher Patientenakten, die von mir teils im Bundesarchiv in Berlin, teils im Archiv der ehemaligen „Heil- und Pflegeanstalt" Hördt im Elsass eingesehen werden konnten, soll herausgefunden werden, nach welchen Kriterien damals Leben für „unlebenswert" befunden wurde. Um aufzuzeigen, dass das Leben all dieser Menschen gerade lebenswert war, werden möglichst viele persönliche Schicksale geschildert. Denn gerade die individuellen Lebenswege der einzelnen Patienten waren es, die mir bei der Aktenlektüre das enorme Ausmaß dieser absurden Aktion vor Augen führten.

Da die „Euthanasie"-Aktion mit dem Stop der „T4-Aktion" im August 1941 nicht beendet war, werden die weiteren Vorgänge im Kreispflegeheim bis 1945 dargestellt. Aus Zeit- und Platzgründen können allerdings nicht alle Einzelheiten erfasst und aufgezeigt werden. Nach der Darstellung der chronologischen Abläufe sollen in einem letzten Punkt die Reaktionen der verschiedenen kirchlichen Ebenen auf die „Euthanasie"-Aktion im Mittelpunkt stehen. Als Ausgangspunkt dienen dabei die Sinsheimer Ortsgemeinden beider Konfessionen. Auf nächster Ebene folgt dann die Reaktion der badischen Landeskirche, während die Darstellung ausgewählter Widerstandskämpfer auf gesamter Ebene des

---

des ‚Etablissement Public de Santé Alsace Nord'" begleitete. Diese Nachforschungen machte erst die Unterstützung von Herrn Gradt möglich, der mit der Hördter Archivarin schon alle Akten zur Einsicht vorbereitet hatte! Gedankt sei an dieser Stelle auch dem Landkreis Rhein-Neckar, der mich bei der Arbeit finanziell unterstützte.

Deutschen Reiches den Abschluss bilden. Hierbei soll die Leitfrage lauten: Wie haben die Kirchen auf diese schrecklichen Vorgänge reagiert?

Das letzte Kapitel enthält eine Zusammenfassung der Forschungsergebnisse. Daneben versucht es eine Antwort auf die Frage zu finden, was uns durch das Aufzeigen der (kirchen-)geschichtlichen Ereignisse heute gesagt werden kann. Was kann die Kirche, was können wir alle aus der Geschichte lernen?

1. Zur Begriffsgeschichte von „Euthanasie"

„Euthanasie" oder „Sterbehilfe". Es wird immer wieder debattiert, ob „Sterbehilfe" erlaubt sein soll oder nicht. Dabei wird auch deutlich, dass es unterschiedliche Auffassungen von den Begriffen „Euthanasie" und „Sterbehilfe" gibt. „Euthanasie" heißt aus dem Griechischen übersetzt zunächst „guter Tod" (*eu* = gut; *thanatos* = Tod). Aus dieser ursprünglichen Begrifflichkeit hat sich im Laufe der Geschichte ein weites Feld entwickelt, das nach Udo Benzenhöfer[5] folgende Bereiche mit einschließt:

– Tötung Schwerkranker auf Verlangen („aktive Sterbehilfe"),
– Tötung behinderter oder schwerkranker Säuglinge („Früheuthanasie"),
– ärztliche Beihilfe zur Selbsttötung Schwerkranker,
– Nichtaufnahme oder Abbruch einer Behandlung bei nichteinwilligungsfähigen Sterbenden („passive Sterbehilfe"),
– Beschleunigung des Todeseintritts als „unbeabsichtigte Nebenfolge" bei unheilbar Kranken durch die Gabe von schmerzlindernden oder beruhigenden Medikamenten („indirekte Sterbehilfe"),
– Sterbehilfe als Begleitung Sterbender.

Wenn man nun in der Öffentlichkeit über „Euthanasie" oder „Sterbehilfe" debattiert, muss man sich immer im Klaren darüber sein, welcher der aufgeführten Bereiche gemeint ist. Bei allen Bereichen, mit Ausnahme des letzten, geht es aber immer um die grundsätzliche Frage, ob das biblische Tötungsverbot außer Kraft gesetzt werden darf oder nicht. Um die unterschiedlichen Bereiche des Begriffs „Euthanasie" verstehen zu können, ist es wichtig, sich zunächst mit der Begriffsgeschichte zu beschäftigen.[6]

1.1. Ursprung des Begriffs „Euthanasie" in der antiken Literatur

Schon im antiken Griechenland und Rom verstand man unter „Euthanasie" verschiedene Arten des „guten Todes": Zuerst findet sich das griechische Adverb *euthanatos* bei dem griechischen Komödiendichter Kratinos (um 500–um

---

5 Udo Benzenhöfer, Der gute Tod? Euthanasie und Sterbehilfe in Geschichte und Gegenwart, München 1999, 9f. Vgl. hierzu auch Kurt Nowak „Euthanasie" und „Sterilisierung im „Dritten Reich". Die Konfrontation der evangelischen und katholischen Kirche mit dem „Gesetz zur Verhütung erbkranken Nachwuchses" und der „Euthanasie"-Aktion, Göttingen 1978, 8, der seiner Arbeit ein ähnliches Schema zugrunde legt.
6 Die folgende Übersicht über die Begriffsgeschichte der „Euthanasie" stützt sich auf die Darstellung von Benzenhöfer, Der gute Tod?, 13-108.

420 v.Chr.), den der griechische Grammatiker Pollux (2. Jahrhundert n.Chr.) folgendermaßen zitiert: „Es aber möchte wohl diesen geschehen, auch todkrank zu sein, so wie Herodot schwer starb, wohingegen Kratinos von einem guten Tod spricht." Der „gute Tod" meint in diesem Zusammenhang das Gegenteil von dem, was man erleiden muss, wenn man als „Todkranker" stirbt. Und damit den Tod, der eintritt, ohne dass eine schwere und lange Krankheit vorausgegangen ist. Diese Definition vertritt wahrscheinlich auch der Dichter Poseidippos (ca. 300 v.Chr.), der als Erster das Substantiv *euthanasia* in seiner Komödie *Myrmex* gebraucht. Allerdings kann durch den Kontext nicht ganz geklärt werden, was er genau unter einem „guten Tod" verstand.[7]

Auch bei Philo von Alexandrien (um 20 v.Chr.–um 50 n.Chr.) besteht dieses Problem. Schreibt er doch in seinem Werk *Über die Geburt Abels und die Opfer, die er und sein Bruder Kain darbringen*: „Wer weiß nun nicht, dass ein glückliches Alter und ein guter Tod die höchsten menschlichen Güter sind."[8] Was er genau unter *euthanasia* versteht, führt er aber nicht aus.[9] Nach einem Bericht des jüdischen Historikers Josephus Flavius (37/38–ca. 100 n.Chr.), kann der „gute Tod" auch als „der schnelle Tod durch Feindeshand"[10] verstanden werden. Einen „leichten und schmerzlosen Tod" durfte nach einem Bericht des Historikers Sueton auch Kaiser Augustus sterben, der um eine solche „Euthanasie" stets die Götter gebeten hatte.[11] Weiter konnte unter „Euthanasie" „der rechtzeitige Tod im Sinne eines frühzeitigen Todes, eines Todes in der Jugend"[12] verstanden werden. So gebrauchte der Komödiant Menandros (342/341–293/292) das Adverb *euthanatos* in Verbindung mit dem Verb *aperchestai*. Mit diesem Ausdruck „durch einen guten Tod scheiden" verbindet er, wie in seiner Komödie *Der Wechselbalg* zum Ausdruck kommt, einen Tod, der schon in jungen Jahren eintritt, da er das Leben nur in der Zeit der Jugend überhaupt als lebenswert ansieht. Um diesen „rechtzeitigen", bzw. „frühzeitigen" Tod erlangen zu können, ist demnach auch der selbstgewählte Tod in Form des Freitods erlaubt.[13] Im ironischen Ton gebrauchte Menandros das Adjektiv *euthanatos* in seiner Komödie *Die Fischer*. Der Tyrann Dionysios lobt dort denjenigen Tod als guten Tod, der einen „im übervollen Lebensgenuß"[14] erreicht.

---

[7] Vgl. a.a.O., 21.
[8] Philo von Alexandria, Über die Geburt Abels und die Opfer, die er und sein Bruder Kain darbringen, in: Ders., Die Werke in deutscher Übersetzung, hg. v. L. Cohn u.a., Bd. III, Berlin ²1962 (Nachdruck der Ausgabe Breslau 1919), 252.
[9] Vgl. Benzenhöfer, Der gute Tod?, 17f.
[10] Ebd.
[11] A.a.O., 20f.
[12] A.a.O., 21.
[13] Menander, Die Komödien und Fragmente, eingeleitet und übertragen von G. Goldschmidt, Zürich 1949, 131.
[14] Benzenhöfer, Der gute Tod?, 17.

Unter einem „guten Tod" kann auch ein „würdiger Tod" verstanden werden. So waren die Stoiker der Auffassung, dass es zuerst wichtig ist, ein Weiser zu werden, d.h. die stoische „Ataraxia" zu besitzen. Wenn dies erreicht ist, braucht man keine Angst vor dem Tod mehr zu haben. Man ist „würdig" genug, den Tod zu erlangen.[15] Ferner kann ein „würdiger Tod" mit einem „ehrenvolle[n] Tod im Kampf"[16] gleichgesetzt werden, wie es der Spartanerkönig Kleomenes nach der Überlieferung des Historikers Polybios (um 200–um 115 v.Chr.) tat oder mit einem „bewaffneten Aufstand", wie es Cicero laut seinem Freund Atticus in einem Brief beschrieben hat.[17]

Unter dem Begriff „Euthanasie" wird in der antiken Literatur immer ein Wunschbild verstanden. Außerdem wird der Begriff nie im medizinischen Kontext gebraucht.

1.2. „Euthanasie" in der antiken Philosophie

Neben den Dichtern und Historikern der Antike spielt die Euthanasie auch in der antiken Philosophie eine wichtige Rolle. Bei *Pythagoras* (580/570 v.Chr.) und bei seinen Nachfolgern, den *Pythagoreern*, spielt beim Thema Tod die Seele eine wichtige Rolle, denn die Seele ist für sie göttlichen Ursprungs und damit unsterblich. Nach dem körperlichen Tod tritt eine Seelenwanderung ein. Da man dafür eine „reine" Seele haben muss, darf man nicht töten. So ist weder Abtreibung noch Infantizid erlaubt. Auch Selbsttötung gilt als Verstoß gegen das Gebot der Reinheit.[18]

Der Philosoph *Platon* (428/27–348/47 v.Chr.) zeigt sich in Bezug auf das Thema „Euthanasie" uneinheitlich: So hält er in seiner Schrift *Phaidon* wie die Pythagoreer die Seele für unsterblich. Damit ist die Selbsttötung verboten, im Unterschied zu den Pythagoreern in Notfällen aber erlaubt. In seiner Schrift *Politeia* lässt er Sokrates „gegen eine Lebensverlängerung um jeden Preis"[19] argumentieren. Weil Platon in *Politeia* seinen „idealen" Staat entwirft, ist für ihn alles von Nutzen, was dem Staate von Nutzen sein kann. So hält er Kranke in bestimmten Fällen für den Staat für nutzlos und propagiert: „Wer siech am Körper ist, den sollen sie sterben lassen, wer an der Seele mißraten und unheilbar ist, den sollen sie sogar töten".[20] Die zweite Aussage des Satzes darf nicht mit einer erwünschten Tötung von Geisteskranken gleichgesetzt werden, da mit den „an der Seele missraten[en]" Verbrecher gemeint sind, die aus Staatsgrün-

---

[15] A.a.O., 18.
[16] A.a.O., 22.
[17] Vgl. a.a.O., 18.
[18] Vgl. a.a.O., 25f.
[19] A.a.O., 29.
[20] Platon, Politeia – Der Staat, bearb. v. Dietrich Kurz. Griechischer Text v. Emile Chambry, dt. Übersetzung v. Friedrich Schleiermacher (Platon. Werke IV), Darmstadt 1971, 409e/410a.

den getötet werden müssen.[21] Das zur „Euthanasie" gehörende Thema „Selbsttötung" spricht er in seinen *Nomoi* an: Obwohl er sich dort mehrheitlich gegen die Selbsttötung ausspricht, kommt doch zum Ausdruck, dass er unter gewissen Umständen, z.B. bei einer unheilbaren Krankheit, diese für gerechtfertigt hält.[22]

Aristoteles' (384–322 v.Chr.) Einstellung zur „Euthanasie" ist wie schon bei Platon stark vom Staatsinteresse abhängig. So hält er die Tötung für zulässig, wenn der Staat davon profitiert, z.B. in Bezug auf die Zeugung von für den Staat unrentablen Kindern.[23] Im Gegensatz zu Platon befürwortet Aristoteles aber nicht die Selbsttötung zum Wohle des Staates, da er befürchtet, dem Staat damit durch den Verlust von „ehrvollen" Staatsbürgern eher zu schaden. Auch aus Krankheitsgründen ist eine Selbsttötung nicht erlaubt: „Dagegen zu sterben, um der Armut oder einer Liebe oder irgendeinem Schmerze zu entgehen, zeigt nicht Tapferkeit, sondern eher Feigheit".[24]

Seneca (4 v.Chr.–65 n.Chr.) propagierte im Gegensatz zu den vorher zitierten Philosophen das Recht, über sein Leben selbst bestimmen zu können. Darin ist auch die Selbstbestimmung des Todeszeitpunktes mit eingeschlossen. Für Seneca symbolisiert der Tod nichts Schlimmes, da er eine Erlösung von Leid und Schmerz sein kann. Allerdings ist er auch der Ansicht, dass man den Freitod nicht einfach wählen darf, ohne Rücksicht auf „Verpflichtungen anderen Menschen gegenüber"[25] zu nehmen.

Ein weiteres Gebiet, in dem der Begriff „Euthanasie" gebraucht wird, ist die antike Medizin. Im sogenannten *Hippokratischen Eid*, der wahrscheinlich aus dem 4. Jahrhundert vor Christus stammt, wird folgendes geschworen: „Ich will weder irgendjemanden ein tödliches Medikament geben, wenn ich darum gebeten werde, noch will ich in dieser Hinsicht einen Rat erteilen. Ebenso will ich keiner Frau ein abtreibendes Mittel geben. In Reinheit und Heiligkeit will ich mein Leben und meine Kunst bewahren."[26] So wird hier eine klare Position gegen die „Sterbehilfe" bezogen, da sie unmissverständlich nicht erlaubt ist.

1.3. „Euthanasie" im Mittelalter am Beispiel von Thomas Morus

Ein wichtiger Autor des Mittelalters für die Begriffsgeschichte der „Euthanasie" ist sicherlich Thomas Morus (1477/78–1535) mit seinem Werk *Utopia*. In diesem beschreibt er einen „Idealstaat", der sich auf der „neuen Insel Utopia" gegründet hat. Es ist anzunehmen, dass es sich dabei nicht um den „Idealstaat" des Thomas Morus handelt.[27] So sind nämlich, im Gegensatz zum Autor selbst,

---

21 Vgl. Benzenhöfer, Der gute Tod?, 30f.
22 Vgl. a.a.O., 32.
23 Vgl. a.a.O., 33.
24 Aristoteles, Politik und Staat der Athener, eingeleitet u. neu übertragen v. Olaf Gigon, Zürich 1955, 300ff. = 1116a.
25 Benzenhöfer, Der gute Tod?, 1999, 36.
26 Hippokratischer Eid zit.n. a.a.O., 40.
27 Benzenhöfer, Der gute Tod?, 62.

der ein gläubiger Christ war, die Inselbewohner Heiden. Ihnen stellt sich jedoch ebenfalls die Frage: „Was geschieht aber, wenn ein Utopier trotz Vorbeugung krank wird? Was geschieht, wenn die Ärzte und die hervorragend eingerichteten Krankenhäuser der ‚Utopier' ihm nicht helfen, genauer, ihn nicht heilen können?"[28] In den Textabschnitten „De aegrotis" („Über die Kranken") und „Mors spontanea" („Freiwilliger Tod") wird versucht, darauf eine Antwort zu geben. Im ersten Abschnitt „De aegrotis" wird die Sterbehilfe in Form von Sterbebegleitung propagiert: „Sogar unheilbar Kranken erleichtern sie ihr Los, indem sie sich zu ihnen setzten, ihnen Trost zusprechen und überhaupt alle mögliche Erleichterung verschaffen".[29] Wenn aber die Krankheit „dauernd qualvoll und schmerzhaft" ist, werden „Priester und Behörden" eingeschaltet, die den Kranken zu einem baldigen Tod überreden. Dem Kranken wird dabei gesagt, „dass sein Leben für ihn und die Gesellschaft wertlos sei, dass er ‚seinen eigenen Tod bereits überlebe'".[30] Wie Benzenhöfer richtig bemerkt, kann an dieser Stelle sicher nicht mehr von einem „freiwilligen Tod" gesprochen werden. Der „freiwillige Tod" sollte dann durch Nahrungsenthaltung oder durch Einschläfern erreicht werden. Weiter schreibt Morus: „Gegen seinen Willen aber töten sie niemanden, und sie pflegen ihn deshalb auch nicht weniger sorgfältig".[31] Auch dieser Satz muss ironisch verstanden werden, wenn man voraussetzt, dass Morus ein gläubiger Christ war und sich sicherlich an das biblische Gebot „Du sollst nicht töten" gehalten hat.[32]

So ist bei der Interpretation von Thomas Morus zu beachten, dass er zwar in seiner Schrift *Utopia* den „Gnadentod" bei unheilbar Kranken propagiert, dass er aber persönlich ganz anderer Meinung war und sich von der Hilfe zum Sterben eigentlich distanzierte.[33]

1.4. Diskurs über die „Ausscheidung der Schwachen" im 19. Jahrhundert

Eine bedeutende Phase für den im Dritten Reich gebrauchten „Euthanasie"-Begriff stellt seine Entwicklung in der zweiten Hälfte des 19. Jahrhunderts dar: Der englische Nationalökonom *Thomas Robert Malthus* (1766–1834) vertrat 1798 mit der Veröffentlichung seiner Schrift *Versuch über das Bevölkerungsgesetz* eine pessimistische Bevölkerungspolitik, die nicht dem allgemeinen Konsens der damaligen Zeit entsprach. Seine Theorie besagt, dass die Bevölkerung tendenziell schneller wächst als das Nahrungsangebot, das für die Ernährung vonnöten ist. Wenn nun allerdings die Nahrungsmittelproduktion schneller wächst als die Bevölkerung, hat dies ein noch stärkeres Anwachsen der Bevölkerung zur Fol-

---

28 Ebd.
29 Thomas Morus, Utopia, in: Der utopische Staat: Morus – Utopia. Campanella – Sonnenstaat. Bacon – Neu Atlantis, übersetzt hg. v. Klaus J. Heinisch, Reinbek 1991, 81.
30 Benzenhöfer, Der gute Tod?, 64.
31 Morus, Utopia, 81.
32 Vgl. Benzenhöfer, Der gute Tod?, 65.
33 Vgl. a.a.O., 66.

ge. Tritt der umgekehrte Fall ein, nämlich dass die Bevölkerung zu schnell wächst, treten zum Ausgleich Hungersnöte, Krankheiten und Kriege auf. Malthus' Bevölkerungstheorie hatte zur Folge, dass z.b. die Bekämpfung von Armut von seinen Anhängern als nutzlos angesehen wurde. Krieg und andere Arten des Elends wurden als Folgen von Naturgesetzen angesehen. Der Begriff „Naturgesetz" wird damit umgeformt.

Auf die Malthus'sche Bevölkerungstheorie stieß der englische Naturforscher *Charles Darwin* (1809–1882) bereits im Jahre 1833. Nachdem er daraufhin bereits 1838 ein erstes Manuskript zur Evolutionstheorie und zur natürlichen Selektion ausgearbeitet hatte, veröffentlichte er dann nach über 20-jähriger Forschung 1859 sein berühmtestes Werk *On the Origin of Species by Means of Natural Selection, or the Preservation of Favoured Races in the Struggle for Life* (*Über die Entstehung der Arten durch natürliche Zuchtwahl oder die Erhaltung der begünstigten Rassen im Kampfe ums Dasein*). Nach Darwins Theorie sind alle Individuen einer Population verschiedenartig. Durch eine „natürliche Auslese" („natural selection") werden nun bestimmte Individuen für das Leben favorisiert. Dies sind diejenigen Lebewesen, die sich ihrer Umwelt am besten angepasst haben und deshalb dem „Struggle for Life" am besten gewachsen sind. Sie werden sich behaupten und sich deshalb auch stärker fortpflanzen. Durch Vererbung wird dann die genetisch bessere Beschaffenheit dieser Individuen an die folgenden Generationen weitergegeben. Dadurch kommt es zur Evolution der Arten.

Da nach Malthus die Bevölkerung zu stark anwächst, wird der „Kampf ums Dasein" unumgänglich.[34] Bei Darwins These der „natürlichen Auslese" bleibt ungeklärt, inwieweit er seine Theorie nur auf die Tier- und Pflanzenwelt oder bereits auf die Menschheit bezieht. In seinem 1871 erschienenen Werk *The Descent of Man, and Selection in Relation to Sex* (*Die Abstammung des Menschen und die geschlechtliche Zuchtwahl*) nimmt er dann eindeutig direkten Bezug auf den Menschen. Er unterscheidet dort die „natürliche" von der „künstlichen Zuchtwahl". Bei der „natürlichen Zuchtwahl" tritt eine natürliche Ausscheidung der körperlich und geistig Schwachen ein, während die inzwischen eingetretene Zivilisation dies zu verhindern vermag: „Wir bauen Zufluchtsstätten für die Schwachsinnigen, für die Krüppel und Kranken; wir erlassen Armengesetze, und unsere Ärzte strengen die größte Geschicklichkeit an, das Leben eines Jeden bis zum letzten Moment noch zu erhalten".[35] So sieht es Darwin als schlecht für die Entwicklung der Rasse an, wenn dadurch die „Schwachen" der Bevölkerung nicht mehr auf dem natürlichen Weg selektiert werden, sondern sie sich fortpflanzen können.

Herbert Spencer (1820–1903) entwickelte parallel zu Darwin eine eigene Evolutionstheorie, die er in seinem fünfteiligen Werk *A System of Synthetic Philosophy*

---

[34] Vgl. Benzenhöfer, Der gute Tod?, 78.
[35] Charles Darwin, Die Abstammung des Menschen und die geschlechtliche Zuchtwahl, Band 1, Stuttgart ³1875, 174.

(System der synthetischen Philosophie) veröffentlichte. In den zwei Teilen „First Principles" (1860–1862) und „Principles of Biology" (1863–1865) beschreibt Spencer die für ihn geltenden drei Grundkomponenten der Evolution. So seien alle Organismen anfänglich homogen, streben im Laufe ihrer Entwicklung aber nach Heterogenität. Im Laufe des Lebens müssen sie sich mit ihren neu erworbenen Fähigkeiten an ihre Umgebung laufend anpassen, sonst ist kein Überleben möglich. In „Principles of Psychology" ordnet er alle Gesellschaften auf einer Entwicklungsskala an. Dabei erhält die Industriegesellschaft die Spitzenstellung, da sie die beste Anpassung an die Umwelt darstellt und damit das „Überleben der Besten" („survival of the fittest") garantiert. Der Staat darf hierbei nicht in die gegebenen Naturgesetze eingreifen. Dies hat zur Folge, dass es keine soziale Unterstützung von Seiten des Staats geben darf. Damit erfolgt hier durch Spencer die Übertragung der Naturgesetze auf die Gesellschaft.[36]

Der deutsche Zoologe und Naturphilosoph *Ernst Haeckel* (1834–1919) war einer der bedeutendsten Verfechter der Darwin'schen Evolutionstheorie. Er trug durch Lesungen und Bücher sehr zur Verbreitung dieser Theorie in Deutschland bei. Im Vergleich zu seinem Vorbild Darwin äußerte sich Haeckel, der seit 1862 Professor für Zoologie in Jena war, deutlicher zum Thema „Ausscheidung der Schwachen". So entwickelte er ausgehend von der Evolutionstheorie eine Einheitstheorie, den sogenannten Monismus, der sowohl den biologischen als auch den kulturell-sozialen Bereich mit einbezog: „Haeckel konstruierte hier einen kontinuierlichen entwicklungsgeschichtlichen Zusammenhang zwischen unbelebter Materie, Einzellern, Pflanzen, Tieren und Menschen."[37] So trete der „Kampf ums Dasein" als Folge dieser Entwicklung ein. Im Monismus werden alle Naturgesetze zu einem Naturgesetz zusammengeführt. 1870 erschien die „zweite, verbesserte und vermehrte Auflage" seines Werkes *Natürliche Schöpfungs-Geschichte*. Darin kommt er nach einem Verweis auf das antike Sparta und auf die Indianer Nordamerikas zum Schluss, dass „künstliche Züchtung" auch positive Folgen mit sich bringen könnte: „Ein ausgezeichnetes Beispiel von der künstlichen Züchtung der Menschen in großem Maßstab liefern die alten Spartaner, bei denen auf Grund eines besonderen Gesetzes schon die neugeborenen Kinder einer sorgfältigen Musterung und Auslese unterworfen werden mußten. Alle schwächlichen, kränklichen oder mit irgendeinem körperlichen Gebrechen behafteten Kinder wurden getödtet. Nur die vollkommen gesunden und kräftigen Kinder durften am Leben bleiben, und sie allein gelangten später zur Fortpflanzung."[38] Bei diesem Zitat wird sehr deutlich, auf wessen Theorie später die Nationalsozialisten ihre Argumente in Bezug auf „Vernichtung von unwertem Leben" aufbauten. 1899 erschien Hae-

---

36 Vgl. Gerd Kahle, Art. Spencer, Herbert, in: Walter Jens (Hg.), Kindlers Neues Literaturlexikon. Studienausgabe Bd. 15, München 1988, 807f.
37 Benzenhöfer, Der gute Tod?, 80.
38 Ernst Haeckel, Natürliche Schöpfungs-Geschichte. Gemeinverständliche wissenschaftliche Vorträge über die Entwicklungslehre, Berlin [11]1909, 152f.

ckels Werk *Die Welträthsel. Gemeinverständliche Studien über monistische Philosophie*, die von da an in jedem Bürgerhaus zu finden waren.

Als wesentlicher Vertreter des sogenannten „Sozialdarwinismus" erweist sich *Alexander Tille* (1866–1912). Er übernahm zwar im Wesentlichen die Theorie Haeckels, radikalisierte sie allerdings noch in manchen Punkten: So forderte auch er die „Stärkung" der Rasse durch künstliche Züchtung, eine Begrenzung der Fortpflanzung bei den „Schwachen" und die „Wiederherstellung der ‚natürlichen Auslese'".[39] In Bezug auf die Tötung von Erwachsenen war er eher zurückhaltend, indem er eine indirekte Euthanasie, quasi eine „Sozial-Euthanasie" befürwortete: „Unsere sozialen Einrichtungen, unsere Heilkunst, erhalten tausende flackernde Lebensflämmchen – soll die Gesellschaft, die diese Menschen dem sicheren Tode entreisst, dafür nicht das Recht haben, ihnen die Verpflichtungen aufzuerlegen, nicht zu heiraten, ihnen mindestens die Schliessung einer rechtsgiltigen Ehe vorzuenthalten?"[40] Auch hier ist schon die spätere nationalsozialistische Denkweise, zum Beispiel in Bezug auf das Sterilisationsgesetz, herauszulesen.

Neben dem Sozialdarwinismus spielte zu Beginn des 20. Jahrhunderts auch die Rassenhygiene bzw. die Eugenik eine bedeutende Rolle. Ein wichtiger Vorreiter in Bezug auf die Rassentheorie war dabei der französische Diplomat und Schriftsteller *Joseph Arthur Comte de Gobineau* (1816–1882), der eine vom Antisemitismus geprägte Rassenlehre entwarf. Er vertrat 1853 in seinem Werk *Essai sur l'inégalité des races humaines*[41] *(Versuch über die Ungleichheit der Menschenrassen)* die These, dass die wichtigste Rasse, nämlich die „arische" Rasse, in Europa beheimatet und allen anderen Rassen geistig und körperlich überlegen sei. Der Adel symbolisiert dabei die wertvollste Rasse in reinster Form. Die bürgerliche Gesellschaft stellt dagegen nur eine Mischform da. Die Rassen sind dabei nicht nur verschiedenartig, sondern auch verschiedenwertig. Seine pessimistische Prognose lautete, dass die minderwertige über die reine Rasse siegen werde. Aus diesem Grund sei es notwendig, die Rassenhygiene einzuleiten. Gobineaus Theorie von der Überlegenheit der arischen Rasse wurde vor allem von Friedrich Nietzsche, Richard Wagner und nicht zuletzt von Adolf Hitler übernommen.

Der Begriff der „Eugenik", der mit „Erbgesundheitslehre" übersetzt werden kann, wurde vor allem von dem englischen Arzt und Wissenschaftler *Francis Galton* (1822–1911), einem Cousin Darwins, geprägt. Dieser beschäftigte sich mit der Frage, durch welche Einflüsse die ‚angeborenen Eigenschaften' einer Rasse verbessert werden könnten."[42] So geht es in der „Erbgesundheitslehre" darum, Ursachen zu finden, die für Erbschäden verantwortlich sind, Maßnah-

---

[39] Benzenhöfer, Der gute Tod?, 83.
[40] Alexander Tille, Von Darwin bis Nietzsche. Ein Buch Entwicklungsethik, Leipzig 1895, 140.
[41] Joseph Arthur Comte de Gobineau, Essai sur l'inégalité des races humaines, Paris, Hanovre 1853.
[42] Benzenhöfer, Der gute Tod?, 84.

men zur Verbesserung der Rassen einzuführen und Wege der Durchführung zu finden. Dabei unterscheidet man zwischen „positiver" und „negativer Eugenik". Unter „positiver Eugenik" versteht man gesetzliche Maßnahmen für Familien, die beispielsweise zu einer frühen Heirat und zur Zeugung vieler Kinder aufrufen. Mit „negativer Eugenik" sind Maßnahmen wie Sterilisation von Geisteskranken zu verstehen, die damit an der Fortpflanzung gehindert werden sollen.[43]

Neben der in England entwickelten „Eugenik" kam in Deutschland durch Wilhelm Schallmayer und *Alfred Ploetz* der Begriff der „Rassenhygiene" auf, der mit „Eugenik" nahezu gleichgesetzt werden kann. So versteht man darunter eine Verbindung eugenischer Konzepte mit der Idee einer möglichen Züchtung eines neuen Menschengeschlechtes.[44] Der Nationalökonom und spätere Mediziner Alfred Ploetz (1860–1940) erwarb seinen Ruf als Rassenhygieniker durch die Veröffentlichung seines Buches *Die Tüchtigkeit unsrer Rasse und der Schutz der Schwachen* im Jahre 1895. Darin vertrat er wie Tille die These, dass die natürliche Selektion und damit der Kampf ums Dasein zu stark eingeschränkt würden und deshalb der günstige Fortbestand der Rasse gefährdet werde. Als Folge seines Sozialdarwinistischen Ansatzes favorisierte Ploetz das Rassenwohl gegenüber dem Einzelwohl, ebenso die Rassenhygiene gegenüber der Einzelhygiene.[45] Da er seine rassenhygienischen Ideen nicht konkret zu formulieren wagte, nannte er sie „eine Utopie von einem einseitigen, durchaus nicht allein berechtigten Standpunkt".[46] Diese „Utopie" beinhaltet unter anderem die Forderung nach einem „sanften Tod" für „ein schwächliches oder missgestaltetes Kind"[47] und einer Ehetauglichkeitsprüfung für Kinder mit zu alten Eltern. Die Armenunterstützung dürfe nur sehr gering ausfallen: „Solche und andere ‚humane Gefühlsduseleien' wie Pflege der Kranken, der Blinden, Taubstummen, überhaupt aller Schwachen, hindern oder verzögern nur die Wirksamkeit der natürlichen Zuchtwahl".[48] Mit dieser „Utopie" weist Ploetz den Nationalsozialisten einen deutlichen Weg in Richtung der von ihnen später favorisierten und auch praktizierten Rassenpolitik. Ein wichtiger Schritt zur Verbreitung seiner Ideen gelang ihm 1907 mit der Gründung der „Münchener Gesellschaft für Rassenhygiene".[49] 1914 folgte deren Umbenennung in die „Deutsche Gesellschaft für Ras-

---

[43] Vgl. a.a.O., 84f.
[44] Vgl. Jörg Zweihoff, Innere Mission und Eugenik im Zusammenhang mit der Geschichte und den Auswirkungen des „Gesetzes zur Verhütung erbkranken Nachwuchses", (Abschlussarbeit am DWI), Heidelberg 1994, 19.
[45] Vgl. Benzenhöfer, Der gute Tod?, 86.
[46] Alfred Ploetz, Die Tüchtigkeit unserer Rasse und der Schutz der Schwachen. Ein Versuch über Rassenhygiene und ihr Verhältnis zu den humanen Idealen, besonders zum Socialismus, Berlin 1895, 142.
[47] A.a.O., 144.
[48] A.a.O., 147.
[49] Vgl. Benzenhöfer, Der gute Tod?, 86.

senhygiene", deren Ziel es war, "durch Auslese auf der Grundlage gesetzlicher Eheregelung, Sterilisierung erblich ‚Minderwertiger' [...] der allenthalben konstatierten Verschlechterung der Erbanlagen entgegenzuwirken".[50] Auch war man um die Schaffung einer besseren Sexualmoral bemüht, da der Untergang der weißen Rasse befürchtet wurde. An dieser Stelle macht sich deutlich der Einfluss des Rassentheoretikers Gobineau bemerkbar. Um die in der "Deutschen Gesellschaft für Rassenhygiene" entstandenen Ideen und Arbeiten besser der Öffentlichkeit zugänglich machen zu können, unterhielt die Gesellschaft ein eigenes Fachorgan, das "Archiv für Rassenpflege und Gesellschaftsbiologie".[51]

Der Philosoph *Friedrich Nietzsche* (1844–1900) kann zwar nicht wie die oben genannten Persönlichkeiten als Sozialdarwinist bezeichnet werden, trotzdem hat auch er sich in seinen Schriften mit der Problematik der "Euthanasie" auseinandergesetzt. Auch kommt hinzu, dass Nietzsche neben der antiken Kultur und dem Philosophen Schopenhauer ebenso von der Evolutionstheorie geprägt wurde. In seiner Schrift *Die fröhliche Wissenschaft* (1882) behandelt er das Problem der missgestalteten Kinder. Er trifft dort nach Benzenhöfer die Aussage: "Sie können und dürfen – mit voller Billigung der Gesellschaft – von ihren Eltern getötet werden."[52] Damit propagiert er eindeutig die Vernichtung von "unwertem Leben". Dies wird noch durch die Aussage "So sorgt doch, dass ihr aufhört! So sorgt doch, dass das Leben aufhört, welches nur Leiden ist"[53] im ersten Teil des "Zarathustra" (1883) verdeutlicht. An dieser Stelle muss man anfügen, dass Nietzsche wohl nie angenommen hat, dass seine Aufforderungen wahr gemacht werden könnten. So ist heute schwer zu sagen, ob die Nationalsozialisten ihn nur missverstanden haben oder ob es von ihm in seinen Schriften so angelegt worden war.[54]

In seiner Schrift *Götzen-Dämmerung* (1889) kommt es nochmals zu einer eindeutigen Aussage in Bezug auf die "Euthanasie": "Der Kranke ist ein Parasit der Gesellschaft. In einem gewissen Zustande ist es unanständig, noch länger zu leben. Das Fortvegetieren in feiger Abhängigkeit von Ärzten und Praktiken, nachdem der Sinn vom Leben, das *Recht* zum Leben verloren gegangen ist, sollte bei der Gesellschaft eine tiefe Verachtung nach sich ziehn".[55] Auch hier wird

---

[50] Nowak, „Euthanasie", 22.
[51] Vgl. Jochen-Christoph Kaiser/Kurt Nowak/Michael Schwartz (Hg.), Eugenik, Sterilisation, „Euthanasie". Politische Biologie in Deutschland 1895–1945. Eine Dokumentation, Berlin 1992, XV.
[52] Benzenhöfer, Der gute Tod?, 89.
[53] Friedrich Nietzsche, Also sprach Zarathustra I-IV. Kritische Studienausgabe Bd. 4, hg. von Giorgio Colli/Mazzino Montinari, München u.a. 1988, 56.
[54] Vgl. Benzenhöfer, Der gute Tod?, 89.
[55] Friedrich Nietzsche, Götzen-Dämmerung, in: Ders., Der Fall Wagner. Götzen-Dämmerung. Der Antichrist. Ecce Homo. Dionysos-Dithyramben. Nietzsche contra Wagner, Kritische Studienausgabe, hg. von Giorgio Colli/Mazzino Montinari, Bd. 6, München u.a. 1988, 55-161: 134.

deutlich, dass sich die Nationalsozialisten auf Nietzsches Aussagen bezogen haben oder sich hätten beziehen können.

1.5. Tötung auf Verlangen, Sterbehilfe und „Vernichtung lebensunwerten Lebens" (ca. 1895–1933)

Während von den Sozialdarwinisten und Rassenhygienikern die Tendenzen zum Umgang mit Kranken schon vorgegeben wurden, gab es schon zum Ende des 19. Jahrhunderts konkrete Diskussionen zum Thema Sterbehilfe und zur „Vernichtung lebensunwerten Lebens". Die Debatte stützte sich dabei auf § 216 des Reichsstrafgesetzbuches von 1871: „Ist jemand durch das ausdrückliche und bestimmte Verlangen des Getöteten zur Tötung bestimmt worden, so ist auf Gefängnis nicht unter drei Jahren zu erkennen."[56]

1895 veröffentlichte der Student Adolf Jost eine Streitschrift mit dem Titel: *Das Recht auf den Tod*. Seine genaue Fragestellung lautete dabei: „‚Giebt es ein Recht auf den Tod?', das heißt, giebt es Fälle, in welchen der Tod eines Individuums sowohl für dieses selbst als auch für die menschliche Gesellschaft überhaupt wünschenswerth ist?"[57] Bei der Beantwortung dieser Frage beschäftigt er sich hauptsächlich mit dem Begriff „Wert des Lebens". Denn für ihn trat das Recht auf den Tod dann ein, wenn von der Person selbst und von der Allgemeinheit die Wertlosigkeit seines Lebens konstatiert worden war. Dabei spielen folgende zwei Faktoren für die Bestimmung des Wertes eines Lebens eine Rolle: „die Summe von Freude und Schmerz, die der Mensch erlebte, und die Summe von Nutzen und Schaden, die dieses Leben für die Allgemeinheit hatte."[58] Der daraus resultierende Wertfaktor konnte dabei sogar negativ werden, was vor allem bei den unheilbar Kranken der Fall war. Diese sollten dann das Recht auf einen schmerzlosen Tod auf Verlangen haben. Schwierig wird es bei Geisteskranken, die nicht unbedingt eine rechtliche Einwilligung abgeben konnten. Die „gesetzliche Tötung" sollte nach Jost nur von Ärzten vollzogen werden.[59] Bei Jost ist anzumerken, dass bei ihm zum ersten Mal der Begriff „Recht auf den Tod" verwendet wird, der in der weiteren „Euthanasie"-Debatte eine wichtige Rolle spielen wird.[60]

Als nächsten Schritt richtete 1901 der Invalide Jacob Richter (Kreischa) eine Petition an den Sächsischen Landtag, in der er die gesetzliche Freigabe der Tötung auf Verlangen forderte. Die Petition wurde vom Landtag mit folgender Begründung abgelehnt: „Wir betrachten das Leiden als eine von dem höchsten Lenker der Geschicke den Menschen auferlegte Prüfung, und den Menschen dieser Prüfung zu entziehen, zu entrücken, einzugreifen in den Arm des Schicksals, dazu hat auch vom ethischen Standpunkt aus weder der Leidende selbst

---

56 Vgl. Nowak, „Euthanasie", 45.
57 Adolf Jost, Das Recht auf den Tod. Sociale Studie, Göttingen 1895, 1.
58 Nowak, „Euthanasie", 45.
59 Vgl. a.a.O., 45f. und Benzenhöfer, Der gute Tod?, 93-95.
60 Vgl. Benzenhöfer, Der gute Tod?, 95.

noch irgend ein anderer Sterblicher, sei er noch so mitleidig, eine Berechtigung."[61] Auch eine zweite Petition von Richter wurde abgelehnt.

1904 veröffentlichte der schon vorgestellte *Ernst Haeckel* sein neuestes Werk *Die Lebenswunder*, in dem er sich dezidiert für die „Kindereuthanasie", die Tötung auf Verlangen und für die „Vernichtung lebensunwerten Lebens" ausspricht.[62] Zwei Jahre später wurde der *Deutsche Monistenbund* von Anhängern Haeckels gegründet, bei dem der Chemienobelpreisträger von 1909, Wilhelm Ostwald, als Vorsitzender fungierte. Dieser war auch der Herausgeber der Zeitschrift *Das monistische Jahrhundert*, in der das Bundesmitglied Roland Gerkan, ein schwer lungenkranker Mann, am 17. Mai 1913 einen für die Euthanasie-Debatte wichtigen Entwurf veröffentlichte. Es handelte sich dabei um einen Gesetzesentwurf in acht Paragraphen, wobei der § 1 lautet: „Wer unheilbar krank ist, hat das Recht auf Sterbehilfe (Euthanasie)".[63] Durch diese Forderung hätte der § 216 geändert werden müssen. Gerkans Gesetzentwurf wurde zwar nicht von allen Bundesmitgliedern positiv aufgenommen, doch löste er eine weitere Diskussion aus. An dieser Diskussion beteiligten sich auch Juristen, da gerade eine Revision des Strafgesetzbuches anstand. Obwohl es manche Befürworter für die Freigabe von Tötung auf Verlangen gab, konnten sie keine Änderung des § 216 von 1871 bewirken.[64]

Den Höhepunkt der „Euthanasie"-Diskussion stellte im Jahr 1920 die Veröffentlichung der von *Karl Binding* und *Alfred Hoche* verfassten Schrift *Die Freigabe der Vernichtung lebensunwerten Lebens* dar. Ihr erster Teil wurde von dem angesehenen Juristen Karl Binding verfasst und beinhaltet eine „rechtliche Ausführung". Zunächst äußerte er sich über den „Selbstmord". Er unterschied dabei, dass erstens jeder Mensch ein geborener Souverän über sein eigenes Leben sei und dass zweitens die Tötung auf Verlangen ein Delikt sei. Im zweiten Abschnitt beschäftigte sich Binding mit der „Euthanasie". So verstand er unter „reiner Euthanasie" folgendes: „Dem innerlich Kranken oder dem Verwundeten steht der Tod von der Krankheit oder der Krankheit, die ihn quält, sicher und zwar alsbald bevor, so daß der Zeitunterschied zwischen dem infolge der Krankheit vorauszusehenden und dem durch das unterschobene Mittel verursachten Tode nicht in Betracht fällt".[65] Wenn nun also bei einem Kranken der nahe Tod feststeht, kann seine Tötung auch ohne Einwilligung erfolgen. Der folgende Abschnitt diskutiert „Ansätze zur weiteren Freigabe". Dabei kommt Binding zum Schluss, dass Tötung auf Verlangen nicht wie Mord oder Totschlag behandelt werden darf, da hierbei kein Lebenswillen gebrochen wird. Weiter stellt er dann die Frage: „Gibt es Menschenleben, die so stark die Eigenschaft des Rechtsgu-

---

[61] Zit.n. Nowak, „Euthanasie", 46.
[62] Vgl. Benzenhöfer, Der gute Tod?, 96f.
[63] Vgl. a.a.O., 98.
[64] Vgl. a.a.O., 99f.
[65] Karl Binding/Alfred Hoche, Die Freigabe der Vernichtung lebensunwerten Lebens. Ihr Maß und ihre Form, Leipzig 1920, 17.

tes eingebüßt haben, daß ihre Fortdauer für die Lebensträger wie für die Gesellschaft dauernd allen Wert verloren hat?"[66] Binding teilt dann diejenigen, die für eine Freigabe der Tötung in Betracht kommen, in drei Gruppen ein: 1. tödlich Verwundete und unheilbar Kranke, 2. „unheilbar Blödsinnige", deren Leben für sich und andere eine Belastung ist: „Sie haben weder den Willen zu leben, noch zu sterben".[67] 3. Komapatienten, die – wenn überhaupt – „zu einem namenlosen Elend erwachen würden".[68]

Die Entscheidung über die Freigabe sollte im Regelfall von einer staatlichen Kommission getroffen werden, die sich aus Ärzten und Juristen zusammensetzt. Die „Euthanasie" muss dann schließlich von einem Sachverständigen in die Wege geleitet werden, außerdem muss sie schmerzlos erfolgen.[69] Der zweite Teil der Schrift wurde von dem Freiburger Psychiater Alfred Hoche verfasst und enthält „Ärztliche Bemerkungen". Zu Beginn stellt Hoche fest, dass sich die Ärzte ständig in einem Konflikt befinden, weil es für viele Fälle wie beispielsweise beim Thema Schwangerschaftsabbruch keine rechtlichen oder sittlichen Handlungsrichtlinien gibt.

Wie schon Jost befasst sich Hoche auch mit der Frage, „ob es Menschenleben gebe, die so stark die Eigenschaft des Rechtsgutes eingebüßt hätten, daß ihre Fortdauer für die Lebensträger wie für die Gesellschaft dauernd allen Wert verloren habe."[70] Vor allem Bindings zweite Gruppe der „unheilbar Blödsinnigen" scheint ihm diese Frage zu bejahen. Diese „Geistig Toten" lassen sich für ihn in zwei Gruppen einteilen: 1. diejenigen, die von Geburt an „blödsinnig" sind, 2. die im Laufe des Lebens erkrankten „geistig Toten"

Diese beiden Gruppen besitzen einen unterschiedlich hohen „Affektionswert". D.h. die „Frühverblödungen" können ohne Weiteres zur Vernichtung freigegeben werden, bei der zweiten Gruppe ist dies schwieriger, da die Angehörigen sie noch gesund gekannt haben. Zum Abschluss begründet Hoche, warum er diese „Kategorien von Balastexistenzen" jetzt zur Vernichtung freigeben will: Die Zeit des Wohlstandes sei verflossen und deshalb könnten keine Balastexistenzen mehr am Leben gehalten werden. So hätten „geistig Tote" kein Anrecht auf Pflege und Fürsorge. Die „Blödsinnigen" werden damit für die Volksgemeinschaft geopfert. Gerade dieser letzte Aspekt wird später in der Inneren Mission wieder aufgenommen werden.

Die Veröffentlichung der Schrift von Binding und Hoche löste in der gesamten Weimarer Republik, besonders aber unter den Juristen und Medizinern, eine weitere Diskussion über die Freigabe der „Vernichtung lebensunwerten Lebens" aus. Beide Gruppen sprachen sich wohl mehrheitlich gegen die Freigabe

---

66 A.a.O., 27.
67 A.a.O., 31.
68 A.a.O., 33.
69 Vgl. Benzenhöfer, Der gute Tod?, 104.
70 Vgl. a.a.O., 104f.

aus.[71] Sehr deutlich äußerte sich dazu 1922 Dr. Eugen Wauschkuhn: „Vielleicht ist es erlaubt zu fragen, wie lange unsere Menschheitsbeglücker ihre Hinrichtungen mit ärztlichem Henker nur auf Geisteskranke beschränken werden? Wann werden sie entdecken, daß Kriegsbeschädigte, Arbeitsinvaliden, Blinde, Taubstumme, Tuberkulöse und Krebskranke nicht produktiv genug sind?".[72]

Noch kritischer als Wauschkuhn nahm der Arzt Ewald Meltzer in seiner Schrift *Das Problem der Abkürzung ‚lebensunwerten' Lebens* (1925) zu Bindings und Hoches Schrift Stellung: Als Leiter der Königlich-Sächsischen Landesanstalt für schwachsinnige Kinder Katharinenhof in Großhennersdorf sprach sich Meltzer gegen die Freigabe der Tötung von „unheilbar Blödsinnigen" aus, indem er vor allem auf den durchaus vorhandenen Lebenswillen und die Lebenslust der ‚Schwachsinnigen' hinwies".[73] Auch machte er darauf aufmerksam, dass die Tötung der „Blöden" vom nationalökonomischen Standpunkt aus betrachtet keinen Gewinn bringe. An dieser Stelle widerlegt Meltzer ein Argument, das bei den Nationalsozialisten eine große Rolle spielen wird. Zum Abschluss seiner Schrift folgen noch die Ergebnisse einer Umfrage, die er unter den Eltern und Vormündern der Großhennersdorfer Kinder 1920 durchgeführt hatte. Er hatte ihnen unter anderem die folgende Frage gestellt: „Würden Sie auf jeden Fall in eine schmerzlose Abkürzung des Lebens Ihres Kindes einwilligen, nachdem durch Sachverständige festgestellt ist, daß es unheilbar blöd ist?".[74] Die eingegangen Antworten sprachen eindeutig für die Akzeptanz von Vernichtung „unwerten Lebens" innerhalb der Bevölkerung: Von 162 Eltern bejahten 119 (73 %) die Frage, während sie nur 43 (27 %) verneinten. Damit wurde der „Kindereuthanasie" ein weiterer Weg geebnet.[75]

1.6. Reaktion der Kirche auf die „Euthanasie"- Debatte

Nachdem die Entwicklung des „Euthanasie"-Begriffs und die Entwicklung der damit eng verbundenen Begriffe wie „Eugenik", „Rassenhygiene" und „Rasse" durch verschiedene Epochen hindurch dargestellt worden ist, soll an dieser Stelle die Reaktion der protestantischen Kirche auf diese Entwicklungen vorgestellt werden.

Auf die Schrift von Binding und Hoche reagierte von evangelischer Seite zuerst Pastor Martin Ulbrich, der Direktor der Anstalt Magdeburg-Cracau war. Es ist mit Sicherheit kein Zufall, dass sich zuerst ein Vertreter der Diakonie mit diesem Thema auseinandersetzte. Hatte sich die Diakonie doch in Form der Inneren Mission schon seit dem Ende des 19. Jahrhunderts mit der sogenannten „Irrenfürsorge" beschäftigt und war durch das Anstaltswesen stets mit den

---

71 Vgl. a.a.O., 105f.
72 Eugen Wauschkuhn, Die Freigabe der Vernichtung lebensunwerten Lebens, in: Psychiatrisch-neurologische Wochenschrift 24. 1922/23, 215-217: 217.
73 Vgl. Benzenhöfer, Der gute Tod?, 107.
74 Meltzer zit.n. Kaiser u.a., Eugenik, 83.
75 Vgl. Benzenhöfer, Der gute Tod?, 107f.

die „Euthanasie" betreffenden Fragen konfrontiert gewesen. Bezieht man die Anstalten der Inneren Mission in die staatliche Psychiatriesituation im Kaiserreich mit ein, kann man allgemein zu Beginn des 20. Jahrhunderts von dem Problem einer Überbelegung der Anstalten sprechen. Während des ersten Weltkrieges wurden die Schwächen des psychiatrischen Systems deutlich, da viele Patienten an Mangelernährung und sonstigen Kriegsfolgen litten. Es kam somit zu einer Art „Kriegseuthanasie",[76] wie sie auch in der letzten Phase der „Euthanasie"-Aktion im Dritten Reich durchgeführt wurde. Durch die Niederlage Deutschlands im 1. Weltkrieg und den damit verbundenen Folgen des Versailler Vertrags kam es in der Weimarer Republik von Anfang an zu wirtschaftlichen Schwierigkeiten, die in der Bevölkerung ein ausgeprägtes Kosten-Nutzen-Denken auslösten. Als dann schließlich die Weltwirtschaftskrise ausbrach, bekamen dieses Denken gerade auch die Anstalten deutlich zu spüren. Die wirtschaftlichen Schwierigkeiten und hinzukommend die gesundheits- und bevölkerungspolitische Debatte konnten auch an der Inneren Mission nicht spurlos vorübergehen.

Wie schon angedeutet, begannen in den 1920er Jahren auch evangelische Theologen sich mit Fragen der Eugenik und Rassenlehre zu beschäftigen. Als Folge davon forderten sie Reformen auf dem Gebiet der quantitativen und qualitativen Bevölkerungspolitik. Reinhold Seeberg, der damalige Präsident des Centralausschusses für die Innere Mission (CA) und Gerhard Füllkrug, Leiter der evangelischen Volksmission, sprachen sich zuerst für eugenische Reformen in Form von Austausch von Gesundheitszeugnissen und Förderung erbgesunder Ehen aus. Die gesamte Innere Mission war aber nach praktischer Mitarbeit in der eugenischen Bewegung bestrebt.[77] Der CA war einer der größten freien Wohlfahrtsträger in der Weimarer Republik. Um den Ausbau der Gesundheitsfürsorge zu fördern, schloss er sich 1925 mit Spitzenverbänden zur „Deutschen Liga der Freien Wohlfahrtspflege" zusammen. 1926 erfolgte dann innerhalb des CA die Gründung des Fachreferats IV „Gesundheitsfürsorge und Kranken- und Pflegeanstalten", die der „Abteilung Wohlfahrts- und Jugenddienst, Diakonie und soziale Arbeit" untergeordnet war. 1928 kam es zu einem Zusammenschluss einzelner Verbände des CA zum „Gesamtverband der deutschen evangelischen Kranken- und Pflegeanstalten". Dieser „Gesamtverband" war dem Referat IV unterstellt.[78] Neben der Neugliederung des CA sind neu gegründete Zeitschriften ein Indiz für den Ausbau der Gesundheitsfürsorge. So heißen die Zeitschriften „Gesundheitsfürsorge, Zeitschrift der Evangelischen Kranken- und Pflegeanstalten" und „Dienst am Leben" (1930), bei denen deutlich wird,

---

[76] Kaiser u.a., Eugenik, XIII.
[77] Vgl. Nowak, „Euthanasie", 91.
[78] Vgl. Sabine Schleiermacher, Der Centralausschuß für die Innere Mission und die Eugenik am Vorabend des „Dritten Reiches", in: Theodor Strohm/Jörg Thierfelder (Hg.), Diakonie im „Dritten Reich". Neuere Ergebnisse zeitgeschichtlicher Forschung (VDWI 3), Heidelberg 1990, 60-77: 60f.

dass sich der CA eine fortlaufende Unterweisung in der Gesundheitsfürsorge zur Aufgabe gemacht hatte. 1930 wurde außerdem eine „Evangelische Gesundheitsfürsorgeschule" gegründet, die Seminare zum Thema Sozialhygiene und Bevölkerungspolitik anbot. Auf universitärem Bereich wurde an der Berliner Universität das „Institut für Sozialethik und Wissenschaft der Inneren Mission" eingerichtet.[79]

Eine wichtige Rolle im Centralausschuß der Inneren Mission spielte ab 1926 Dr. med. Dr. phil. *Hans Harmsen*. In dieser Zeit wurde er Leiter des neu eingerichteten Referats IV. Hans Harmsen (1899–1989) war sowohl promovierter Mediziner als auch promovierter Nationalökonom. Seinen zweiten Doktortitel erlang er 1924 als Schüler von Alfred Grotjahn (1869–1931) am Sozialhygienischen Institut der Universität Berlin, indem er über „Bevölkerungsprobleme Frankreichs mit besonderer Berücksichtigung des Geburtenrückgangs als entscheidender Wirtschaftsfaktor" an der philosophischen Fakultät der Universität Marburg promovierte. Auch seine schon vorausgegangene Promotion beschäftigte sich mit Bevölkerungspolitik: „Französische Sozialgesetzgebung im Dienste der Bekämpfung des Geburtenrückganges" im Fachbereich Medizin der Universität Berlin. Als Bevölkerungswissenschaftler und Vertreter des CA arbeitete er mit nationalen und internationalen politischen Gremien wie dem Preußischen Landgesundheits- und Staatsrat, dem Reichsgesundheitsrat und sozialhygienischen Reichsfachverbänden zusammen. 1931 gründete Harmsen das „Archiv für Bevölkerungspolitik, Sexualethik und Familienkunde". 1938 musste er aus dem CA ausscheiden. Damit war seine Tätigkeit im Bereich Bevölkerungspolitik und Sozialhygiene aber nicht beendet, denn er führte sie sein ganzes weiteres Leben fort.[80]

Nachdem der Ausbau der Gesundheitspolitik im CA und dessen Hauptverantwortlicher Hans Harmsen dargestellt worden sind, soll im Folgenden die gesellschaftliche Bedeutung von „Fürsorge" innerhalb des CA erläutert werden: 1930 nennt Harmsen folgende Ziele der Gesundheitsfürsorge: 1. Vorsorge statt Fürsorge: Die Belange des Einzelnen müssen hinter denen der Allgemeinheit stärker zurücktreten. 2. Die bisher geübte Fürsorge sollte um Maßnahmen wie Sexualberatung oder Geburtenregelung erweitert werden. Die Fürsorgearbeit wird dabei in zwei Teile geteilt: 1. „Fürsorge für Gesunde": Dies beinhaltet die Unterstützung u. Beratung einer schwangeren Frau, die Förderung der Schulkinder und eine Eheberatung. 2. „Fürsorge für Kranke": Damit ist die „Bekämpfung von Volksseuchen" (Tuberkulose, Geschlechtskrankheiten, Alkoholismus), die Gebrechlichenfürsorge, die Erziehungsfürsorge, die Betreuung von Blinden und Taubstummen, „Krüppeln", „Psychopathen", „Schwachsinni-

---

[79] Vgl. a.a.O., 62. Bei diesem Institut handelt es sich um die „Mutter" des „Diakoniewissenschaftlichen Instituts der Universität Heidelberg", mit dessen Hilfe diese Arbeit verfasst wurde.
[80] Vgl. a.a.O., 61.

gen", „Epileptikern", „Geisteskranken und „Siechen" und damit von „unheilbar Kranken" gemeint.[81]

Die „vorbeugende Fürsorge" bekommt in der Inneren Mission eine besondere Bedeutung: Es ist Ziel, nicht die Armut und die Hilfsbedürftigkeit zu pflegen und zu konservieren, sondern Armen und Hilfsbedürftigen aus der Armut herauszuhelfen. Dabei soll nicht nur die Versorgung der Pfleglinge erfolgen, sondern deren Integration in den Arbeitsprozess innerhalb und außerhalb der Anstalten. Wie schon oben erläutert, bekamen auch die Anstalten der Inneren Mission die Weltwirtschaftskrise zu spüren und kamen so unter großen Rentabilitätsdruck der Industrie: Die Pfleglinge sollten innerhalb ihres Arbeitsprozesses für eine Qualitätssteigerung sorgen und wurden damit zu „Qualitätsarbeitern" erzogen, die sogar Fleißprämien für sich beanspruchen konnten. Jede Arbeitskraft sollte in diesen schlechten Zeiten genutzt werden. So sollten auch in den sogenannten Krüppelanstalten nur solche Fälle behandelt werden, bei denen Aussicht auf Erreichung von 50 % Erwerbstätigkeit bestand.

Auch das Sparprogramm der Reichsregierung, nämlich die Herabsetzung der Pflegesätze und ein Rückgang der Belegung in den Anstalten, wirkte sich auf die Anstalten aus. Dies hatte die Folge, dass die Innere Mission einen neuen Gesamtplan der Wohlfahrtspolitik forderte. So wurden auch Rationalisierungskonzepte in der Inneren Mission durchgeführt: Es sollten Einsparungen im Anstaltsbau, bei der Versorgung der Pfleglinge und beim Pflegepersonal erfolgen. Auch eine „Heranziehung aller arbeitsfähiger Pfleglinge"[82] war erwünscht, da diese die Angestellten zum Teil ersetzen sollten.[83] Als Konsequenz dieser zur Durchführung vorgeschlagenen Maßnahmen entstand ein „klares Programm der ev. Wohlfahrtspflege zur Frage der differenzierten Fürsorge".[84] Dieses Programm basiert eindeutig auf den bereits dargestellten sozialdarwinistischen Gesellschaftsvorstellungen, in denen die Verwertbarkeit des Menschen in der Industriegesellschaft für sehr wichtig angesehen wird. Die Würde des Menschen muss dabei hinter der Kosten-Nutzen-Kalkulation zurücktreten und spielt nur eine untergeordnete Rolle. Die Versorgung und Fürsorge erfolgt deshalb nach Kriterien der Leistungsfähigkeit![85]

Um die soziale Frage der Weimarer Republik lösen zu können, glaubte man, auf die Eugeniklehre zurückgreifen zu müssen. Der Einbezug der Eugenik in die Bevölkerungs- und Gesundheitspolitik war aber nicht auf Deutschland be-

---

[81] Harmsen zit.n. a.a.O., 63.
[82] Schleiermacher, Centralausschuß, 64.
[83] Vgl. a.a.O., 63f.
[84] Hans Harmsen, Evangelische Gesundheitsfürsorge 1926–1936. Denkschrift anlässlich des zehnjährigen Bestehens des deutschen Evangelischen Krankenhausverbandes, zugleich Arbeitsbericht des Gesamtverbandes der deutschen evangelischen Kranken- und Pflegeanstalten und des Referats Gesundheitsfürsorge im Centralausschuß für Innere Mission der deutschen Evangelischen Kirche, Berlin 1936, 61.
[85] Vgl. Schleiermacher, Centralausschuß, 65.

grenzt, sondern geschah europaweit. So vertrat Hans Harmsen 1930 den CA bei der 7. Arbeitstagung des „Internationalen Verbandes für Innere Mission und Diakonie" in Uppsala, zu der der schwedische Erzbischof Nathan Söderblom eingeladen hatte und die unter der Leitung des CA-Präsidenten Reinhold Seeberg stand. Dort setzte man sich im Besonderen für die Beachtung der Familien- und Bevölkerungspolitik ein. Ein besserer Schutz für die Familie sollte angestrebt werden.[86]

Auch der CA wird in Bezug auf die Eugenik aktiv, indem er am 31. Januar 1931 die Einsetzung eines „Ev. Arbeitskreises für Sexualethik" und eine „Fachkonferenz für Eugenik" beschließt. In der Fachkonferenz wurde besonders das Thema der individuellen Fürsorge im Gegensatz zu der differenzierten Fürsorge behandelt.[87] Vom 18. bis zum 20. Mai 1931 fand schließlich die „1. Fachkonferenz für Eugenik" in Treysa statt, deren Leitung Hans Harmsen übernommen hatte. Er war es auch, der folgendes Einladungsschreiben an die Konferenzteilnehmer geschickt hatte:

„Auf dem Gebiet der Fürsorge für Minderwertige und Asoziale[88] tritt immer bedrohlicher das Problem des Ansteigens bzw. der stärkeren Vermehrung des minderwertigen Bevölkerungsteil gegenüber dem gesunden in Erscheinung und erfordert eine grundsätzliche Besinnung und Stellungnahme von unserer Seite. [...] Die übertriebenen Schutzmaßnahmen für Asoziale und Minderwertige, aus einer falsch gerichteten Humanität entstanden, führen zu einer immer stärkeren Vermehrung der asozialen Bevölkerungsgruppen. Dabei wird die bisherige eugenische Wirkung unserer asylierenden Anstaltsunterbringung durch die zunehmende Auflockerung – frühzeitige Entlassung Haltloser und Minderwertiger, offene Geisteskrankenfürsorge – praktisch aufgehoben.

Die überspannten Forderungen hinsichtlich des Lebensstandards für die Anstalten haben andererseits zu einem rapiden Ansteigen der Aufwendungen für sozial Minderwertige geführt, so daß mehr und mehr die Frage nach der Tragbarkeit dieser Lasten entstehen muß. Je stärker die wirtschaftliche Verelendung in Erscheinung tritt, um so eher gewinnen die radikalen Forderungen auf Beseitigung allen krankhaften Lebens an Bedeutung."[89]

In der Einladung übt Harmsen harsche Kritik an den „übertriebenen" Pflege- und Bewahrungsmaßnahmen, da diese schädliche Folgen für die Wohlfahrtspflege haben könnten. So könnte es zu einer starken Vermehrung des erbkranken Bevölkerungsteils und zusätzlich zu einem Anstieg der Kosten über das

---

[86] Vgl. a.a.O., 65f.
[87] Vgl. Jochen-Christoph Kaiser, Sozialer Protestantismus im 20. Jahrhundert. Beiträge zur Geschichte der Inneren Mission 1914–1945, München 1989, 322f.
[88] Nach Karl Ludwig Lechler, Gauleiter des Rassenpolitischen Amtes in Württemberg lässt sich folgende Definition von „Asozialen" wiedergeben: „Asoziale sind Kriminelle, Staatsfeinde, Querulanten, Arbeitsscheue, Suchtkranke, Menschen mit tabuisiertem Sexualverhalten und jeder, der infolge Unwirtschaftlichkeit, Pflichtvergessenheit, bösartiger Gesinnung und erzieherischen Unvermögens nicht fähig ist, ein geordnetes Familienleben aufzubauen." (W. Wuttke, Medizin, Ärzte, Gesundheitspolitik, in: Das Dritte Reich in Baden und Württemberg, 227f.)
[89] Kaiser u.a., Eugenik, 105f.

tragbare Maß hinaus kommen. Harmsen setzt sich deshalb für eine eugenische Neuorientierung mit einem Akzent auf der Erbbiologie ein.

Die Treysaer-Konferenz hatte 23 Teilnehmer und setzte sich hauptsächlich aus Ärzten, Pfarrern und Wirtschaftsdirektoren zusammen. Eingeladene Theologen wie Helmut Schreiner aus Rostock und Paul Althaus aus Erlangen konnten nicht kommen. Auf das Erscheinen der Universitätstheologen wurde aber gerade großen Wert gelegt, da eine einheitliche akademische Positionsbestimmung des Protestantismus zu „Euthanasie" und „Sterilisation" bisher fehlte.

Man hatte zwei große Themen auf der Tagesordnung: Zum einen die Tötung unheilbar kranker Menschen und zum anderen die Unfruchtbarmachung „erblich minderwertiger". Hauptredner war Dr. Otmar Freiherr von Verschuer (1896–1969), der Leiter der Abteilung „Menschliche Erblehre" am „KWI für Anthropologie, menschliche Erblehre und Eugenik". Carl Schneider, der damals noch Chefarzt der Bodelschwinghschen Anstalten war,[90] fungierte als Co-Referent. Inhaltlich hielt sich von Verschuer im Hinblick auf die Sterilisierung von „Minderwertigen" eher bedeckt, da er riet, den jeweiligen Einzelfall zu prüfen. Er plädierte außerdem gegen eine Anwendung von Zwang. Carl Schneider kritisierte sogar die Sterilisierung als wissenschaftlich-medizinische Form der Erbbereinigung. Er sah darin die Schaffung eines Henkerstaates. Die Hauptargumente der beiden Hauptredner – Unsicherheitsfaktoren bei der erbbiologischen Indikationsstellung und der zweifelhafte bevölkerungspolitische Nutzen von Sterilisation – wurden von den anderen Teilnehmern nicht nachvollzogen. Sie sahen immer noch die Notwendigkeit zur Sterilisierung von Anstaltsinsassen. Die „Vernichtung lebensunwerten Lebens" wurde dagegen geschlossen abgelehnt. Auch ein Schwangerschaftsabbruch aus eugenischer Indikation wurde nicht akzeptiert. Denn „ärztliche Ethik fordert unbedingt Hilfsbereitschaft". Außerdem gälte das Gebot „Du sollst nicht töten".[91]

Allerdings stand im Vordergrund das Ziel der Verhütung und der Vorbeugung der Entstehung kranken Lebens und nicht deren Vernichtung. Die Sorgepflicht habe sich an der „Leistungsfähigkeit der Gesamtheit" zu orientieren. Die Konferenz empfahl außerdem Anstalten für „Epileptiker", „Schwachsinnige" und „Geisteskranke" die Verwendung eines „Einheitsformulars", eine sogenannte „Individual- u. Familienkarte". Diese Karte sollte der Forschung des KWI dienen und erinnert stark an die dann im Dritten Reich versendeten Mel-

---

[90] Dr. Carl Schneider war später konträrer Meinung, wie sein weiterer Weg untermauert: „Schneider ging 1933 als Ordinarius nach Heidelberg, wurde später der Leiter des dortigen rassenpolitischen Amtes und arbeitete als Obergutachter in Euthanasiefragen." (Kaiser, Sozialer Protestantismus, 326).

[91] Vgl. Kurt Nowak, Eugenik, Zwangssterilisation und „Euthanasie", in: Ursula Röper/Carola Jüllig (Hg.), Die Macht der Nächstenliebe. Einhundertfünfzig Jahre Innere Mission und Diakonie 1848–1998, Berlin 1998, 236-247: 236f.

debogen.⁹² Das Ergebnis der 1. Fachkonferenz wird schließlich als „Treysaer Erklärung"⁹³ veröffentlicht.

Als Gesichtspunkte für die Entscheidungen konnte aus Sicht der Konferenzteilnehmer der schon mehrfach genannte wirtschaftliche Krisendruck, die szientistische Faszination durch die „neue Wissenschaft" und die Sorge um das bonum commune als protestantische Denk- und Verhaltensfigur geltend gemacht werden.⁹⁴ Hans Harmsen, der mehrere Aufsätze zu den genannten Themen veröffentlicht hat,⁹⁵ spricht immer wieder davon, dass die Fürsorge durch Vorsorge seitens der Gesunden ersetzt werden muss. Während die „Kranken" vom Kinderkriegen abgehalten werden müssen, sollen sich die erbgesunden Menschen stark vermehren. Durch die schlechte Wirtschaftslage in der Weimarer Republik kommt es im ganzen Gesundheitssystem zu starken Kürzungen. So wird in der Inneren Mission immer mehr auf die Rentabilität der Pfleglinge geachtet: Je mehr ein Pflegling arbeiten kann, desto mehr Unterstützung bekommt er. Die Versorgung und Fürsorge orientiert sich mehr und mehr an Kriterien der Leistungsfähigkeit.

Am 24. November 1932 fand die konstituierende Sitzung des *„Ständigen Ausschusses für eugenetische Fragen"* statt, der von der 2. Fachkonferenz (Juni 1932) einberufen wurde. Der Ausschuss tagte unter dem Vorsitz des neuen Direktors des CA Walter Jeep. Seine Aufgaben waren hauptsächlich die Weiterverfolgung der Probleme, die Sammlung von Materialien und die Beratung des CA. Als Zielsetzung hatte man sich die Einflussnahme auf die künftige Debatte des Sterilisierungsgesetzes gesetzt. Deshalb befasste man sich in der ersten Sitzung auch aus aktuellem Anlass mit dem preußischen Gesetzesentwurf zur Sterilisierung vom 2. Juli 1932.⁹⁶ Als Diskussionsgrundlage dienten dabei 17 Thesen, die von Harmsen auf der Grundlage von Treysa aufgestellt worden waren. Der Ausschuss erklärte sich schließlich mit dem preußischen Gesetzesvorschlag einverstanden, machte aber auch Verbesserungsvorschläge, die sich überraschenderweise nicht als Abmilderung des Gesetzes, sondern als dessen Verschärfung herausstellten: So sollte statt der Sterilisierung gegebenenfalls auch eine Kastration erlaubt sein. Auch plädierte man für die Zulassung von Röntgen-Sterilisierung und für die Eingrenzung des für die Sterilisierung in Frage kommenden Personenkreises auf Verwahrloste und Asoziale. Die positiv erscheinende Eingrenzung entpuppte sich als Ausweitung des Personenkreises, da neben dem

---

⁹² Vgl. Schleiermacher, Centralausschuß, 69.
⁹³ Der Wortlaut der Erklärung ist abgedruckt in: Hans Harmsen, Gegenwartsfragen der Egenik, in: Die Innere Mission 26. 1931, 336-339.
⁹⁴ Vgl. Nowak, Eugenik, 236f.
⁹⁵ Harmsen veröffentlichte unter anderem folgende Aufsätze: „Bevölkerungspolit. Neuorientierung unserer Wohlfahrtspflege" (1931), „Eugenetische Neuorientierung unserer Wohlfahrtspflege (1931), vgl. dazu Kaiser, Sozialer Protestantismus, 323.
⁹⁶ Der „Entwurf eines Sterilisierungsgesetzes" (30. Juli 1932) ist nachzulesen bei Kaiser u.a., Eugenik, 100.

bisher geltenden eugenischen Befund auch ein sozialer Befund herangezogen wurde.⁹⁷

Insgesamt kann von der Sterilisationsdebatte abgeleitet werden, dass die Innere Mission eine auf Freiwilligkeit basierende Sterilisation befürwortet und sich damit, wenn auch zuerst unbewusst, die Ausgangslage dafür schafft, sich den späteren Tötungen innerhalb der „Euthanasie"-Aktion nicht ernsthaft in den Weg zu stellen. Damit wird dem Protestantismus „nicht jene Glaubwürdigkeit in gleichem Maße" zugestanden, die das kompromisslose Nein der katholischen Kirche zu jeglichen Eingriffen in die körperliche Unversehrtheit kranker Menschen seit der Enzyklika „Casti connubii" auszeichnete.⁹⁸ In der Enzyklika „Casti connubii" ist zu lesen:

> „Sie vergessen zu Unrecht, daß die Familie höher steht als der Staat, und daß die Menschen nicht an erster Stelle für die Zeit und die Erde, sondern für den Himmel und die Ewigkeit geboren werden. Und in der Tat, es ist nicht recht, Menschen, die an sich zur Eingehung einer Ehe fähig sind, aber trotz gewissenhaftester Sorge voraussichtlich nur einer minderwertigen Nachkommenschaft das Leben geben können, schon deshalb einer schweren Schuld zu zeihen, falls sie in die Ehe treten, wenn ihnen auch oft die Ehe zu widerraten ist. Was nun die Obrigkeit angeht, so hat sie über die körperlichen Organe ihrer Untertanen keine direkte Gewalt. Wo keine Schuld und damit eine Ursache für körperliche Bestrafung vorliegt, kann sie die Unversehrtheit des Leibes weder aus eugenischen noch aus irgendwelchen anderen Gründen direkt verletzen oder antasten."⁹⁹

Wie die Kirchen auf die konkrete „Euthanasie"-Aktion reagierten, wird in einem späteren Kapitel der Arbeit genauer dargestellt werden.

Schon bald nach der Machtübernahme der Nationalsozialisten im Januar 1933 erließ Hitler bereits am 14. Juli 1933 das „Gesetz zur Verhütung erbkranken Nachwuchses". Da es eindeutig der Enzyklia „Casti connubii" widersprach und die Unterzeichnung des Konkordats mit dem Heiligen Stuhl nicht gefährdet werden sollte, trat es erst am 1. Januar 1934 in Kraft.¹⁰⁰ Im Unterschied zum oben vorgestellten Preußischen Gesetzesentwurf von 1932 kann hier von einer auf Freiwilligkeit basierenden Sterilisation keine Rede mehr sein. So erlaubt § 12 des „Gesetzes zur Verhütung erbkranken Nachwuchses" die Zwangssterilisation auch gegen den Willen des Betroffenen. „Zu sterilisieren [...] sind ‚Erbkranke', die an angeborenem Schwachsinn leiden."¹⁰¹ Außerdem wird im Gesetz eine Verabsolutisierung des Vererbungsdogmas vorgenommen. Am 18. Juli 1934 veröffentlicht der *Ständige Ausschuss* der Inneren Mission *Richtlinien* zur Durchführung des Gesetzes. Diese besagen, dass alle Stellen das Gesetz zu be-

---

[97] Vgl. Kaiser, Sozialer Protestantismus, 336-338.
[98] A.a.O., 340.
[99] Kaiser u.a., Eugenik, 117.
[100] Vgl. Ernst Klee, „Euthanasie" im NS-Staat. Die „Vernichtung lebensunwerten Lebens", Frankfurt/M. ⁹1999, 36.
[101] A.a.O., 37.

folgen haben.[102] 1935 erfolgte eine Verschärfung des Gesetzes durch Einführung des § 10a, der die Abtreibung bei Frauen erlaubte, die unter das „Gesetz zur Verhütung erbkranken Nachwuchses" fielen.[103] In dem Zeitraum der Jahre 1934 bis 1945 wurde bei 350.000 von 500.000 „erbkranken" Personen eine Sterilisation durchgeführt. Am 31. August 1939 erfolgte aus kriegswirtschaftlichen Gründen eine Reduzierung der Unfruchtbarmachungen durch die „Erbpflegeverordnung". Dennoch wurden in dringenden Fällen weiterhin Sterilisationen durchgeführt.[104] – Mit Beginn der zwangsweisen Sterilisation beginnt im Dritten Reich bereits die „Vernichtung lebensunwerten Lebens", indem man in einem ersten Schritt deren Verhütung veranlasste oder überhaupt deren Entstehung durch Abtreibung verhinderte.

2. Die „Euthanasie"-Aktion 1939–1945
2.1. Die „Kindereuthanasie"

Die „Euthanasie"-Aktion wurde mit der sogenannten „Kindereuthanasie" eingeleitet, die im Frühling 1939 mit dem „Fall Knauer" ihren Anfang nahm: Die Eltern eines körperlich und geistig behinderten Kleinkindes, das in Leipzig bei Prof. Werner Catel untergebracht war, baten Hitler, den Tod ihres Kindes zu erwirken. Hitler, der sich an diesem Fall sehr interessiert zeigte, schickte seinen Begleitarzt Brandt zur Begutachtung nach Leipzig. Brandt erlaubte schließlich die Tötung des Kindes. Es ist hierbei zu vermuten, dass der Fall Knauer Hitler dazu veranlasst hat, Brandt und Bouhler eine mündliche Vollmacht für die Lösung solcher Fälle zu geben. Da man sich nun in der Lage sah, „missgebildete Neugeborene und Kleinkinder in größerem Maßstab erfassen zu können",[105] wurde es im Frühjahr 1939 notwendig, eine selbstständige Organisation zu gründen, die den Tarnnamen „Reichsausschuß zur wissenschaftlichen Erfassung erb- und anlagebedingter schwerer Leiden" erhielt. Die Organisation hatte zunächst die Erfassung der zur Tötung in Frage kommenden Zielgruppe zum Ziel. Dazu war man auf Zusammenarbeit mit den staatlichen Gesundheitsämtern und der Gesundheitsabteilung des Reichsinnenministeriums angewiesen. So erging auch am 18. August 1939 ein streng vertraulicher Runderlass des Reichsinnenministeriums an alle Kliniken, in dem alle Hebammen, Geburtshelfer und Ärzte aufgefordert wurden, den örtlichen Gesundheitsämtern die Geburt von Kindern zu melden, die an „Idiotie, Mongolismus, Mikro- und Hydrozephalus, Missbildungen der Extremitäten"[106] litten, sowie alle behinderten Kinder bis drei Jahre dem Amtsarzt zu melden. Die daraufhin in Berlin eingegangenen Meldebogen wurden durch den „Reichsausschuß" an drei ausgewählte Gutachter (Prof. Catel, Prof. Heinze, Prof. Wentzler) weitergegeben. Diese

---

[102] Vgl. Nowak, Eugenik, 239.
[103] Vgl. a.a.O., 238.
[104] Vgl. ebd.
[105] Nowak, „Euthanasie", 77.
[106] Ebd.

hatten anhand des Meldebogen zu entscheiden, ob ein tödlicher Eingriff durchzuführen sei oder nicht, indem sie auf den Meldebogen an entsprechender Stelle ein (+) für die Tötung bzw. ein (–) für Leben oder Fortsetzung der Pflege eintrugen. Bei übereinstimmendem Todesurteil der Gutachter wurde eine „Ermächtigungsurkunde" ausgestellt, die von Bouhler oder SS-Oberführer Viktor Brack unterschrieben werden musste. Daraufhin mussten die zuständigen Gesundheitsämter die Angehörigen darüber verständigen, dass ihr Kind in eine „Kinderfachabteilung" einzuliefern sei.

Diese Einlieferung erfolgte auch gegen den Willen der Eltern! Die Leiter der „Kinderfachabteilung" erhielten vom „Reichsausschuß" eine Kopie des Meldebogens, die sie dazu veranlasste, dem eingelieferten Kind „Sterbehilfe" zu gewähren. Diese „Sterbehilfe" erfolgte in einer für das Kind stark schmerzhaften Prozedur, indem Tabletten, Spritzen, Luminalzäpfchen oder Klysma gegeben wurden. Eine weitere Art der „Sterbehilfe" war auch der Nahrungsmittelentzug, so dass die Kinder schließlich verhungerten. Nach der Beendigung der „Euthanasie"-Aktion gegen Erwachsene im August 1941 wurde die Altersgrenze der Kinder auf bis zuletzt siebzehn Jahre heraufgesetzt. Im Rahmen der „Kindereuthanasie" kamen etwa 5.000 Kinder zu Tode![107]

2.2. Die „Erwachseneneuthanasie"/„Aktion T4" am Beispiel der Kreispflegeanstalt Sinsheim
Vorbereitungen für die „Euthanasie"-Aktion
Die konkrete Planung der „Erwachseneneuthanasie" begann im Juli 1939. Zum Zweck der Ausdehnung der „Kindereuthanasie" auf Erwachsene fand eine Besprechung Hitlers mit Reichsgesundheitsführer Leonardo Conti, Stabsleiter der Parteikanzlei Martin Bormann sowie Reichsminister und Chef der Reichkanzlei Hans Heinrich Lammers statt. Zuerst wurde Conti mit der Planung der „Euthanasie"-Aktion beauftragt, bis nach anfänglichen Intrigen[108] Hitler die Leitung schließlich auf Karl Brandt und Philipp Bouhler übertrug. Diese wandten sich daraufhin an den Ministerialdirigenten im Innenministerium Herbert Linden, um mit seiner Unterstützung eine geeignete Organisation ins Leben zu rufen, die die geheime Mordaktion durchführen konnte. Zunächst wurde aus der „Kanzlei des Führers" heraus ein administrativer Apparat gebildet, der bald 100 Personen umfasste und im „Columbushaus" am Potsdamer Platz in Berlin beheimatet war, bis man im April 1940 in die Tiergartenstraße 4 umzog, die der Aktion ihren Decknamen „T4" gab.[109] Für die Planung und Ausführung der Tötungen war das Hauptamt II der Kanzlei des Führers verantwortlich. Um aber im Geheimen arbeiten zu können, ließ man die Zentraldienststelle durch folgende Tarnorganisationen vertreten: 1. „Reichsarbeitsgemeinschaft für Heil-

---

[107] Vgl. a.a.O., 77f.
[108] Zu den Intrigen vgl. a.a.O., 78f.
[109] Vgl. Nowak, Eugenik, 242f.

und Pflegeanstalten" (RAG): Entwurf und Versand der Fragebogen, 2. „Gemeinnützige Stiftung für Anstaltspflege" (Stiftung): Personal- und Finanzfragen, 3. „Gemeinnützige Kranken-Transport GmbH" (Gekrat): Durchführung der Patiententransporte von den Pflegeanstalten in die Todesanstalten, 4. „Zentralverrechnungsstelle Heil- und Pflegeanstalten": Briefwechsel mit den Kostenträgern.[110]

Viktor Brack war dabei der planende und lenkende Mann in der T4. Nachdem Bouhler im August 1939 geeignete Ärzte für die Durchführung der „Euthanasie"-Aktion gefunden hatte, waren im September 1939 die „Euthanasie-Vorbereitungen organisatorisch abgeschlossen".[111] Die konkrete Durchführung der „Erwachseneneuthanasie" begann am 21. September 1939 mit einem Erlass[112] der Gesundheitsabteilung des Reichsministeriums des Innern an die außerpreußischen Landesbehörden, „in dem diese aufgefordert wurden, bis zum 15. Oktober 1939 ein Verzeichnis aller öffentlichen, gemeinnützigen, caritativen und privaten Heil- und Pflegeanstalten aufzustellen".[113]

Im Oktober 1939 unterschrieb Hitler ein Dokument, das ihm von Bouhler und Brandt vorgelegt worden und nachträglich auf 1. September zurückdatiert worden war: „Reichsleiter Bouhler und Dr. med. Brandt sind unter Verantwortung beauftragt, die Befugnisse namentlich zu bestimmender Ärzte so zu erweitern, dass nach menschlichem Ermessen unheilbar Kranken bei kritischster Beurteilung ihres Krankheitszustandes der Gnadentod gewährt werden kann. Hitler."[114] Dieses von Hitler unterzeichnete Dokument konnte keinesfalls als Staatsdokument angesehen werden, da es in keiner Form eine Rechtsverbindlichkeit hätte beanspruchen können. Außerdem war es auf Hitlers privatem Briefpapier geschrieben worden. So diente das Dokument während des Krieges als „Rechtsgrundlage" in einer „geheimen Sache". Eine Legitimation war wohl nicht in Hitlers Interesse und erfolgte deshalb nie: „Erst nach dem ‚Endsieg' sollte ein Gesetz erlassen werden".[115]

Hatte man von den bisherigen Berliner Tätigkeiten und Aktionen im badischen Sinsheim noch nichts gespürt, bekam man im Oktober 1939 einen ersten Erlass aus Berlin, der in den Akten allerdings nicht mehr vorhanden ist. Am 9. Oktober 1939 machten sich nämlich die Verantwortlichen der „Euthanasie"-Aktion an die praktische Arbeit, indem sie einen Runderlass an alle Heil- und Pflegeanstalten schickten. Diesem Runderlass beigefügt waren die Meldebogen

---

[110] Dokumente zur „Euthanasie" vgl. Ernst Klee (Hg.), Dokumente zur „Euthanasie", Frankfurt/M. 1985, 93.
[111] A.a.O., 87.
[112] Der genaue Erlass ist abgedruckt in: Ebd.
[113] Hans-Walter Schmuhl, Rassenhygiene, Nationalsozialismus, Euthanasie. Von der Verhütung zur Vernichtung „lebensunwerten Lebens" 1890–1945 (KSGW 75), Göttingen 1987, 197.
[114] Kaiser u.a., Eugenik, 253.
[115] Nowak, „Euthanasie", 80.

I und II sowie ein erklärendes Merkblatt. Als Absender des Runderlasses fungierte der Reichminister des Innern, der „planwirtschaftliche Gründe" für die Versendung der Meldebogen angab: „Im Hinblick auf die Notwendigkeit planwirtschaftlicher Erfassung der Heil- und Pflegeanstalten ersuche ich Sie, die anliegenden Meldebogen umgehend nach Maßgabe des beiliegenden Merkblattes auszufüllen und an mich zurückzusenden".[116] Eine besonders wichtige Funktion kommt dem Merkblatt zu, da es bestimmte, wer nach Berlin gemeldet werden musste. Die geforderten Angaben werden später bei der Untersuchung von Selektionsgründen von großer Wichtigkeit sein.

„Merkblatt
Bei Ausfüllung der Meldebogen zu beachten!

Zu melden sind sämtliche Patienten, die
1. an nachstehenden Krankheiten leiden und in den Anstaltsbetrieben nicht oder nur mit mechanischen Arbeiten (Zupfen u.ä.) zu beschäftigen sind:
   Schizophrenie,
   Epilepsie (wenn exogen, Kriegsdienstbeschädigung oder andere Ursachen angeben),
   senile Erkrankungen,
   Therapie- refraktäre Paralyse und andere Lues-Erkrankungen,
   Schwachsinn jeder Ursache,
   Encephalitis,
   Huntington und andere neurologische Endzustände; oder
2. sich seit mindestens 5 Jahren dauernd in Anstalten befinden; oder
3. als kriminelle Geisteskranke verwahrt sind; oder
4. nicht die deutsche Staatsangehörigkeit besitzen oder nicht deutschen oder artverwandten Blutes sind unter Angabe von Rasse* und Staatsangehörigkeit.

Die für jeden Patienten einzeln auszufüllenden Meldeblätter sind mit laufenden Nummern zu versehen.
Die Meldebogen sind nach Möglichkeit mit Schreibmaschine auszufüllen.

Als Stichtag gilt der ....
Bei Kranken, die aus dem Räumungsgebiet in die dort. Anstalt verbracht worden sind, ist hinter den Namen ein (V) zu setzen.
Falls die Zahl der übersandten Meldebogen 1 nicht ausreichen sollte, bitte ich, bei mir die noch erforderliche Stückzahl anzufordern.

* Deutschen oder artverwandten Blutes (deutschblütig), Jude, jüdischer Mischling I. oder II. Grades, Neger, Negermischling, Zigeuner, Zigeunermischling usw."

Der Runderlass wurde zuerst an die Anstalten in Württemberg und Baden verschickt.[117] So sind die Meldebogen vermutlich Mitte Oktober in der Sinsheimer Kreispflegeanstalt eingetroffen. Die Beantwortung der Meldebogen erfolgte meist nicht wahrheitsgemäß: Da die Anstaltsleiter die Befürchtung hatten, dass ihnen die arbeitsfähigen Pfleglinge zum staatlichen Arbeitseinsatz entzogen

---

[116] Klee, „Euthanasie", 91.
[117] Benzenhöfer, Der gute Tod?, 120; Heinz Faulstich, Von der Irrenfürsorge zur „Euthanasie". Geschichte der badischen Psychiatrie bis 1945, Freiburg 1993, 209.

werden könnten, stuften sie die Arbeitsfähigkeit niedriger ein als es eigentlich der Fall war. In seiner Urteilsbegründung im Verfahren Schreck/Sprauer 1948 schreibt das Freiburger Landesgericht dazu: „Dementsprechend wurden die Angaben in vielen Fällen gefärbt: je nachdem, ob die Leiter mehr eine Abziehung der in ihrem Wirtschaftsbetrieb noch arbeitsfähigen Patienten befürchteten oder aber mehr eine Verlegung ihrer schwer und unheilbar Kranken in schlechtere Unterkünfte (‚Sparanstalten') verhüten zu müssen glaubten, wurde die in den Meldebogen enthaltene Frage nach der Arbeitsfähigkeit des jeweiligen Anstaltsinsassen vielfach bewusst ungünstiger oder günstiger, als es der Wirklichkeit entsprach, beantwortet."[118]

Da die Kreispflegeanstalt m.E. selbst als eine „Sparanstalt" fungierte,[119] ging der damalige Anstaltsleiter Weber sicher von der erstgenannten Möglichkeit aus. Diese falsche Einschätzung sollte den Pfleglingen dann später zum Verhängnis werden! Bei der Versendung der Meldebogen ging man in Berlin wohl von der Formel: „jeder fünfte Anstaltsinsasse fällt in die Aktion"[120] aus. Sinsheim hatte zu dieser Zeit ca. 350 Pfleglinge. Wendet man nun die genannte Formel an, dann wären schließlich 70 Pfleglinge von der Aktion betroffen gewesen. Diese Zahl wird aber, wie die weitere Untersuchung zeigen wird, bei Weitem übertroffen! Allerdings bleibt leider unklar, wie viele Meldebogen in Sinsheim ausgefüllt wurden und wann sie genau abgeschickt worden sind.

Die ausgefüllten Meldebogen wurden nach Berlin an das Reichsinnenministerium geschickt. Dieses leitete sie weiter an die RAG, bei der die Meldebogen von drei Gutachtern entweder mit (+), (–) oder (?) bewertet wurden. Die endgültige Entscheidung über „Gewährung des Gnadentodes" oblag den Obergutachtern Heyde und Nitsche. Die positiv beurteilten Meldebogen wurden an die oben genannte Gekrat weitergeleitet, die die Transporte und die dazugehörenden Transportlisten zusammenstellten.[121] Nach welchen Richtlinien die von Berlin angeworbenen Psychiater die Meldebogen zu beurteilen hatten, wird im folgenden Bericht über Bracks Einführungsvortrag im Februar 1940 deutlich: „In dieser Hinsicht hat er [Brack, D.S.] auch ausgeführt, dass gerade jetzt während des Krieges, wo so viele gesunde Menschen ihr Leben lassen müssten, es auf diese Geisteskranken, die der Volksgemeinschaft sowieso keinen Nutzen brächten, nicht ankomme, und dass bei der schlechten Ernährungslage wenigstens diese Leute aus dem Sektor der Ernährung ausfielen."[122]

So galt als entscheidendes Selektionskriterium, ob der Patient arbeitsfähig war und dadurch der Volksgemeinschaft hätte Nutzen bringen können oder ob er nicht mehr als produktiv hätte gelten können.[123] Setzt man dies in Zusammen-

---

[118] Zit.n. Faulstich, Von der Irrenfürsorge, 212f.
[119] Vgl. dazu unten, 157f.
[120] A.a.O., 215.
[121] A.a.O., 216.
[122] Aussage Dr. Mennecke zit.n. Klee, „Euthanasie", 119.
[123] Vgl. Klee, „Euthanasie", 118.

hang mit den von den Anstaltsleitern gefälschten Angaben in den Meldebogen über die Arbeitsfähigkeit ihrer Pfleglinge, so werden die schon angedeuteten Konsequenzen für die Patienten schnell deutlich.

Beginn der „Euthanasie"-Aktion in Sinsheim
Die geheime Mordaktion war Sache der Partei: So kamen politisch zuverlässige Leute in Baden und Württemberg an die für die Durchführung der „Euthanasie"-Aktion wichtigen Positionen. In Baden fungierte Psychiatriereferent Dr. Ludwig Sprauer[124] als Ministerialrat im Innenministerium und war damit höchster Medizinalbeamter im Land. In Württemberg hatte Dr. Eugen Stähle diese Funktion inne.[125] So war Dr. Sprauer auch für die Kreispflegeanstalt Sinsheim verantwortlich, auch wenn er dort nicht immer persönlich in Erscheinung trat. Ende November erließen Sprauer und Stähle in Baden und Württemberg einen fast gleichlautenden und geheimen Erlass, der sie als sogenannte „Zwischeninstanzen" der „Euthanasie"-Aktion zu erkennen gibt.[126] In Sinsheim traf wahrscheinlich noch Ende November 1939 folgender Erlass ein:

„Der Minister des Innern

No. 87 430 g.
Geheim
1. Dies ist ein Staatsgeheimnis im Sinne des § 88 RStGB in der Fassung des Gesetzes vom 24.4.1934 (RGBl. IS. 341ff.).
2. Weitergabe nur verschlossen, bei Postbeförderung als „Einschreiben"
3. Empfänger haftet für sichere Aufbewahrung

Karlsruhe, den 29. November 1939
Schlossplatz 19
Fernruf: 7460/68
GEHEIM
Verlegung von Anstaltsinsassen im Rahmen besonderer planwirtschaftlicher Massnahmen

Die gegenwärtige Lage macht die Verlegung einer größeren Anzahl von in Heil= und Pflegeanstalten und Anstalten ähnlicher Art untergebrachten Kranken notwendig. Ich werde die notwendig werdenden Verlegungen von Fall zu Fall anordnen. Die Kranken werden nebst ihren Krankenakten in Sammeltransporten verlegt. Der Abgabeanstalt entstehen aus dem Transport keine Kosten. Die Krankenakten werden der Heilanstalt nach Einsichtnahme durch die Aufnahmeanstalt wieder zurückgegeben. Die Benachrichtigung der Angehörigen über die Verlegung erfolgt durch die Aufnahmeanstalt. Die Kostenträger sind von der Abgabeanstalt davon in Kenntnis zu setzen, dass weitere Zahlungen über den Tag der Verlegung hinaus insolange einzustellen sind, bis sie von der Aufnahmeanstalt angefordert werden.

Im Auftrag
Schneider.

Herrn Leiter der

---

[124] Zur Biografie Sprauers siehe Hermann Rückleben, Deportation und Tötung von Geisteskranken aus den badischen Anstalten der Inneren Mission Kork und Mosbach (VVKGB 33), Karlsruhe 1981, 67ff., besonders Anm. 249.
[125] Vgl. Faulstich, Von der Irrenfürsorge, 217.
[126] Vgl. ebd.

Kreispflegeanstalt
Oder Vertreter im Amt
S I N S H E I M."

Schon in diesem ersten Erlass, der vom badischen Innenministerium an die Kreispflegeanstalt Sinsheim geht, tritt Sprauer nicht persönlich in Erscheinung. Der Erlass zeigte in Sinsheim auch zunächst keine Folgen, erst im Mai 1940 sollte er wieder eine Rolle spielen. Inzwischen hatten sich die Verantwortlichen der „Euthanasie"-Aktion nach einer geeigneten Tötungsanstalt für Baden und Württemberg umgesehen, die sie schließlich in dem Schloss Grafeneck auf der Schwäbischen Alb fanden. Dieses Jagdschloss aus dem 16. Jahrhundert beherbergte seit 1929 eine Behinderteneinrichtung der Inneren Mission und wurde im Oktober 1939 beschlagnahmt. Nach Umbaumaßnahmen erfolgte am 20. Januar 1940 der erste „Einsatz" als Tötungsanstalt: 40 „Probe"-Patienten aus der Anstalt Eglfing-Haar bei München wurden vergast. „Danach begann die Abholung der Patienten aus den badischen und württembergischen Anstalten: Am 25. Januar 55 Frauen aus Weinsberg, am 1. Februar 13 Männer aus der Pflegeanstalt Pfingstweid, am 3. Februar 45 Patienten aus Rottenmünster."[127]

Im Laufe der reichsweiten „Euthanasie"-Aktion wurden insgesamt sechs „Reichsanstalten" als Tötungsanstalten eingerichtet: Zunächst waren dies Grafeneck, Brandenburg/Havel, Hartheim bei Linz und Sonnenstein/Pirna. In Grafeneck und Brandenburg wurden die Vergasungen Ende 1940 eingestellt und durch Hadamar bei Limburg und Bernburg/Saale ersetzt.[128]

Der erste Transport nach Grafeneck
Der erste Transport von der Kreispflegeanstalt Sinsheim in die Tötungsanstalt Grafeneck erfolgte am 15. Mai 1940. Wie im obigen Erlass des badischen Innenministeriums angekündigt, wurde die Anstalt von dem bevorstehenden Transport im Voraus in Form eines erneuten Erlasses in Verbindung mit der Mitsendung der von der Gekrat erstellten Transportliste informiert. Sowohl der vorausgegangene Erlass als auch die Transportliste sind für den ersten Sinsheimer Transport aber nicht mehr vorhanden. Da für die weiteren Transporte jeweils aber beide Dokumente existieren, gehe ich davon aus, dass es die Dokumente des ersten Transports gegeben hat, diese aber verlorengegangen sind. Dennoch gibt es eine Quelle, die vom ersten Transport nach Grafeneck berichtet: So ist innerhalb der im Rahmen des Heyde-Prozesses aufgetauchten Unterlagen, die die Kreispflegeanstalt Sinsheim betreffen, eine Liste erhalten, betitelt mit: „Entlassene Pfleglinge der Kreispflegeanstalt Sinsheim vom 15.5.1940".

---

[127] A.a.O., 220.
[128] Klee, Dokumente, 117.

"Lfd. Nr.	Familienname	Vorname	Zahlungspflichtig
1	S.	Fritz	Allgemeine Fürsorge Heidelberg
2	M.	Otto	Kreiswohlfahrtsamt Heidelberg
3	R.		wie vor
4	R.	Karl	Städt. Fürsorgeamt Mannheim
5	F.	Franz	Kreiswohlfahrtsamt Freiburg
6	E.	Severin	Kreiswohlfahrtsamt Offenburg
7	M.	August	Kreiswohlfahrtsamt Mosbach
8	H.	Heinrich	Kreiswohlfahrtsamt Mosbach
9	M.	Karl	Kreiswohlfahrtsamt Buchen
10	W.	Karl	Karl W., Berlin W30 … Platz 3
11	H.	Josef	Josef A., Pforzheim, …str.8
12	B.	Ludwig	Versorgungsamt Heidelberg, Rentenbüro 3
13	M.	Heinrich	Sozialrentner Landkreis Sinsheim
14	K.	Eduard	Allgemeine Fürsorge Kreis Sinsheim"

Geht man von der Richtigkeit und Vollständigkeit der Liste aus, so wurden mit dem ersten Transport vierzehn Männer aus Sinsheim abgeholt und nach Grafeneck verlegt. Neben Vor- und Nachnamen der Patienten ist aus der Liste nur noch der Kostenträger zu erschließen. Weitere Angaben, die zur näheren Beschreibung der einzelnen Patienten und damit des gesamten ersten Transportes hätten dienen können, sind nicht vorhanden. Nur das Schicksal des auf der Liste aufgeführten Patienten Ludwig B. lässt sich weiter nachzeichnen, da inzwischen im Berliner Bundesarchiv 80 Akten von Sinsheimer Patienten, die in Grafeneck umgekommen sind,[129] nach einer langen Zeit des Verschwindens wieder aufgefunden wurden.[130] Darunter auch die Patientenakte des Ludwig B.

Bei den aufgefundenen Akten handelt es sich um Patientenakten, die sich aus den Verwaltungsakten und der Krankengeschichte zusammensetzen und die bei der Verlegung nach Grafeneck mitgegeben werden mussten. Warum aus allen Transporten gerade diese 80 Patientenakten übriggeblieben sind und was mit den anderen geschah, kann leider nicht geklärt werden. In der Regel sind in der Patientenakte der Aufnahmeantrag in die Kreispflegeanstalt Sinsheim und die Krankengeschichte enthalten.

Der Aufnahmeantrag wurde entweder von der vorhergehenden Anstalt oder von einem Angehörigen bzw. Vormund und einem untersuchenden Arzt ausgefüllt. Der erste Teil beinhaltete Angaben zu Namen, Geburtstag und Geburtsort, Familienstand, Beruf, Konfession, und zum letzten Aufenthaltsort. Auch zum Vermögen der Personen mussten Angaben gemacht werden: momentanes Vermögen, zu erwartendes Vermögen, Rente, Taschengeld. Weiter wurde nach der Kontaktperson für persönliche Angelegenheiten, der Übernahme der Beer-

---

[129] Sie sind im BA Berlin unter dem Aktenzeichen R 179 zu finden.
[130] Heinz Faulstich schreibt dazu: „Die Krankengeschichte der T4-Opfer, das muss hier eingefügt werden, gelten allgemein als verschollen, wahrscheinlich wurden sie vernichtet." (Faulstich, Von der Irrenfürsorge, 229). Diese These kann damit, wenigstens in Bezug auf das Kreispflegeheim Sinsheim, entkräftet werden.

digungskosten und bei Pflegschaft oder Entmündigung nach dem Vormund gefragt. Bei älteren Aufnahmeanträgen waren die Kategorien teilweise geringfügig abgeändert.

Der zweite Teil des Aufnahmeantrages beschäftigte sich mit der Krankengeschichte der Patienten: So mussten vom untersuchenden Arzt die folgenden 15 Kategorien ausgefüllt werden:

1. Erbliche Belastung;
2. Körperliche und geistige Veranlagung und Entwicklung;
3. Besondere charakterliche Eigenschaften;
4. Wirtschaftliche Entwicklung;
5. Frühere Erkrankungen;
6. Frühere Klinik- oder Anstaltsaufenthalte;
7. Kriminelle Auffälligkeiten;
8. Alkoholmissbrauch;
9. Jetzige Erkrankung;
10. Heutiger Zustand;
11. Liegt Geisteskrankheit oder Schwachsinn vor?
12. Gefährlich oder sittlich anstößig?
13. Unreinlich?
14. Bettlägerig?
15. Arbeitsfähig?

Manche Ärzte hielten sich allerdings nicht an die vorgegebenen Kategorien und schrieben einen zusammenhängenden Bericht. Bei den älteren Aufnahmeanträgen ist die Einteilung der Kategorien wiederum leicht verändert, so dass nicht immer in allen Bereichen ein ganz exakter Vergleich durchgeführt werden konnte.

Neben dem gerade beschriebenen Aufnahmeantrag war in der Regel zusätzlich noch das Krankenblatt in der Patientenakte zu finden. Auf diesem waren an erster Stelle die persönlichen Daten wie Namen, Geburtstag, Aufnahme- und Abgangsdatum sowie die Diagnose der Kranken notiert. Danach folgten die meist handschriftlichen[131] aktuellen Eintragungen des Krankenblattes, aus denen im Folgenden an geeigneter Stelle zitiert werden wird.

Anhand der vorhandenen Quellen soll nun versucht werden, eine Antwort auf die Frage zu finden, warum gerade die schließlich in Grafeneck umgekommenen Pfleglinge auf die jeweiligen Transportlisten kamen. Lassen sich anhand der Daten bestimmte Selektionskriterien konstruieren? Hängt die Auswahl mit den ausgefüllten Meldebogen zusammen oder wurde sie unabhängig von diesen getroffen?

Da für den ersten Transport am 15. Mai 1940, wie bereits erwähnt, nur die Patientenakte des Ludwig B. vorliegt, soll im Folgenden versucht werden, anhand dieser die Auswahlkriterien für den Transport nachzuvollziehen: Ludwig

---

[131] Da manche Eintragung in für mich schwer lesbarem Sütterlin geschrieben worden ist, konnten nicht alle Einträge vollständig berücksichtigt werden.

B., 1879 in Mühlhausen geboren, katholisch, war von Beruf Zigarrenmacher. Er hatte geheiratet, war inzwischen aber verwitwet. 1922 kam er in die Heil- und Pflegeanstalt Wiesloch, wo er bis zum 13. Februar 1940 auch blieb. Da er in der Kreispflegeanstalt nur für drei Monate untergebracht war, sind keine eigenen Sinsheimer Unterlagen des Patienten vorhanden. Aus seiner Wieslocher Krankenakte ist aber ersichtlich, dass er aufgrund von chronischem Alkoholismus und Imbezillität in die Anstalt eingeliefert worden war. Im Wieslocher Krankenblatt ist Folgendes zu lesen: „Dez. 1933: Will heiraten. Läßt sich nicht sterilisieren, „will sein Pulver verschießen"! Fleißiger Feldarbeiter, nicht auffällig; 1938: körperlicher Rückgang, schwach; Febr. 1940: Gelegentlich etwas erregt, aber ungefährlich, queruliert viel. Körperlich etwas angeschlagen". Zu den Eintragungen ins Krankenblatt ist zuerst zu sagen, dass in der Heil- und Pflegeanstalt Wiesloch das „Gesetz zur Verhütung erbkranken Nachwuchses" vom 14. Juli 1933 wohl bereits vor seinem Inkrafttreten am 1. Januar 1934 durch die vorgeschriebene Durchführung von Sterilisationen angenommen wurde.[132] So wurde in Wiesloch auf jeden Fall sterilisiert.[133] Die in diesem Zusammenhang aufkommende Frage, ob dies auch in Sinsheim geschah, wird sich innerhalb dieser Arbeit mehrmals gestellt und dann jeweils konkret beantwortet werden.

Warum Ludwig B. noch im Februar 1940 von Wiesloch nach Sinsheim verlegt wurde, in einer Zeit, in der die Tötungsmaschinerie schon längst angelaufen war, lässt sich nicht eindeutig beantworten. Wahrscheinlich aber waren die Belegungszahlen durch die zusätzliche Lazarettbelegung in Wiesloch so stark angestiegen, dass Patienten in die nächstgelegenen Kreispflegeanstalten verlegt werden mussten. Dazu wählte man Patienten, die chronisch krank waren und keiner regelmäßigen medizinischen Hilfe bedurften. Ludwig B. als chronischer Alkoholiker fiel unter diese Gruppe.

Allerdings bleibt damit immer noch die Frage unbeantwortet, warum gerade Ludwig B. zu den „Auserwählten" des ersten Sinsheimer Transportes nach Grafeneck gehörte. Wahrscheinlich liegen die Gründe in der Abnahme seiner Arbeitskraft, was in seinem Krankenblatt durch die Aussage „*körperlich etwas angeschlagen*" ausgedrückt wird. Weiter zählte er als Langzeitpatient, da er schon achtzehn Jahre in Anstalten verbracht hatte. So galt er in den Augen des NS-

---

[132] Nach Faulstich, Von der Irrenfürsorge, 179, erschien die „Verordnung zur Ausführung des Gesetzes zur Verhütung erbkranken Nachwuchses" am 5. Dezember 1933, „so dass nun auch die Länderregierungen die in ihrer Zuständigkeit liegenden Einzelheiten regeln konnten". Diese „Regelung der Einzelheiten" war im Dezember 1933 wohl bereits bis in die Heil- und Pflegeanstalt Wiesloch vorgedrungen.

[133] Faulstich schreibt dazu: „*Wiesloch* scheint in Baden die Anstalt mit der höchsten Zahl von Opfern der Zwangssterilisation sein. Bis und mit 1943 waren es nicht weniger als 718 Patienten, die diesen Eingriff über sich ergehen lassen mussten. [...] Von größerer Bedeutung dürfte die hohe Zahl untergebrachter Patienten, die schon erwähnte Steigerung der Zugangszahlen gegen Ende der 30er Jahre und vor allem ein erhebliches Interesse der Anstaltsleitung an der Durchführung des Gesetzes gewesen sein." (A.a.O., 197).

Regimes als nutzloser Esser, der für die Volksgemeinschaft keinen Nutzen mehr brachte.

Genaueres lässt sich zum ersten Transport nicht sagen. Es ist aber vor allem in Bezug auf die noch folgenden Transporte davon auszugehen, dass es sich bei allen vierzehn Männern um Langzeitpatienten gehandelt hat, die entweder tatsächlich nicht mehr arbeitsfähig waren oder deren Arbeitsfähigkeit durch den Meldebogenirrtum als zu gering angegeben worden war.

Zweiter Transport
Der zweite Transport in die Tötungsanstalt Grafeneck erfolgte am 4. Juli 1940. Diesem voraus ging ein Erlass des Ministers des Innern vom 27. Juni 1940, der folgenden Wortlaut trug:

„Der Minister des Innern   Karlsruhe, den 27. Juni 1940
                                             Schlossplatz 19
                                             Fernruf: 7460/68
No. 7415 g   GEHEIM

2 Anlagen   Verlegung von Anstaltsinsassen im
                                             Rahmen besonderer planwirtschaftlicher Massnahmen.

Unter Bezugnahme auf meinen Erlass vom 29.11.39 Nr. 87430 g ordne ich die Verlegung von 75 Frauen aus der beigefügten Liste an. Die Abholung der Kranken erfolgt in meinem Auftrag
am Donnerstag, den 4. Juli 1940
durch die gemeinnützige Krankentransport GmbH.

Der Transport ist von ihrer Anstalt vorzubereiten. Unruhige Kranke sind mit entsprechenden Mitteln für einen mehrstündigen Transport vorzubehandeln.
Die Kranken sind soweit möglich in eigener Wäsche u. Kleidung zu übergeben. Privateigentum kann als Handgepäck bis zum Gewicht von 10 kg in ordentlicher Verpackung mitgegeben werden. Der Rest ist von der Abgabeanstalt zu verwahren. Soweit keine Privatkleidung vorhanden ist, hat die Abgabeanstalt Wäsche u. Kleidungsstücke leihweise zur Verfügung zu stellen. Für Rückgabe der leihweise mitgegebenen Kleidungs- u. Wäschestücke in einwandfreiem Zustand ist die Gemeinnützige Krankentransport GmbH verantwortlich. Die Krankenakten sind dem

An den
Leiter der Kreis-   .//.
Pflegeanstalt
Sinsheim

Transportleiter auszuhändigen. Ausserdem sind auf einem besonderen Blatt für jeden Kranken die Personalien zu vermerken:
1. Patient: Vorname, Name, Beruf, Konfession, Geburtstag u. -Ort, Kreis. Bei Frauen: Mädchenname; ausserdem ob Patient ledig, verheiratet (wenn ja, mit wem), verwitwet, geschieden.
2. Vater des Patienten: Name, Vorname, noch am Leben, wo wohnhaft, bzw. gestorben, wo
3. Mutter des Patienten: dasselbe, ausserdem Mädchenname.

Die in der Transportliste überzählig aufgeführten Kranken sind als Ersatz für eingetretene Änderungen vorhergesehen.

Im Auftrag:
Gez. Unterschrift."

Auf der mitgeschickten Transportliste sind 90 Namen notiert. Es handelt sich ausschließlich um Frauennamen, die alphabetisch aufgeführt wurden. Neben der laufenden Nummer, Namen und Vornamen sind auch noch Geburtsort und Geburtstag der Patienten maschinenschriftlich eingetragen. Die Spalten T-Nr. und K-Nr. wurden anfangs noch freigelassen. Bei realem Transport wurde dann handschriftlich ein T für Transport hinzugefügt. Bei der vorliegenden Liste, die den Transport des 4. Juli 1940 betrifft, wurden insgesamt fünfzehn Namen nicht mit einem T versehen. So wurden tatsächlich 75 Frauen nach Grafeneck transportiert. Auf dem ersten Blatt der vier Blätter umfassenden Transportliste sind die vier Namen Hilde A., Mina B., Maria E. und Amalie F. ohne T. Auf dem zweiten Blatt wurden die Namen Rosa K., Elise K., Elsa L., Adolfine L., Elise M. und Marie M. sogar durchgestrichen. Auf dem dritten Blatt sind die Namen Anne R. und Henriette S. zwar nicht durchgestrichen, dahinter wurde aber handschriftlich die Erklärung „arbeitet" hinzugefügt. Die Namen Elisabeth S. und Karoline S. sind wiederum durchgestrichen und dahinter mit einem Todeskreuz versehen worden. Auf dem letzten Blatt ist wie die Namen auf dem ersten Blatt der Name Pauline W. unverändert belassen worden.

Das Durchschnittsalter der tatsächlich Transportierten beträgt 60 Jahre. Da dies ein ziemlich hohes Durchschnittsalter ist, kann man davon ausgehen, dass zuerst die alten Patienten abtransportiert werden sollten. Für diese These spricht auch, dass der Altersdurchschnitt bei den zurückgestellten Patientinnen, ohne Berücksichtigung der bereits Verstorbenen, nur 50 Jahre beträgt. Dies macht einen Unterschied von erheblichen zehn Jahren aus. Das von einigen Patienten schon erreichte hohe Alter lasst sich natürlich auch mit dem Gedanken der Unproduktivität verbinden: Je älter der Patient, desto größer die Wahrscheinlichkeit, dass er nach damaliger Auffassung für die Volksgemeinschaft als zu unproduktiv galt. Da auf der Transportliste wie oben schon angedeutet nur Name, Geburtsort und Geburtstag vermerkt sind, lässt sich über das Schicksal der meisten Abtransportierten nicht mehr sagen.

Glücklicherweise sind aber die Patientenakten von 27 der 75 mit diesem Transport nach Grafeneck transportierten und dort umgekommenen Pfleglinge im Bundesarchiv Berlin vorhanden. Anhand der folgenden Auswertung der zur Verfügung stehenden Patientenakten soll nun versucht werden, ein möglichst genaues Bild der Patientinnen des zweiten Transports nach Grafeneck nachzuzeichnen.

Bei einer ersten Betrachtung der Krankenblätter der Patientinnen fällt auf, dass die letzte Eintragung in das Krankenblatt immer gleich lautet: „4.7.1940: Auf ministeriellen Erlass wird die Kranke in eine andere Anstalt verlegt." Im Gegensatz zu den sonst handschriftlich ausgeführten Eintragungen erfolgte die letzte Eintragung immer maschinenschriftlich. Betrachtet man dann die Konfessionen der Patientinnen, so erkennt man, dass siebzehn Pfleglinge der evangelischen und sieben der katholischen Konfession angehörten. Drei waren jüdischen Glaubens. Da die Juden in der Sinsheimer Anstalt der absoluten Minderheit angehörten, kann man allein aus der nur geringen Zahl der abtransportierten jüdischen Patientinnen schließen, dass zuerst die Juden aus der Anstalt entfernt werden sollten.[134] Allerdings war bei der Selektion der Jüdinnen nicht ihre „fremde" Religion ausschlaggebend, sondern ihre Zugehörigkeit zu einer minderwertigen Rasse. So mussten nach dem den Meldebogen beigelegten Merkblatt diejenigen Patienten gemeldet werden, die „nicht die deutsche Staatsangehörigkeit besitzen oder nicht deutschen oder artverwandten Blutes sind unter Angabe von Rasse* und Staatsangehörigkeit".[135] Neben der Zugehörigkeit zu der als minderwertig eingestuften jüdischen Rasse, ist zusätzlich noch anzuführen, dass die drei jüdischen Patientinnen schon allein durch ihr Krankheitsbild als sogenanntes „unwertes Leben" hätten eingestuft werden können. Im Krankenblatt wird z.B. die Jüdin Regina S. folgendermaßen protokolliert: „Wird immer abweisender; zerreist ihre Wäsche; Anzeichen einer Herzmuskelschwäche; wieder ablehnend, will nichts essen".[136]

22 Pfleglinge waren ledig, fünf verheiratet gewesen. Zwei davon waren geschieden und eine verwitwet. Anna H.[137] und Elisabeth J.[138] waren beide verheiratet und wurden beide aufgrund ihrer Krankheiten geschieden. Während Elisabeth J. an sogenanntem „angeborenen Schwachsinn" litt, war Anna H. an einer Paralysis progressiva[139] erkrankt. Die Mehrheit der Pfleglinge, nämlich 20, erlernten vor ihren Anstaltsaufenthalten keinen Beruf. Nur sieben waren als Schneiderin, Kindermädchen, Dienstmädchen, Landwirtschafterin, Näherin oder als Fabrikarbeiterin tätig gewesen.

Schizophrenie lässt sich als das dominierende Krankheitsbild ausmachen, da fünfzehn Patientinnen daran erkrankt waren. Die sogenannte Imbezillität[140] wurde fünf Bewohnerinnen zugeschrieben, dreien eine Epilepsie. Jeweils eine Patientin war an angeborenem „Schwachsinn", Cretinismus, Idiotie[141] und Paralysis progressiva erkrankt.

---

[134] Heinz Faulstich kommentiert den Abtransport von drei Konstanzer Jüdinnen folgendermaßen: „Drei Frauen waren Jüdinnen. Im Sommer 1940 ‚durften' sie noch gemeinsam mit ihren ‚arischen' Leidensgenossinnen sterben. Die Aufenthaltsdauer spielte bei ihnen, [...] keine Rolle. Wer geisteskrank und Jude war, mußte auf jeden Fall sterben." (A.a.O., 233).
[135] Siehe oben S. 147: Merkblatt.
[136] Bundesarchiv Berlin (BA Berlin) R 179/29363.
[137] BA Berlin R 179/29079.
[138] BA Berlin R 179/2993.
[139] Bei Paralysis progressiva handelt es sich um eine Spätform von Syphilis, die eine Schizophrenie der erkrankten Person zur Folge hat.
[140] Mit „Imbezillität" wurde die mittlere Form des sogenannten „Schwachsinns" bezeichnet.
[141] Unter „Idiotie" verstand man die stärkste Form des sogenannten „Schwachsinns".

Die Patientinnen wurden im Laufe von 33 Jahren in die Kreispflegeanstalt Sinsheim aufgenommen: Bei dreien erfolgte die Aufnahme schon 1905, eine Patientin wurde dagegen erst 1938 aufgenommen. Die durchschnittliche Aufenthaltsdauer der Patientinnen beträgt elf Jahre. Ob es sich dabei über eine überdurchschnittlich lange Aufenthaltsdauer handelt, vermag an dieser Stelle nicht gesagt werden. Zieht man die Studie von Heinz Faulstich über die Anstalt bei Konstanz zum Vergleich heran, bemerkt man, dass Faulstich Patienten mit einer Aufenthaltsdauer von über vierzehn Jahren als Langzeitpatienten einstuft.[142] Im Merkblatt der Meldebogen heißt es, dass diejenigen Patienten gemeldet werden müssen, die „sich seit mindestens 5 Jahren dauernd in Anstalten befinden".[143]

So kann davon ausgegangen werden, dass die auf jeden Fall recht lange Aufenthaltsdauer als Selektionsgrund ausgereicht haben könnte. Vor allem, wenn man berücksichtigt, dass die Mehrheit vor dem Aufenthalt in der Anstalt Sinsheim schon in anderen Kliniken oder Anstalten gewesen war (z.B. Heil- und Pflegeanstalt Wiesloch, Psychiatrische Klinik Heidelberg, St. Josefsanstalt Herten, Heil- und Pflegeanstalt Pforzheim, Heil- und Pflegeanstalt Konstanz, Heil- und Pflegeanstalt Emmendingen). Dies lässt zudem den Schluss zu, dass es sich bei der Kreispflegeanstalt Sinsheim um eine Art „Endanstalt" handelte, in die alle Fälle eingeliefert wurden, die sonst keine andere Anstalt mehr aufnehmen wollte. Schon zu Beginn der Weltwirtschaftskrise in den 1920er Jahren begann man in der badischen Psychiatrie ein Sparkonzept durchzuführen: Um der Überbelegung in den psychiatrischen Anstalten Herr zu werden, verlegte man diejenigen Patienten, die weniger psychiatrischer Behandlung bedurften in die Kreispflegeanstalten.[144] Im Jahresbericht von 1931 der Heil- und Pflegeanstalt bei Konstanz ist folgende Bemerkung zu lesen: „In Kreispflege- und ähnlichen Anstalten verlegen wir 90 Kranke. Diese Anstalten, zu denen auch die kleinen Spitäler und Pfründabteilungen in Krankenhäusern [...] gehören, nehmen uns fortlaufend in größerem Umfang Kranke ab, sodaß wir in den 4 Jahren 1928/31 zusammen nahezu 400 Kranke auf solche Weise versorgen konnten. Einzelne Anstalten wie Blumenfeld und insbesondere Geisingen nehmen uns auch weniger geordnete, halbruhige oder unreine Kranke ab. Die Folge ist freilich, daß unser verbleibendes Krankenmaterial eine immer ungünstiger werdende Auslese darstellt."[145] Faulstich kommentiert diesen Bericht folgendermaßen: „Erstaunlich ist an dieser Mitteilung, dass nach wie vor neben den Kreispflegeanstalten auch ‚Spitäler und Pfründhäuser' ihre aus dem 19. Jahrhundert überkommene Funktion als billige Möglichkeit der ‚Lokalversorgung' wahrnahmen."[146] Als solche „billige Möglichkeit" ist auch die Kreispflegeanstalt Sinsheim zu sehen.

---

142 Faulstich, Von der Irrenfürsorge, 225.
143 Siehe oben S. 147: Merkblatt.
144 Vgl. Faulstich, Von der Irrenfürsorge, 136-138.
145 Zit.n. a.a.O., 138.
146 Faulstich, Von der Irrenfürsorge, 138.

Laut ihrem ärztlichen Zeugnis wurden 20 der Patientinnen als arbeitsfähig eingestuft. Die restlichen Patientinnen waren aufgrund ihrer körperlichen Hinfälligkeit kaum oder gar nicht zur Arbeit zu gebrauchen. Allerdings wurden mehrere Patientinnen während ihres Aufenthalts in der Anstalt Sinsheim zu Pflegebedürftigen, die dann auch nicht mehr arbeiten konnten.

Da in den Aufnahmebogen auch das Vermögen der Patienten abgefragt wurde, kann auch dazu eine Aussage gemacht werden: Obwohl die Patientinnen aus „planwirtschaftlichen Gründen" in eine andere Anstalt verlegt werden sollten und man daher annehmen muss, dass zuerst die unvermögenden Kranken abtransportiert worden waren, ist dieser Schluss falsch: So befanden sich unter dem hier zu untersuchenden Abtransport immerhin fünf Pfleglinge mit nicht zu geringem Vermögen. Sie besaßen Häuser, Grundstücke und bis zu ca. 5.000 RM. an barem Vermögen. Über ein regelmäßiges Einkommen verfügten sogar neun Patientinnen. Entweder konnten die noch vorhandenen Ehemänner sie versorgen oder sie bezogen eine Invalidenrente im Rahmen von 17,10 RM bis zu 29,40 RM monatlich.

Versucht man anhand des Krankenberichts der Patientinnen herauszubekommen, warum gerade diese Kranken für den zweiten Transport nach Grafeneck ausgewählt wurden, erhält man kein einheitliches Bild. Eintragungen in das Krankenblatt wie in das von Elisabetha G. „Zur Zeit sehr erregt. Schimpft fast dauernd in den gemeinsten Ausdrücken und spuckt in die Gegend, schmiert mit Kot. Muss ins Einzelzimmer verlegt werden."[147] oder von Marie V. „Stumm, unzugänglich. Meist zu nichts zu gebrauchen."[148] bestärken die Vermutung, dass zuerst diejenigen, die durch ihr aggressives oder absolut passives Verhalten auffällig geworden sind und dadurch der Volksgemeinschaft angeblich nicht mehr nützlich waren, in die Tötungsanstalt gebracht wurden. Andererseits ist in Berichten wie von Margarete H. zu lesen: „Arbeitet im Nähsaal. Stets freundlich, fällt nicht auf."[149] Warum gerade sie mit einem der ersten Transporte nach Grafeneck kam, ist auf den ersten Blick nicht nachvollziehbar. Für die Mehrzahl der Patientinnen gilt aber, dass sie bedingt durch ihre Krankheiten nicht mehr arbeitsfähig waren und dadurch der Volksgemeinschaft angeblich zur Last fielen. So sind zum Teil auch frühere „normale" und gesunde Glieder der Gesellschaft zu „unwertem Leben" degradiert worden. Am 23. Juli 1940 ging von Sinsheim ein Schreiben an alle Kostenträger der am 4. Juli nach Grafeneck transportierten Pfleglinge. Folgender Brief dient zur Anschauung:

---

[147] BA Berlin R 179/29086.
[148] BA Berlin R 179/2978.
[149] BA Berlin R 179/29083.

"Sinsheim, den 23. Juli 1940.

An das
Wohlfahrts- u. Jugendamt
Krankenfürsorge
Heidelberg

Auf ministeriellen Erlass wurden am 4. VII. 1940 folgende Kranke in eine andere Anstalt verlegt:

A ,	Karola,	geb.	26.3.1889	von Heidelberg.	
B ,	Anna,	"	14.12.1901	" "	- Rohrbach.
B ,	Anna,	"	29.3.1920	" "	
D ,	Emma,	"	17.3.1888	" "	
G ,	Katharina,	"	13.10.1875	" "	
H ,	Margarete,	"	5.3.1894	" "	
H ,	Anna,	"	10.11.1882	" "	
K ,	Klara,	"	8.2.1878	" "	
K ,	Anna,	"	26.8.1888	" "	
N ,	Elise,	"	5.9.1886	" "	
P ,	Anna,	"	20.4.1883	" "	
R ,	Elisabetha,	"	12.12.1864	" "	- Wieblingen
R ,	Franziska,	"	27.1.1876	" "	
S ,	Elvira,	"	8.7.1911	" "	
S ,	Selma,	"	13.7.1879	" "	
S ,	Katharina,	"	3.3.1876	" "	
S ,	Elsa,	"	29.12.1878	" "	
S ,	Susanna,	"	9.4.1877	" "	
U ,	Margarete,	"	29.1.1872	" "	
W ,	Anna,	"	28.12.1886	" "	
W ,	Elise,	"	11.3.1861	" " "	

Mit diesem Schreiben war die „Angelegenheit" des Transports für die Kreispflegeanstalt Sinsheim beendet.

Dritter Transport
Nicht einmal 14 Tage später nach dem zweiten Transport sollte dann schon der dritte Transport nach Grafeneck stattfinden. Im Gegensatz zum zweiten Transport, dem ein offizieller Erlass des Innenministeriums vorausging, geht diesmal nur folgendes handschriftliches Schreiben ein: „Im Auftrage des Bad. Innenministeriums überreiche ich Ihnen eine Transport-Liste von 31 Kranken. Aus diesen sollen *15 Kranke* ausgemacht werden, die morgen, Mittwoch, den 17.7. gegen Mittag abgeholt werden. Ich bitte die von Ihnen ausgemachten Kranken bis dahin zum Abtransport bereit zu halten. i.A. Schweniger". Da es sich hier um ein handschriftlich verfasstes Schreiben handelt, das zusätzlich erst einen Tag vor dem eigentlichen Transport wahrscheinlich auch noch persönlich überreicht wurde, lässt darauf schließen, dass dieser Transport sehr kurzfristig geplant und quasi eingeschoben worden war. Auf der von Hermann Schweniger, der zum Schein als Geschäftsführer der Gekrat fungierte und Leiter der Transportstaffel

in Grafeneck war,[150] wohl wiederum persönlich überreichten Liste sind 31 durchnummerierte Namen zu finden. Davon sind 22 alphabetisch aufgeführte Frauennamen und 9 im Anschluss alphabetisch angeordnete Männernamen. Zwei Frauennamen, Hilde A., 26 Jahre alt, und Pauline W., schon 71 Jahre alt, standen bereits auf der Transportliste vom 4. Juli 1940, wobei beide ohne ein T und auch ohne weitere Erklärung wie „arbeitet" versehen worden waren. Von den 31 Namen wurden 15 wie gefordert mit einem T markiert und damit zum Abtransport nach Grafeneck freigegeben.

Dagegen konnten 16 Pfleglinge noch vor dem Abtransport bewahrt werden. Deren Namen wurden, wie schon auf der Liste vom 4. Juli 1940, unterschiedlich markiert: So wurde die uns schon bekannte Hilde A. mit einem Fragezeichen versehen. Dies war auch bei Wilhelmine M. und der uns ebenfalls bekannten Pauline W. der Fall. Die Mehrzahl der Namen, nämlich Auguste E., Wiltrud E., Elsa M., Maria M., Elise O., Friedrich F. und August S., wurden mit dem Zusatz „arbeitet" bedacht. Die Namen Elisabetha I., Maria K., Katharina S., Pauline S., Robert B. und Friedrich M. wurden durchgestrichen. Die letzten drei wurden zusätzlich noch mit „arbeitet" versehen. Was die unterschiedlichen Markierungsarten zu bedeuten haben, ist aus der Liste leider nicht ersichtlich. Bemerkenswert an dieser Liste ist, dass zwar der Name der Hilde A. schon zum zweiten Mal auf einer Transportliste zu finden ist, er aber wiederum nicht mit einem T markiert wurde. So stellt sich an dieser Stelle die Frage, aus welchen Gründen gerade sie zweimal vom Abtransport verschont wurde. Dank der im Berliner Bundesarchiv aufgefundenen Akten, lässt sich Folgendes über ihr Schicksal sagen:[151] Hilde A. wurde am 4. Dezember 1914 in Walldorf geboren. Ihre körperliche und geistige Entwicklung wurde von dem untersuchenden Arzt als „minimal" eingestuft. Hilde litt an angeborener Debilität und an einer bis zu 90 %-en körperlichen Behinderung, die ursprünglich als Rachitis angesehen worden war. Wahrscheinlich war aber eine cerebrale Kinderlähmung die Ursache ihrer Behinderung. Trotz dieser starken Einschränkung war sie nicht unreinlich, arbeiten konnte sie jedoch leider nicht. Hilde stand anfangs unter der Pflegschaft ihrer Mutter, die sie unehelich geboren hatte. Inzwischen hatte diese zwar geheiratet, konnte aber nicht mehr ausreichend für die Pflege ihrer Tochter aufkommen. So wurde Hilde im August 1938 in die Kreispflegeanstalt Sinsheim gegeben. In Hildes Krankenblatt ist über sie Folgendes notiert worden: „Hält Mund dauernd geöffnet, Zähne mangelhaft, Sprache undeutlich; Spastische Lähmung; fühlt sich wohl, immer freundlich. 15.10.40: Die Kranke wird auf ministeriellen Erlass in eine andere Anstalt verlegt."

Aus diesem Bericht wird nicht unbedingt ersichtlich, warum gerade Hilde A. nicht sofort abtransportiert wurde. War sie doch ein Pflegefall mit starker Behinderung, der nicht mehr arbeitsfähig war. So müsste sie nach damaligen Maß-

---

[150] Vgl. Klee, „Euthanasie", 103.
[151] BA Berlin R 179/29092.

stäben der deutschen Volksgemeinschaft zur absoluten Last gefallen sein. Die zweimalige Aufschiebung des Abtransports lässt sich höchstens mit der eventuellen Besorgnis der Mutter erklären. Denn während die Mehrheit der Patienten über gar kein lebendes Elternteil mehr verfügten, hatte Hildes Mutter aus dem nahen Walldorf immerhin die Pflegschaft für ihre Tochter übernommen. Allerdings ist der Name Hilde A. nicht auf derjenigen Liste vermerkt, die mit „Liste über diejenigen Pfleglinge [sic!] die aus Nordbaden sind und Besuche erhalten. (Frauen.)" betitelt ist. Deshalb ist davon auszugehen, dass sie keinen regelmäßigen Besuch von ihrer Mutter erhalten hat. Wie schon aus den Notizen im Krankenblatt ersichtlich wird, wurde Hilde A. schließlich mit dem Transport am 15. Oktober 1940 nach Grafeneck „verlegt". Auf diesen Transport wird später noch näher eingegangen werden.

Das Durchschnittsalter der tatsächlich am 17. Juli 1940 nach Grafeneck Gebrachten liegt bei 54 Jahren. Damit waren die Patienten im Schnitt sechs Jahre jünger als beim zweiten Transport. Bei der Überprüfung, ob das Alter für oder gegen die Deportation gesprochen haben könnte, fällt auf, dass das Durchschnittsalter derjenigen, die schließlich in der Anstalt verbleiben durften, ebenfalls bei 54 Jahren liegt. So kann das Alter für diese Entscheidung zunächst kein Kriterium gewesen sein. Eines der Kriterien stellte aber das Geschlecht der Pfleglinge dar, da man die prozentuale Verteilung von 2/3 Frauen und 1/3 Männern der ursprünglichen Transportliste wohl beibehalten wollte. Es wurden also insgesamt 10 Frauen und fünf Männer tatsächlich abtransportiert.

Da von diesen Pfleglingen sechs Krankenakten vorliegen, kann anhand dieser versucht werden, weitere Auswahlkriterien herauszufinden, die für einen sofortigen Transport hätten sprechen können.

Bei den vorliegenden Krankenakten handelt es sich um die zwei Männer Berthold B.[152] und Karl B.[153] und um die vier Frauen Luise B.,[154] Klara H.,[155] Anna H.[156] und Susanna R.[157] Beide Männer waren ledig. Von den Frauen ist Luise B. verheiratet gewesen, Anna H., die aus Österreich stammte, war mit 51 Jahren bereits verwitwet. Karl B., mit 78 Jahren der Älteste unter ihnen, war als Einziger berufstätig gewesen: Er hatte sich jeher als Tagelöhner verdient gemacht. So war er es auch, der als Einziger ein Einkommen in Form einer Invalidenrente von monatlich 31,10 RM bezog, die ihm ein monatliches Taschengeld von 3.- RM ermöglichte. Er war 1930 in die Kreispflegeanstalt Sinsheim mit der Diagnose „Imbezillität" eingeliefert worden, nachdem er vorher im Heidelberger Sankt-Anna-Hospital untergebracht war. Da er laut seines Krankenblattes an einem Beingeschwür und an Schwerhörigkeit litt und damit sicher

---

[152] BA Berlin R 179/29371.
[153] BA Berlin R 179/29343.
[154] BA Berlin R 179/2988.
[155] BA Berlin R 179/29078.
[156] BA Berlin R 179/24478.
[157] BA Berlin R 179/29094.

nicht mehr arbeitsfähig war, kann dies in Verbindung mit seinem schon fortgeschrittenen Alter für seinen Abtransport ausschlaggebend gewesen sein. Auch Berthold B. und Susanna R. waren an Imbezillität „erkrankt". Susanna R. muss sicher als Langzeitpatientin angesehen werden, da sie bereits seit 1913 in der Kreispflege Sinsheim untergebracht war. Sie konnte weder lesen noch schreiben, half aber in der Gemüseküche. Da sie Langzeitpatientin und dazu noch „streitsüchtig" war, musste sie „entsorgt" werden. Berthold B., über den wegen unvollständiger Angaben in seinen Akten nicht viel bekannt ist, wird in seinem Krankenblatt als gewissenhafter Arbeiter bezeichnet, der auch auf andere Patienten aufpasst und ihnen sogar Knöpfe annäht. Warum er unter den Abtransportierten ist, lässt sich nicht weiter erschließen. Bei Klara H., bei der „angeborener Schwachsinn mittleren Grades" diagnostiziert wurde, war das ausschlaggebende Kriterium für ihren Abtransport wohl die erbliche Belastung in der Familie: In ihrer Krankengeschichte ist unter Punkt 1.) zu lesen, dass ihre Brüder so stark erblich belastet waren, dass sie sterilisiert wurden. Unter Punkt 6.) wird angegeben, dass sie selbst am 30. Juni 1936, kurz vor ihrer Aufnahme in die Kreispflege Sinsheim, sterilisiert worden ist. Zuvor hatte sie allerdings schon zwei Kinder von zwei verschiedenen Männern zur Welt gebracht. Dass sie, obwohl sie neben dem „Schwachsinn" auch noch an einem Klumpfuß litt, arbeitsfähig war, konnte sie auch nicht vor dem Transport nach Grafeneck retten.

Luise B. war bereits 1917 in die psychiatrische Klinik Heidelberg eingeliefert worden, weil sie an Halluzinationen litt und Selbstmord begehen wollte. Von 1921 bis 1933 lebte sie zwar als freier Mensch außerhalb von Anstalten, war aber bereits 1922 nach ihrer inzwischen schon zweiten Heirat wieder depressiv geworden. Seit 1936 lebte sie in der Kreispflege Sinsheim. Ihr Mann kam sie dort aber nicht besuchen, was neben ihrer schon lang andauernden Krankheit ein wichtiger Grund für ihren Abtransport gewesen sein muss. Ansonsten ist in ihrem Krankenblatt nichts Auffälliges zu erkennen, da sie als „zugänglich, ruhig, sehr arbeitsam"[158] charakterisiert wird. Eine weitere Schizophrenie-Patientin war Anna H., die auch seit 1936 in der Kreispflege Sinsheim lebte. Zuvor hatte man sie 1933 in die Heil- und Pflegeanstalt Wiesloch aufgrund von Wahnideen und Halluzinationen eingewiesen. In Wiesloch muss Anna H. sehr unruhig gewesen sein. Aus ihrem Sinsheimer Krankenblatt wird ersichtlich, dass sie im Mai 1940 noch fleißig im Nähsaal gearbeitet hat. Im Juni 1940 ist zu lesen: „Sehr erregt, geht nicht mehr in den Nähsaal."[159] Damit war sie für die Volksgemeinschaft unattraktiv geworden und wurde wahrscheinlich deshalb nach Grafeneck gebracht.

Aus den vorhandenen Patientenakten lassen sich demnach die genannten Motive herauslesen, welche für einen Abtransport ausschlaggebend gewesen sein könnten. Ein allgemeines, ein auf alle passendes Selektionskriterium konnte

---

[158] BA Berlin R 179/2988.
[159] BA Berlin R 179/24478.

allerdings nicht gefunden werden. Daher kann man davon ausgehen, dass jeder Patient einzeln geprüft und ausgewählt wurde.

Vierter Transport
Am 12. Juli, also bereits vier Tage vor dem dem dritten Transport vorausgegangen Schreiben, wurde nun folgender Erlass im Badischen Innenministerium verfasst:

„Der Minister des Innern   Karlsruhe, den 12. Juli 1940
                                  Schlossplatz 19
                                  Fernruf: 7460/68
        No. 7498 g   GEHEIM

2 Anlagen.   Verlegung von Anstaltsinsassen im
                                  Rahmen besonderer planwirtschaft-
                                  licher Massnahmen.

Unter Bezugnahme auf meinen Erlass vom 29.11.39 Nr. 87430 g ordne ich die Verlegung von 75 Männern aus der beigefügten Liste an. Die Abholung der Kranken erfolgt in meinem Auftrag
am Freitag, den 19. Juli 1940
durch die gemeinnützige Krankentransport GmbH.
Die in der Transportliste überzählig aufgeführten Kranken sind als Ersatz für eingetretene Aenderungen vorgesehen.
Wegen der Vorbereitung des Transports nehme ich auf meinen Erlass vom 27.6.40 Nr.7415 g Bezug.
                                  Im Auftrag:
                                  gez.Unterschrift."

Nach dem dritten Transport am 17. Juli 1940 sollte also im Abstand von nur zwei Tagen am 19. Juli 1940 der bereits vierte Transport nach Grafeneck folgen.
Wie im obigen Erlass angekündigt, war diesmal ein reiner Männertransport vorgesehen. Wie schon bei der zweiten Deportation wurde hier mit 75 Pfleglingen die Höchstzahl der von der Gekrat transportierten Personen gefordert.[160]
Die Transportliste ist von 1-90 durchnummeriert. An den Schluss der Liste sind noch drei Namen zusätzlich handschriftlich hinzugefügt worden. Dabei handelt es sich um die Patientinnen Katharina S., Maria K. und Elisabetha I., die von der letzten Transportliste gestrichen worden waren.[161] Auch zwischen den Nummern 79 und 80 wurde eine handschriftliche Einfügung vorgenommen. So enthält die Liste insgesamt 94 Namen, wobei es sich nur bei den Nummern 1-79 und der Einfügung um eine alphabetische Auflistung von den im

---

[160] Die Anzahl von 75 transportierten Personen entspricht der Personenzahl, die nach der Erweiterung des Vergasungsraums in diesen aufgenommen werden konnte. Vgl. dazu Klee, „Euthanasie", 147.
[161] Vgl. oben, 160.

Erlass geforderten Männernamen handelt. Die Nummern 80-90 und die drei zusätzlichen Namen sind dagegen alphabetisch aufgelistete Frauennamen.

Auf dem ersten Blatt der drei Blätter umfassenden Transportliste wurden die Nummern 28-30 durchgestrichen und mit dem handschriftlichen Zusatz „arbeitet" versehen. Auf dem zweiten Blatt waren die Nummern 37 und 61 durchgestrichen und mit einem Totenkreuz versehen worden, da Karl K. und Emil S. inzwischen verstorben waren. Hinter die Nummern 42, Theodor L., und 59, Jakob S., deren Namen auch durchgestrichen worden waren, wurde zuerst ein Fragezeichen angefügt, dann zusätzlich noch die Ergänzung „arbeitet". Die Nummern 53, Peter R., 58, Jakob S., und 62, Adam S., erhielten alle den Zusatz „arbeitet". Die Namen waren wiederum durchgestrichen worden. Mit Gustav Anton S.[162] ist ein weiterer Mann auszumachen, dessen Name durchgestrichen worden war. Dieser 21-Jährige konnte nicht mit diesem Transport nach Grafeneck geschickt werden, da er die Kreispflegeanstalt Sinsheim bereits am 27. Juni 1940 verlassen hatte. So ist in seinem Krankenblatt zu lesen: „24.6.40: wird nach Rücksprache gegen Austausch eines anderen Patienten nach Weinheim verlegt". Gustav Anton S. litt an „Schwachsinn mit Ataxie der Beine". Vor Sinsheim war er bereits in der Sankt-Josephs-Anstalt in Herten und in der Heil- und Pflegeanstalt Wiesloch untergebracht gewesen. Im Jahre 1937 wurde er im Heidelberger Bethanienkrankenhaus sterilisiert. In seiner Krankengeschichte wird er als „beschränkt arbeitsfähig, willig, freundlich und gutmütig" beschrieben. Warum gerade er nach Weinheim verlegt wurde, bleibt unklar. Ausgetauscht wurde er gegen den Patienten Alfred Z., der dann mit dem fünften Transport am 15. Oktober 1940 nach Grafeneck transportiert wurde.[163]

Auf dem dritten Blatt der Transportliste sind insgesamt sieben Namen durchgestrichen worden: Die Nummer 73, Emil W., war bereits gestorben und erhielt deshalb ein Totenkreuz. Die Nummern 75, Georg W., und 83, Amalie F., waren ohne Ergänzung. Der Nummer 76, Mathias W., war der Zusatz „entlassen" beigefügt. Die Nummern 84, Rosa L., 87, Henriette S., und 89, Berta W., erhielten die Ergänzung „arbeitet".

Bei den tatsächlich abtransportierten Pfleglingen lag der Altersdurchschnitt bei 57 Jahren. Bei denjenigen, die von der Liste gestrichen worden waren, betrug das Durchschnittsalter mit 52 Jahren fünf Jahre weniger. Da beim vorigen Transport der Altersdurchschnitt 54 Jahre betrug, wird damit die These bestätigt, dass das Alter bei der Selektion der Pfleglinge keine große Rolle gespielt haben dürfte. Insgesamt setzte sich der Transport aus zehn Frauen und 65 Männer zusammen, so dass die angeforderten 75 Personen nach Grafeneck gebracht wurden. Bei den im Berliner Bundesarchiv vorhandenen Akten betreffen 32 Patientenakten diesen Transport vom 19. Juli 1940. Es handelt sich dabei

---

[162] BA Berlin R 179/1771.
[163] Vgl. dazu unten, 173.

nur um männliche Pfleglinge. Von einem Pflegling, Rudolf Sch.,[164] ist die Patientenakte erhalten, obwohl sich sein Name überhaupt nicht auf der Transportliste findet. Auf seinem Krankenblatt ist aber der 19. Juli 1940 zweifelsfrei als Entlassdatum vermerkt. Warum er mit diesem Transport nach Grafeneck kam, ist daher ebenfalls nicht weiter nachvollziehbar.

Da die Anzahl von 32 vorliegenden Patientenakten bedeutet, dass das Schicksal von fast der Hälfte der Abtransportierten versuchsweise nachgezeichnet werden kann, lässt sich von diesem Transport ein deutliches Bild erhoffen. Von den 32 Pfleglingen gehörte die Mehrzahl der evangelischen Konfession an. Lediglich acht von ihnen waren katholisch. Drei Pfleglinge waren jüdischen Glaubens. Bei einem von ihnen, Berthold F.,[165] war der vorgeschriebene jüdische Zweitname Israel in die Patientenakte eingefügt worden. Bei den anderen zwei Juden, Jakob M.[166] und Alfred S.,[167] geschah dies nicht. Dies spricht dafür, dass in der Kreispflegeanstalt Sinsheim der nationalsozialistische Geist zumindest in Bezug auf die Judenfrage nicht allzu ausgeprägt war. Auf der Transportliste dagegen sind alle drei Juden mit vollständigem jüdischen Namen aufgeführt. Dennoch stellt sich bei diesen Pfleglingen die Frage, ob allein ihre Religion bzw. ihre damit verbundene, für die Nazis im Vordergrund stehende Rassenzugehörigkeit als Selektionsgrund gegolten haben mag oder ob auch andere Faktoren für einen Abtransport geltend gemacht worden sein könnten.

Berthold F., der beim Abtransport 53 Jahre alt war, war an genuiner Epilepsie erkrankt. Aus diesem Grund litt er seit seinem 15. Lebensjahr an geistigen Störungen, die sich in Form von Verfolgungsanfällen, Wutanfällen, Selbstmordversuchen, Halluzinationen und religiösen Wahnideen äußerten. Er war nach einem Aufenthalt in der psychiatrischen Klinik Heidelberg in die Heil- und Pflegeanstalt Wiesloch verlegt worden, von wo aus er im Februar 1940 nach Sinsheim kam. Dort frisch angekommen, stürzte er sich gleich aus dem 2. Stock, was eine Fraktur zur Folge hatte. Die letzte Eintragung in seinem Krankenblatt stammt vom 20. Mai 1940: „Hatte heute nacht wieder einen Anfall. Er ist bei der Visite noch etwas verwirrt."

Ein weiterer jüdischer Patient, Jakob M., litt seit seinem 12. Lebensjahr an epileptischen Anfällen. Da er die Lateinschule nach der Untertertia verlassen musste, fing er an, in einer Gärtnerei zu arbeiten. Von 1893 bis 1900 war er in Bethel untergebracht, bis er von seinem Bruder in Brüssel aufgenommen wurde. Seit 1920 lebte er in Heidelberg, wo er als „unermüdlicher Arbeiter in der Schreibstube" bekannt war. Inzwischen hatte er auch nur noch alle paar Wochen Absencen. 1934 war er in die Kreispflegeanstalt Sinsheim verlegt worden, wo er sich laut Krankenblatt ruhig verhielt und fleißig auf der Abteilung half.

---

[164] BA Berlin R 179/29374.
[165] BA Berlin R 179/29352.
[166] BA Berlin R 179/29365.
[167] BA Berlin R 179/2685.

Auch Anfälle traten keine mehr auf. Am 30. August 1938 wurde vermerkt: „Darf keine Kranken mehr pflegen. Muss auf der Abteilung helfen, da er Jude ist." Schließlich stammt die letzte Eintragung vom 8. Dezember 1938: „Anfrage der Fürsorge Heidelberg, ob er zu seinen Verwandten entlassen werden kann, wurde bejaht." Diese Eintragung erscheint umso seltsamer, als dass sich dann die Frage stellt, warum seine Entlassung in einem Zeitraum von Dezember 1938 bis Juli 1940 nicht vollzogen worden ist!

Bei dem dritten Juden handelt es sich um Alfred S., der zum Zeitpunkt des Transports erst 30 Jahre alt war. Er hatte eine Kaufmannslehre begonnen, bis er 1927 wegen Hebephrenie[168] in die Heil- und Pflegeanstalt Wiesloch gekommen war. Dort wurde er immer unreinlicher, spuckte und zerriss Kleidungsstücke, schmierte mit Kot. Im März 1940 war er schließlich nach Sinsheim verlegt worden, wo ihm wegen seines auffälligen Verhaltens sogar die Zwangsjacke angelegt wurde. Im Juni 1940 litt er an einem immer ansteigenden Fieber bis er am 19. Juli 1940 abtransportiert wurde.

Bei genauerer Betrachtung der drei Krankengeschichten wird deutlich, dass Alfred S. und Berthold F. auch aufgrund ihres Krankheitsverlaufes zum Transport hätten ausgewählt werden können. Bei Jakob M. liegt allerdings die Vermutung nahe, dass er nur aufgrund seiner Zugehörigkeit zur in den damaligen Augen minderwertigen jüdischen Rasse nach Grafeneck transportiert worden ist!

Der Altersdurchschnitt betrug bei den 32 Pfleglingen 57 Jahre und ist damit repräsentativ für den insgesamt 75 Pfleglinge zählenden Transport. Nur drei Pfleglinge waren verheiratet gewesen. Aber weder Alfred D.[169] noch Michael F.[170] noch Karl F.[171] waren auf der oben genannten Besucherliste der Kreispflegeanstalt Sinsheim aufgelistet. So muss davon ausgegangen werden, dass keiner von ihnen von seiner Ehefrau regelmäßigen Besuch bekommen hat. Zumindest die Ehefrau des Michael F. muss aber noch gelebt haben, da sie als Ansprechpartnerin in persönlichen Angelegenheiten des Patienten fungierte. Bei Betrachtung seines Lebenslaufs bleibt außerdem rätselhaft, warum er abtransportiert wurde: So war er nach Absolvierung einer Lackiererlehre von 1915 bis 1919 beim Militär gewesen und ist dann aus dem Krieg mit einem Armschuss entlassen worden. Vergleicht man sein Schicksal mit dem des Robert F. aus der Heilanstalt bei Konstanz, der dank seiner Kriegsverletzung zurückgestellt worden war, muss man annehmen, dass der Protestbrief des württembergischen Landesbischof Wurm vom 19. Juli 1940 das Reichsinnenministerium für den Fall Michael F. zu spät erreicht hatte.[172] Auf den Protestbrief wird im Kapitel „Die

---

[168] Unter Hebephrenie versteht man eine Art von Schizophrenie, die bei Jugendlichen auftritt.
[169] BA Berlin R 179/29353.
[170] BA Berlin R 179/29354.
[171] BA Berlin R 179/29349.
[172] Vgl. dazu: Faulstich, Von der Irrenfürsorge, 242f. und Klee, „Euthanasie", 144.

Reaktion der Kirchen auf die ‚Euthanasie'-Aktion" noch genauer eingegangen werden. Die durchschnittliche Aufenthaltsdauer der 32 Patienten liegt bei 9 Jahren. Im Vergleich zum zweiten Transport beträgt sie immerhin zwei Jahre weniger. Von den 32 Patienten hatten überdurchschnittlich viele einen Beruf erlernt und dann auch ausgeübt, und nur bei elf Pfleglingen wurde „ohne Beruf" vermerkt. Die Mehrzahl dagegen hatte einen handwerklichen Beruf wie Müller, Metzger, Maurer, Schneider, Lackierer, Gärtner, Anstreicher oder Tapezierer gelernt. Drei hatten immerhin eine Kaufmannslehre absolviert, ein weiterer war als „Händler" eingetragen. Neben diesen Berufen gab es außerdem noch zwei Knechte, einen Hausdiener und einen Gelegenheitsarbeiter. Versucht man die einzelnen Krankheiten mit dem erlernten Beruf in Verbindung zu setzen, ergibt sich daraus, dass gerade diejenigen ohne Beruf hauptsächlich an Imbezillität oder sogar Idiotie erkrankt waren. Bei den berufstätig Gewesenen war über die Hälfte an Schizophrenie erkrankt, die sich oft erst im Laufe eines Lebens bemerkbar macht. Durch die hohe Anzahl der Berufstätigen bedingt, ist auch die Anzahl der Rentenempfänger und der generell Vermögenden groß: So bezogen sieben Berufstätige eine Invalidenrente oder besaßen Vermögen. Zwei weitere bezogen eine Waisen- oder eine Unfallrente.

Aus diesen Beobachtungen lässt sich schließen, dass die Art der Krankheit ein wichtigeres Selektionskriterium war als etwa die ehemals ausgeübte Berufstätigkeit. Auch das vorhandene Vermögen der Patienten konnte den durch die Krankheit erlangten „Unwert" nicht kompensieren. Liest man die Krankenblätter der Pfleglinge, fällt zuerst auf, dass der sonst immer gleichlautende letzte Eintrag „19.7.1940: Auf ministeriellen Erlass wird der Kranke in eine andere Anstalt verlegt" bei sieben Patienten um einen handgeschriebenen zusätzlichen Eintrag erweitert wurde. So ist bei fünf Patienten „körperlicher und geistiger Zustand unverändert" hinzugefügt worden. Bei Ludwig M.[173] ist „dauernd zu Bett. Zustand unverändert" zu lesen. Kurt W.[174] erhielt die Ergänzung: „körperlicher und geistiger Zustand unverändert. Hilft sehr ordentlich auf der Abteilung." Ob damit die Abholung der sonst harmlosen Patienten legitimiert werden sollte oder was sonst damit bezweckt wurde, bleibt unklar.

Die Patientenakte des zuletzt zitierten Pfleglings Kurt W. hat darüber hinaus eine einzigartige Besonderheit vorzuweisen: Während alle übrigen Patientenakten nur den Aufnahmeantrag in die Kreispflegeanstalt Sinsheim und die Krankengeschichte der Pfleglinge enthalten, ist in der Patientenakte des Kurt W. außerdem noch eine Karteikarte aus der Tötungsanstalt Grafeneck enthalten. Auf dieser Karteikarte sind Todesursache, Todestag, Ort des Todes und die Registriernummer notiert. So verstarb Kurt W. am 28 Juli 1940 mit der Registriernummer 2704 in A. an einem perforierten Magengeschwür und einer Bauchfell-

---

[173] BA Berlin R 179/29099.
[174] BA Berlin R 179/29357.

entzündung. Mit „A." ist die Tötungsanstalt Grafeneck gemeint. Die Tötungsanstalten wurden nämlich zur Tarnung in der Reihenfolge ihrer Inbetriebnahme alphabetisch gekennzeichnet.[175] Die genannte Todesursache „perforiertes Magengeschwür und Bauchfellentzündung" entspricht sehr wahrscheinlich nicht der Wahrheit. Nach Klee bekamen die Ärzte nämlich anfangs Listen mit möglichen plötzlichen Tötungsursachen, damit der Tod eines Patienten wenigstens einigermaßen plausibel klang.[176] Liest man aber die Krankengeschichte des Kurt W., erscheint die gefälschte Todesursache ganz und gar nicht überzeugend: Kurt W. wurde am 28. Februar 1902 in Burg bei Halle geboren. Nach der Schule ging er in die Landwirtschaft, bis er von 1918 bis 1920 beim rheinhessischen Grenzschutz arbeitete. Im Anschluss daran übernahm er gelegentliche Arbeiten in Steinbrüchen und auf Bauernhöfen. Im Dezember kam er nach Heidelberg. 1920 war er bereits an Syphilis erkrankt, so dass er 1926 „zerfahren und ängstlich verwirrt" in der psychiatrischen Klinik eintraf. Während seines Aufenthalts wurde er als „autistisch, schüchtern, mädchenhaft, uninteressiert" beschrieben. Ein Jahr später wurde er in die Heil- und Pflegeanstalt Wiesloch überführt, wo er sich für einen Heerführer hielt. 1931 wurde er dann aus Platzgründen nach Sinsheim überführt. Seine Krankheitsdiagnose lautete „Schizophrener Endzustand". Außerdem wurde er als regelmäßiger Arbeiter bezeichnet. In seinem Krankenblatt wird er, ähnlich wie in Heidelberg, als „immer für sich, autistisch, sehr blass" beschrieben. Weiteres ist dort, außer dem letzten Eintrag vom 19. Juli 1940, nicht vermerkt worden. Es ist folglich nicht davon auszugehen, dass Kurt W. jemals irgendwelche körperlichen Probleme gehabt hatte, weil diese sonst in seiner Akte aufgeführt worden wären. So wurde von den Ärzten in Grafeneck eine Krankheit als Todesursache ausgesucht, die einen schwachen und sich psychisch in einer sehr schwierigen Situation befindenden Patienten jederzeit treffen kann, aber sicher nicht treffen muss. Da bei Kurt W. auf keine vorausgegangenen Krankheiten Rücksicht genommen werden musste, liegt es nahe, eine Todesursache zu wählen, die keinen langen Verlauf hat und jeden treffen kann.

Die aufgeführte Registriernummer 2704 ließe den einfachen Schluss zu, dass es sich bei Kurt W. um den 2704. Toten der Tötungsanstalt Grafeneck handelte. Allerdings ist bekannt, dass das in der Anstalt eingerichtete Sonderstandesamt die Nummern im Sterbebuch nicht fortlaufend führte, sondern gefälscht hat, so dass es sich also auch bei der Registriernummer um eine Fälschung handeln könnte.[177] Bei der Angabe des Todesdatums, welches mit dem 28. Juli 1940 angegeben wurde, liegt wahrscheinlich ebenfalls eine Fälschung vor. So berichtet Klee über die sogenannten „Trostbriefe", die an die Angehörigen verschickt

---

[175] Vgl. dazu Faulstich, Von der Irrenfürsorge, 209; Heinz Faulstich, Hungersterben in der Psychiatrie 1914–1949. Mit einer Topographie der NS-Psychiatrie, Freiburg 1998, 343.
[176] Vgl. Klee, „Euthanasie", 152.
[177] Vgl. dazu a.a.O., 155.

wurden: „Alle Ärzte der Tötungsanstalten unterschreiben mit falschen Namen, genauso falsch sind natürlich Todesursache und selbst das Datum des Todestages."[178] Die vorliegende Karteikarte könnte als Vorlage für einen dieser Trostbriefe gedient haben. Auf jeden Fall ist sie der Beweis dafür, dass die gefundenen Patientenakten tatsächlich aus Grafeneck stammen, und die Pfleglinge auch wirklich dort getötet worden sind.

Als Reaktion auf den vierten von Sinsheim nach Grafeneck geleiteten Transport schreibt der Sinsheimer Landrat noch am selben Tag einen „Bittbrief" an den badischen Innenminister in Karlsruhe:

„19. Juli 1940
Beschluß
Verpflegung von Anstaltsinsassen im Rahmen planwirtschaftlicher Maßnahmen.

Auf die Erlasse v.
27.6. u. 12.7.1940
Nr.7415g u. 7498g.

In Verfolg der obigen Maßnahmen wurden bis heute aus der Kreispflegeanstalt Sinsheim insgesamt 180 Pfleglinge verlegt. Die Anstalt ist nunmehr nur noch mit 220 Pfleglingen belegt, eine Zahl, die erheblich unter der normalen Belegziffer liegt. Dies bedeutet, dass die Anstalt, die bisher regelmäßig einen geringen Überschuß aufwies, als Zuschussbetrieb angesehen werden muß, falls nicht in nächster Zeit die Anstalt wieder normal belegt sein wird. Der Mindestbedarf an Pfleglingen beträgt 350.

Ich bitte daher, Verlegungen von Pfleglingen aus der Anstalt nicht mehr vorzunehmen. Darüber hinaus bitte ich, zu prüfen, ob nicht aus anderen Anstalten Pfleglinge hierher verlegt werden können, damit sich der Betrieb allmählich wieder rentabel gestaltet. Aus eigener Anstrengung wird --- das nicht gelingen, weil die Zahl der Neuzugänge an Pfleglingen aus dem Kreisgebiet sehr gering ist.

Der Landrat:
Unterschrift

An den Herrn
Minister des Innern
Karlsruhe"

Das Schreiben des Sinsheimer Landrats zeigt deutlich, dass der vorgeschobene Grund der Nationalsozialisten für die Verlegung[179] von Anstaltsinsassen, nämlich die Einsparung von Kosten im Rahmen planwirtschaftlicher Maßnahmen, geradezu paradox ist. Denn durch die erfolgten Verlegungen von Anstaltsinsassen kann die Anstalt nicht mehr rentabel geführt werden, und höhere Kosten entstehen! An dieser Stelle ist zu fragen, inwiefern die Leitung der Kreispflegeanstalt und der Landrat von der wahren Bestimmung der „Verlegungen" wussten. Falls sie nämlich davon wussten, kann das Schreiben auch als aktiver Rettungsversuch der noch in Sinsheim verweilenden Patienten gedeutet werden.

---

[178] A.a.O., 152.
[179] Das im Schreiben verwendete „Verpflegung" muss ein Druckfehler sein!

Ansonsten kann auch reines wirtschaftliches Denken auf Seiten des Landrats der Anlass für den „Bittbrief" gewesen sein.

Zieht man aber die Aussagen des Direktors der Anstalt bei Konstanz, Direktor Kuhn, als Vergleichspunkt hinzu, kann man davon ausgehen, dass sowohl der Direktor der Kreispflegeanstalt Sinsheim, Direktor Weber, als auch der damalige Landrat Schäfer über die wahre Bestimmung der Transporte Bescheid wussten. So weiß Direktor Kuhn nicht nur, wohin die Transporte führen, sondern er versucht sogar, aktiv Widerstand zu leisten, wie folgende Aussage deutlich macht:

> „Es ergab sich, dass von keiner Seite Hilfe zu erwarten und keine Möglichkeit gegeben war, das nicht nur mit staatlicher Billigung, sondern auf staatliche Anordnung an unseren Kranken verübte unerhörte Unrecht zu verhüten. Es gab nur Eines, den gefährlichen Versuch zu machen, die Maßnahmen dadurch zu sabotieren, dass man Angehörigen unauffällig einen Wink gab, ihr krankes Angehöriges heimzuholen, oder indem man Diagnosen fälschte oder vorgab, diese und jene Kranke seien als fleißige und wertvolle Arbeitskräfte unentbehrlich für die Aufrechterhaltung des Anstaltsbetriebes. Von diesen Möglichkeiten konnten wir bei den folgenden Transporten ausgiebig Gebrauch machen, weil die Listen mit den Namen der Abzuholenden uns nunmehr vom Ministerium des Innern vor dem Eintreffen der Autokolonne an die Anstalt geschickt wurden."[180]

In einem von mir geführten Interview mit einer Sinsheimer Bürgerin, die auch während des Dritten Reiches aktiv in der katholischen Jugend gewesen ist, wird von Frau K. die These bestätigt, dass bereits zu einem Zeitpunkt als die Transporte noch durchgeführt wurden, sowohl die Patienten selbst als auch die Sinsheimer Bürger über die wahre Bestimmung der „Verlegungen" Bescheid wussten.[181] – Von Direktor Weber ist aber nicht bekannt, dass er aktive Versuche unternahm, Widerstand zu leisten. Wahrscheinlich konnte er seine fehlende Courage bzw. die gesamte Situation des Kreispflegeheims am Ende nicht mehr verkraften, so dass er im Januar 1943 Selbstmord beging. Im „Bericht der Anstaltsdirektion über das Rechnungsjahr 1942/43" ist Folgendes darüber zu lesen: „Am 5.1.1943 starb nach 6jähriger Anstaltstätigkeit der Leiter der Kreispflegeanstalt Herr Direktor Dr. Weber. Sein früher Tod wurde von allen Angestellten und Pfleglingen schmerzlich empfunden." Nach Aussage von Frau K. bekam natürlich die gesamte Kleinstadt Sinsheim durch Flüsterpropaganda mit, dass sich Direktor Weber an einem Kleiderhaken aufgehängt hatte.

Über die wahre Intention des oben vorgestellten Schreiben kann leider nichts Eindeutiges gesagt werden. Fest steht aber, dass hier ein Protestbrief an das Innenministerium ging, der wohl unbeantwortet blieb.

Wie schon nach dem zweiten wurde auch nach dem vierten Transport von Sinsheim ausgehend ein Schreiben an alle Kostenträger der am 19. Juli nach Grafeneck transportierten Pfleglinge verschickt. Um wohl Zeit und Mühe zu

---

[180] Kuhn zit.n. Faulstich, Von der Irrenfürsorge, 244.
[181] Das Interview mit Frau K. wurde am 08. März 2001 in Sinsheim geführt.

sparen, wurden die Schreiben alle gleichzeitig am 23. Juli 1940 verfasst. Wenn die Kosten von der eigenen Familie übernommen wurden, erhielten auch diese Nachricht von der Verlegung ihres Angehörigen:

"Sinsheim, den 23. Juli 1940
An Friedrich Israel F.
Untergrombach.

Der Kranke Berthold Israel F. wurde auf ministeriellen Erlass am 19. VII. 1940 in eine andere Anstalt verlegt.
Der neue Aufenthaltsort wird Ihnen in den nächsten Tagen mitgeteilt werden."

Der letzte Satz ist nur bei Privatpersonen eingefügt worden. Bei amtlichen Kostenträgern ist er nicht zu finden. Allerdings erhielten die Angehörigen wohl niemals Nachricht über den neuen Aufenthaltsort, sondern nur direkt die Todesmeldung. – Am 22. Juli 1940, bereits einen Tag vor der Abfassung der oben genannten Briefe an die Kostenträger, wurde in der württembergischen Heilanstalt Zwiefalten ein Brief verfasst, der zwei ehemalige Patienten der Kreispflegeanstalt Sinsheim betrifft, von denen sonst keine weiteren Akten vorliegen:

"Württ. Heilanstalt Zwiefalten.   Zwiefalten, den 22. Juli 1940
                                        Fernsprecher: Zwiefalten S.A. 161
Nr. ...
An die Kreis- Pflegeanstalt
    Sinsheim/Baden.
Zu
Betreff: Am 19. ds.Mts. wurden und auf höhere Anordnung als Pfleglinge zugeliefert:
Beilage: 1. Heinrich F., geb. am 24.4.1896 in Eppingen,
         2. Hermann Ferd. Ludw. G., geb. am 16.8.1899 in Kaiserslautern.

Dieselben waren bisher in Ihrer Anstalt untergebracht. Sie bleiben vorläufig hier. Wir bitten, die Angehörigen und die Kostenträger von der Verlegung zu benachrichtigen und mit letzteren bis einschließlich 18. ds.Mts. die Kosten abzurechnen. Ab 19.7.1940 werden wir die Verpflegungskosten berechnen und einziehen. Wir bitten zu diesem Zweck um Mitteilung der Kostenträger und des von Ihnen bisher erhobenen Verpflegungssatzes und etwaiger Nebenkosten. Nach den uns übergebenen Akten ist Kostenträger bei F.: das Wohlfahrts- und Jugendamt – Krankenfürsorge – in Heidelberg, bei G.: der Landrat – Kreiswohlfahrtsamt – Heidelberg. Der Verpflegungssatz ist aus den Akten nicht ersichtlich.
Weiter bitten wir um Übersendung der noch bei Ihnen befindlichen Effekten der Beiden. Etwaige Überzahlungen bitten wir hierher zu überweisen.
                                        J.V. Dr. Stegman"

Die Kreispflegeanstalt beantwortete das Schreiben aus Zwiefalten folgendermaßen:

"Sinsheim, den 30. Juli 1940.
An die
Heilanstalt
Zwiefalten.
Württemberg.
Auf Schr. V. 22.VII.1940.

Die Verpflegungskosten für Heinrich F. wurden vom Wohlfahrts- und Jugendamt Krankenfürsorge Heidelberg bezahlt. Der Verpflegungssatz war pro Tag 1.60 RM und 5.-- RM Taschengeld pro Monat.

Für Hermann G. wurden die Verpflegungskosten vorläufig vom Kreiswohlfahrtsamt Heidelberg beglichen. Der Verpflegungssatz war auch 1.60 RM und 1.-- RM Taschengeld pro Monat.

Effekten von den Beiden befinden sich nicht mehr bei uns."

Die Pfleglinge Heinrich F. und Hermann G. wurden zuerst in der „Zwischenanstalt" Zwiefalten[182] untergebracht, weshalb davon auszugehen ist, dass sie nicht wie der übrige Transport gleich in Grafeneck umkamen. Da aber keine weiteren Notizen oder Akten mehr vorhanden sind, kann auch nicht ausgeschlossen werden, dass sie zu einem späteren Zeitpunkt doch noch getötet wurden. Auch lässt sich nicht sagen, warum gerade sie nach Zwiefalten gebracht wurden![183]

Fünfter Transport
Nach dem Transport vom 19. Juli 1940 kehrte in der Kreispflegeanstalt erst einmal für drei Monate Ruhe ein bis Mitte Oktober ein weiterer Erlass des Ministers des Innern eintraf:

„Der Minister des Innern   Karlsruhe, den 10. Oktober 1940
                              Schlossplatz 19
                              Fernruf: 7460/68
No. 7903 g   GEHEIM

2 Anlagen.   Verlegung von Anstaltsinsassen
                  im Rahmen planwirtschaftlicher Massnahmen.

Unter Bezugnahme auf meinen Erlass vom 29.11.39 Nr. 87430 g ordne ich die Verlegung der auf der beiliegenden Liste aufgeführten 14 Pfleglinge an. Die Abholung der Kranken erfolgt in meinem Auftrag
am 15. Oktober 1940
durch die gemeinnützige Krankentransport GmbH.
Wegen der Vorbereitung des Transports nehme ich auf meinen Erlass vom 27.6.40 Nr.7415 g Bezug.

Im Auftrag:
Unterschrift"

Bei diesem Erlass vom 10. Oktober fällt auf, dass es sich diesmal nicht mehr um „besondere planwirtschaftliche Massnahmen" handelt. Das „Besondere" ist also inzwischen dem Alltäglichen gewichen. Weiter fällt auf, dass hier die im Vergleich nur geringe Anzahl von 14 Pfleglingen gefordert wird und dass keine

---

[182] Zur Funktion der Zwischenanstalten vgl. Klee, „Euthanasie", 263-269.
[183] Der Briefwechsel wird durch einen „Auszug aus den Akten der Kriminal-Abteilung Sinsheim" vom 24.2.1948 bestätigt, der oben, 176f., genauer erläutert wird.

zusätzlichen Namen auf der Liste zu finden sein dürften. Auf der tatsächlichen Transport-Liste vom 15. Oktober 1940 sind allerdings 15 durchnummerierte Namen zu finden. Bei den Nummern 1–13 handelt es sich um alphabetisch aufgeführte Frauennamen. Die Nummer 4 wurde gestrichen. Die Nummern 14 und 15 sind Männernamen. Die Nummer 15, Alfred Z.,[184] wurde handschriftlich hinzugefügt. Bei der Nummer 13 handelt es sich um die Patientin Pauline W., die bereits zweimal von der Liste gestrichen worden war, jetzt aber doch nach Grafeneck transportiert wird. Das Durchschnittsalter des fünften Transports nach Grafeneck beträgt 53 Jahre und weicht damit nur unerheblich vom Durchschnittsalter der vorausgegangenen Transporte ab.

Da von den 14 Abtransportierten acht Patientenakten im Berliner Bundesarchiv vorliegen, kann hier wiederum versucht werden, ein möglichst genaues Bild von diesem Transport zu zeichnen. Allerdings war eine Akte im Bundesarchiv nicht einsehbar, da sie zur Restaurierung aus dem Bestand entnommen worden war.[185] So kann hier also nur von sieben Patientenakten ausgegangen werden: Im Vergleich zum gesamten Transport liegt das Durchschnittsalter der vorliegenden Pfleglinge mit 54 Jahren ähnlich. Die durchschnittliche Aufenthaltsdauer in der Kreispflegeanstalt Sinsheim liegt bei fünf Jahren. Im Vergleich zu den vorausgegangenen Transporten weicht die Zahl stark ab. Lag doch die durchschnittliche Aufenthaltsdauer bei den Patienten des zweiten Transportes noch bei elf und bei denen des vierten Transportes noch bei neun Jahren. Allerdings handelt es sich auch bei der Mehrheit der Patienten des fünften Transports nicht um den Erstaufenthalt. Sie waren schon in der Heil- und Pflegeanstalt Wiesloch, im Städtischen Krankenhaus Mannheim oder in Weinheim untergebracht. Nur die bereits genauer beschriebene Patientin Hilde A.[186] kam direkt aus ihrer Walldorfer Familie nach Sinsheim. Der Patient Alfred Z. war erst am 27. Juni 1940 im Rahmen eines Patiententausches aus Weinheim nach Sinsheim gekommen. Warum dies in der Zeit der ersten Transporte in die Tötungsanstalt noch geschehen ist, bleibt unklar.[187] Fünf der sieben Patienten waren ledig. Berta F.[188] war verheiratet, Luise R.[189] bereits verwitwet. Die Mehrheit hatte auch keinen Beruf erlernt. Alfred Z. hatte immerhin ein Dreivierteljahr die Handelsschule besucht, Fanny H.[190] war als Kunstmalerin tätig gewesen, bis sie aufgrund ihrer Schizophrenie 1922 in die Heil- und Pflegeanstalt Wiesloch kam. Ihr angespartes Vermögen wurde deshalb schon weitestgehend für ihren dortigen Aufenthalt aufgebraucht. In Sinsheim blieb ihr nur ein kleines Spargutha-

---

[184] BA Berlin R 179/2994.
[185] Bei der Akte mit der Archivnummer BA Berlin R 179/29350 handelt es sich um die Patientin Wilhelmine M.
[186] Zur genaueren Beschreibung des Schicksals der Hilde A. vgl. oben, 160f.
[187] Zu dem Patiententausch vgl. oben, 164.
[188] BA Berlin R 179/29339.
[189] BA Berlin R 179/29340.
[190] BA Berlin R 179/29080.

ben mit 165,44 RM sowie eine Vorzugsrente mit jährlichen 195.- RM. Die anderen Patienten verfügten dagegen über keinerlei eigenes Vermögen.

Außer Hilde A., die an einer cerebralen Kinderlähmung erkrankt war, und Maria H.,[191] die an „angeborenem Schwachsinn" litt, war die Mehrheit an Schizophrenie erkrankt. In der Krankengeschichte der Maria H. fällt auf, dass sie 1934 sterilisiert worden war. Allerdings war sie zu diesem Zeitpunkt in Weinheim oder Mannheim untergebracht.

Versucht man anhand der Krankenblätter einen Selektionsgrund herauszufinden, fällt auf, dass Berta F. und Fanny H. regelmäßig in der Gemüseküche und im Nähsaal gearbeitet haben und Maria H. bei der Krankenpflege half. Hilde A. dagegen war aufgrund ihrer spastischen Lähmung nicht mehr arbeitsfähig. Auch Anna M.,[192] „10.10.1940: Zur Zeit sehr unruhig; äußert Wahnideen; wird im Bett gehalten", Luise R., „unbeeinflußbar; immer erbost, wenn sie arbeiten soll; schimpft" und Alfred Z. „autistisch-kataton" arbeiteten aufgrund ihrer Krankheit nicht mehr. Bedingt durch ihre Arbeitsunfähigkeit ist es wahrscheinlich, dass die zuletzt aufgeführten Patienten aus diesem Grund für den fünften Transport ausgewählt wurden. Bei den drei übrigen Patienten, die durch ihre Arbeit noch Leistung für die Volksgemeinschaft gebracht haben, liegt deshalb kein offensichtlicher und eindeutiger Grund für ihre Selektion vor. Allerdings ist auch im Vergleich mit den vorausgegangenen Transporten davon auszugehen, dass die Krankheit „Schizophrenie" als ausreichendes Selektionskriterium gegolten haben dürfte. So ist auf dem „Merkblatt" auch Schizophrenie als erste Krankheit aufgezählt, die gemeldet werden musste.[193] Auch nach dem fünften Transport gingen, in leicht veränderter Form, von Sinsheim Schreiben an alle Kostenträger der am 15. Oktober nach Grafeneck transportierten Pfleglinge.

„Sinsheim, den 15. Oktober 1940
Betr. Verlegung von Pfleglingen.

Die Kranke Hilde A. von Walldorf wurde auf ministeriellen Erlass in eine andere Anstalt verlegt.

An den
Herrn Bürgermeister
der Stadt Walldorf."

So wurde dieses Mal nicht mal mehr das „Verlegungsdatum" der Pfleglinge angegeben. Das Betr. Verlegung von Pfleglingen wurde neu eingefügt.

Sechster Transport
Nach dem Transport vom 15. Oktober 1940 folgte am 13. November 1940 der nächste und damit sechste Transport nach Grafeneck. Für diesen Transport

---

[191] BA Berlin R 179/29090.
[192] BA Berlin R 179/7008.
[193] Vgl. Merkblatt, oben, 147.

liegt keine gewöhnliche, d.h. vorgedruckte Transport-Liste vor, sie scheint selbst erstellt worden zu sein. So sind wiederum die laufende Nummer, Name und Vorname, Geburtstag und Geburtsort notiert, die sonst vorhandenen Spalten „T-Nr." und „K-Nr." fehlen aber. Es sind 23 durchnummerierte Männernamen in alphabetischer Reihenfolge aufgeführt. Hinter den einzelnen Namen wurde zusätzlich nochmals die jeweilige Nummer handschriftlich angefügt. Vor dem Eintrag des Geburtsorts wurde jeweils handschriftlich ein T für „Transport" vermerkt. Dies ist bei allen Namen der Fall. Das bedeutet, dass es bei diesem Transport keine Streichungen und damit auch keine Zurückstellungen gab.

Das durchschnittliche Alter der Patienten liegt bei diesem Transport bei 46 Jahren und beträgt damit beinahe 10 Jahre weniger als bei den vorausgegangenen Transporten. Dies bedeutet, dass tendenziell, entgegen den ersten Vermutungen, doch zuerst die älteren Patienten abtransportiert worden sind, während die jüngeren noch in der Kreispflegeanstalt Sinsheim zurückbehalten wurden.

Im Berliner Bundesarchiv sind acht Akten von Patienten erhalten,[194] die am 13. November 1940 nach Grafeneck transportiert worden sind. Vergleicht man die Namen mit denjenigen auf der Transportliste, sind auf der Liste jedoch nur fünf Namen wiederzufinden: Wilhelm B.,[195] Ernst Wilhelm K.,[196] Karl H.,[197] Gustav R.[198] und Franz W.[199] Bei den nicht auf der Liste vorhandenen Patienten handelt es sich um die Frauen Friederike H.,[200] Elsa M.[201] und Elise O.[202] Sie sind dafür auf einer weiteren Transportliste zu finden, die für den Transport am darauffolgenden Tag, den 14. November 1940, bestimmt war. Da aber auch in den Krankenblättern der weiblichen Pfleglinge der 13. November 1940 als Abtransportdatum eingetragen ist, ist davon auszugehen, dass beide Transport-Listen zu einem einzigen Transport zusammengelegt worden sind. Diese These wird auch dadurch bestätigt, dass auf der Transport-Liste vom 14. November, die wieder von normaler Gestalt war, zwar 27 Namen standen, aber schließlich nur zehn Patienten tatsächlich nach Grafeneck abtransportiert wurden. Von den 27 auf der Liste enthaltenen Namen handelt es sich bei den Nummern 1–11 um alphabetisch aufgeführte Männernamen und bei den darauffolgenden Nummern 12-27 um ebenfalls alphabetisch angeordnete Frauennamen.

Wie auch schon nach den vorausgegangenen Transporten, wurden von der Kreispflegeanstalt Sinsheim Briefe an die Kostenträger der Patienten verschickt,

---

[194] Die Akte des Patienten Karl H. mit der Archivnummer BA Berlin R 179/29348 konnte von mir aus unbekannten Gründen nicht eingesehen werden.
[195] BA Berlin R 179/29075.
[196] BA Berlin R 179/29356.
[197] Vgl. Anm. 194.
[198] BA Berlin R 179/29355.
[199] BA Berlin R 179/29347.
[200] BA Berlin R 179/7565.
[201] BA Berlin R 179/29078.
[202] BA Berlin R 179/29077.

um diese von der „Verlegung" zu benachrichtigen. Alle diese Briefe wurden bereits am 13. November verfasst und schließen auch die Patienten der Transport-Liste des 14. November mit ein. Hier ein Beispiel:

„Sinsheim, den 13. November 1940.
Verlegung von Pfleglingen.

Die Kranke Frau Friederike H. von Sinsheim wurde heute auf ministeriellen Erlass in eine andere Anstalt verlegt.

An Herrn
Heinrich S.
Sinsheim. /Els.)"

Eine besonders ausführliche Mitteilung erhielt die wahrscheinliche Ehefrau des Patienten Jakob S., da bei ihr noch die Sätze: „Der neue Aufenthaltsort ist uns nicht bekannt. Die neue Anschrift wird Ihnen mitgeteilt" angefügt wurden. Warum gerade Marie S. so ausführlich bedacht wurde, wird leider nicht weiter ersichtlich. Durch diese Benachrichtigungen wird aber deutlich, dass der Transport mit den Patienten von beiden Transportlisten schon am 13. November abgegangen sein muss, und es sich auch nur um einen Transport gehandelt hat. Schaut man sich dann die zweite Transport-Liste vom 14. November 1940 etwas genauer an, fällt auf, dass die Mehrzahl der auf der Liste Stehenden wieder von derselben gestrichen oder mit einem Fragezeichen versehen worden sind. So steht hinter den sieben Namen Heinrich B., Friedrich F., Georg W., Amalie F. – die bereits am 19. Juli 1940 von der Liste gestrichen worden war – Elisabeth H., Maria M., Rosa R. und Henriette S., die bereits am 4. Juli 1940 von der Liste gestrichen worden war, ein Fragezeichen. Die Patientinnen Elisabeth H. und Henriette S. sind noch auf einer Sonderliste aufgeführt, die eine Erklärung für ihre erfolgte Rückstellung gibt:

„I/17 Baden.
Landesanstalt Sinsheim.

| 14041 | H., Elisabeth | Wiesloch | 29.7.05 | E.H. kann nicht verlegt werden, da sie eine tüchtige Hülfe in der Küche ist u. dort sehr sehr benötigt wird. |
| 16460 | S., Henriette | Hisbach | 28.7.76 | 16460 verlegt nach der Heil- u.Pflegeanstalt Wiesloch." |

Die Patienten Robert B., Fritz B., Theodor L., Peter R., Adam S. und Elsa L. waren von der Liste gestrichen worden. Bei drei von ihnen erfolgte eine Streichung bereits zum zweiten Mal. Bei Otto H. und Fritz W. ist hinter ihren Namen „bereits am 13.11. aufgeführt" angefügt worden. Bei Lina F. ist „16.1.entl." zu lesen. – Will man einem „Auszug aus den Akten der Kriminal-Abteilung Sinsheim" vom 24. Februar 1948 Glauben schenken, der in einer Anmerkung Folgendes besagt: „Nach Mitteilung der Württ. Heilanstalt *Zwiefalten* vom 22.7. 1940 und vom 13.11.1940 (Akten Kreispflegeanstalt Sinsheim) hat diese für 24 zugeführte Pfleglinge Kosten abgerechnet und dementsprechend wahrscheinlich lebend erhalten und gepflegt", muss man davon ausgehen, dass der größere Teil der am 13. November 1940 transportierten Patienten nicht gleich nach Grafeneck, sondern zuerst in die Zwischenanstalt Zwiefalten gekommen ist. Welche elf Patienten sofort in die Tötungsanstalt transportiert wurden und warum, bleibt dabei offen. Auch ist davon auszugehen, dass schließlich doch alle Patienten früher oder später getötet wurden. Wenn dies nicht der Fall sein sollte, dann sind unter den sofort nach Grafeneck transportierten Patienten diejenige Patienten, deren Akten im Bundesarchiv vorliegen. Deren durchschnittliches Alter beträgt 47 Jahre.

Fünf Patienten waren ledig, Elsa M. war verheiratet. Ihr Mann hatte sich allerdings von ihr aufgrund ihrer beginnenden Schizophrenie getrennt und eine andere Frau geheiratet. Friederike H. war verwitwet. Sie verfügte über ein Vermögen, da sie ein Haus im Steuerwert von 1700.- RM besaß. Ferner verfügte sie über eine Sicherungshypothek des Reichsfiskus in Höhe von 500.- RM. So erhielt sie als regelmäßiges Einkommen eine Kriegswitwenrente von 19,95 RM, eine Zusatzrente von 34.- RM und eine Krankenrente von 19,60 RM. Als Taschengeld standen ihr dadurch 7.- RM im Monat zur Verfügung. Damit zählte sie gewiss zu den privilegiertesten Patienten der Kreispflegeanstalt Sinsheim.

Von den Frauen hatte keine einen Beruf erlernt. Bei Friederike H. ist „Hausfrau" als Beruf eingetragen. Sie vernachlässigte aber ihren Haushalt aufgrund ihrer Schizophrenie so stark, dass sie schließlich sogar von zu Hause weglief. Gustav R. war Landwirt und Eigentümer eines Grundstückes im Wert von etwa 3000.- RM. Franz W. arbeitete als Knecht und erhielt deshalb eine Invalidenrente von monatlichen 31,60 RM und konnte über ein Taschengeld von 3.- RM im Monat verfügen. Franz W. gehörte als Einziger der katholischen Konfession an. Alle anderen waren evangelisch. Im Vergleich zu den Pfleglingen der vorausgegangenen Transporte können die Pfleglinge dieses Transports sicher als vermögend bezeichnet werden. Konnten doch drei Patienten wenigstens teilweise für ihren Anstaltsaufenthalt aufkommen und fielen damit weniger der staatlichen Fürsorge zur Last.

Auch konnten die Pfleglinge sicher nicht als Langzeitpatienten bezeichnet werden, da ihre durchschnittliche Aufenthaltsdauer in der Kreispflegeanstalt Sinsheim 6 Jahre betrug. Wie die bisher beschriebenen Patienten auch, waren die meisten Patienten aber schon zuvor in einer anderen Anstalt gewesen. Nur Wilhelm B., der unter „hochgradigem Schwachsinn" litt, war zwar als Kind für 1,5 Jahre in der Heil- und Pflegeanstalt Mosbach gewesen, kam dann aber direkt aus seiner Familie nach Sinsheim, da diese ihn nicht mehr ausreichend pflegen konnte. Neben Wilhelm B. waren auch Ernst Wilhelm K. und Franz W. an Schwachsinn bzw. Imbezillität „erkrankt". Gustav R. litt seit 1926 an epileptischen Anfällen, weswegen er 1926 in die psychiatrische Klinik Heidelberg eingeliefert wurde. Der untersuchende Arzt stufte ihn außerdem zusätzlich noch als „geistig zurückgeblieben, imbezil" ein. Die weiblichen Pfleglinge dagegen waren alle drei an Schizophrenie erkrankt.

Durch die Eintragungen in die jeweiligen Krankenblätter wird die Diagnose der Patienten bestätigt. So ist bei Franz W. zu lesen: „11.11.40: Schwachsinniger, der nur zu einfachsten Arbeiten zu verwenden ist. 13.11.40: Der körperliche und geistige Zustand ist unverändert. Wird heute auf ministeriellen Erlass in eine andere Anstalt verlegt."[203] Es fällt auf, dass wie bereits beim vierten Transport am 19. Juli 1940 der Zusatz „Der körperliche und geistige Zustand ist unverändert" eingefügt wurde. Dies ist auch bei allen anderen Patienten der Fall.

In Gustav R.s Krankenblatt fällt eine andere Eintragung auf: „26.7.39: Wegen Räumung der Anstalt muß der Kranke bis auf weiteres entlassen werden. 2.1.40: 2. Aufnahme."[204] Gustav R. war 1936 nach Sinsheim gekommen. 1939 muss er entlassen worden sein. Allerdings wird keine Angabe gemacht, wohin er verlegt worden war. Der Grund seiner Entlassung, nämlich die „Räumung der Anstalt", bleibt völlig im Dunkeln, da von einer Räumung an anderer Stelle nie die Rede ist! Auch wird über seine 2. Aufnahme keine weitere Angabe gemacht.

Während sich bei den meisten Patienten die Krankheit im Laufe ihres Aufenthalts verschlimmert hat und sie aus Gründen der „Unproduktivität" nach Grafeneck „verlegt" wurden, lässt sich bei Friederike H. sogar eine Besserung ihrer Krankheit feststellen: „Mai 1940: Arbeitet fleißig in der Küche oder auf Station. Wahnideen sind nicht mehr so stark. Ist lebendiger und frischer." Trotz dieser Eintragung ins Krankenblatt und trotz ihres vorhandenen Vermögens ist sie dem tödlichen Transport nicht entkommen. Wie schon bei den vorausgegangenen Transporten beobachtet, wurde sie sehr wahrscheinlich wegen ihrer Schizophrenieerkrankung ausgewählt.

Andere Transporte
Der Transport am 13. November 1940 war der letzte Transport, der von der Kreispflegeanstalt Sinsheim in die Tötungsanstalt Grafeneck ging. Der direkten Tötung wurde damit ein Ende bereitet, die „Euthanasie-Aktion" an sich war für Sinsheim aber noch lange nicht beendet. So findet sich im Berliner Bundesarchiv auch die Patientenakte der Emma N.,[205] die erst am 10. Dezember 1940 von der Kreispflegeanstalt Hub nach Sinsheim verlegt worden war. Sie war zum damaligen Zeitpunkt 43 Jahre alt und war an erworbener Blindheit und Debilität erkrankt. Wie in ihrem Krankenbericht zu lesen ist, kommt Emma N. aus einer erblich belasteten Familie: Ihr Vater war amalisch und hatte Blutschande getrieben. Die Mutter hatte Lues vom Vater geerbt. Sie selbst war von Geburt an schwachsinnig, harmlos und gutmütig. Durch ein vom Vater erworbenes syphilistisches Hornhautleiden war sie fast erblindet. Sie hatte drei uneheliche Kinder, von denen zwei bereits verstorben waren. Weiter ist in dem Bericht zu lesen, dass die immer mehr erblindende Emma N. trotz ihrer Debilität in Hub

---

[203] BA Berlin R 179/29347.
[204] BA Berlin R 179/29355.
[205] BA Berlin R 179/24924.

die Blindenschrift erlernte! Bestätigt wird dies durch einen Eintrag in ihr Krankenblatt: „Febr. 1941: Hat sich gut eingelebt und ist immer guter Laune. Schreibt Briefe." So kann ihre Debilität nicht sehr ausgeprägt gewesen sein. Wahrscheinlich aufgrund ihrer Erkrankung und ihrer erblichen Belastung wurde sie am 2. Juni 1934 in Achern sterilisiert.

Vergleicht man die sterilisierten Patienten der Sinsheimer Kreispflegeanstalt miteinander, fällt auf, dass die Sterilisierungen nie während des Aufenthalts in Sinsheim durchgeführt wurden. Da auch sonst solche im Zusammenhang mit Sinsheim nicht erwähnt werden, wirft dies die Frage auf, ob Sterilisierungen dort nicht durchgeführt wurden oder ob nur darüber geschwiegen wurde.

Verfolgt man den Weg der Emma N. weiter, fällt auf, dass ihr Aufenthalt in Sinsheim nicht von langer Dauer war. Steht doch in ihrem Krankenblatt: „6.3.41: Verlegung nach Wiesloch auf ministeriellen Erlass". Die Heil- und Pflegeanstalt Wiesloch hatte im weiteren Verlauf der „Euthanasie-Aktion" die Funktion als Zwischenanstalt für die Tötungsanstalt Hadamar übernommen,[206] nachdem die letzte Tötung in Grafeneck wahrscheinlich bereits am 9. Dezember 1940 durchgeführt worden war.[207] So wurde Emma N. mit großer Sicherheit von Wiesloch gleich nach Hadamar weitertransportiert. Bestätigt wird diese These durch die „Liste B" der Heil- und Pflegeanstalt Wiesloch, deren Untertitel lautet: „Kranke, die durch die Anstalt zu Verlegungszwecken durchliefen. Herkunftsanstalt *Sinsheim*". Dort wird der 6. März 1941 als „Tag des Eintreffens des Transports" für Emma N. bestätigt. Der „Tag des Weitertransports" wird mit dem 2. April 1941 angegeben. So verblieb Emma N. nicht einmal einen Monat in Wiesloch, bis sie in eine „unbekannte Anstalt" abtransportiert wurde.

Hier stellt sich nun aber die Frage, wie ihre Patientenakte zu den Patientenakten der in Grafeneck Umgekommenen gelangt sein könnte. Diese Frage muss leider offen bleiben.

Während der im Krankenblatt der Emma N. erwähnte ministerielle Erlass nicht mehr vorhanden ist, liegt ein weiterer Erlass späteren Datums vor:

„Der Minister des Innern   Karlsruhe, den 10. Juli 1941
               Schlossplatz 19
               Fernruf: 7460/68
No. 6 111   *Einschreiben*
Anlagen   Verlegung von Anstaltsinsassen im
               Rahmen planwirtschaftlicher Maßnahmen.

Im Rahmen planwirtschaftlicher Maßnahmen sind die auf der angeschlossenen Liste aufgeführten Pfleglinge umgehend in die Heil= und Pflegeanstalt Wiesloch zu verlegen. Wegen der Durchführung der Verlegung nehme ich auf meinen Erlaß vom 19.4.1941 Nr.5788 g Bezug. Die Durchführung der Verlegung ist mir mitzuteilen und gleichzeitig die Erstschrift der angeschlossenen Liste nach erfolgter Verlegung hierher zurückzugeben; falls aus irgendwelchen Gründen die Verlegung eines Pfleglings nicht möglich ist, ist in Spalte „verlegt nach" der

---

[206] Vgl. Faulstich, Von der Irrenfürsorge, 255.
[207] Zum Ende der Tötungsanstalt Grafeneck vgl. Klee, „Euthanasie", 289-293.

Grund für die Nichtverlegung genau anzugeben. Der Transport ist tunlichst mit der Eisenbahn durchzuführen.

Im Auftrag
(Unterschrift)

Herrn Direktor der
Kreispflegeanstalt
S I N S H E I M."

Weder der angesprochene Erlass vom 19.4.1941 noch eine Kopie der angeschlossenen Liste ist noch vorhanden. Nur folgende einzelne Liste, die einen einzigen Namen enthält und wohl von der Kreispflegeanstalt selbst verfasst wurde, liegt als Quelle vor:

„II/2   Baden
Heil- u. Pflegeanstalt Sinsheim
Ku.
014045   G., Nella   Oberscheidental   28.6.92   nach der Heil- u.Pflegeanstalt Wiesloch verlegt am 14.7.1941."

Weiter liegt eine Liste vor, auf der die Kostenträger von weiteren acht Patienten vermerkt sind. Der Grund für die Aufstellung dieser Liste wird aber nirgends ersichtlich. So wäre es aber möglich, dass diese Patienten auch nach Wiesloch verlegt worden sind, da sie auf keiner weiteren Liste notiert sind.

Damit ist die erste Phase der „Euthanasie-Aktion" für die Kreispflegeanstalt Sinsheim abgeschlossen. Zusammenfassend ist darüber im „Bericht der Anstaltsdirektion über das Rechnungsjahr 1940/41" zu lesen:

„Von den ausgeschiedenen 134 Männern und 158 Frauen wurden entlassen 119 Männer und 132 Frauen; 15 Männer und 26 Frauen sind gestorben. Von den Entlassenen wurden 110 Männer und 121 Frauen auf ministeriellen Erlass in eine andere Anstalt verlegt. 5 Männer und 1 Frau wurden der Heil- und Pflegeanstalt Wiesloch, 1 Mann der Kreispflegeanstalt Weinheim zugeführt; 2 Männer und 10 Frauen gingen zu ihren Angehörigen und 1 Mann ist entwichen."

„Auf ministeriellen Erlass hin wurden im Laufe des Betriebsjahres mehrfach Transporte nach auswärtigen Anstalten in die Wege geleitet. So wurden vom 16.V.1940 – 6.III.1941, 231 Pfleglinge 110 Männer und 121 Frauen verlegt."

Die Jahre nach den Transporten
Die sogenannte Aktion T4 wurde am 24. August 1941 offiziell eingestellt. Aus heutiger Sicht spielten bei dem Stop mehrere Faktoren eine Rolle: Zum einen hat sicherlich die Predigt des Münsteraner Bischofs Graf von Galen vom 3. August 1941 dazu beigetragen, die im folgenden Kapitel genauer vorgestellt werden wird. Zum anderen sollte das festgelegte Planziel vom Oktober 1939 mit „65-70.000 Fällen" gerade zu diesem Zeitpunkt erreicht worden sein.[208] Ein wichtiger Faktor dürfte außerdem die aktuelle Kriegssituation gewesen sein.

---

[208] Vgl. Faulstich, Von der Irrenfürsorge, 287.

Nach dem Stop der Aktion T4 erfolgte bei dem Verantwortlichen in Berlin eine Umstrukturierung auf organisatorischer Ebene. So wurde am 23. Oktober 1941 Herbert Linden im Rahmen einer Gesetzesverordnung zum Reichsbeauftragten für die Heil- und Pflegeanstalten ernannt. Diese hatte zur Folge, dass Linden damit Heyde und Nitsche in der „Mord-Hierarchie" ablöste.[209]

Als Folge der Berliner Umstrukturierungen und der damit verbundenen Institutionalisierung der Euthanasie kam es im gesamten Baden zu Besuchen von Ärztekommissionen, die die einzelnen Anstalten und Anstaltsinsassen untersuchen sollten, um „statistisches Material für eine spätere etwaige Durchführung eines vielleicht zu erlassenden förmlichen Euthanasiegesetzes zu bilden".[210] In Sinsheim traf eine andere Art von Kommission ein, die von Berlin den Auftrag erhalten hatte, „eine neue, völlig im NS-Geist gestaltete Anstaltspsychiatrie [zu] erarbeiten, die nicht mehr unter dem Motto ‚Heilen und Pflegen' sondern ‚Heilen und Vernichten' stand."[211] Diese Kommission wurde nach ihrem Leiter Dr. Herbert Becker „Becker-Kommission" genannt. Wann genau der Besuch der Planungskommission Dr. Becker in Sinsheim stattfand, ist nicht bekannt, vorhanden ist aber ein Dokument des „Reichsbeauftragten für die Heil- und Pflegeanstalten" vom 2. Oktober 1942, in welchem der Landkreis Sinsheim um Beschaffung von Unterlagen für die Becker-Kommission gebeten wurde. Der „Psychiatrie-Plan" für Baden war aber wohl bereits am 15. September 1942 abgeschlossen. Über Sinsheim wird darin Folgendes berichtet: „Nun ist von den bisherigen Anstalten eine Anzahl schon ausgefallen: [...] Kreispflegeanstalt Sinsheim wird Lehrerbildungsstätte (350 B.)".[212]

Um die Umwandlung der Sinsheimer Kreispflegeanstalt in eine Lehrerbildungsanstalt zu beschließen, fand am 3. August 1942 eine Besichtigung der Kreispflegeanstalt Sinsheim und die vorbereitende Besprechung mit dem Landrat statt. Laut dem Aktenvermerk der „Minister des Kultus und Unterrichts" vom 13. August 1942 nahmen daran u.a. Regierungsdirektor Dr. Sprauer und Landrat Schäfer, sowie Abgeordnete des Unterrichtsministeriums teil. Das Protokoll berichtet außerdem:

„Mit Unterstützung des Herrn Reichsstatthalters hat das Ministerium des Innern (Gesundheitsabt.) beim Reichsbeauftragten für die Heil- und Pflegeanstalten in Berlin dessen Zustimmung dazu erwirkt, dass die Kreispflegeanstalt Sinsheim für Zwecke der Unterrichtsverwaltung – Einrichtung einer Lehrerbildungsanstalt – verwendet wird."

Ferner sind folgende, im Protokoll notierte Punkte für die Zukunft der Pfleglinge von besonderer Wichtigkeit:

---

[209] Vgl. ebd.
[210] FBV Aussage Dr. Schneider vom 25.4.1946 zit.n. Faulstich, Von der Irrenfürsorge, 290.
[211] Faulstich, Von der Irrenfürsorge, 291.
[212] Zit.n. ebd.

"2.) Herr Regierungsdirektor Dr. Sprauer legt Wert darauf, dass der Landkreis der Gesundheitsverwaltung eine Anzahl von Betten im Hinblick auf die anderweitige Unterbringung der Pfleglinge der Kreispflegeanstalt käuflich oder mietweise überlässt. ...
4.) Die Übergabe der Anstalt an die Unterrichtsverwaltung soll tunlichst auf 1. Oktober 1942 erfolgen ...
5.) Der Landkreis wird im Benehmen mit der Gesundheitsverwaltung dafür Sorge tragen, dass die Pfleglinge rechtzeitig anderweit untergebracht werden. Die Kosten der Verlegung der Pfleglinge haben die in Betracht kommenden Fürsorgeverbände zu tragen."

Als Folge des entscheidenden Treffens vom 3. August 1942 erließ am 17. August 1942 der Sinsheimer Landrat einen Beschluss, der die Einrichtung einer Lehrerbildungsanstalt im Anwesen der Kreispflegeanstalt Sinsheim beinhaltete und der „an sämtliche Kostenträger der Anstaltspfleglinge" verschickt wurde:

„In dem Anwesen der Kreispflegeanstalt Sinsheim wird auf 1. Oktober d.Js. eine Lehrerbildungsanstalt eingerichtet werden. Die Anstalt erhält damit eine andere Zweckbestimmung und hört in ihrer bisheriger Form zu bestehen auf. Aus diesem Grunde sehe ich mich veranlasst, die Anstalt möglichst umgehend zu räumen, d.h. die Anstaltsinsassen zu entlassen bezw. in andere Anstalten zu verlegen. Die anderweitige Unterbringung der Pfleglinge erfolgt im Benehmen mit dem Bad. Ministerium des Innern – Abt. Gesundheitsverwaltung –. Die Direktion der Anstalt wird Ihnen den neuen Unterkunftsort bekannt geben. ..."

Die Lehrerbildungsanstalt wurde schließlich am 23. Oktober 1942 im Beisein der lokalen Prominenz[213] feierlich eröffnet.[214] Die genaue Fortdauer der Anstalt in ihrer Funktion als Lehrerbildungsanstalt ist nicht bekannt. Die gerade dargestellte Umwandlung der Kreispflegeanstalt in eine Lehrerbildungsanstalt wirft natürlich die Frage auf, was mit den nach den Transporten nach Grafeneck noch verbliebenen Pfleglingen geschah.

Am 21. August 1942 verfasste der Lebensmittel- und Materialverwalter des Kreispflegeheims Fausel ein Schreiben an den Sinsheimer Landrat, in dem die „Kreiseigenen Pfleglinge, die in der Anstalt verbleiben können" namentlich aufgeführt wurden. So sind darauf 14 Männer und 12 Frauen mit ihrem jeweiligen Geburtsdatum notiert. Weiter werden „Kreiseigene Pfleglinge, die verlegt werden müssen" genannt. Es handelt sich dabei um sechs Männer und um sieben Frauen. Neben den Namen werden hier auch die Krankheiten und einige Charakteristika wie „bettlägerig" oder „unrein" angegeben. Zum Schluss des Schreibens führt Fausel die „Gesamtzahl, der in der Anstalt verbleibenden Pfleglinge"

---

[213] So waren Kreisleiter Geiger, Bürgermeister Rieg, der auch gleichzeitig Ortsgruppenleiter der NSDAP war, Landrat Schäfer und der neue Direktor der Anstalt, Direktor Walter, anwesend. Vgl. „Volksgemeinschaft" vom 25.10.1942, Artikel „Eröffnung der Lehrerbildungsanstalt".

[214] Das Programm der Flaggenhissung ist uns überliefert: Lied: Heilig Vaterland; Leitspruch: Wir stehen im Gesetz; Lesung: Führerworte; Lied: Nun laßt die Fahnen fliegen; Kreisleiter; Flaggenhissung: Du Fahne vom Führer gegeben; Nachspruch: Alle stehen wir verbunden; Lied: Deutschland, heiliges Wort; Landrat; Direktor; Sieg Heil und Nationallieder.

auf. Zusätzlich zu den schon genannten kreiseigenen Pfleglingen dürfen weitere neun kreisfremde Männer und zehn kreisfremde Frauen in der Sinsheimer Anstalt verbleiben, so dass man auf eine Gesamtzahl von 45 Pfleglingen kommt.

Diejenigen Pfleglinge, die nicht in der umfunktionierten Kreispflegeanstalt bleiben durften, wurden in verschiedene andere Anstalten verteilt wie der „Bericht der Anstaltsdirektion über das Rechnungsjahr 1942/43" zeigt:

„Von den ausgeschiedenen 88 Männern und 128 Frauen wurden entlassen: 76 Männer und 108 Frauen; 12 Männer und 20 Frauen sind gestorben. Von den Entlassenen wurden 43 Männer und 53 Frauen nach der Heil- u. Pflegeanstalt Hördt (Elsaß) verlegt. 24 Männer und 35 Frauen der Kreispflegeanstalt Fußbach, 1 Mann der Kreispflegeanstalt Krautheim, 1 Mann der Heil- und Pflegeanstalt Wiesloch und 1 Mann und 2 Frauen dem Krankenhaus Heidelberg zugeführt. 7 Frauen gingen in Altersheime. 6 Männer und 11 Frauen gingen zu ihren Angehörigen."

2.3. Die Verlegung nach Hoerdt/Elsass

Die Mehrzahl der Pfleglinge wurde in zwei Anstalten verteilt: So kamen 59 Frauen und Männer in die Kreispflegeanstalt Fußbach, 96 Frauen und Männer in die Heil- und Pflegeanstalt Hördt[215] (Elsass). Im Rahmen dieser Arbeit kann der Verlegung nach Fußbach nicht weiter nachgegangen werden, dafür soll im Folgenden die Verlegung nach Hoerdt im Zentrum stehen.

Das Elsass war nach dem 1940 zwischen Deutschland und Frankreich geschlossenen Waffenstillstand wieder Deutschland zugeordnet worden. Allerdings hatte es eine Zwitterfunktion inne: So gehörte es rechtlich weiterhin zu Frankreich, war aber durch seine Zivilverwaltung Hitler direkt unterstellt. Zusammen mit Baden bildete es einen eigenen Gau, den Gauleiter Wagner unter sich hatte.[216] Als Folge davon zeichnete sich Dr. Sprauer auch für die sich im Elsass befindlichen Anstalten verantwortlich. „Die Patienten der drei elsässischen Anstalten Rufach, Stephansfeld und Hördt waren wie die grenznahen Anstalten auf der deutschen Seite des Rheins bei Kriegsausbruch fast vollständig ins französische Hinterland evakuiert worden und daher boten sich die Anstalten [...] zum Ausgleich der ‚Bettenknappheit' in Baden geradezu an."[217] So ist die Heil- und Pflegeanstalt Hoerdt als Unterbringung für 96 Sinsheimer Pfleglinge ausgewählt worden. Die Verlegung fand am 24. September 1942 statt und wurde mit der Bahn durchgeführt, wie aus einer Sinsheimer Abrechnung vom 16. Oktober 1942 zu ersehen ist. Versucht man Informationen über die nach Hoerdt verlegten Pfleglinge zu finden, stößt man auf zwei unterschiedliche Arten von Listen, die Auskunft über ihr weiteres Schicksal geben.

Bei der ersten Liste handelt es sich um eine Meldung vom 25. September 1942 an den Sinsheimer Landrat, der von Fausel folgende Information mitgeteilt bekommt: „Am 24.9.1942 wurden folgende Pfleglinge nach der Heil- u.

---

[215] Hördt und Hoerdt sind zwei gleichwertige Schreibweisen.
[216] Vgl. Faulstich, Von der Irrenfürsorge, 294.
[217] Ebd.

Pflegeanstalt Hördt (Elsaß) verlegt." Danach folgt eine Namensliste der nach Hördt verlegten Personen, jeweils nach den verschiedenen Kostenträgern sortiert. Von dieser drei Blätter umfassenden Namensliste ist zusätzlich noch eine Kopie erhalten, auf der elf Personennamen mit einem Totenkreuz versehen wurden. Es ist anzunehmen, dass die Kopie nach Hördt geschickt worden war und dann nach relativ kurzer Zeit wieder nach Sinsheim zurückgeschickt wurde. Die vermerkten Personen sind alle in der Zeit vom 29. September 1942 bis zum 31. Januar 1943 verstorben, wie eine Analyse der Patientenakten[218] ergeben hat. Allerdings sind in diesem Zeitraum auch noch andere Patienten verstorben, was nicht auf der Liste vermerkt wurde.

Andere Listen, die mehr über die Pfleglinge verraten, sind die bereits erwähnten „Besucherlisten"[219] der Kreispflegeanstalt Sinsheim. Es handelt sich dabei um sechs unterschiedlich betitelte Listen, die jeweils gleich aufgebaut sind: Neben dem Namen des Patienten werden außerdem auch noch Geburtstag und Geburtsort, Kostenträger und die Krankheit in weiteren Spalten aufgeführt. Es handelt sich dabei um folgende Listen:

1. „Liste über diejenigen Pfleglinge die aus Nordbaden sind und Besuche erhalten. (Männer.)" Diese Liste enthält 22 Männernamen. Der Altersdurchschnitt beträgt 64 Jahre. Die älteren Patienten litten hauptsächlich unter Altersschwäche, die jüngeren hatten aber auch Krankheiten wie Idiotie oder Schizophrenie. Vergleicht man die Namen der Liste mit den Namen der anderen vorhandenen Listen, fällt auf, dass kein Name auf den Transport-Listen nach Grafeneck vorkommt. Sechs Männer sind auf der Liste vom 21. August 1942 mit dem Vermerk versehen, dass sie in der Anstalt verbleiben können. Zwei Männer kamen nach Fußbach und acht Männer wurden schließlich nach Hördt verlegt. Die restlichen Namen tauchen in keiner weiteren Liste auf. Aus diesem Ergebnis lässt sich schließen, dass diejenigen Pfleglinge, die Besuch erhielten, von den direkten Transporten in die Tötungsanstalt verschont blieben, egal wie alt sie waren oder an welcher Krankheit sie litten.

2. „Liste über diejenigen Pfleglinge die aus Nordbaden sind und Besuche erhalten. (Frauen.)" Bei dieser Liste, die statt den Männernamen 46 Frauennamen enthält, ist das gleiche Phänomen wie bei der Männerliste zu beobachten: Der Altersdurchschnitt beträgt 61 Jahre. Auch hier leidet die Mehrheit der Pfleglinge an den Folgen des Alters (Senile Demenz, Altersdemenz, Debilität, Altersschwäche). Einige Patienten sind aber auch an Imbezillität oder Erbkrankheiten wie Chorea Huntington erkrankt. Nur zwei Pfleglinge sind auf einer Transport-Liste nach Grafeneck verzeichnet. Sechs Frauen stehen auf der Liste vom 21. August 1942 unter denjenigen, die in der Kreispflegeanstalt Sinsheim verbleiben dürfen. Acht Frauen wurden in die Kreispflegeanstalt Fußbach verlegt. Die Mehrheit aber, nämlich 20 Patientinnen, kam nach Hördt.

3. „Liste über diejenigen Pfleglinge die außerhalb von Baden untergebracht werden können. (Männer.)" Hier sind 48 Männernamen verzeichnet. Der Altersdurchschnitt beträgt 67 Jahre. Die Krankheiten sind von gleicher Art wie auf den oben vorgestellten Listen. Auf den Transport-Listen nach Grafeneck sind bereits fünf Namen zu finden, allerdings sind sie alle von den Listen mit dem Vermerk „arbeitet" gestrichen worden. Acht Pfleglinge kamen nach Fußbach, 28 wurden nach Hördt verlegt.

---

[218] Patientenakten von 84 der 96 nach Hördt verlegten Sinsheimer Pfleglingen konnte ich in den Archives Médicales des „Etablissement Public de Santé Alsace Nord" (l'EPSAN) einsehen.
[219] Vgl. dazu oben, 165f..

4. „Liste über diejenigen Pfleglinge die außerhalb von Baden untergebracht werden können. (Frauen)" Auf der Liste sind 46 Frauennamen notiert. Auch hier beträgt der Altersdurchschnitt immerhin 65 Jahre, und die Zusammensetzung der Krankheiten entspricht den vorhergehenden Listen. Eine Patientin war bereits auf einer Transport-Liste nach Grafeneck zu finden, war aber wiederum mit dem Vermerk „arbeitet" davon gestrichen worden. Sieben Patientinnen wurden nach Fußbach verlegt, die große Mehrheit, nämlich 33 Frauen, kam nach Hördt. So ist davon auszugehen, dass diejenigen Pfleglinge, bei denen eine Unterbringung gewährleistet werden konnte, von den Transporten in die Tötungsanstalt verschont blieben.

5. „Liste der Arbeiter. (Männer)" Auf einer gesonderten Liste wurden die „Arbeiter" der Kreispflegeanstalt aufgelistet. Es handelt sich dabei um sieben Männer, deren Altersdurchschnitt auch immerhin 68 Jahre beträgt. Drei der Männer waren an Arteriosklerose erkrankt, einer an Schizophrenie, einer an Lues III.[220] Je einer der Arbeiter litt an angeborenem Schwachsinn und an Altersschwäche. Warum gerade sie trotz ihres schon ziemlich fortgeschrittenen Alters als Arbeiter eingesetzt wurden, bleibt im Dunkeln. Zwei der Arbeiter stehen auf der Liste vom 21. August 1942 unter denjenigen, die in der Kreispflegeanstalt Sinsheim verbleiben dürfen. Ein Arbeiter wurde nach Hördt verlegt. Was mit den anderen vier Arbeitern geschah, ist unbekannt.

6. „Liste der Arbeiter. (Frauen.)" Die entsprechende Liste der Arbeiterinnen enthält 13 Frauennamen. Der Altersdurchschnitt liegt mit 51 Jahren weit unter der der arbeitenden Männer! Zehn der Arbeiterinnen litten unter Imbezillität oder angeborenem Schwachsinn. Eine hatte ein Augenleiden, zwei andere waren an Schizophrenie erkrankt. Zwei Frauen sind auf den Transport-Listen nach Grafeneck zu finden, beide wurden aber wiederum mit dem Vermerk „arbeitet" gestrichen. Vier der Frauen sind auch auf der Liste vom 21. August 1942 zu finden und konnten wohl in der Kreispflegeanstalt bleiben. Über den Verbleib der übrigen Arbeiterinnen kann nichts gesagt werden.

Bei der Analyse der Listen fällt auf, dass alle der darauf notierten Pfleglinge von den Transporten in die Tötungsanstalt und damit von der eigentlichen „Euthanasie"-Aktion verschont wurden. So ist anzunehmen, dass bei der Selektion der zu tötenden Patienten diese von der Kreispflegeanstalt Sinsheim verfassten Listen beachtet wurden. Weiterhin fällt auf, dass von 96 nach Hördt verlegten Pfleglingen insgesamt 90 Patienten auf diesen Listen stehen! Neben den gerade vorgestellten Listen sind, wie bereits schon angedeutet,[221] Patientenakten des Sinsheimer Transports im Hördter Archiv vorhanden, die von mir dankenswerterweise eingesehen werden durften. 12 Akten von Sinsheimer Patienten sind nicht mehr vorhanden, so dass mir für die Auswertung der Patientenschicksale insgesamt 84 Akten zur Verfügung standen. Mit Hilfe der Angaben in den oben genannten Listen, kann nur über zwei Personen keine Aussage über deren Alter und Krankheit gemacht werden.

So lässt sich sagen, dass das Durchschnittsalter des Transports nach Hördt 64 Jahre betrug. Der jüngste Patient, Friedrich F., litt an Schizophrenie und war zum Zeitpunkt des Transports 26 Jahre alt. Die älteste Patientin, Elisabeth B. war bereits 92 Jahre alt. Sie hatte senile Demenz. Im Vergleich zum Durchschnittsalter der nach Grafeneck transportierten, sind die nach Hoerdt gekom-

---

[220] Lues III = Syphilis.
[221] Vgl. dazu Anm. 218.

menen Patienten im Durchschnitt älter. Wie schon oben gesagt, wurden die Hördter Patienten wohl nur aufgrund der „Besucherlisten" von den ersten Transporten zurückgestellt. Bedingt durch den hohen Altersdurchschnitt litt die Mehrzahl, nämlich 53 der Patienten, an einer altersbedingten Krankheit wie Altersschwäche, Altersschwachsinn, Senile Demenz, Arteriosklerose cerebri, Marasmus senilis, Schlaganfall, etc. Weitere Krankheiten, die häufig vorkommen, sind Schizophrenie und Schwachsinnigkeit in unterschiedlichen Graden (Imbezillität, infantiler Schwachsinn, angeborener Schwachsinn, etc.). Hinzu kommen Patienten, die unter anderem an Trunksucht, Blindheit, Taubstummheit, Parkinson (= Paralysis agitans), oder Multipler Sklerose erkrankt waren.

2.4. Die Sinsheimer Patienten in Hördt

Viele der Sinsheimer Patienten waren schon vor der Verlegung nach Hördt so krank und durch die kriegsbedingte Ernährungslage so entkräftet, dass sie den Transport nicht verkrafteten und dann in Hördt schnell starben. Bereits am 29. September 1942 verstarb der schon 83-jährige Alexander H. an Marasmus. In der Hördter Patientenakte wird sein dort nur sehr kurzer Krankheitsverlauf folgendermaßen beschrieben: „Senile Kachexie; bleibt stumm; völlig dement, unrein". Nur zwei Tage später, am 1. Oktober 1942, verstarb die erst 41-jährige Katharina Rosa E. Als Krankheit war auf der Sinsheimer Liste vom 21. August 1942 Parkinsonismus angegeben. Ferner wird sie dort als „bettlägerig, hilflos" beschrieben. In der Hördter Patientenakte wird ihre Krankheit mit „postentcephalitischer Parkinson" angegeben.

Zum Krankheitsverlauf ist nichts vermerkt. Als Todesursachen sind dann „Kontrakturen, Tremor, Dekupitus und Herzlähmung" verzeichnet. Bei dieser Patientin, die schon vor dem Transport bettlägerig gewesen ist, ist davon auszugehen, dass der eigentliche Transport zu anstrengend für sie gewesen ist.

In der Zeit vom 4. Oktober bis zum 26. Oktober sind dann allein elf Pfleglinge gestorben. Der Patient Edmund B. war seit einem Schlaganfall „bettlägerig und unrein", wie wiederum aus der Sinsheimer Liste vom 21. August 1942 ersichtlich ist. Über seine Todesursache wird keine Angabe gemacht. Mina B., die bereits 84 Jahre alt und halbseitig gelähmt war, starb an einer Schluckpneumonie. In ihrer Akte ist vermerkt, dass ihre Leiche nach Karlsruhe überführt wurde. Daraus ist zu schließen, dass in Karlsruhe noch Angehörige lebten, die sich auch um das Schicksal der Mina B. kümmerten. Der 83-jährige Patient Adolf J. war wegen Altersschwäche in die Pflegeanstalt gekommen. In seiner Akte ist eine Beschwerde seiner Mannheimer Tochter vorhanden, die sich bei der Direktion über den schnellen Tod ihres Vaters beklagt. Die Direktion verweist in ihrer Antwort auf den schlechten Gesundheitszustand des Vaters. Er sei bettlägerig und unrein gewesen. Als Todesursache wird schließlich „Marasmus, Biosemi, Hautbindegewebezerfall" angegeben. Sein Tod wurde wahrscheinlich durch den Transport und die unzureichende Pflege in Hördt beschleunigt. Von der Patientin Katharina K. ist lediglich bekannt, dass sie zu ihrem Todeszeitpunkt 77 Jahre alt war und sich wegen seniler Demenz in der Anstalt befand. Wilhelmine M. war 67 Jahre alt und litt an Oestomyelitis beider Beine. Sie starb an Schluckpneumonie. Elisabeth M. war auch schon bereits 70 Jahre alt, als sie schließlich durch einen Schlaganfall zu Tode kam. Sie war zuvor an Cerebralsklerose erkrankt und deshalb schon bettlägerig und unrein gewesen. Auch der 78-jährige Johann R. litt an cerebraler Arteriosklerose. Obwohl er bereits nach vier Wochen Aufenthalt in Hördt an Bronchiopneumonie und Herzschwäche starb, hatte er davor noch Besuch von seiner Tochter bekommen. Zu seinem Krankheitsverlauf wurde notiert: „Temperatur; isst wenig – nichts". Katharina S. starb 85-jährig an "Hypothermie, Marasmus und Herzembolie". Sie war wegen seniler Demenz in die Anstalt gekommen und war laut der Liste vom 21. August 1942 bereits in Sinsheim „bettlägerig und unrein" gewesen. Auch der 65-jährige Bernhard S. befand sich wegen seniler Demenz in der Anstalt. Er hatte laut der Eintragung in seine Gewichtskurve bei seinem Tod nur 43,5 kg gewogen und war dann auch an Kachexie und Darmlähmung gestorben. Bei der Patientin Margarete Z., die an Arteriosklerose Cerebri erkrankt war, wurde ebenso „Abmagerungen; fieberhafte Bronchitis" als Todesursache notiert. Sie war bei ihrem Tod bereits 79 Jahre alt.

Zusammenfassend lässt sich sagen, dass diejenigen Patienten, die unmittelbar nach dem Transport von Sinsheim nach Hördt gestorben sind, fast alle schon ein ziemlich hohes Alter erreicht hatten und sehr altersschwach und gebrechlich gewesen waren. Durch die sicherlich unzureichende Pflege und Ernährung, die in Hördt hauptsächlich durch die starke Überbelegung[222] bedingt war, hatten sie keine Chance, sich von dem anstrengenden Transport zu erholen und sich ihrer neuen Umgebung anzupassen.

Der 83-jährige Patient Louis R., dessen Erkrankung nicht bekannt ist, verweilte auch nicht lange in Hördt. Bereits am 17. Oktober 1942 wurde er wieder nach Baden, genauer in das christliche Hospiz von Heidelberg, verlegt. Warum dies geschah, ist heute nicht mehr nachzuvollziehen.

In den Monaten November und Dezember sind erneut 16 Sinsheimer Patienten verstorben. Der Altersdurchschnitt der Patienten beträgt 70 Jahre. Dadurch bedingt leidet die Mehrheit an altersbedingten Krankheiten wie seniler Demenz oder Arteriosklerose cerebri. Die Patientin Anna W. dagegen war an Multipler Sklerose erkrankt und starb im Alter von nur 32 Jahren. Sie wog zum Schluss nur noch 22 kg. Als Todesursache ist „Dekupitus, hohes Fieber, Marasmus, infizierter Druckbrand, Kräfteschwund, Herzschwäche" angegeben. Wie schon bei den früher verstorbenen Patienten ist ihr Tod auf die schlechte Pflege und die miserable Ernährung zurückzuführen, wie auch das Gewicht von Anna W. zeigt. Auch alle anderen Patienten hatten unter der schlechten Ernährungslage zu leiden. Wie die Aufzeichnungen der Gewichtskurven zeigen, nahm das Gewicht der Patienten in den wenigen Wochen, die sie in Hördt verbrachten hat-

---

[222] Faulstich bemerkt dazu: „Etwa zu Beginn des Jahres 1943 standen auch Stephansfeld und Hördt an der Grenze zur Vollbelegung". (Faulstich, Von der Irrenfürsorge, 295).

ten, rapide ab. So verringerte sich zum Beispiel das Gewicht des 73-jährigen Ludwig B., der nach einem Schlaganfall wegen eines postapoplektischen Zustandes mit Hemiplegie rechts in die Anstalt kam, in der Zeit vom 24. September 1942 bis zu seinem Tod am 23. November 1942 von 63 kg auf 49 kg! Auch die an Schizophrenie erkrankte 51-jährige Anna O. verlor in der Zeit vom 24. September 1942 bis zum 23. Dezember 1942 15 kg an Gewicht. Anfangs wog sie noch 60 kg, bei ihrem Tode dann nur noch 45 kg. In ihrer Patientenakte ist ein von ihr verfasster Brief an den Direktor erhalten, in dem sie sich über das schlechte Essen beklagt! Ihr Krankheitsverlauf wird folgendermaßen festgehalten: „bricht viel Blut; hustet; müde; fühlt sich nicht wohl." Betrachtet man die sieben überlieferten Krankenverläufe der 16 Patienten, fällt auf, dass allein fünf Patienten an Durchfall litten. So ist bei der Mehrheit als Todesursache auch Kachexie oder eine Bronchiopneumonie verzeichnet, die wohl durch die allgemeine Schwäche der Patienten ausgelöst wurde! Der 80-jährige Jakob W., der schließlich aufgrund eines Hirnschlags verstarb, beklagt sich in einem Brief auch über die miserable Behandlung, unter der wohl alle Patienten zu leiden hatten. Diese These wird durch eine von Faulstich durchgeführte Untersuchung bestätigt: Er zog für seine Untersuchung 12 Krankengeschichten von Männern und 5 von Frauen heran, die von Wiesloch nach Hoerdt verlegt worden waren und kommt dabei zu folgendem Schluss: „Alle verloren durch Unterernährung in der mehr oder weniger langen Zeit ihres Aufenthaltes in Hoerdt massiv an Gewicht, entwickelten häufig Ödeme und kamen in hochgradig abgemagertem, kachektischem Zustand ad exitum."[223]

So vertritt Faulstich auch die These, dass es in Hoerdt eine „Hungerkost", wenn nicht sogar ganze „Hungerabteilungen" gegeben habe. Insgesamt könne Hoerdt deshalb als „Sterbeanstalt" für Baden angesehen werden.[224]

2.5. Die Rückverlegungen nach Baden

Als es den Sinsheimer Patienten im Laufe der in Hoerdt verbrachten Wochen immer schlechter und schlechter ging, traf in Straßburg folgendes Schreiben des badischen Ministers des Innern ein:

„Der Minister des Innern   Karlsruhe, den 15. Dezember 1942
                                Schlossplatz 19
                                Fernruf: 7460/68

No. 93260.   Die badischen Kreispflegeanstalten
Auf den Bericht vom 8. Dezember 1942.

An den Chef der Zivilverwaltung-Verwaltungs- u.Polizeiabteilg. *in Straßburg*

Vor kurzem wurden 96 Pfleglinge aus der badischen Kreis-Pflegeanstalt Sinsheim in die Heil- und Pflegeanstalt Hörth überführt, da über die Anstalt in Sinsheim anderweitig verfügt wer-

---

[223] Faulstich, Hungersterben, 371.
[224] A.a.O., 373.

den musste. Eine Belassung der Pfleglinge in Hörth ist aber nur insoweit zulässig, als sie nach dem badischen Irrenfürsorgegesetz §§ 4 oder 5 in einer Heil- und Pflegeanstalt untergebracht werden müssen. Wie ich höre, sind inzwischen nicht weniger als 13 Pfleglinge in Hörth verstorben. Bezüglich der restlichen 83 Pfleglinge ersuche ich um beschleunigte Prüfung, ob und inwiefern bei ihnen die Voraussetzungen für eine zwangsweise Unterbringung in einer Irrenanstalt nach dem badischen Irrenfürsorgegesetz vorliegen. Soweit diese Voraussetzungen nicht einwandfrei vorliegen oder soweit es ohne weiteres klar ist, dass die Pfleglinge einer solchen Untersuchung nicht bedürfen, weil sie nur wegen Altersschwäche oder aus anderen Gründen in einer Anstalt sich befinden, ersuche ich, die Pfleglinge *alsbald* nach Maßgabe des angeschlossenen Verzeichnisses in badische Kreispflegeanstalten zurückzuverlegen und sich mit diesen Kreispflegeanstalten, die von mir unmittelbar benachrichtigt sind, in Verbindung zu setzen. Da die genannten Kreispflegeanstalten ihre freien Betten zur Zeit für die von Hörth in sie zu verlegenen Pfleglinge freihalten, ist die Erledigung der Angelegenheit sehr eilig.

Soweit die Voraussetzungen für eine zwangsweise Unterbringung in einer Irrenanstalt nach den Bestimmungen des badischen Irrenfürsorgegesetzes ärztlicherseits als gegeben erachtet werden, ersuche ich, sich mit dem Landrat in Sinsheim ins Benehmen

An den Herrn Landrat
in Sinsheim."

An dieser Stelle bricht das Dokument mitten im Satz ab. Wie die oben durchgeführte Analyse der im Zeitraum von Oktober bis Dezember verstorbenen Patienten zeigt, wurden dem badischen Ministerium des Innern falsche Zahlen übermittelt, da bis zum Zeitpunkt des Schreibens bereits mehr als 13 Sinsheimer Pfleglinge verstorben waren.

Wie das Schreiben mitteilt, müssen Patienten, die durch ihre „Krankheit" keine Berechtigung besitzen, in einer Heil- und Pflegeanstalt untergebracht zu sein, wieder in eine ihnen angemessene Kreispflegeanstalt zurückgebracht werden. Da Sinsheim wie bereits bekannt nicht mehr zur Verfügung stand, wurden die ausgewählten Patienten auf Kreispflegeanstalten in ganz Baden verteilt.

1. Rückverlegung in die Kreispflegeanstalt Fußbach
Obwohl der Brief aus dem Ministerium des Innern erst am 15. Dezember 1942 verfasst wurde, erfolgte die erste Verlegung dreier Sinsheimer Patienten von Hoerdt in die Kreispflegeanstalt Fußbach bereits am 10. Dezember 1942. Aus welchen Gründen dies geschah, kann nicht sicher beantwortet werden. Wahrscheinlich wollte die Hoerdter Anstaltsleitung einfach der Überbelegung Herr werden und ließ deshalb Patienten verlegen. Im Gegensatz zu den oben beschriebenen verstorbenen Patienten, sind die drei nach Fußbach Verlegten als körperlich „fit" zu bezeichnen: Die 35-jährige Anna K. war wegen Imbezillität in die Anstalt gekommen. Als ihr Vater sie nach Hause holen wollte, wurde sie nach Fußbach verlegt! Der auch erst 38 Jahre alte und an Schizophrenie erkrankte Jakob H. war in Sinsheim als „fleißiger Arbeiter" bekannt gewesen. Während die große Mehrheit der Patienten mit starker Gewichtsabnahme zu kämpfen hatte, hatte er sogar eine Gewichtszunahme zu verzeichnen. Die dritte Patientin, Albertine D., litt unter Trunksucht und war bereits 79 Jahre alt. Vor

ihrem Aufenthalt in Sinsheim war sie bis zum 13. Oktober 1940 in Hub untergebracht. In ihrer Hoerdter Krankenakte ist über ihr Befinden zum Zeitpunkt der Verlegung nach Fußbach zu lesen: „nicht unrein; gesprächig".

2. Rückverlegung in die Kreispflegeanstalt Geisingen
Schon eine Woche nach der Verfassung des obigen Schreibens werden 20 Sinsheimer Patienten am 22. Dezember 1942 in die Kreispflegeanstalt Geisingen verlegt. Dass diese Verlegung die erste Reaktion auf das Schreiben bedeutet, erkennt man an den folgenden Bemerkungen in sechs der 20 Patientenakten: viermal lautet die Formulierung dabei „nicht anstaltsbehandlungsbedürftig", zweimal „bedarf keiner Anstaltsbehandlung". So wurden die Patienten, wie gefordert, nach §§ 4 oder 5 des badischen Irrenfürsorgegesetzes für die Verlegung ausgewählt.

Der Altersdurchschnitt der Verlegten beträgt 68 Jahre. Wie schon beim vorausgegangen Transport nach Fußbach war die körperliche Konstitution dieser Patienten viel besser als die der in den ersten Monaten Verstorbenen. Dies wird besonders beim Vergleich der einzelnen Gewichtskurven ersichtlich: Von 13 der 20 Patienten ist eine Gewichtskurve erhalten. Bei vier Pfleglingen ist dabei ein Anstieg des Gewichts um 1-2 kg auszumachen. Dem 73-jährigen Patienten Kaspar M. gelang sogar auf unbekannter Art und Weise, 23 kg zuzunehmen. Kaspar M. war wegen Arteriosklerotischer Demenz in die Anstalt gekommen. In seiner Hördter Krankenakte ist zu lesen: „Verwahrlosungszustand; macht Hausarbeit". Die anderen Pfleglinge, die an Gewicht zunahmen, arbeiteten wie Anna B. oder der Dachdecker Franz G. teilweise in der Küche und konnten sich so zusätzliche Nahrung beschaffen. In der Krankenakte der 55-jährigen Lisette G., die sich wegen Schwachsinn nach Meningitis in der Anstalt befand, ist die Bemerkung „sie isst gut" zu finden. Bei sieben Patienten ist dagegen ein Gewichtsverlust bis von 1 kg zu 5,5 kg zu verzeichnen: Am meisten Gewicht verlor dabei der 75 Jahre alte Johann K., der an Arteriosklerose erkrankt war. Im Krankheitsverlauf des gleichaltrigen, aber taubstummen Peter E. ist zu lesen: „spricht mit niemanden; unrein in der Nacht; bettlägerig". Wohl bedingt durch seine Bettlägerigkeit verlor er 5 kg an Gewicht. Wilhelmine G. nahm zwar nur 1 kg ab, war aber sicherlich eine der auffälligsten Patienten der Verlegung: Sie war an Lupus, Syphilis und Arthritis erkrankt, was bei ihr eine paranoide Persönlichkeitsspaltung zur Folge hatte. So hielt sich Wilhelmine G. für ein Werkzeug Gottes und gab sich als Heilerin aus. Da dies im Nazi-Staat nicht akzeptiert werden konnte, wurde sie zuerst in das KZ Ravensbrück eingeliefert. Dort hatte man wohl ihre Erkrankung erkannt und sie schließlich nach Hub weitergeleitet. Von dort kam die bei Verlegung nach Geisingen inzwischen 72-Jährige dann nach Sinsheim.

3. Rückverlegung in das Altersheim Fußbach
Die Verlegung in das Fußbacher Altersheim erfolgte am 30. Dezember 1942. Davon betroffen waren neun Sinsheimer Patienten, die im Durchschnitt 56 Jah-

re alt waren. Da die Patienten also durchschnittlich acht Jahre jünger waren als der Durchschnitt aller nach Hoerdt transportierter Patienten, dominierte hier nicht Altersschwäche als Krankheitsbild. Nur der 70-jährige Karl B. litt an Arteriosklerotischer Demenz. Er wurde wohl für die Verlegung ausgesucht, da er bis zuletzt fleißig als Malergehilfe gearbeitet hat. Auch Amalie R. und Marie S. hatten sich nützlich gemacht: Während die 71 Jahre alte und an Paralysis agitans erkrankte Amalie R. regelmäßig in der Gemüseküche arbeitete, war in der Akte der 44-jährigen Marie, die wegen Imbezillität in der Anstalt war, zu lesen: „gutgewillt zum Arbeiten, Gärtnerei". Sie selbst soll gesagt haben, dass es in Sinsheim besser gewesen sei. Emma G. war zum Zeitpunkt der Verlegung auch erst 43 Jahre alt. Sie war an der Erbkrankheit Chorea Huntington erkrankt. Vor dem Ausbruch ihrer Krankheit hatte sie geheiratet und vier Kinder zur Welt gebracht, bis sie am 10. Mai 1941 in Wiesloch eingewiesen wurde. Später kam sie dann nach Sinsheim. Bei der Auswertung der vier überlieferten Gewichtskurven ist keine Besonderheit aufgefallen: Alle Patienten erlitten einen Gewichtsverlust im Rahmen von 0,5 kg bis 5 kg.

4. Rückverlegung in die Kreispflegeanstalt Wiechs
Von den Sinsheimer Patienten wurden nur vier am 8. Januar 1943 in die Kreispflegeanstalt Wiechs bei Schopfheim verlegt. Die Pfleglinge waren im Durchschnitt 56 Jahre alt und alle an Schizophrenie bzw. an präseniler Wahnbildung erkrankt. Zusätzlich hatten schon alle vier eine wahre Anstaltenodyssee hinter sich: Die 70-jährige Elise H. war 1938 in der Illenau eingeliefert worden. Danach folgten Hub, Weinheim und Sinsheim. Die 45 Jahre alte Karoline R. war ab 1937 zwei Jahre in der Heidelberger Psychiatrie untergebracht, bevor sie 1939 in die Illenau wechselte. Nach Hub wurde sie im Rahmen eines Sammeltransports am 13. Dezember 1940 nach Sinsheim verlegt. Ihr Krankheitszustand wurde in Hördt mit „Haareausreissen; stumpf" beschrieben. Die 60-jährige Rosa R. hat 5 kg an Gewicht verloren, obwohl sie in der Gemüseküche beschäftigt war. Sie war schon seit 1909 in Sinsheim untergebracht, davor war sie schon in Wiesloch und Weinheim gewesen. Die 49 Jahre alte Therese S. war ab 1939 in die Illenau gebracht wurde, Danach folgten Hub und Weinheim bevor sie nach Sinsheim kam!

5. Rückverlegung in die Kreispflegeanstalt Hub
Ende Januar erfolgte dann die letzte Verlegung Sinsheimer Patienten. Am 22. Januar 1943 wurden Mina M. und Albert M. in die Kreispflegeanstalt Hub gebracht. Die 56-jährige Mina M. war schon vor ihrem Aufenthalt in Sinsheim wegen ihrer Debilität in Hub untergebracht gewesen. Sie hat während ihres Aufenthalts in Hoerdt 4 kg an Gewicht verloren, was im üblichen Rahmen des Gewichtverlustes vergleichbarer Patienten dieser Zeit liegt. Auch Albert M. hat einige Kilogramm verloren: Während einer einmonatigen andauernden Bronchiopneumonie verlor er acht Kilo, konnte dann aber wieder vier Kilo zuneh-

men. Der 67-jährige Albert M. war Arbeiter gewesen und wegen Altersschwäche in der Anstalt.

2.6. Die Zurückgebliebenen in Hoerdt

Nachdem insgesamt fünf Transporte mit einer Heil- und Pflegeanstalt nicht bedürftigen Pfleglingen zurück in die badischen Kreispflegeanstalten erfolgten, blieben noch 16 Sinsheimer Patienten in Hördt zurück. Ihr Durchschnittsalter betrug 59 Jahre. Am Verlauf ihrer Gewichtskurven und ihres Krankheitsverlaufs lässt sich deutlich ablesen, warum gerade diese Patienten in der Hördter Heil- und Pflegeanstalt bleiben durften oder mussten und sie dort auch im Zeitraum vom Januar 1943 bis Dezember verstarben. Der durchschnittliche Gewichtsverlust, der anhand von 13 vorhandenen Gewichtskurven ermittelt werden konnte, liegt bei 12,6 kg! Den noch geringsten Gewichtsverlust mit 5 kg hat dabei die 73-jährige Marie B. zu verzeichnen, die sich wegen Arteriosklerose Cerebri in der Anstalt befand. Sie wog bei ihrem Tod im April 1943 nur noch 32 kg bis sie schließlich an einem hohen Dekupitus starb. In ihrer Krankenakte ist nachzulesen, dass ihre Familie sehr um ihren schlechten Zustand besorgt war und sogar erreichen konnte, ihre Angehörige Marie B. zu besuchen. Johann H., zum Zeitpunkt seines Todes im Januar 1944 62 Jahre alt, verlor mit 28 kg am meisten Gewicht. Anfangs wog er noch 69 kg, bis er auf 41 kg heruntergehungert war und schließlich an einer Grippe und Bronchiopneumonie starb. Johann H. hatte schon ein bewegtes Leben hinter sich, bis er wegen Erregung öffentlichen Ärgernisses im Juni 1940 in die Anstalt kam. So war er schon im Lazarett während des 1. Weltkrieges wegen Psychopathie behandelt worden. Danach verbrachte er einige Zeit im Gefängnis, bis er in die Anstalt eingewiesen wurde. Als Krankheit waren bei ihm „erbliche Belastung und manisches Irrsein" notiert. Als Bemerkung in seinem Krankenblatt ist „frech" zu lesen. Bronchiopneumonie ist die am häufigsten vorkommende Todesursache bei den in Hördt verbliebenen Patienten, da 11 Patienten daran starben. Zusätzlich dazu trat häufig Fieber, Dekupitus und ein kachektischer Zustand auf. Dies alles sind Folgen einer mangelhaften Ernährung und Pflege der Patienten, die diese immer mehr entkräften ließen.

2.7. Sinsheimer Patienten in der Tötungsanstalt Hadamar?

Wie bereits erwähnt, fehlen 12 Patientenakten der von Sinsheim nach Hördt gebrachten Patienten. Hier stellt sich die Frage, warum gerade diese Akten fehlen und wohin sie wohl gelangt sein könnten. Eine These ist dabei, dass sie im Rahmen der sogenannten „Aktion Brandt"[225] verloren gingen. So ist bekannt, dass am 6. Januar 1944 per Eisenbahnsammeltransport jeweils 50 Patienten aus Hoerdt und Stephansfeld in die Tötungsanstalt Hadamar verlegt wurden, wo sie

---

[225] Auf die „Aktion Brandt" kann an dieser Stelle nicht weiter eingegangen werden. Weitere Informationen sind zu finden in Faulstich, Von der Irrenfürsorge, 300ff.

zu Tode kamen.[226] Nun besteht die Möglichkeit, dass die 12 Sinsheimer Patienten diesem Transport angehörten und so in Hadamar getötet wurden.

An dieser Stelle enden die Informationen über das Schicksal der Sinsheimer Patienten während der „Euthanasie"-Aktion in den Jahren 1939 bis 1945.

Insgesamt kamen 280 Sinsheimer Patienten im Rahmen der „Euthanasie"-Aktion ums Leben, wie die folgende Aufstellung zeigt. Nicht berücksichtigt werden konnten diejenigen Patienten, die infolge der Rückverlegung wieder nach Baden kamen. Über ihr weiteres Schicksal ist wegen der schlechten Aktenlage nichts bekannt. Auch über die im Herbst 1941 nach Fußbach gebrachten Kranken kann an dieser Stelle aus den bekannten Gründen keine Aussage gemacht werden. Sicherlich kann man aber davon ausgehen, dass auch in diesen Anstalten bis 1945 noch Sinsheimer Pfleglinge gestorben sind, so dass sich die Zahl der Verstorbenen eher noch erhöht.

	Transport- bzw. Todesdatum	Todesort	Anzahl der Toten	Zwischenstation
1. Transport	15.05.1940	Grafeneck	14	
2. Transport	04.07.1940	Grafeneck	75	
3. Transport	17.07.1940	Grafeneck	15	
4. Transport	19.07.1940	Grafeneck	75	
5. Transport	15.10.1940	Grafeneck	14	
6. Transport	13.11.1940	Grafeneck	33	
Zwischenergebnis		*Grafeneck*	*226*	
	06.03.1941	Hadamar	1	Wiesloch
	14.07.1941	Hadamar	9 (?)	Wiesloch
	Sept./Okt.1942	Hoerdt	12	
	Nov./Dez. 1942	Hoerdt	16	
	Jan.1943-Dez 1944	Hoerdt	16	
Verstorbene insgesamt			*280*	

Bevor die bisher dargestellten Ereignisse, die die Kreispflegeanstalt Sinsheim betreffen, zusammenfassend ausgewertet werden, soll zum Abschluss der Arbeit noch die Reaktion der Kirchen, im Besonderen die der evangelischen Kirche, auf die hier beschriebene NS-„Euthanasie"-Aktion dargestellt werden.

3. Die Reaktion der Kirche auf die „Euthanasie"-Aktion
3.1. Die Kirchen in Sinsheim

Wie eine Monografie der Stadt Sinsheim aus dem Jahre 1947 belegt,[227] zählte Sinsheim 1939 3900 Einwohner.[228] Die als einzige zur Verfügung stehende Tabelle über die prozentuale Verteilung der Religionen in Sinsheim stammt aus dem Jahr 1925 und geht von insgesamt 3.497 Einwohner aus:[229]

---

[226] A.a.O., 304.
[227] Ewald Kirstein, Sinsheim an der Elsenz. Monographie einer Kleinstadt auf geographischer Grundlage, Diss. phil., Heidelberg 1947.
[228] A.a.O., 53.
[229] A.a.O., 54.

Evangelisch	Katholisch	Israelitisch	Sonstiges
2233	1149	79	36
63,8 %	32,9 %	2,3 %	1 %

So kann man davon ausgehen, dass sich die prozentuale Verteilung der Religionen bis zum Jahre 1939 nur geringfügig geändert hat. Normalerweise traten Änderungen in der Religionsstruktur der deutschen Städte erst nach 1945 ein und waren bedingt durch den Holocaust und durch die Aufnahme der sogenannten „Vertriebenen" aus den östlichen Provinzen des ehemaligen Deutschen Reiches. Sinsheim war also zu Beginn des 2. Weltkrieges mit 63,8 % mehrheitlich evangelisch geprägt. Die Katholiken befanden sich mit 32,9 % in der Minderheit. Die Angehörigen der israelitischen Religionsgemeinschaft gehörten mit 2,3 % der absoluten Minderheit an. Wie die Einzelanalysen der in Grafeneck umgekommenen Pfleglinge zeigt, spiegeln sich die religiösen Verhältnisse der gesamten Stadt Sinsheim auch in der Kreispflegeanstalt wider.[230] So sollte man davon ausgehen, dass der damalige Sinsheimer evangelische Pfarrer Schneider Kontakt zu seinen Gemeindegliedern hatte, die in der Kreispflegeanstalt untergebracht waren. Handelte es sich dabei doch um immerhin ca. 223 Patienten.

Die evangelische Kirchengemeinde
Untersucht man nun aber die Archive der heutigen Sinsheimer evangelischen Kirchengemeinden und das Archiv des Dekanats Sinsheim, um mehr zum Kontakt zwischen evangelischer Kirche und Kreispflegeheim zu erfahren,[231] kommt man zum folgenden Ergebnis:
1. Markusgemeinde und Dekanat: Weder im Dekanatsarchiv noch im Archiv der Markusgemeinde konnte etwas zum Kreispflegeheim gefunden werden. Es existiert in den Akten nicht.
2. Lukasgemeinde: Im Archiv sind Akten vorhanden, die von einer Beziehung zwischen der Kirchengemeinde und dem Kreispflegeheim berichten. Allerdings stammt der älteste Eintrag von 1982. Seit diesem Zeitpunkt besteht ein seelsorgerischer Auftrag von Seiten der badischen Landeskirche, den als erster Pfarrer Wütherich übernahm. Heute nimmt Pfarrer Coors aus Sinsheim/Dühren diesen Seelsorgeauftrag wahr.

Auch nach mehreren Telefonaten mit älteren Gemeindegliedern konnte ich nichts von einer Beziehung zwischen der evangelischen Kirchengemeinde Sinsheim und dem Kreispflegeheim erfahren. Entweder können sich die Gefragten nicht mehr erinnern oder es hat überhaupt keinen größeren Kontakt gegeben.

Wenn überhaupt kein Kontakt zwischen beiden Institutionen bestanden hat, muss auch davon ausgegangen werden, dass sich die evangelische Kirchenge-

---

[230] Vgl. dazu die Angaben zur Religion bei den nach Grafeneck transportierten Patienten.
[231] Für die Erlaubnis der Archivdurchforstung und seine dabei kompetente Betreuung bedanke ich mich herzlich bei Dekan Pfefferle.

meinde gerade in Zeiten, wo es darauf ankam, Partei für die Schwächeren zu ergreifen, sehr zurückgehalten hat. Der Grund dieser Zurückhaltung liegt sicher auch darin, dass die Sinsheimer Kirchengemeinde der Glaubensbewegung der Deutschen Christen zugehörte oder auf jeden Fall mit ihnen sympathisierte, wie aus einem Artikel über die DC-Kundgebung in Sinsheim am 6. August 1933 ersichtlich wird:

> „In einer gutbesuchten Kundgebung im Stadtparksaal Sinsheim am Sonntag, den 6. August, nachmittags, meldete sich die Glaubensbewegung der Deutschen Christen kräftig zu Wort. Der Kreisleiter der Bewegung, Herr Pfarrer Schenck/Ehrstädt, eröffnete die Versammlung mit dem Hinweis, dass der geistige Kampf der Glaubensbewegung noch nicht abgeschlossen ist und wir nicht aufhören werden, bis auch der letzte Mann für unsere Gedanken und Ziele gewonnen sein wird. Darauf ergriff Herr Oberkirchenrat Voges/ Karlsruhe, der Landesleiter der Glaubensbewegung das Wort zu seinem großangelegten Vortrag über das Werden und Wollen der Glaubensbewegung".[232]

Wie ein anderer Bericht erkennen lässt, fand bereits schon am 30. Juli 1933 eine Kundgebung der „Deutschen Christen" (DC) in Sinsheim statt.[233] So kann man davon ausgehen, dass die DC in Sinsheim auch noch in den Jahren der „Euthanasie"-Aktion präsent waren. Da sich die DC der Führung Hitlers unterstellt hatten, mussten oder wollten sie wohl auch sein Programm „Vernichtung lebensunwerten Lebens" unterstützen und griffen daher nicht in die Vorgänge des Kreispflegeheims ein.

Eine weitere These, warum der evangelische Pfarrer bzw. die gesamte evangelische Kirchengemeinde während der „Euthanasie"-Aktion im Kreispflegeheim nicht aufgetreten ist, wäre, dass diese über die sich dort abspielenden Vorgänge nicht Bescheid gewusst hätten. Wie schon im Zusammenhang mit dem Protestschreibens des Sinsheimer Landrats Schäfer erläutert wurde, waren aber die Transporte nach Grafeneck in ganz Sinsheim bekannt.[234] Frau K. berichtet in ihrem Interview auch davon, dass der evangelische Pfarrer Schneider guten Kontakt zu seinem katholischen Kollegen Pfarrer Schwarz pflegte, der sehr gut über die „Euthanasie"-Aktion informiert war. So kann wohl davon ausgegangen werden, dass auch Pfarrer Schneider über die Vorkommnisse in der Kreispflegeanstalt Bescheid wusste. Auf die Frage hin, warum die evangelische Kirchengemeinde ihrer Meinung nach nicht aktiv geworden sei, antwortet Frau K., dass die Protestanten weniger Mut zum Widerstand aufgebracht hätten als die Katholiken.

---

[232] N.N., DC-Kundgebung in Sinsheim am 6.8.1933, in: Kirche u. Volk, Nr. 34, 20. Aug. 1933, 270 zit.n.: Die Evangelische Landeskirche in Baden im „Dritten Reich". Quellen zu ihrer Geschichte, i.A. des Evangelischen Oberkirchenrats Karlsruhe hg. von Hermann Rückleben/Hermann Erbacher, Bd. II: 1933–1934, Karlsruhe 1992, 79f.
[233] Vgl. Pfr. Dürr an Vorstand, Bezirksvertreter und Mitglieder der KPV: Bericht über eine DC-Kundgebung in Sinsheim am 30. Juli 1933 zit.n. a.a.O., 69f.
[234] Vgl. oben, 169ff.

Die katholische Kirchengemeinde
Während die evangelische Kirchengemeinde zur Zeit der „Euthanasie"-Aktion keinerlei Beziehung zur Kreispflegeanstalt Sinsheim pflegte und daher an dem schrecklichen Schicksal der Pfleglinge keinen Anteil nahm, war die katholische Kirchengemeinde dank ihres sehr aktiven Pfarrers Schwarz in einer anderen Lage: So berichtet Frau K. beispielhaft aus ihrem Leben und von ihren Erfahrungen:

Frau K. stammt aus Sinsheim. Ihr Vater war der Eigentümer eines Innenausstattergeschäfts in der Sinsheimer Hauptstraße. Sie hatte noch zwei Geschwister: Bruder K., der mit 21 an der Front fiel, und Schwester P., mit der sie heute zusammenwohnt. Die Familie K. war sehr katholisch. So gehörten die Kinder von Anfang an der katholischen Jugend an. Der katholische Gemeindepfarrer Schwarz war mit der Familie sehr gut bekannt. Frau K. besuchte die Handelsschule in Heidelberg. Allerdings konnte sie in Sinsheim keinen Arbeitsplatz finden, da sie nach anfänglicher Mitgliedschaft im BDM später nicht mehr dorthin ging. Denn als sie mitbekam, wie judenfeindliche Lieder gesungen wurden, konnte sie ihren christlichen Glauben nicht mehr mit dem „Glauben" der Hitlerjugend verbinden. Sie weigerte sich auch während des gesamten ‚Dritten Reichs' hindurch, den Hitlergruß zu sprechen, da, wie sie oft betont, Hitler ihr nie Heil gebracht habe. Während des Krieges wurde sie zum Arbeitsdienst eingezogen. Sie arbeitete in einer Bad Rappenauer Klinik für Tuberkulosepatienten. Diese Klinik wurde von Diakonissen geleitet, die zu ihrem Entsetzen alle „braun" waren. Sie hat nie verstanden, wie diese dies mit ihrem Glauben in Einklang bringen konnten. Vor dem Krieg war Frau K. in der katholischen Gemeinde für die Bücherei zuständig. Als die Gestapo die Bücher konfiszieren wollte, konnte sie Pfarrer Schwarz vorwarnen. So konnten die Bücher bei ihr zu Hause versteckt werden. Pfarrer Schwarz war ein sehr gut informierter Mann. Er wusste bereits von KZs zu erzählen, kannte die Kriegspläne. Er war es auch, der der Familie K. die Predigten von Bischof Graf von Galen weiterleitete, in denen er die Euthanasie anprangerte. Auch der Freiburger Bischof Gröber gelangte mit seinen warnenden Worten bis nach Sinsheim.[235] Pfarrer Schwarz hörte wohl ausländische Sender. Im Rahmen der katholischen Jugend besuchten die K.- Schwestern auch die Kreispflege. Im ‚Dritten Reich' setzten sie ihre Arbeit fort. Sie waren darüber informiert, dass Patienten von dort wegtransportiert wurden – in abgedunkelten – Bussen. Sogar die Patienten wussten, dass sie in den Tod fuhren. Nach Aussage der Geschwister war dies in der Kleinstadt allgemein bekannt! Nach dem Krieg, als die Kreispflege zur Unterbringung von Flüchtlingen genutzt wurde, gingen die Geschwister wieder dort hin, um dort zu helfen. Nach Aussage der Geschwister war auch bekannt, dass die Sinsheimer Juden nach Gurs ins KZ kamen. Für sie selbst ist ein Wunder, dass niemand aus ihrer Familie trotz hartnäckiger Weigerung des Hitler-Kultes ins KZ gebracht wurde. Sie machen dafür den damaligen Bürgermeister verantwortlich, der wohl ein sehr gutmütiger Mann war. Außerdem hätten sie eben in einer Kleinstadt gewohnt.[236]

Der Bericht von Frau K. lässt die Aussage zu, dass die katholische Kirchengemeinde in Bezug auf die Kreispflegeanstalt weit aktiver als die evangelische Kirchengemeinde gewesen ist. So gab es immer Jugendgruppen, die die Pfleglinge besuchten und ihnen in ihrer schwerer Zeit beistanden, obwohl die Ju-

---

[235] Die Protestaktionen des Münsteraner Bischofs Graf von Galen und des Freiburger Bischofs Gröber werden im Folgenden noch näher dargestellt werden.
[236] Das Interview mit Frau K. wurde am 8. März 2001 in Sinsheim geführt.

gendlichen bzw. die jungen Erwachsenen selbst an der schlimmen Situation nichts ändern konnten.

3.2. Die Kirchen in Baden
Die badische Landeskirche
Nachdem die Sinsheimer Ortsgemeinde keinerlei Aktivität in Sachen Widerstand gegen die „Euthansie"-Aktion gezeigt hat, soll an dieser Stelle der Widerstand auf landeskirchlicher Ebene kurz dargestellt werden.

Der Anstaltsleiter der am 4. September 1939 nach Stetten ins Remstal verlegten „Heil- und Pflegeanstalt für Epileptische in Kork", Pfarrer Adolf Meerwein, wurde in der badischen Landeskirche als erstes aktiv. Nachdem Meerwein im Frühsommer 1940 die wahre Bedeutung der Transporte nach Grafeneck herausbekommen hatte, ging er am 19. Juni 1940 zu Dr. Sprauer: „Nachdem er ihm eröffnet hatte, er ‚wüsste nun, was los wäre', unterbrach ihn der Leiter der Gesundheitsabteilung ‚in höflicher Form' und erklärte, ‚wenn er weitersprechen würde, dann müsste er ihn verhaften lassen.'"[237]

Daraufhin traf er sich mit Landesbischof Kühlewein, der ihm mitteilte, dass das Kollegium des Evangelischen Oberkirchenrats bereits einen Protest an das badische Innenministerium entworfen hatte. Dies geschah auf Veranlassung von Pfarrer Gilbert aus Steinen, der den Abtransport seiner an Epilepsie leidenden Schwägerin aus Kork an ein unbekanntes Ziel mit kritischen Augen aufgenommen hatte.[238] Der Protestbrief der badischen Kirchenleitung hatte folgenden Wortlaut:

„Vonseiten verschiedener Gemeindeglieder wurde uns mitgeteilt, dass Angehörige, die als Pfleglinge sich in badischen Heil- und Pflegeanstalten befinden, unerwartet neuerdings in andere Anstalten überführt wurden, ohne dass die Eltern oder Pfleger hierwegen befragt worden wären oder ihre Zustimmung gegeben hätten. Die Unterbringenden haben s.Zt. in freier Entscheidung ihre Angehörigen unseren evangelischen Anstalten zugewiesen, was zweifellos einen Akt des Vertrauens in sich schloss. Dass wider ihren Willen die Pflegebefohlenen nun anderen Anstalten zugeleitet und über ihren Verbleib nicht einmal Auskunft gegeben wird, ist schlechthin unverständlich und bedeutet für die Betroffenen eine unerträgliche Belastung. Wir nehmen an, dass der Herr Minister über diese Vorgänge unterrichtet ist, und wenden uns deshalb im Interesse unserer Gemeindeglieder wie der Anstaltsleiter, denen die Pfleglinge anvertraut wurden und von deren Händen sie gefordert werden, ohne dass sie über den Aufenthaltsort der Pfleglinge Auskunft geben könnten, an den Herrn Minister mit der ergebenen und dringenden Bitte um eine Aufklärung über den Sachverhalt."[239]

Bei seiner Unterredung mit Landesbischof Kühlewein wurde Pfarrer Meerwein von Kühlewein beauftragt, den Protestbrief an den Württembergischen Landesbischof weiterzuleiten.[240] Eine Antwort auf den Brief erhielt der Ober-

---
237 Rückleben, Deportation, 27.
238 Vgl. dazu a.a.O., 27 u. 77f.
239 A.a.O., 78.
240 Vgl. a.a.O., 79.

kirchenrat nie. Dafür traf um den 20. Juli beim Oberkirchenrat „die Abschrift eines Schreibens von Pfarrer Braune, Lobetal, an die Oberin des Karlsruher Diakonissenmutterhauses Bethlehem"[241] ein.[242] In diesem Schreiben fordert Braune indirekt dazu auf, öffentlichen Protest bei der Reichskanzlei in Berlin einzulegen, da Proteste bei örtlichen Stellen nicht weitergegeben würden. Pfarrer Gilbert fordert dann in einem weiteren Schreiben den Evang. Oberkirchenrat direkt dazu auf, „in gleicher Weise wie die württembergische Kirchenbehörde bei Herrn Reichsminister vorstellig zu werden, damit nicht die Reichsstellen der Meinung sind, alle Betroffenen sind mit diesen Maßnahmen einverstanden."[243]

Obwohl der Oberkirchenrat neben den verschiedenen Schreiben Gilberts auch aus anderen Kirchengemeinden Nachrichten über verstorbene behinderte Gemeindeglieder erhält, ergreift er in Sachen Protest gegenüber Berlin keinerlei Initiative.[244] 1947 berichtet der damalige Rechtsreferent der badischen Landeskirche, Dr. Friedrich, über ein am 27. September 1940 stattgefundenes Gespräch im Rahmen des Gesamtverbandes der Inneren Mission, dass die Anstaltsleiter darauf hingewiesen worden seien, Verlegungen nicht in alleiniger Entscheidung durchführen zu dürfen. Außerdem lägen von Seiten der badischen Landeskirche keine weiteren Eingaben an das bad. Innenministerium vor, da das von dem württembergischen Landesbischof Wurm verfasste Schreiben als Protest gegen das Vorgehen gegen Geisteskranke zu genüge ausreiche.[245]

Rückleben kritisiert diese Aussage Friedrichs und die damalige zu passive Haltung der badischen Landeskirche m.E. zu Recht, indem er der Landeskirche vorwirft, dass sie sich quasi auf dem Schreiben Wurms ausgeruht und keine eigene Initiative ergriffen habe: „Warum unterblieb eine vergleichbare badische Aktion, zumal nicht allein Pfarrer Braune, sondern besonders Pfarrer Gilbert wiederholt dazu aufgefordert hatte und die – vielleicht – dazu hätte führen können, dass z.B. Grafeneck einige Monate früher geschlossen wurde? Warum insistierten die Verantwortlichen nicht einmal beim bad. Innenministerium wegen Beantwortung ihrer Eingabe vom 19. Juni 1940?"[246]

Die Vermutung, die Frau K. im Interview äußerte, nämlich dass die Protestanten zu wenig Mut zum Widerstand aufgebracht hätten, wird hier von Rückleben nur bedingt unterstützt: Den Einzelnen hätte es nämlich nicht an Zivilcourage gefehlt, sondern am eigenen Selbstvertrauen, sich, entgegen der nationalsozialistischen Ausrichtung, für die Schwachen und Hilflosen einzusetzen. Als einzigen Hoffnungsschimmer für die jetzige badische Landeskirche sieht

---

[241] A.a.O., 80.
[242] Pfarrer Braune hatte bereits am 9. Juli 1940 eine Denkschrift für Adolf Hitler verfasst, die später noch näher dargestellt werden wird.
[243] Gilbert zit.n. Rückleben, Deportation, 81.
[244] Vgl. ebd.
[245] Vgl. a.a.O., 81f.
[246] A.a.O., 82.

Rückleben die Aufnahme der „Theologischen Erklärung der Bekenntnissynode von Barmen" in die Präambel zur Grundordnung der „Evang. Landeskirche in Baden".[247] „Sie [= Die Evangelische Landeskirche in Baden, D.S.] bejaht die Theologische Erklärung von Barmen als schriftgemäße Bezeugung des Evangeliums gegenüber Irrlehren und Eingriffen totalitärer Gewalt. Sie weiß sich verpflichtet, ihr Bekenntnis immer wieder an der Heiligen Schrift zu prüfen und es in Lehre und Ordnung zu bezeugen und lebendig zu halten." (5.5.72)[248]

3.3. Die Kirchen im gesamten Deutschen Reich
In diesem abschließenden Kapitel der Arbeit sollen die wichtigsten Widerstandsaktionen von ausgewählten Kirchenleuten auf dem Gebiet des gesamten Deutschen Reiches erläutert werden, die im Laufe der Arbeit an verschiedenen Stellen schon anklangen, aber nicht ausführlich erläutert wurden. Die Darstellung soll in chronologischer Reihenfolge erfolgen.

Denkschrift des Pastors Paul Gerhard Braune für Adolf Hitler vom 9. Juli 1940
Am 16. Juli 1940 wird die von Pastor Paul Gerhard Braune am 9. Juli 1940 verfasste Denkschrift für Adolf Hitler in der Berliner Reichskanzlei an den Ministerialdirektor Dr. Kritzinger übergeben. Dieser reicht die Denkschrift an den Chef der Reichskanzlei, Reichsminister Dr. Lammers, weiter.[249]

In seiner Denkschrift macht Braune zuerst darauf aufmerksam, dass er um die Verlegung von Insassen der Heil- und Pflegeanstalten aus „planwirtschaftlichen Gründen" weiß. Für ihn steht außer Zweifel, „dass es sich hierbei um eine großzügig angelegte Maßnahme handelt, die Tausende von ‚lebensunwerten' Menschen aus der Welt schafft."[250] Als mögliche Gründe seitens der Regierung mutmaßt er, dass unnützige Esser wohl schlecht für die Reichsverteidigung seien und die Ausmerzung der Schwachen dem Aufartungsprozess des deutschen Volkes dienen solle. Nach seiner Schätzung beträfe die Durchführung dieser Maßnahme hunderttausende schwacher Menschen, wobei schon Tausende ohne Rechtsgrundlage beseitigt worden seien. Braune fordert deshalb, dass die Maßnahmen schnellstmöglichst aufgehalten werden, da dadurch die sittlichen Grundlagen verletzt werden würden. So sei die Unverletzlichkeit des Menschenlebens einer der Grundpfeiler jeder staatlichen Ordnung und geltende Gesetze seien notwendig.

Im darauffolgenden Abschnitt der Denkschrift berichtet Braune von Tatsachen, die laufend beobachtet worden seien. Er erwähnt dabei die Meldebogen, die Verlegungen in Sammeltransporten, die Transportlisten. Als konkretes Beispiel für die hohe Anzahl der Toten in Grafeneck dienen ihm dabei 13 Epilepti-

---
247 Vgl. a.a.O., 82f.
248 Alfred Burgsmüller/Rudolf Weth (Hg.), Die Barmer Theologische Erklärung. Einführung und Dokumentation, Neukirchen-Vluyn ⁵1993, 85.
249 Vgl. Klee, Dokumente, 151.
250 A.a.O., 152.

ker aus der württembergischen Anstalt Pfingstweide, von denen in drei Wochen gleich vier Patienten verstarben. Dabei fällt Braune auf, dass die Todesursache immer gleich lautete und die Leichen auch immer gleich verbrannt wurden. Ähnliche Nachricht wie die aus Pfingstweide habe Braune aus ganz Deutschland erreicht. So habe sich die Anzahl der Todesfälle in den sächsischen Anstalten verdreifacht. Dies sei durch Heruntersetzung der Ernährung erreicht worden. Durch persönliche Berichte habe Braune von vielen Patienten erfahren, die an großem Hunger litten. Seiner Meinung nach seien die geschilderten Eindrücke erschütternd und einer Heil- und Pflegeanstalt nicht würdig. Weiter fällt Braune auf, dass die Sammeltransporte in großen Anstalten sehr zusammengewürfelt seien, so dass keiner den anderen kenne und alle einsam stürben. Nachdem er mehrere Einzelfälle im gesamten Reichsgebiet geschildert hat, zieht Braune daraus für sich folgende Schlussfolgerung: „Es handelt sich hier also um ein bewusstes planmäßiges Vorgehen zur Ausmerzung all derer, die geisteskrank oder sonst gemeinschaftsunfähig sind. Es sind dabei aber keineswegs völlig verblödete Menschen, die nichts mehr von ihrer Umgebung kennen und verstehen, die auch zu keiner Beschäftigung mehr fähig sind, sondern, wie gerade aus vielen kleinen Einzelbeobachtungen hervorgeht, sind es oft Menschen, die in ihrem Leben oft jahrelang feste Berufe ausgeübt haben, bei denen erst späterhin geistige Störungen aufgetreten sind."[251]

Weiter macht Braune darauf aufmerksam, dass sich die von den Angehörigen gemachten Beobachtungen in der Bevölkerung herumsprächen und dass das Vertrauen zu den Ärzten und damit zum gesamten Gesundheitswesen dadurch verloren gehen könne. Im Anschluss lobt er das bisherige deutsche Anstaltswesen und appelliert daran, auch die Diakonie, d.h. den Dienst an den Schwächeren, als ein Gut der Deutschen nicht zu niedrig einzuschätzen oder gar zu vergessen. Dann stellt er eine wichtige Frage: „Wie weit will man mit der Vernichtung des sogenannten lebensunwerten Lebens gehen?"[252] Wo liegen die Grenzen? Wo beginnt lebensunwertes Leben? Für Braune wird demnach die Ethik eines ganzen Volks gefährdet, wenn ein Menschenleben so wenig gilt! Vorgeschobene planwirtschaftliche Gründe berechtigen aus seiner Sicht nicht zur Euthanasie, da diese für die Ernährungslage nichts bringe. Zum Abschluss der Denkschrift folgt ein inniger Appell: „Mögen die verantwortlichen Stellen dafür sorgen, dass diese unheilvollen Maßnahmen aufgehoben werden, und dass die ganze Frage erst sorgfältig nach der rechtlichen und medizinischen, nach der sittlichen und staatspolitischen Seite geprüft wird, ehe das Schicksal von Tausenden und Zehntausenden entschieden wird."[253]

Nachdem die Denkschrift die Reichskanzlei erreicht hatte, wurde Braune, der zu diesem Zeitpunkt Vize-Präsident des Central-Ausschusses der Inneren Mis-

---

[251] A.a.O., 159f.
[252] A.a.O., 160f.
[253] A.a.O., 162.

sion war, am 12. August 1940 verhaftet und in Gestapo-Haft gebracht. Seine Entlassung erfolgte zum Reformationsfest, nachdem er nur zweimal vernommen worden war. Dass seine Verhaftung im Zusammenhang mit der Denkschrift stand, wurde bestritten, da die Euthanasie „geheime Reichssache" war und deshalb offiziell nicht stattfand. Auch die Innere Mission und die gesamte evangelische Kirche hielten die Denkschrift Braunes nicht nur geheim, sondern machten Braune nach seiner Entlassung auch noch Vorwürfe.[254]

Die Denkschrift Braunes beweist, dass die Vorgänge der „Euthanasie"-Aktion bereits im Juli 1940 in der Bevölkerung bekannt waren. Braunes aus seinen Beobachtungen scharf gezogene Schlüsse werden auch durch die Analyse der Vorgänge in der Kreispflegeanstalt Sinsheim bestätigt. So wurden dort auch gerade die an Schizophrenie erkrankten Patienten, die meist bis zum Ausbruch der Krankheit ein normales Leben führten und auch einer geregelten Arbeit nachgingen, für die ersten Transporte in die Tötungsanstalt Grafeneck ausgewählt.

Auch die meisten von Braune ausgesprochenen Befürchtungen sollten sich später bewahrheiten! Warum die Denkschrift Braunes innerhalb der evangelischen Kirche geheimgehalten wurde, ist aus heutiger Sicht nur schwer nachzuvollziehen.

Brief des württembergischen Landesbischof Theophil Wurm an den Reichsminister des Innern
Der Brief des württembergischen Landesbischof Theophil Wurm an den Reichsminister des Innern vom 19. Juli 1940[255] wurde schon an mehreren Stellen dieser Arbeit erwähnt.[256] Im Folgenden soll nun gezeigt werden, warum gerade dieser Brief eine solche Berühmtheit erlangte: Der Brief wurde von Wurm direkt an den Reichsminister des Innern, Dr. Frick, adressiert. Zu Beginn des Briefes schildert Wurm zuerst die ihm bekannten Vorgänge in den Anstalten wie Verlegungen ohne Benachrichtigung der Angehörigen und der dann rasch eintretende Tod der Pfleglinge. Nach seinen Schätzungen seien schon allein mehrere hundert württembergische Pfleglinge davon betroffen, wobei auch Kriegsverletzte des Weltkriegs darunter seien. Im nächsten Abschnitt macht Wurm darauf aufmerksam, dass er viele Anfragen aus der Bevölkerung erhalten habe, da die Vorgänge großes Aufsehen erregen würden. Im Mittelpunkt ständen dabei die Vorgänge um das ausgerechnet der Inneren Mission gehörende Schloss Grafeneck, wobei Wurm hier detailliert die ankommenden Krankentransporte, die einsame Lage des Schlosses, das Krematorium und den aufsteigenden Rauch schildert. Als weiteren Grund für die große Aufregung innerhalb Württembergs gibt er an, dass durch zahlreiche „Verwandtenheirat" gerade auch Familien der Bildungsschicht von den „Maßnahmen zur Lebensvernich-

---

[254] Vgl. a.a.O., 151.
[255] A.a.O., 162-167.
[256] Vgl. dazu oben, 165f., 197f.

tung" betroffen seien. Diese Familien würden vor allem die „*Art* des Vorgehens" und die zweifellos willkürlich gewählten Todesursachen kritisieren. Auch die Geheimnistuerei läge den Gedanken nahe, dass das Vorgehen nicht mit Recht und Moral zu verbinden sei. Zudem wird kritisiert, dass sich die Auswahl nicht auf die Verblödeten beschränke, sondern sogar arbeitsfähige Epileptiker ausgewählt werden würden. Wurm appelliert an die Reichsregierung, die aus dem Volk kommenden menschlichen und religiösen Einwände zu respektieren und das Problem der Lebensvernichtung zu behandeln. Im Folgenden geht er auf die Haltung der Reichsregierung ein, indem er ihre Argumentation respektiert und gleichzeitig auf die „Kriegseuthanasie" während des ersten Weltkrieges hinweist. Er macht aber dann darauf aufmerksam, dass ein Unterschied zwischen „Kriegseuthanasie" und einem Tod durch menschliche Einwirkung bestände. Wurm stellt die Lage aus Sicht der Pfleglinge dar, die ihr Leben nicht als lebensunwert empfänden. Greife man nun in den Willen der Patienten ein, so handele man gegen den Willen Gottes und verletzte damit die Menschenwürde: „Die Entscheidung darüber, wann dem Leben eines leidenden Menschen ein Ende gesetzt wird, steht dem allmächtigen Gott zu, nach dessen unerforschlichem Ratschluss das eine Mal ein völlig gesunder und wertvoller Mensch vor der Zeit hinweggerafft wird und das andere Mal ein lebensuntüchtiger jahrzehntelang dahinsiecht."[257]

Im Anschluss versucht Wurm die nationalsozialistische Regierung mit ihren eigenen Waffen zu schlagen, indem er darauf hinweist, dass sich die Nazis dezidiert auf Gott berufen, der auch den Soldaten im Krieg beistehen soll: „dürfen wir diesem Gott nicht auch das Leben unserer leidenden Volksgenossen anempfehlen, und ist es nicht sein Wille, dass wir, solange er sie am Leben lässt, uns ihrer annehmen?"[258] Auch die Ethik der vorchristlichen Antike bezieht er in seiner Darstellung mit ein. Anschließend erläutert er die Vorzüge der christlichen Liebestätigkeit, die gerade auch in den Anstalten der Inneren Mission zum Ausdruck komme.

Im anschließenden Abschnitt nimmt Wurm die Erwiderungen seitens der Reichsregierung voraus, die die Behinderten als zu große Belastung für das deutsche Volk, vor allem aus volkswirtschaftlicher und finanzieller Hinsicht sehen könnten. Er entgegnet diesen, dass es gegen Gottes Gebot sei, Schwache und Wehrlose wegen alleiniger Überdrüssigkeit, diese zu ernähren, einfach zu töten.

Indem er auf die Liebe der Eltern gegenüber ihren behinderten Kindern hinweist, kommt er nochmals auf die Einstellung der Nazis gegenüber Gott und dem Christentum zu sprechen. Wurm macht nochmals darauf aufmerksam, dass die Denkweise des Volkes durch das Christentum bestimmt sei und sich auch die nationalsozialistische Partei auf ein „positives Christentum" berufe.

---

[257] Klee, Dokumente, 164f.
[258] A.a.O., 165.

Damit verbinde sich auch der ethische Grundsatz der Nächstenliebe, der nicht mit den Maßnahmen zur Lebensvernichtung vereinbar sei. Wenn nun die Maßnahmen weiter durchgeführt würden, bedeute dies den Abschied vom „Christentum als einer das individuelle und das Gemeinschaftsleben des deutschen Volkes bestimmenden Lebensmacht"[259] und gleichzeitig die Hinfälligkeit des § 24 des Parteiprogramms. Die Aufgabe des Christentums aber brächte es wohl für das deutsche Volk mit sich, dass sämtliche Maßregeln auch im Privatleben verloren gingen. Zum Schluss des Briefes fordert Wurm die Reichsregierung zu einer radikalen Entscheidung auf: „Entweder erkennt auch der nationalsozialistische Staat die Grenzen an, die ihm von Gott gesetzt sind, oder er begünstigt einen Sittenverfall, der auch den Verfall des Staates nach sich ziehen würde."[260] Wie durch die abschließenden Worte Wurms ersichtlich wird, geht Wurm nicht davon aus, dass sein unbequemer Einspruch Gehör finden wird. Er begründet aber das Schreiben des Briefes damit, dass von ihm als Kirchenmann ein solches Vorgehen von den betroffenen Angehörigen erwartet werden würde.

Wie aus dem Brief Wurms klar ersichtlich wird, waren die Vorgänge, die sich in der Tötungsanstalt Grafeneck abspielten, innerhalb eines halben Jahres zumindest in ganz Württemberg bekannt. So kann Wurm hier von abgedunkelten Krankentransporten und einem tätigen Krematorium berichten. Auch wird deutlich, dass die Bevölkerung und vor allem die Angehörigen der betroffenen Behinderten nicht mit den staatlichen Maßnahmen einverstanden waren, aber keine Möglichkeit außer dem Kontakt zu Wurm sahen, sich darüber zu beschweren. Wurm versucht nun die Reichsregierung von einem Stop der Maßnahmen zu überzeugen, indem er auf die ethischen Grundsätze des Christentums verweist, auf die sich auch der NS-Staat beruft. Er möchte der Regierung vor Augen halten, dass sie mit der Vernichtung von unwertem Leben ihre eigenen Gesetze und Regeln brechen und dies nicht geduldet werden kann. Allerdings ist er dabei so realistisch, davon auszugehen, dass sein Einspruch wahrscheinlich unbeantwortet bleiben wird.

Wurm konnte aber nicht voraussehen, dass sein nicht für die Öffentlichkeit gedachter Brief diese doch durch undichte Stellen bei den Nazi-Behörden erreichen würde.[261] Als Folge davon fanden auch andere Personen den Mut zum Protest.[262] Wurms Hinweis darauf, dass auch Kriegsgeschädigte von den Maßnahmen betroffen waren, führte „zu der Anweisung an die Tötungsanstalten, bei ankommenden Transporten nach Kriegsbeschädigten zu fahnden".[263]

---

[259] A.a.O., 166.
[260] A.a.O., 167.
[261] Vgl. a.a.O., 143.
[262] Vgl. Schmuhl, Rassenhygiene, 316ff.
[263] Faulstich, Von der Irrenfürsorge, 242.

Die Predigten des Bischofs Clemens August Graf von Galen

Während mit Braune und Wurm zwei protestantische Kirchenmänner im Mittelpunkt standen, sollen nun die Predigten des katholischen Bischofs Clemens August Graf von Galen vorgestellt werden, da sie für die Beendigung der T4-Aktion eine wichtige Rolle spielten.

Die Predigten des Clemens August Graf von Galen, der seinen Bischofssitz in Münster hatte, haben eine fast dramatische Vorgeschichte: Am 6. Juli 1941 kommt es in der Wallfahrtskirche Telgte zur Erklärung der deutschen Bischöfe gegen die Krankenmorde. Galen fügt dem Hirtenbrief eine Erklärung an, die besagt, dass die Todesfälle von Geisteskranken absichtlich herbeigeführt werden.[264] Bis zum 10. Juli 1941 erfolgen schwere Luftangriffe auf Münster, die eine Flucht der Bevölkerung zur Folge haben. Am 12. Juli 1941 wird eine Aktion zur Beschlagnahmung von Klöstern durchgeführt: So vertreiben Partei und Gestapo Jesuiten und Nonnen trotz des Protestes von Galens aus Münster. Daraufhin beschließt der Bischof, „jetzt nicht mehr zu schweigen".[265] Die erste Protest-Predigt hält von Galen am 13. Juli 1941 in der Münsteraner Lambertikirche, die den Protest gegen den „Klostersturm" und die Vertreibung der Menschen zum Inhalt hat. Diese Predigt hat noch keine Verhaftung von Galens zur Folge, dafür hektografieren seine Mitarbeiter den Text an alle Städte Westfalens. Am folgenden Tag protestiert der Bischof brieflich bei Göring und anderen hochstehenden Politikern. Nachdem den Klosterstürmungen aber kein Einhalt geboten wurde, schickt von Galen den Predigttext zusätzlich an alle deutsche Oberhirten, an Lammers und an Oberfeldmarschall von Kluge. Am 20. Juli 1941 folgt dann in der Überwasserkirche die nächste Predigt, in der von Galen noch schärfer gegen den „Klostersturm" protestiert. In der folgenden Woche kommt Pfarrer Lackmann, der Anstaltsgeistlicher in der Münsteraner Provinzialheilanstalt Marienthal war, zu von Galen und berichtet ihm von unmittelbar bevorstehenden Transporten von Pfleglingen. Als Transporttermin wird der 31. Juli als Termin angegeben. Am 26. Juli 1941 erhebt von Galen daraufhin Einspruch bei der Provinzialverwaltung, den er am 28. Juli 1941 durch eine Anzeige gemäß § 139 StGB bei der Staatsanwaltschaft Münster noch unterstützt. „Dieser [Paragraph] besagt, dass man sich strafbar mache, wenn man von dem Vorhaben eines ‚Verbrechens wider das Leben' glaubhaft Kenntnis erhalte und dies den Behörden oder den Betroffenen nicht zur Kenntnis bringe."[266]

Auch die Anzeige nützt schließlich nichts, die Pfleglinge werden abtransportiert. Dies nimmt von Galen zum Anlass, damit an die Öffentlichkeit zu gehen.

Von Galen hält seine berühmteste Predigt dann am 3. August 1941, wiederum in der Lambertikirche: Zuerst berichtet von Galen vom Hirtenbrief des 6.

---

[264] Vgl. Klee, „Euthanasie", 334.
[265] Zit.n. Faulstich, Hungersterben, 276.
[266] A.a.O., 277.

Juli 1941 und seiner daran angefügten Erklärung. Er führt an: „Eine furchtbare Lehre, die die Ermordung Unschuldiger rechtfertigen will, die die gewaltsame Tötung der nicht mehr arbeitsfähigen Invaliden, Krüppel, unheilbar Kranken, Altersschwachen grundsätzlich freigibt."[267] Danach berichtet er von den Vorkommnissen in der Anstalt Marienthal, um dann auf § 211 des Reichsstrafgesetzbuches hinzuweisen, in dem steht: „Wer vorsätzlich einen Menschen tötet, wird, wenn er die Tötung mit Überlegung ausgeführt hat, wegen Mordes mit dem Tode bestraft."[268] Im Anschluss zählt er die Schritte auf, die er zur Rettung der Marienthaler Kranken unternommen hat. Er kommt zu dem Schluss, dass all diese Kranken „über kurz oder lang umgebracht werden."[269] Als Antwort darauf, warum dies geschieht, nennt er folgenden Grund: „Nein, nicht aus solchen Gründen müssen jene unglücklichen Kranken sterben, sondern darum, weil sie nach dem Urteil irgendeines Amtes, nach dem Gutachten irgendeiner Kommission ‚lebensunwert' geworden sind, weil sie nach diesem Gutachten zu den ‚unproduktiven Volksgenossen' gehören."[270]

Nach weiteren Ausführungen schließt er daran an: „Wenn einmal zugegeben wird, dass Menschen das Recht haben, ‚unproduktive' Mitmenschen zu töten – und wenn es jetzt zunächst auch nur arme wehrlose Geisteskranke trifft –, dann ist grundsätzlich der Mord an allen unproduktiven Menschen, also an den unheilbar Kranken, den Invaliden der Arbeit und des Krieges, dann ist der Mord an uns allen, wenn wir alt und altersschwach und damit unproduktiv werden, freigegeben."[271]

Von Galen zeigt dann die schwierige Eingrenzung der Begriffe „Unproduktivität" und „lebensunwert" auf, bis er seine Predigt in „Weherufe" münden lässt, die an die jesuanischen Wehrufe gegen die Pharisäer[272] erinnern: „Wehe den Menschen, wehe unserem deutschen Volke, wenn das hl. Gottesgebot: ‚Du sollst nicht töten', das der Herr unter Donner und Blitz auf Sinai verkündet hat, das Gott, unser Schöpfer, von Anfang an in das Gewissen der Menschen geschrieben hat, nicht nur übertreten wird, sondern wenn diese Übertretung sogar geduldet und ungestraft ausgeübt wird."[273]

Zum Abschluss der Predigt führt von Galen noch ein Beispiel eines Bauern aus dem Münsterland an, der zwar nur gering geisteskrank war, aber dennoch auf der Liste der Unproduktiven stand und deshalb abtransportiert wurde. Durch Zuhilfenahme des Dekalogs, gelingt es von Galen, eine grundsätzliche

---

[267] Klee, Dokumente, 194.
[268] Von Galen zit.n. a.a.O., 195.
[269] Klee, Dokumente, 196.
[270] Ebd.
[271] A.a.O., 197.
[272] Vgl. Mt 22,13 par.
[273] Klee, Dokumente, 197f.

Anklage gegen den Nationalsozialismus zu formulieren, in dem er ihm den Bruch der 10 Gebote vorhielt.[274]

Diese Predigt von Galens zog eine ungeheure Wirkung im In- und Ausland nach sich. Sie wurde nicht nur in Form von Flugblättern in ganz Deutschland verteilt, sondern auch in ausländischen Rundfunksendern vorgelesen. Alle Welt wusste nun um die „Euthanasie"-Verbrechen. Die Predigt war somit der erste öffentliche Protest gegen die Verbrechen der NS-Diktatur. Als außerordentlich wurde damals von der Bevölkerung angesehen, dass von Galen den Mord auch als Mord benennt.

Eine Wirkung der Predigt waren die Forderungen seitens der Regierung, von Galen aufzuhängen oder in ein KZ zu bringen. Im Propagandaministerium galt die Predigt als der „wohl bisher stärkste Angriff gegen die deutsche Staatsführung, der seit Jahrzehnten überhaupt vorgekommen sei".[275] Goebbels, der bei Hitler in dieser Sache vorgesprochen hatte, riet aber von einer Verhaftung wegen der möglichen Wirkung auf die Öffentlichkeit ab. Hitler wollte selbst darüber entscheiden, hielt sich aber den gesamten Krieg hindurch zurück.

Eine weitläufige These besteht darin, dass die Predigt zur sofortigen Einstellung der „Aktion T4" am 24. August 1941 geführt habe. Dies mag aber nicht der alleinige Grund gewesen sein, da sicher auch Probleme an der Ostfront, englische Luftangriffe und zunehmende Ernährungsprobleme ebenfalls dazu beitrugen.

Trotzdem soll an dieser Stelle nochmals betont werden, wie wichtig die Predigt von Galens zur öffentlichen Bekanntmachung der Euthanasiegeschehnisse gewesen ist. Hatte hier doch zum ersten Mal ein Mann der Kirche den Mut gefunden, öffentlich die Wahrheit zu sagen!

4. Schlussgedanken

Im Mittelpunkt dieser Arbeit stehen die Geschehnisse innerhalb der „NS-Euthanasie-Aktion" in den Jahren 1939 bis 1945, im Besonderen wie sie die damalige Kreispflegeanstalt Sinsheim erleben musste. Bei der Analyse der Ereignisse konnte anhand der noch vorhandenen Transportlisten nachgewiesen werden, dass zwischen Mai und November 1940 insgesamt sechs Transporte in die Tötungsanstalt Grafeneck gingen und als Konsequenz 226 der insgesamt ca. 350 Sinsheimer Pfleglinge in den Gaskammern den Tod fanden. Bei der Durchführung der Transporte stellte sich die Frage, anhand welcher Selektionskriterien die Patienten dafür ausgewählt wurden. Die Analyse der noch vorhandenen Patientenakten ergab, dass die Verantwortlichen in Berlin die Auswahl anhand der im Merkblatt der Meldebogen aufgeführten Kriterien trafen. So traf es diejenigen Pfleglinge als erstes, die an Krankheiten wie Schizophrenie, Epilepsie oder „Schwachsinn jeder Ursache" litten. Weitere wichtige Selektionskriterien

---

[274] Vgl. Nowak, „Euthanasie", 162.
[275] Zit.n. Faulstich, Hungersterben, 278.

waren außerdem die Länge der Anstaltsaufenthalte und die fehlende Zugehörigkeit zur deutschen Rasse. Die Untersuchung der 1942 nach Hoerdt verlegten Patienten machte deutlich, dass die gerade genannten Selektionskriterien nicht mehr galten, sobald die Pfleglinge regelmäßigen Besuch erhielten und dadurch ihr Verschwinden und ihr damit verbundener plötzlicher Tod zu viel Aufsehen bei den Angehörigen erregt hätten. Dies konnten sich die Verantwortlichen der „T4-Aktion" nicht leisten, da es sich dabei um eine „geheime Reichssache" handelte, die es offiziell nie gab. Mit der Schließung der Tötungsanstalt Grafeneck und der damit verbundenen Einstellung der bisherigen Transporte war die „Aktion T4" für die Sinsheimer Kreispflegeanstalt aber noch nicht beendet. Weitere kleinere Transporte folgten, die wohl über die Heil- und Pflegeanstalt Wiesloch in die Tötungsanstalt Hadamar gingen. Erst am 24. August 1941 wurde die „Aktion T4" wohl auch als Folge der berühmten „Euthanasie"-Predigt des Münsteraner Bischofs von Galen gestoppt. Damit folgte auch für die noch in der Sinsheimer Anstalt verbliebenen Pfleglinge ein Jahr der Ruhe, bis im August 1942 die Umfunktionierung der Kreispflegeanstalt in eine Lehrerbildungsanstalt zum Oktober 1942 beschlossen wurde. Daraufhin wurden 59 der Pfleglinge in die Kreispflegeanstalt nach Fußbach und 98 Pfleglinge in die Heil- und Pflegeanstalt nach Hoerdt ins Elsass verlegt. Bei genauerer Betrachtung der Hoerdter Patientenakten fiel dann auf, dass die dortige Sterbeziffer übermäßig hoch war, und dass vor allem schon in den ersten Hoerdter Monaten viele Sinsheimer Patienten verstarben. Durch die Analyse der Gewichtskurven konnte die These von Faulstich bestätigt werden, dass es sich bei der Hoerdter Anstalt um eine „Hungeranstalt" handelte, in der die Patienten quasi verhungerten. Der Hungertod traf aber nicht alle Sinsheimer Pfleglinge, da ab Dezember 1942 – auf Befehl des Badischen Innenministeriums hin – insgesamt fünf Rückverlegungen nach Baden stattfanden. Von diesen waren hauptsächlich diejenigen Kranke betroffen, die laut dem „Irrefürsorgegesetz" nicht als „anstaltsbedürftig" galten. So war die gesundheitliche Konstitution der Pfleglinge bei Weitem besser als bei denjenigen, die in Hoerdt verblieben. Dies wurde durch den bei weitem nicht so großen Gewichtsverlust und durch die Tatsache deutlich, dass viele dieser Patienten noch in Einrichtungen wie der Gemüseküche gearbeitet hatten. Das weitere Schicksal der Patienten in den badischen Kreispflegeanstalten konnte leider wegen der schlechten Aktenlage an dieser Stelle nicht weiter verfolgt werden.

Die „Euthanasie"-Aktion war für die Kreispflegeanstalt damit mit dem Tod des letzten Sinsheimer Patienten in Hoerdt im Dezember 1944 beendet. Die gesamte Untersuchung hat ergeben, dass mehr als 280 Patienten durch die „Euthanasie"-Aktion ums Leben kamen. Damit ist die ursprüngliche Berliner Formel: „jeder fünfte Anstaltsinsasse fällt in die Aktion" bei Weitem überschritten worden.

Nach der Darstellung der Sinsheimer Geschehnisse innerhalb der „Euthanasie"-Aktion erfolgte eine Wiedergabe der Reaktionen von Seiten der Kirche auf die Ereignisse. Im Gegensatz zur katholischen Kirche muss leider eingeräumt werden, dass sich die evangelische Kirche dabei weder im Hinblick auf die Sinsheimer Ortsgemeinde noch auf landeskirchlicher Ebene „mit Ruhm bekleckert" hat. So konnte für die Sinsheimer Kirchengemeinde erst für das Jahr 1982 überhaupt ein Kontakt zur Kreispflegeanstalt bzw. zum heutigen Kreispflegeheim nachgewiesen werden, was nicht auf ein starkes Interesse für die alten und kranken Patienten schließen lässt. Auch die damalige badische Landeskirche setzte sich nicht ausreichend, d.h. nicht öffentlich für „ihre" „Euthanasie"-Opfer ein, sondern meinte, sich auf dem Engagement des württembergischen Landesbischofs Wurm ausruhen zu können. Erst auf Ebene des gesamten Deutschen Reiches gesehen kann man von protestantischem Einsatz für die „Euthanasie"-Opfer und von Widerstand gegen die NS-„Euthanasie"-Aktion sprechen. Als beispielhafte Personen können hier neben Landesbischof Wurm Pastor Braune und der Leiter der Bethelschen Anstalten, Pastor Friedrich Bodelschwingh, genannt werden. Allerdings ist es bezeichnend, dass es ein katholischer Bischof war, der die Euthanasie-Morde zum ersten Mal in der Öffentlichkeit zur Sprache brachte!

An dieser Stelle ist zu fragen, was die Ereignisse mit der heutigen Zeit bzw. mit der heutigen Kirche zu tun haben. Mehrere Antworten drängen sich geradezu auf: An erster Stelle muss natürlich gesagt werden, dass die Geschehnisse des Drittes Reiches sich nie wieder wiederholen dürfen. Es ist unumstritten, dass die Ausmerzung von „lebensunwertem Leben" jegliche Art von Legalität und Humanität unterschritten und vor allem das 5. Gebot gebrochen hat. Darüber hinaus stellt sich für uns in der heutigen Zeit auch mehr denn je die Frage, wer über „lebensunwertes Leben" entscheiden darf. Ab wann darf „Sterbehilfe" durchgeführt werden? Welche Gene mit welchen Krankheiten dürfen in Zukunft schon im Mutterleib manipuliert werden? Die Diskussion darüber ist noch lange nicht beendet und wird auch noch lange geführt werden. Auch die Kirche wird in diese Diskussion eingebunden sein und muss auch in Zukunft darauf achten, dass sie ihre biblisch-ethischen Leitlinien nicht für irgendwelche halbherzigen Lösungen oder Kompromisse aufgibt! Bei der persönlichen Auseinandersetzung mit den in den Patientenakten verpackten einzelnen Schicksale der Sinsheimer „Euthanasie-Opfer" wurde mir immer wieder bewusst, dass kein einziges Leben der Pfleglinge „lebensunwert" gewesen ist, sondern, dass jede Person, für sich gesehen, lebens- und damit liebenswert war!

Auch auf Ebene der badischen Landeskirche sollen die Ergebnisse dieser Arbeit zum Nachdenken anregen. Soll doch der zurzeit noch bestehende seelsorgerische Auftrag für das Kreispflegeheim Sinsheim, der gerade von Pfarrer Dietmar Coors, Pfarrer in Sinsheim-Dühren, wahrgenommen wird, ersatzlos gestrichen werden. Hier ist anzufragen, ob sich die badische Landeskirche gerade nach den nachgewiesenen Versäumnissen während des Drittes Reiches gerade hier Einsparungen leisten kann! Soll wieder der biblische Auftrag, sich gerade um die Schwachen der Gesellschaft zu kümmern, nicht wahrgenommen werden? Wer nur einmal die Patienten des Kreispflegeheims besucht und an einer Veranstaltung mit ihnen teilgenommen hat, weiß, dass sie sich besonders über den seelsorgerischen Kontakt mit Pfarrer Coors freuen und ihn heute in einer Zeit, in der die Pfleger immer weniger Zeit für die einzelnen Patienten aufbringen können, auch besonders nötig haben.

So soll diese Arbeit mit einem Zitat von Pfarrer Hermann Diem enden, in dessen Schrift *Das Problem des „lebensunwerten Lebens" in der katholischen und in der evangelischen Ethik* von 1940 es unter anderem heißt:

> „Wir können solches Leben auch darum nicht ‚lebensunwert' nennen, weil es uns nicht nur als Symptom jener Krankheit der Welt begegnet, sondern weil uns in dem ‚geringsten Bruder' Christus selbst begegnen will: Wir sollen an ihm, in seinem Ertragen und seiner Pflege, die Barmherzigkeit lernen, auf die Gottes Barmherzigkeit gegen uns Sünder weist. Der Satz ist festzuhalten, dass solches Leiden und Mitleiden der Schatz der Kirche ist, an dem sie Barmherzigkeit lernt."[276]

---

[276] Hermann Diem, Das Problem des „lebensunwerten Lebens" in der katholischen und in der evangelischen Ethik, 1945, in: Hermann Diem, sine vi – sed verbo. Aufsätze. Vorträge. Voten. Aus Anlaß der Vollendung seines 65. Lebensjahres am 2. Februar 1965, hg. v. Uvo Andreas Wolf, München 1965, 102f.

DIETMAR COORS

„Gegen das Vergessen" – die Schule als Ort des Erinnerns an die „Euthanasie"-Aktion des NS-Regimes
Dargestellt am Projekt „Soziales Engagement"
der Kraichgau-Realschule Sinsheim

1. Zur Problemlage: Die letzten Zeitzeugen der NS-Zeit sterben aus

Etwas hat sich verändert in meiner Seelsorgepraxis der vergangenen dreißig Jahre: Die letzten Zeitzeugen der NS-Zeit sterben aus. Bestimmte vor Jahren das Seelsorgegespräch vor allem mit Männern das Thema Krieg, Gefangenschaft, Vertreibung als wesentlichen Inhalt, so ist es nun schon vermehrt die Zeit nach 1945 mit ihren kollektiven und individuellen Erfolgsstories. Traf ich als junger Vikar noch auf Teilnehmer der berüchtigten Skagerrak-Schlacht, auf Angehörige der Roten Armee, die sich im Baltikum niedergelassen hatten, auf Facharbeiter, die sich in der Wirtschaftskrise 1929 freiwillig zum Aufbau der Sowjetunion nach Moskau gemeldet hatten oder auf Frauen, die von der preußischen Kronprinzessin persönlich den Schlag Erbsensuppe bei der Armenspeisung im Hungerwinter 1916/17 serviert bekamen, so ist selbst die Erinnerung an den zweiten Weltkrieg heute zum Teil nur noch schwer abrufbar. Die Täter schweigen ohnehin, die Opfer kriegen nur noch unvollständig zusammen, was sie bewegte. Der letzte Überlebende der „Euthanasie"-Aktion in Sinsheim beispielsweise, ein geübter Taschendieb, verstarb vor 10 Jahren. In Interviews mit zum Teil altersverwirrten Zeitgenossen im Pflegeheim Sinsheim[1] ist nicht mehr klar zu unterscheiden, was ist eigene Erfahrung, und was ist dem Betreffenden zugetragen worden.

So treffen sich die Gegner und Befürworter einer angemessenen Erinnerungskultur in dem einen Punkt: Es ist an der Zeit, einen Schlusspunkt zu setzen. Was muss, in welcher Form, für die Nachwelt erhalten werden? Was geht die nachfolgende Generation die Geschichte an, deren Teilnehmer und Zeit-

---

1   Diese Einrichtung hat mehrmals ihren Namen gewechselt. Gegründet wurde sie von der preußischen Prinzessin und Gattin des badischen Großherzogs Luise als Kreispflegeanstalt Sinsheim. Im Volksmund heißt es darum immer noch „die Kreispflege". Bei ihrer Neugründung nach dem Krieg wurde sie in „Kreispflegeheim Sinsheim" umbenannt. Heute heißt es schlicht „Pflegeheim Sinsheim". Mit der letzten Namensänderung ist auch die Verpflichtung erloschen, alle Bedürftigen des Landkreises versorgen und aufnehmen zu müssen. Im Wettbewerb vieler Mitbewerber muss das Pflegeheim sich seine Klientel suchen, die sie am kostengünstigsten versorgt. Das Erinnern an die Ermordeten der Kreispflegeanstalt im Jahre 1940 steht immer unter dem Generalverdacht, der Wettbewerbsfähigkeit des Hauses heute zu schaden.

zeugen nun nicht mehr leibhaftig zur Verfügung stehen? Was kann nun getrost vergessen werden, was ist für die zukünftige Generation irrelevant?

Je näher der Zeitpunkt rückt, an dem überhaupt kein Zeitzeuge mehr zur Verfügung steht, sind zwei Dinge in meiner Tätigkeit als Gemeindepfarrer und Seelsorger einer psychiatrischen Einrichtung zurzeit relativ einfach: Das Beschaffen von Finanzmitteln für die Einrichtung von Denkmälern, das Verfassen von Dokumentationen einerseits[2] und eine große Nachfrage nach Veranstaltungen, an denen Geschichte durch Zeitzeugen noch einmal lebendig erzählt wird, andererseits.[3]

An der Schwelle, wo Vergangenheit endgültig eine Angelegenheit der Historiker und Archivare zu werden droht und die Zukunft scheinbar unbelastet an die Gegenwart anknüpfen kann, gibt es drei Modelle für eine Erinnerungskultur, die in unserer deutschen Gesellschaft aktuell sind:

1. Das Vereinnahmen von Geschichte zur Legitimation des gegenwärtigen Status Quo, „Wir sind stolz auf unsere Geschichte", einschließlich des sog. „Historikerstreits" und der Totalitarismus-These, die alle Widersprüche der jüngsten Geschichte zu verwischen trachtet. Dem Gedächtnis der Opfer wird das Gedächtnis der Täter entgegengestellt, die Verbrechen der Nationalsozialisten werden den Verbrechen der anderen Siegermächte entgegengestellt und damit relativiert.[4]

2. Damit eng verknüpft ist die Argumentation eines Schlussstrichs. Diskontinuität statt Kontinuität. Die Vergangenheit ist ein abgeschlossenes Geschehen, nur noch relevant für bestimmte Interessierte, Historiker und Archäologen. Für die Gestaltung der Zukunft hat die Geschichte der NS-Zeit keine Bedeutung mehr: Die sogenannte „Gnade der späten Geburt" entbindet die Entscheidungsträger vor der Verantwortung für das, was geschehen ist. „Diese Art purer Gegenwart ohne jeden Vergangenheitsrückstand ist die Entsprechung eines Effektivitätsdenkens in Zeiten hochbeschleunigter Finanzströme."[5]

3. Erinnern und Gedenken bedeutet, einen permanenter Dialog zu führen mit dem Verhalten in der Gegenwart und der Gestaltung von Zukunft. In der Art

---

[2] Dazu zählt sicherlich auch die großzügige Finanzierung dieses Buchprojekts seitens des Trägers der ehemaligen „Kreispflegeanstalt Sinsheim", heute Pflegeheim Sinsheim, der Holding „Gesundheitseinrichtungen des Rhein-Neckarkreises", für die auch an dieser Stelle zu danken ist.

[3] Zum Beispiel das sehr gut besuchte Dührener Erzählcafé in der Kirchengemeinde Sinsheim-Dühren zu Themen wie: „Einwanderung und Integration der Flüchtlinge und Vertriebenen in unserem Dorf nach 1945", „Schule vor 70 Jahren" oder „Landwirtschaft vor 50 Jahren".

[4] Vgl. Martin Stöhr, Zweierlei Gedenken?, in: Junge Kirche 66. 2005, Heft 3, 16: „Wer immer in gleicher, ‚ausgewogener' Weise von notwendigem Kampf gegen rechten und linken Extremismus spricht, will es so genau nicht wissen. Begehrt ist hier ein neutraler Zuschauerplatz in der Mitte. Die Ungenauigkeit enthält eine (un)gehörige Portion Gleichgültigkeit gegenüber den Opfern."

[5] Paul Petzel, Die Shoa erinnern, in: Junge Kirche 66. 2005, Heft 3, 25.

des Erinnerns und Gedenkens entscheidet sich, ob wir die gegenwärtigen und zukünftigen Aufgaben bewältigen können. Im Gegensatz zum ersten Modell, das er als kaltes Erinnern kennzeichnet, beschreibt der Kulturwissenschaftler Jan Assmann dieses Modell als die Kultur des heißen Erinnerns. *Heißes Erinnern nötigt zu Veränderungen und klagt eine alternative Praxis ein.*[6]

Alle drei Modelle sind mir begegnet, seit ich als Seelsorger des Pflegeheims Sinsheim vor 15 Jahren begann und der bis dahin unbearbeiteten Frage nachging, was aus den Bewohnern des Pflegeheims während der NS-Zeit geworden ist. 46 Jahre hatte man sich mit einer Falschmeldung der Sinsheimer Polizei zufrieden gegeben, die von etwa 20 Opfern sprach.[7] Gegenüber den vielfältigen Versuchen in Sinsheim, der ermordeten Juden, der Gewerkschafter und Politiker im Dritten Reich zu gedenken, gerieten die 231 Opfer der „Euthanasie"-Aktion nahezu in Vergessenheit. Auch in den offiziellen Verlautbarungen des Pflegeheims Sinsheim suchte man lange vergeblich nach Hinweisen.[8] Als ich nun zusammen mit haupt- und ehrenamtlichen Mitarbeitern der Einrichtung begann, mich auf die Spuren der Ermordeten zu begeben, fand ich viele verschlossene Türen. Erst der Hinweis auf Akten im Hessischen Staatsarchiv brachte den Durchbruch an Dokumenten und weiteren Spuren. Immer aber war die Forschungsarbeit konfrontiert mit den oben beschriebenen unterschiedlichen Modellen von Erinnerungskultur.

Dem ersten Modell zuzurechnen ist sicherlich eine Passage aus dem Pflegeleitbild, das seit 10 Jahren verbindliche Richtschnur für das pflegerische und ärztliche Handeln darstellt. Dort heißt es im ersten Absatz: „Wir, die Mitarbeiter des Pflegedienstes, sind uns der mehr als hundertjährigen (Pflege-)Tradition

---

[6] A.a.O., 24.
[7] Vgl. Rhein-Neckar-Zeitung am 22.10.1948: „Sie (Die Einrichtung) spielte dann auch eine gewisse, wenn auch untergeordnete Rolle in dem vom Dritten Reich durchgeführten Euthanasieprogramm". Der Grund der Unwahrheit ist belegbar. Am 12.1.1948 ging bei der Kriminalpolizei Sinsheim eine Anfrage des Amtsgerichts Münsingen ein. Dort wurden Ermittlungen in Bezug auf das Vernichtungslager Grafeneck angestellt und es war ein Transport am 9.12.40 von 8 Bewohnern aus Sinsheim über Zwiefalten bekannt. Diese Anfrage wird offensichtlich nicht beantwortet, so dass am 24.2. noch einmal eine Antwort angemahnt wird. Offensichtlich war man schon vorher darauf hingewiesen worden, dass es in Sinsheim keinerlei Unterlagen gäbe. Das Amtsgericht schlägt vor, medizinisches und Pflegepersonal zu befragen. Die Antwort erfolgt am 24.2.40 und ist, was die Transporte angeht, erstaunlich präzise, es werden 227 verlegte Bewohner angeben. Die Zahl der Todesopfer allerdings wird lediglich mit 23 angegeben und die nach Zwiefalten transportieren werden ausdrücklich für „lebend" erklärt, weil diese Anstalt ja noch Verpflegungskosten abgerechnet habe.
[8] In der Festschrift: Ein Jahrhundert Kreispflegeanstalt Sinsheim 1878–1978, hg. vom Rhein-Neckar-Kreis, Sinsheim 1978, konnte die Kreismedizinalrätin Dr. Veh-Schindlmayr auf S. 9 verharmlosend schreiben: „Während des Krieges wurde der Betrieb eingestellt, die Pfleglinge ‚verlegt', wie man das damalige unmenschliche Geschehen nannte."

unseres Hauses bewusst und sind stolz darauf".[9] Diese Formulierung fand statt, als der Arbeitskreis „Euthanasie" bereits seit drei Jahren bestand und durch Vorträge und Exkursionen auf sich aufmerksam gemacht hatte.

Auch das inzwischen auf dem Gelände des Pflegeheims errichtete Denkmal für die Opfer der Euthanasie gehört zum ersten Modell der Erinnerungskultur. Als es im Jahre 2002 aufgebaut wurde und der Landrat Dr. Schütz in seiner Einweihungsrede ausdrücklich und ausführlich die Arbeit des Arbeitskreises „Euthanasie" gelobt hatte,[10] wurde dem Denkmal ein Text des ausführenden Bildhauers Günther Braun beigefügt, der unter anderem folgenden Wortlaut hatte :

„Die Skulptur ist durch den Bruch und die Verwindung erst interessant, die reine Form hätte keine Spannung und Dynamik, wäre nicht lebendig.
Wir wünschen uns das Vollkommene und müssen oder dürfen mit dem Unvollkommenen leben. Die wahre Tiefe des Lebens hat diese tragische Dimension von Stärke und Schwäche, von Gelingen und Scheitern, in dieser Herausforderung liegt die Chance der Menschlichkeit.
...
In diesem Sinne thematisiert die Skulptur nicht nur die Euthanasie im Nationalsozialismus, sondern auch das Bewusstsein um die oben beschriebene Dimension des Menschseins.
So ist das Mahnmal auch Denkmal und dient ebenso gegenwärtiger Auseinandersetzung zu diesem Thema."[11]

Dieser Text ist bisher die einzige Erläuterung zu dem Denkmal. Eine Angabe der genauen Opferzahl (231), der Jahreszahl oder gar der Namen der Getöteten wurde abgelehnt. Nicht informierte Besucher des Pflegeheims kommen nur schwer auf den wahren Grund des Denkmals. Fragen sie das Pflegepersonal, kann es bisweilen passieren, dass sie die nichtssagende Antwort erhalten: „Das ist halt Kunst am Bau". Nach wie vor ist der Arbeitskreis bemüht, dieses Mahnmal zu einem Denkmal werden zu lassen und durch allgemein zugängliche Informationen zu eindeutigen Denkanstößen zu führen.

Meinhold Lurz machte in seinem Vortrag, der sich mit dem damals noch in Planung befindlichen Mahnmal beschäftigte, im Pflegeheim Sinsheim deutlich,

---

[9] Dieses Pflegeleitbild liegt bis heute nur in einer nicht autorisierten fotokopierten Form vor.

[10] Dr. Jürgen Schütz am 18.10.2002 unter anderem wörtlich: „Die Unrechtstaten des Nationalsozialismus wiegen auch hier in Sinsheim schwer, so schwer, wie Geschichte wiegen kann. Um diese Geschehnisse von damals ins Heute zu holen, und um dauerhaft zu erinnern, was geschieht, wenn Ideen und Möglichkeiten der Medizin pervertiert werden, wollen wir nachher draußen ein Mahnmal zum Gedenken an die Opfer der schrecklichen Euthanasieaktion der Öffentlichkeit übergeben." Festansprache von Landrat Dr. Jürgen Schütz zum 125-jährigen Bestehen des Kreispflegeheims Sinsheim am 18.10.02, veröffentlicht in den Presseinformationen des Rhein-Neckar-Kreises, veröffentlicht in den Presseinformationen des Rhein-Neckarkreises, hg. vom Landratsamt Rhein-Neckar-Kreises, Referat für Öffentlichkeitsarbeit, Heidelberg 2002, 5f.

[11] Dieser Text ist neben dem Denkmal zu lesen und in einem Flyer mit der Abbildung des Denkmals abgedruckt.

dass ein Denkmal allein noch nicht Erinnerungen wachrufen kann. Ein Denkmal kann auch durch zu breite Verallgemeinerungen sein eigentliches Ziel verfehlen oder gar ins Gegenteil verkehren, wie es das Zitat des eben zitierten Künstlers belegt. So schreibt er in Bezug auf die – in der Zielrichtung ähnlichen – Kriegerdenkmäler nach dem 2. Weltkrieg: „Die Denkmäler enthielten sich noch der Aussagen über die Schuldigen. Der Krieg wurde mit fatalistischer Grundeinstellung gedeutet. Insofern folgten auch die Denkmäler dem Zeitgeist, der Verdrängung an die Stelle von Vergangenheitsbewältigung setzte."[12]

Bei manchen Mitarbeiterinnen und Mitarbeitern spielt die Vergangenheit der Einrichtung überhaupt keine Rolle. Sie haben zur Vergangenheit einen klaren Trennungsstrich gezogen. Jeden Vergleich zwischen Vorkommnissen der Vergangenheit und Missständen heute, oft hervorgerufen durch Überforderung, lehnen sie als ehrenrührig ab.

Die Etablierung einer Erinnerungs- und Gedächtniskultur in der betroffenen Pflegeeinrichtung in Sinsheim erweist sich als ungemein schwierig. Eine Theateraufführung zu dem Thema „Euthanasie" mit Pflegeschülerinnen und -schülern wurde untersagt. Zu den jährlich stattfindenden Gedenkveranstaltungen, die an die erste Deportation in das Vernichtungslager Grafeneck erinnern, erscheinen nie mehr als 20 Besucher (bei etwa 280 Bewohnern und ca. 200 Mitarbeitern). Eine ständige Ausstellung mit Dokumenten und Schautafeln wird immer mal wieder beschädigt. Ich wünsche mir eine Erinnerungskultur, die dem dritten Modell entspricht und die Paul Petzel so skizziert: „Ganz anders das heiße Erinnern: Es stellt in Frage, belästigt die Gegenwart mit unangenehmen, vielleicht sogar bedrängenden Fragen. Was erscheint im Bezug auf eine erweckte Erinnerung womöglich als fragwürdig, wenn nicht sogar illegitim."[13] Gilt das Hauptinteresse von Petzel dem Gedenken an die jüdischen Opfer der nationalsozialistischen Vernichtungsideologie, so lässt sich das von ihm Gesagte genauso auf die Opfer der „Euthanasie"-Aktion anwenden. War doch der Mord an den sogenannten „lebensunwerten" Menschen der Probelauf für die Vernichtung von ganzen Völkern und Nationen.[14] Die Mahnung von Petzel, „wer erinnert, übernimmt gleichsam Anwartschaft für die, die ihre Ansprüche nicht mehr selbst äußern können",[15] erfüllt heute in einem Pflegeheim ein doppeltes Ziel. Es gilt nicht nur an die vergessenen und meist anonym bestatteten Opfer der „Euthanasie" damals zu erinnern, es gilt auch gegenwärtig den Menschen eine Stimme zu verleihen, die heute als „nicht zustimmungsfähig" betrachtet werden, die dem Medizinbetrieb oft wehrlos ausgeliefert sind. An verschiedenen konkre-

---

12 Meinhold Lurz, Kriegerdenkmäler in Deutschland Bd. 6, Heidelberg 1987, 33.
13 Petzel, Shoa, 24.
14 Allgemein werden Juden, Sinti und Roma und „Euthanasie"-Opfer inzwischen gemeinsam benannt, so auch Stöhr, Gedenken, 15: „so besteht die Einzigartigkeit des deutschen Nationalsozialismus in einem dreifachen Ziel: Der völligen Vernichtung des jüdischen Volkes, der Roma und Sinti sowie allen ‚lebensunwerten Lebens'".
15 Petzel, Shoa, 25.

ten Handlungsmodellen macht Petzel sein Modell von Erinnerungskultur fest. Er folgt dabei wiederum dem Kulturwissenschaftler Jan Assmann. So fordert er unter anderem: Bewusstmachung und Beherzigung, Erziehung und Bildung, Visualisierung durch Zeichen und Gedenksteine, Feste, Poesie sowie die Niederlegung von Texten, die kanonisiert werden.[16]

Von diesen genannten Punkten konnte der Arbeitskreis „Euthanasie" nur wenige wirklich umsetzen. Die Bewusstmachung hielt sich in engen Grenzen, ein Bildungs- und Erziehungsauftrag unterblieb. Die Ausbildung von Krankenschwestern und Altenpflegern hatte – von einmaligen Vorträgen abgesehen, die unverbindlich waren, – keinen Platz für eine systematische Erfassung dieses einmaligen Ereignisses in der Geschichte der Pflege. Im Gegenteil, das Gedächtnis an die Untaten der Vergangenheit unterlag dem Generalverdacht, es würde Interessenten davon abhalten, sich heute in eine Pflegeeinrichtung zu begeben, die in dieser Weise historisch belastet sei.[17] So wurde über 10 Jahre darüber gestritten, wo die Dokumentation angebracht werden sollte. (Sie wurde schließlich so gut versteckt, dass ihre Beschädigung nicht rechtzeitig entdeckt wurde.) Die Visualisierung in Gestalt eines Denkmals gelang, wenn auch die Eindeutigkeit dieses Zeichens umstritten ist. Eine wirkliche Verankerung im Fest-Bewusstsein misslang ebenso wie eine literarische, in diesem Falle dramaturgische Verarbeitung. Das Interesse an einer solchen Erinnerungskultur ist innerhalb des Pflegeheims Sinsheim gering geblieben. Ebenso gescheitert sind wir bisher mit dem Herausarbeiten einzelner Familienbilder. Die Opfer sind in der Öffentlichkeit immer noch namen- und gesichtslos. Ich bin aber zuversichtlich, dass mir das wenigstens in meiner eigenen Gemeinde, aus der zwei Opfer stammen, in den nächsten Jahren gelingen wird.

Verwirklicht werden konnte diese Erinnerungskultur erst durch die Zusammenarbeit mit der Kraichgau-Realschule, die sich nur wenige Meter vom Pflegeheim Sinsheim befindet, dem Ort also, an dem die meisten Sinsheimer Zivilisten 1940 den Tod fanden. Darüber soll im Folgenden die Rede sein.

2. Schule als Ort der Weitergabe von Wissen und Gedächtnis von Geschichte: Grenzen und Chancen

Pünktlich zum Beginn der großen Sommerferien und wenige Wochen vor den bayerischen Landtagswahlen hat eine Maßnahme der bayerischen Kultusbehörden die Frage wieder aktuell werden lassen, was die Schule zur Entwicklung eines historischen Gedächtnisses beitragen kann, das mit zur Gewissenbildung junger Menschen beiträgt. Laut einer Meldung der Süddeutschen Zeitung vom

---

[16] Petzel benennt nach Assmann acht Punkte, die sich eng an jüdischen Gebräuchen orientieren, z.B. die Tradition der Teffilin und der Medusa, vgl. Petzel, Shoa, 26.

[17] Ein Einwand, der völlig unbegründet ist. Auf dem Gelände der Vernichtungsanstalt Grafeneck befindet sich heute ebenfalls wieder eine Behinderten-Einrichtung der Diakonie. Die Bewohner sind über die Geschichte informiert und können sich in Kenntnis dieser Tatsachen in eine andere, unbelastete Einrichtung verlegen lassen.

20. Juli 2008 wurden die Stunden im Geschichtsunterricht über den Nationalsozialismus im auf acht Jahre verkürzten Gymnasium in den Klassen 9 und 11 drastisch verkürzt.[18] In einer Online-Entgegnung des Unterrichts-Ministeriums wird entgegnend darauf hingewiesen, dass die in Geschichte entfallenden Inhalte in anderen Fächern erarbeitet werden können. Wiederum folgt man der relativierenden Totalitarismus-These, wenn es heißt: „Die Aufklärungsarbeit im Fach Geschichte wird z.b. durch die enge Vernetzung mit dem Fach Sozialkunde unterstützt, das sich z.b. mit den Strukturmerkmalen diktatorischer Herrschaft auseinandersetzt."[19] Weiter verweisen die Schulbehörden in dieser Pressemitteilung darauf, dass die Exkursionen zu Gedenkorten der Opfer des Nationalsozialismus obligatorisch sind.

Wieder einmal wird deutlich, welch hohen Stellenwert die Diskussion um die Inhalte insbesondere des Geschichtsunterrichts für unsere Erinnerungskultur hat. Es ist aber auch deutlich, dass neben den rein kognitiven Methoden der Stoffvermittlung Methoden, die eigene Erfahrungen und Anschauungen vermitteln, gefragt sind. Erinnern und Gedenken sind Kategorien, die eng verbunden sind mit der Art und Weise, wie Menschen ihre ureigensten Erfahrungen verarbeiten.

Dies deckt sich auch mit meinen Beobachtungen als Religionslehrer an der Kraichgau-Realschule. Der „Erfolg" meines Unterrichts als Religionslehrer beruht im Wesentlichen auf der Tatsache, dass ich nur das schwerpunktmäßig unterrichte, was durch meine Tätigkeit als Seelsorger durch eigene Erfahrungen gedeckt ist. Dabei spielt die Bewältigung von Tod und Trauer, Gestaltung von Lebensentwürfen eine ebenso große Rolle wie der Zugang zu der konkreten Kirchen- und Glaubensgeschichte vor Ort, wie sie in den Kirchenbüchern und dörflichen Traditionen noch verwurzelt ist.

Beim Thema „Euthanasie" genieße ich die Kompetenz als Seelsorger in der Einrichtung, in der noch Menschen leben, die von dem Verlust existenziell betroffen waren. Ich kann die Orte noch zeigen, an denen die Verbrechen geschahen, Dokumente studieren lassen, die sich von heutigen Behördenformularen nicht sehr unterscheiden.[20]

---

[18] Johan Schloemann, Lehrpläne im verkürzten Gymnasium: Nationalsozialismus light, sueddeutsche.de vom 19.07.2008 http://www.sueddeutsche.de/jobkarriere/836/3028-32/txt/print.html.

[19] Teachersnews- die aktuelle Informationsquelle rund um das Thema Schule vom 2.8.2008: Bayerisches Kultusministerium, Sieben Stunden Geschichte zum Thema Nationalsozialismus sind reine Fehlinformation; Internetquelle: TeachersNews unter http://www.teachersnews.net/artikel/nachrichten/schulleitung/007350.php.

[20] So lasse ich zu Beginn der Unterrichtseinheit über die „Euthanasie" genau die gleichen Meldebögen ausfüllen, mit denen die entsprechenden Einrichtungen ihre Behinderten 1939 an die Polizeibehörden melden mussten. Dabei versuche ich auch den kritischen Umgang von Formularen zu vermitteln, deren eigentlicher Sinn nicht immer eindeutig von den Betroffenen zu ermitteln ist.

Durch Zusammenarbeit mit den Geschichts- und Deutschlehrern sowie den Klassenlehrern kann die ganze Methodenpalette gefahren werden; vom normalen Klassenunterricht über Exkursionen bis hin zu dramaturgischen Verarbeitungen und Gestaltung von Gedächtnisgottesdiensten (s.u.). Eine wichtige Methode dabei ist das themenorientierte Projekt „Soziales Engagement", das in der Kraichgau-Realschule einen breiten Raum einnimmt und mit zum Schulprofil und Schulcurriculum der Kraichgau-Realschule gehört.

3. Der neue Bildungsplan in Baden-Württemberg eröffnet der einzelnen Schule die Möglichkeit, sich dieser Erinnerungsarbeit anzunehmen

Zu den vielen Neuerungen, die der gegenwärtige Bildungsplan in Baden-Württemberg bringt, gehört auch die Einführung von themenorientierten Projekten. Dabei wird im Bildungsplan aufgenommen, was sich schon in vielen Schulen, so auch in Sinsheim über die Jahre entwickelt hat, und für alle Schulen im Lande verpflichtend gemacht. Über die Themenorientierten Projekte heißt es im Bildungsplan:

„**Themenorientierte Projekte**"
Die Themenorientierten Projekte ermöglichen die Öffnung von Schule in besonderer Weise. Das Einbeziehen von Realien sowie der Umgang mit Realsituationen stärken die Identifikation der Schülerinnen und Schüler mit der Realschule und ihrer Region.

Kern der Themenorientierten Projekte ist die Prozessorientierung, das heißt, Schülerinnen und Schüler werden in den Unterrichtsprozess eingebunden. Planung, Durchführung, Präsentation und Reflexion sind nicht nur Mittel, sondern auch Ziel der Arbeit.

Die komplexe Aufgabenstellungen in Projekten sind nicht durch Standardlösungen zu bewältigen. Deshalb lernen Schülerinnen und Schüler im Projekt Alternativen zu entwickeln und lösungsorientierte Vorgehensweisen zu planen und durchzuführen. Das Lernen und Anwenden von Techniken zur Förderung von Kreativität unterstützt die Projektplanung und Durchführung. Dabei werden die Schülerinnen und Schüler ermutigt, eigene Denkpfade zu verlassen und in neue Richtungen zu denken."[21]

Die Kraichgau-Realschule hat diese Möglichkeit umgehend aufgegriffen und nach den eigenen Möglichkeiten ausgelegt. Dabei konnte sie auf einen guten Ruf zurückgreifen, den sie sich durch eine ähnliche Projektorientierung in der Vergangenheit erworben hat, als die neuen Kommunikationstechniken im Kommen waren. Als eine der ersten Schulen gehörte die Arbeit mit PCs und Informationstechnologien zum Bildungsstandard dieser Schule. Sie entwickelte das, was unter dem Stichwort „Informationstechnische Grundbildung" (ITG) im gegenwärtigen Bildungsplan wiederzufinden ist. Nun war man wieder bereit, sich für neue Projekte zu öffnen. Ein glückliches Zusammenwirken zwischen den Religionslehrern und Lehrkräften im Fach „Mensch und Umwelt" lief auf das themenorientierte Projekt „Soziales Engagement" hinaus. Dabei waren die Bedenken vor allem im Fach Religion nicht unerheblich. Fürchtete man doch

---

[21] Ministerium für Kultus, Jugend und Sport des Landes Baden-Württemberg (Hg.), Bildungsplan für die Realschule, Stuttgart 2004, 174.

seitens des Schuldekanats und des Schulreferats der evangelischen badischen Landeskirche, dass unter dem großen Thema „Soziales" das kerygmatische Proprium des Religionsunterrichts verloren ging. Eine Befürchtung, die nicht ganz zu Unrecht bestand. Die Neigung anderer Fachlehrer ist groß, neue Inhalte auf sogenannte „Randfächer" abzuschieben, damit die eigenen Lerninhalte und Lernstoffe nicht angetastet werden müssen. Religion erschöpft sich eben nicht im Sozialen. Es bedurfte auch einiger Anstrengungen, das Fach Ethik mit einzubeziehen. Denn nicht nur kirchlich gebundene Schüler bedürfen ethisch-sozialer Unterweisung.

Für den Kompetenzerwerb im Projekt „Soziales Lernen" legt schon der vorläufige Bildungsplan 2003 fest: *Das themenorientierte Projekt „Soziales Engagement" hat das Ziel, Verantwortungsbewusstsein im Umgang mit Menschen zu wecken und zu fördern ... Sie erleben bei der Durchführung dieses TOPs Gemeinschaft und Solidarität und erfahren, dass sie als Persönlichkeit wichtig sind und gebraucht werden.* Von Anfang an ist daran gedacht, dass soziale Einrichtungen, insbesondere Einrichtungen mit Menschen in besonderen Lebenslagen, in dieses Projekt einbezogen sind. Denn die Schüler *können soziale Einrichtungen erkunden und darstellen (Lerngang, Exkursion).*[22]

Damit bekommt die Realschule in Baden-Württemberg die Möglichkeit, innerhalb des Rahmens ihrer vom Kultusministerium vorgelegten Bildungsplanung eine Erinnerungskultur zu entfalten und zu vermitteln, die das oben beschriebene Anliegen in die Tat umsetzen kann. Erinnern und Gedenken an die Opfer der NS-Ideologie vom lebensunwerten Leben hat Teil an der Entfaltung einer verantwortlichen, humanen Gesellschaft, die es nie wieder zulässt, dass Menschen zu einer Sache werden, bewertet und gelegentlich vernichtet werden. Dies ist umso wichtiger, dass immer wieder gefragt wird, wie viel Pflege, wie viel Zuwendung zum Menschen ökonomisch machbar ist. So heißt es etwa im oben schon zitierten Pflegeleitbild des Pflegeheims Sinsheim: *Unsere Aufgabe sehen wir darin, den anvertrauten Bewohnern ein angemessenes und finanzierbares Leistungsangebot zu bieten.*

Es gehörte mit zu den eindrücklichsten Erlebnissen der Schülerinnen und Schüler zu sehen, mit welchen Einschränkungen die im Rahmen des Projekts „Soziales Lernen" besuchten Menschen leben mussten, wie viel Pflege die deutsche Volkswirtschaft gegenwärtig noch zulässt. Als eine der ersten Schulen in unserer Region hat die Kraichgau-Realschule nun das Projekt „Soziales Engagement" aufgenommen und gestaltet. Die einzelnen Schritte dazu sollen nun erläutert werden.

---

[22] Ministerium für Kultus, Jugend und Sport Baden-Württemberg (Hg.), Bildungsstandards für das themenorientierte Projekt Soziales Engagement, Entwurfsfassung Stand: 24.03. 2003, Stuttgart 2003.

4. Das Projekt „Soziales Engagement" in der Kraichgau-Realschule"

Die Zusammenarbeit zwischen den Unterrichtenden ist an einer der größten Realschulen in Baden-Württemberg ein wichtiger Faktor. Dabei bin ich mit einem Deputat von acht Stunden darauf angewiesen, nicht nur mit den Fachkollegen Religion und Ethik eng zusammenzuarbeiten. Es ergeben sich auch immer wieder Möglichkeiten, mit den Fachlehrern der Fächer Deutsch, Geschichte, Musik und Sport zu kooperieren. So nahm ich 2003 an einer Fortbildungsmaßnahme zum Thema „Was ist Soziales Lernen" teil, die von der Vorsitzenden der Fachlehrer-Konferenz Religion initiiert wurde und von einer privaten Beraterfirma durchgeführt wurde. Aus dieser Fortbildung heraus entstand der Plan, Schülern der Kraichgau-Realschule besondere Arbeitsfelder im sozialen Bereich zu ermöglichen. Unter dem Stichwort „Lernen in fremden Lebenswelten" wurde nun ein Projekt erarbeitet, das mit einzelnen Schülern oder Klassen erprobt werden sollte. Erfahrungen anderer Realschulen, insbesondere der benachbarten Realschule in Waibstadt wurden dabei ausgewertet.

Durch meine Tätigkeit als Heimseelsorger bot es sich an, den Schwerpunkt der Praktika im Pflegeheim Sinsheim zu absolvieren. Nach sporadischen Schülerbesuchen im Jahr 2004 fand im Frühjahr 2005 ein erstes Pilotprojekt statt. Entgegen meinen Wünschen, dieses Projekt in der 9. Klasse anzusiedeln, wurde die 8. Klasse ausgewählt, da die Klassen 9 und 10 mit anderen Projekten (BORS und Abschlussprüfungen) ausgelastet sind. Das Problem der 8. Klasse ist das weit unter dem Jugendschutzgesetz stehende Alter und die noch nicht mögliche Verkoppelung der Erfahrungen mit dem Geschichtsunterricht (s.u.) Durch meine Vermittlung und persönliche Kontakte anderer Kollegen fanden sich so unterschiedliche Institutionen wie das Pflegeheim Sinsheim, das Kreiskrankenhaus, verschiedene Altersheime und der Diakonieladen Sinsheim bereit, Schüler in unterschiedlicher Anzahl für eine Woche „mitlaufen" zu lassen. Von Vornherein abgelehnt haben wir die Mitarbeit im Tierheim, wie sie in vielen anderen Schulen im Projekt „Soziales Engagement" praktiziert werden. Es widersprach unserer Vorstellung von Menschenwürde, Begleitung von Menschen und Tieren gleichzusetzen. Da es um die Begegnung mit Menschen in fremden Lebenswelten ging, entfiel auch der vielfach geäußerte Wunsch, im Kindergarten, in der Grundschule zu hospitieren oder einfach für eine Woche der eigenen Großmutter zu helfen.

Da die Schülerinnen und Schüler auf keinen Fall mit dem Jugendarbeitsschutzgesetz in Konflikt kommen sollten (Arbeitszeit, Kontakt mit Körperflüssigkeiten) war der Praktikumseinsatz beschränkt auf eine reine Begleitung und Hospitation von Menschen in den beteiligten Einrichtungen. Später ließen wir noch die Mitarbeit in Schulen für behinderte Kinder zu. Umfangreiche Überzeugungsarbeit bei den Eltern („Bevor mein Sohn kranken Menschen beim Speisen hilft, kann er auch für seine Großmutter einkaufen!") und den Lehrern, die auf die Bewältigung des Unterrichtsstoffes in ihrem jeweils eigenen Fach verwiesen, war nötig. Der Erfolg beim Probelauf überzeugte die meisten Kritiker. Schüler äußerten sich bei den Auswertungen wie folgt: „Mir hat alles gefallen, es war supertoll, ich will noch mal dorthin gehen!"

Bei späteren, differenzierteren Auswertungen gab eine hohe Anzahl von Schülern an, dass sich für sie persönlich durch das Praktikum in einer Einrichtung etwas verändert habe.[23] Die meisten Schüler wollten wieder in der Einrichtung arbeiten und bedauerten, dass das Praktikum schon nach einer Woche vorbei sei.

Ab dem Schuljahr 2005/6 wurde das Projekt verbindlich für alle Schüler der Klassenstufe 8. Abwesenheit muss der Schulleitung und der Praktikumsstelle rechtzeitig gemeldet werden, die so entstandenen Fehlstunden in dieser Zeit müssen nachgeholt werden, über die Erfahrungen müssen Berichte angefertigt werden, die von den Deutschlehrern benotet werden. Religionsunterricht und das Fach Mensch/Umwelt hat die Aufgabe, die Schüler inhaltlich auf den Praktikumseinsatz vorzubereiten. Es gibt am Schluss eine eigene Note, die sich aus den Beurteilungen aller Fachlehrer zusammensetzt. Zu jeder besuchten Einrichtung hält ein Verbindungslehrer Kontakt, die Schüler werden während der Praktikumswoche von den Lehrern besucht, die durch das Praktikum Freistunden haben. Letztere Regelung hat die Akzeptanz seitens des Gesamtkollegiums für das Projekt „SE" erhöht, einige Kollegen haben sogar einen großen Respekt vor dem Engagement der Schüler gewonnen.

Mein ursprünglicher Ansatz, dass durch das Projekt auch die Zahl der Schüler steigt, die schon während der Realschulzeit eine berufliche Perspektive entwickeln und dabei von der Schule und den beteiligten Einrichtungen unterstützt werden, hat sich noch nicht wirklich erfüllt. Hier muss nachgebessert werden, damit auch die Realschule wieder zu dem wird, was Schule im christlichen Sinne sein soll, ein Stück Verheißung, ein Stück Gestaltung der persönlichen Zukunft von Schülern, die nicht vorbereitet werden sollen auf eine Zukunft ohne Perspektive.

Die Vorbereitung im evangelischen Religionsunterricht in der Klasse 8 für das Projekt geschieht vor allem darin, dass das Thema „Diakonie" im Mittelpunkt steht. Es gehört zur Dimension: Welt und Verantwortung. Auch wenn das eigentliche Thema „Euthanasie" noch nicht eingebracht werden kann, finden sich hier schon wichtige Impulse: *Der evangelische Religionsunterricht will Schülerinnen und Schüler ermutigen, für eine „Kultur der Barmherzigkeit" einzutreten und anhand biblischer Weisungen Verantwortung zu übernehmen*".[24]

Das Stichwort „Kultur der Barmherzigkeit" taucht auch in den entsprechenden Ausführungen für den katholischen Religionsunterricht auf.[25] Wie wichtig dieser Begriff ist, zeigt auch die Äußerung eines Schülers, der, Rollstuhl schie-

---

[23] In einer Klasse mit 27 Schülern bewerteten die Aussage „Durch das Praktikum hat sich für mich etwas verändert" 11 Schüler mit einer 1; 9 Schüler mit einer 2. Die schlechteste Note 5 bedeutete ein klares nein und wurde zweimal vergeben.
[24] Bildungsplan 2004, 27.
[25] Bildungsplan 2004, 38.

bend, einen Bewohner des Pflegeheims Sinsheim betreute. Auf die Frage, warum er dies tue, antwortete er „Aus Mitleid!" Diese Äußerung fand keine ungeteilte Zustimmung seitens des Pflegeheims. Ich meine hingegen, sie ist der Zugang zu einer christologisch begründeten Ethik und ein wichtiger erster Schritt zu einer Verantwortungsethik, die gegen Vorgänge wie die sog. „Euthanasie" gefeit ist.

Ist die verbindliche Einführung des Projekts „Soziales Engagement" an sich noch kein Beitrag zum Thema „Erinnerungskultur", so ist sie doch eine wichtige Basiserfahrung, auf der das Thema „Euthanasie" erfahrungsorientiert aufbauen kann.

5. Das Thema „Euthanasie" als verbindlicher Stoff im Geschichts- und Religionsunterricht

Bei der Einführung des Projekts „Soziales Engagement" waren durch die fächerübergreifenden Kooperationen auch weitere inhaltliche Absprachen in der Lehrplangestaltung möglich. Das Pflegeheim Sinsheim mit seinen besonderen Möglichkeiten (30% aller Praktikumsplätze) und seiner besonderen Geschichte (231 Opfer der „Euthanasie") bestimmte nun die Inhalte der beteiligten Fächer Sozialkunde, Religion, Deutsch und Geschichte mit. Das Thema „Euthanasie" wurde dadurch durch Fachlehrerkonferenzbeschluss verbindlicher Lerninhalt an der Kraichgau-Realschule. Konkret geschieht das in folgenden Fächern und Jahrgangsstufen:

Die Klassen 8 erleben die Begegnung mit behinderten Menschen im Projekt „Soziales Lernen" als eine erste Herausforderung mit dem Thema. Bei besonders eindrücklichen Erfahrungen mit behinderten Menschen stellen Schüler bisweilen die Frage nach dem Sinn von solchem eingeschränkten Leben. Eine mögliche Antwort resultiert dann aus den Praktikumserfahrungen der Schülerinnen und Schüler, die erlebt haben, wie viel Freude behinderte Menschen an ihrem eingeschränkten Leben haben können. Sie bekommen auch ein Gespür dafür, dass Menschsein sich nicht an der Leistungsfähigkeit orientiert, sondern an der Fähigkeit, Beziehungen einzugehen und zu leben. Oft stelle ich den Schülerinnen die Frage: „Was können geistig behinderte Menschen besser als wir?" Oft erkennen die Schüler, dass es die Kommunikationsfähigkeit ist, in der behinderte Menschen bisweilen die Nichtbehinderten übertreffen. Hier christologische und schöpfungstheologische Linien zu ziehen, dürfte nicht schwer sein: „Es ist nicht gut, dass der Mensch allein sei. (Gen 2,18)"

In der Klasse 9 bildet der Nationalsozialismus den Schwerpunkt des Geschichtsunterrichts. In der Frage der faschistischen Anthropologie und der Opfer des NS-Regimes wird der Schwerpunkt auf die „Euthanasie" gelegt. Meistens ist der Religionsunterricht der Vorreiter und der Geschichtsunterricht nimmt auf, was in Religion ausführlich besprochen wurde. Jedem Geschichtslehrer wurde dabei spezielles Unterrichtsmaterial zur Verfügung gestellt, das konkret auf die Geschehnisse im Pflegeheim Sinsheim Bezug nimmt. Ergänzt wird das Material durch Veröffentlichungen der Landeszentrale für politische Bildung in Stuttgart.[26]

Im Religionsunterricht erfüllt das Thema die Dimension Mensch. Die christliche Antwort auf die Herausforderung „Euthanasie" ist die Ebenbildlichkeit des Menschen. Besser noch unterzubringen ist das Thema allerdings unter der Rubrik des Themenfelds „Grenzen des Lebens": Hier wird direkt auf das Thema Bezug genommen: *Lebenswert? Begrenztheit, beschädigtes Leben, Menschenwürde *Ehrfurcht vor dem Leben: ein ethischer Konfliktfall (z.B. ...Euthanasie) *Umgang mit Sterben und Tod ...[27]

Im katholischen Bildungsplan ist das Thema nicht direkt genannt. Unter dem Stichwort „Unantastbarkeit des Lebens" sucht man das Thema „Euthanasie" vergeblich. Auch im Bildungsplan Ethik kommt das Thema nicht vor. Umso bemerkenswerter ist es, dass in Sinsheim eine derartige schulische Vereinbarung zustande kam, dem Thema „Euthanasie" besonderes Gewicht beizumessen.

In einem weiteren Unterrichtsprojekt kam im Schuljahr 2007/08 das Thema „Euthanasie" zur Sprache. Mehrere Schüler der 9. Klasse absolvierten ihre „GFS" (Gleichwertige Feststellung von Schülerleistungen) im Fach Religion. Sie bekamen als Aufgabe, alte Bewohner/innen des Pflegeheims Sinsheim zu interviewen und darüber Lebensbilder anzufertigen. Im Sinne von „oral history" sollte hier ein Stück Erzähl- und Erinnerungskultur eingeübt werden. In einem der Interviews kam auch die „Euthanasie" zur Sprache: *Frau R. wurde am 9.2.1921 in Waibstadt geboren. Als Kind wurde sie früh ihrer Mutter weggenommen und lebte von da an bei Pflegeeltern. Sie hatte 8 Geschwister, von denen aber nur noch zwei am Leben sind. Einer ihrer Brüder starb tragischerweise an einem Hirntumor. Zwei weitere Geschwister von Frau R. wurden im Dritten Reich vergast.*

Jährlich findet eine Exkursion nach Grafeneck mit Schülerinnen und Schülern der 9. Klasse ins ehemalige Vernichtungslager Grafeneck statt. Auf dem Weg dorthin bekommen die Teilnehmer ein Unterrichtsblatt ausgehändigt, das sie einlädt, die Fahrt der Opfer 1940 nachzuempfinden:

Fahrt nach Grafeneck – auf dem Leidensweg der ermordeten Bewohner des Kreispflegeheims Sinsheim am 15. Mai 1940
Abfahrt Sinsheim: Stelle Dir vor, Du bist einer der 15 Bewohner des Pflegeheims. Der Bus wartet auf Dich. Im Gegensatz zu heute kannst Du nicht freiwillig in den Bus steigen, die Plätze werden dir zugewiesen. Am Platz wirst du festgeschnallt. Wenn Dir das nicht gefällt, bekommst Du vom Begleitpersonal (an den Stiefeln unter dem weißen Kittel erkennst Du, dass es keine wirklichen Pflegekräfte sind) eine Beruhigungsspritze. Der Bus fährt los, Du bist einer der 15 Leidensgenossen, die es getroffen hat. Man sagte Dir, es sei ein schöner Ausflug geplant. Aber warum durfte Deine beste Freundin nicht mitfahren? Und warum kannst Du nicht aus dem Fenster schauen, denn es sind Milchglasscheiben. Die Fahrt dauert

---

[26] Zu den eigenen Materialien zählt eine Chronologie, eine Transportliste mit unkenntlich gemachten Originalangaben, eine Landkarte, die den Verbleib der deportierten Bewohner anzeigt, und genaue Pläne des zuständigen Vernichtungslagers Grafeneck.
[27] Bildungsplan 2004, 30.

zunächst 1 Stunde. Dann hält der Bus in einer Dir unbekannten Anstalt. Beim Einsteigen der Bewohner schreit einer „Den Hitler soll der Teufel holen!" Eine andere, schüchterne Patientin sagt: „Heute fahren wir zum lieben Heiland!"
Weinsberg: Es könnte sich um die ehemalige Heil- und Pflegeanstalt Weinsberg handeln, an der wir beim Weinsberger Kreuz vorbeifahren. Aus dieser Anstalt (heute noch ein psychiatrisches Klinikum) wurden 422 Bewohner nach Grafeneck gebracht und ermordet. Jedenfalls ist der Bus jetzt voll und die Fahrt geht in Richtung Süden. Vermutlich über das Neckartal, denn die Autobahn existierte noch nicht. Vermutlich ging die Fahrt durch die Landeshauptstadt *Stuttgart*.

Hier im württembergischen Innenministerium waren die Listen gesammelt worden, die im Herbst 1939 angefertigt worden sind. Von hier aus, wie auch aus dem badischen Innenministerium gingen dann die Transportlisten und -befehle aus, die auch zu Deinem Transport geführt haben. Nicht die Gesundheitsbehörden haben Deinen Transport beschlossen, sondern die oberste Polizeibehörde. Es herrscht Krieg und Dein Bett im Kreispflegeheim wird für die verwundeten Soldaten gebraucht. Hinter Stuttgart geht es die Schwäbische Alb hinauf. Zuvor geht es noch vorbei (oder durch) an *Reutlingen*.

Auch hier, aus der ehemaligen Landesfürsorgeanstalt Rappertshofen wurden 72 Bewohner abtransportiert und ermordet. Kurz vor unserem Ziel fahren wir durch die alte Amtsstadt *Münsingen.*

Hier werden nach dem Krieg die ersten Ermittlungen geführt, denn Grafeneck gehörte zum Amtsgerichtsbezirk Münsingen. Von hier aus werden Briefe verschickt an alle Orte, aus denen Bewohner nach Grafeneck kamen. Es wurde geforscht, wie viele Bewohner abtransportiert worden waren. Die Polizei in Sinsheim lieferte falsche Zahlen, es sollen angeblich nur 19 Personen gewesen sein. Grund genug, dass über das wahre Ausmaß des Mordes bis heute nur wenige Sinsheimer Bescheid wissen. (Du weißt es besser.) Bevor wir am Ziel ankommen, genieße die Landschaft der *Rauen Alb*

Vernichtungslager wurden in dünn besiedelte Gebiete verlegt. Es sollten nicht so viele Menschen mitbekommen, was in Grafeneck wirklich geschah. Man wunderte sich über weißen Staub auf den Feldern. Und wenn die Mitarbeiter in den Wirtshäusern einen über den Durst getrunken hatten, machten sie schon mal dunkle Andeutungen: „Wenn ihr wüsstet!" Das ärztliche Personal, zum Teil aus Berlin weit angereist, war eine Bereicherung für Vereine und Kirchen. Nach getaner „Arbeit" sang mancher Arzt im Kirchenchor mit, musizierte in einem der örtlichen Musikvereine. Jetzt sind wir angekommen in *Grafeneck*. Was hier geschah wird euch nun die Führung zeigen.

Die Führungen durch den Leiter der Einrichtung, den Historiker Thomas Stöckle, haben sich in den letzten Jahren dem Niveau der Schüler weitgehend angepasst. Gleichzeitig ist dieser Besuch ein guter Leistungsnachweis über die erworbenen Kenntnisse über die „Euthanasie".[28] Ausgehend von ihren Erfahrungen im Pflegeheim Sinsheim können die Exkursionsteilnehmer hier eine Erinnerungskultur erleben, die Vergangenes mit Gegenwärtigem verbindet. Während sie den Ort der Gaskammer, das Museum und den Friedhof besichtigen, begegnen ihnen behinderte Menschen, die heute in dem wieder eingerichteten Behinderten-Heim leben und arbeiten. Bedauerlicherweise sind die meisten Gebäude des ehemaligen Vernichtungslagers beseitigt worden, aber auch

---

28 Laut Auskunft von Herrn Stöckle, der als Leiter der Gedenkstätte Grafeneck viele Schülergruppen durch die Anlage führt, hebt sich der Kenntnisstand und die Ernsthaftigkeit der Sinsheimer Realschüler deutlich von anderen Schülern ab.

das gehört zur Geschichte des Gedenkens in unserem Lande. Der Versuchung ist in Grafeneck widerstanden worden, aus museumspädagogischen Gründen wieder aufzubauen, was nach dem Krieg zerstört wurde. Es würde den Leugnern und Ewiggestrigen nur Argumente liefern. Vielleicht gilt auch hier, was uns die Bibel lehrt: „Wenn nun der Herr, dein Gott, dich von allen deinen Feinden ringsherum zur Ruhe bringt im Lande, das dir der Herr, dein Gott, zum Erbe gibt, es einzunehmen, so sollst du die Erinnerung an die Amalekiter austilgen unter dem Himmel. Das vergiss nicht!" (Dtn 25,19)

Beides ist zu bedenken, die Scham derer, die diese Zeugnisse der Unmenschlichkeit vernichteten und das Wissen heute, wo der Ort sich befand, an dem die massenhafte Tötung von wehrlosen Menschen zum ersten Mal erprobt wurde. Die meisten Täter sind nach der Schließung der Einrichtung direkt nach Auschwitz versetzt worden, um dort ihre Kenntnisse anzuwenden.

Hier schließt sich der Kreis. Indem der Zusammenhang zwischen der Vernichtung sog. „lebensunwerten Lebens" mit der Ausrottung von Juden, Sinti und Roma hergestellt wird, wird der Aufrechnung einer Opfergruppe gegenüber einer anderen begegnet. Dabei gilt es, die Differenz deutlich zu machen zwischen den Konzentrationslagern, die die Nazis 1933-36 zur Disziplinierung Andersdenkender schufen und den reinen Vernichtungslagern, die ab 1940 entstanden.

Die Exkursionen in Grafeneck schließen stets mit einer kleinen Andacht. Hier wird deutlich, wie sehr das Gedenken an die Opfer hineingehört in unsere Art und Weise, Gottesdienst zu feiern. Ebenso habe ich das eine der beiden Theaterstücke, die sich mit dem Thema „,Euthanasie' in Sinsheim" beschäftigen, als Passionsstück konzipiert. Und damit komme ich zu der letzten Möglichkeit, Erinnerungskultur und Opfergedächtnis an einer Schule zu praktizieren, das Schülertheater.

6. Spielerisches Gedächtnis- Durch Theater Vergangenes wieder lebendig machen

Zwei Opferschicksale stehen in Zusammenhang mit dem Dorf, in dem ich Gemeindepfarrer bin. Ich kenne die Herkunftsfamilien gut und bin mit ihnen im intensiven Gespräch. Beide Familien sind noch nicht soweit, offen und öffentlich über die Umstände des Todes ihres Angehörigen während der Nazizeit zu reden. Ein Opfer, eine ledige Frau und Miterbin eines beträchtlichen Vermögens wurde auf dem Dorffriedhof ordentlich bestattet. Das andere Opfer, ein vermögender Mühlenerbe, der im Kaiserreich nach einem Tötungsdelikt wegen Unzurechnungsfähigkeit in eine psychiatrische Einrichtung, nämlich die Kreispflegeanstalt Sinsheim eingewiesen wurde, ruht auf dem Friedhof Grafeneck. Beiden habe ich mit zwei Theaterstücken für Schüler ein literarisches Denkmal gesetzt. Das erste Stück unter dem Titel: „Geheime Reichssache – wo ist Cäcilia geblieben?" behandelt das Schicksal der ermordeten Frau. In dem zweiten Stück „Ecce Homo" steht das Schicksal des Mühlenerben im Vordergrund. In Abwandlung seines wahren Namens heißt er Ludwig Mauth. Das

Stück schildert das Verhalten der Angehörigen zu ihm, seinen Abtransport 1940 und das Verhalten der Angehörigen und des Dorfes danach. Dabei lasse ich als fiktive Person eine überlebende Zigeunerin auftreten, die die Verantwortung seines Todes einklagt. Dies geschieht durch die Störung des Gottesdienstes am Karfreitag, bei dem der Pfarrer über den Prozess Jesu nach Johannes predigt. Dem Vulgatatext ist daher auch das Titelzitat entnommen: „Ecce homo, seht den Menschen!" [29]Ich habe das Stück einmal als Passionsstück im Rahmen eines Schülergottesdienstes in der Passionszeit aufgeführt. Meistens verwende ich es ausschließlich als Unterrichtsstoff im normalen Unterricht. Am beliebtesten bei Schülern ist dabei die erste Szene, als Schulszene knüpft sie an die Erlebniswelt der Schüler an. Im Verlauf der weiteren Szenen verarbeite ich Originaltexte, die auch gelernt und in ihrer ganzen Tragweite begriffen werden müssen.

Ecce Homo, seht den Menschen!
Ein Passionsstück aus der Zeit der nationalsozialistischen Menschenvernichtung

1. Akt: In der Dorfschule
Die Schüler sitzen oder stehen in der Klasse und unterhalten sich. Einige rangeln, einer erzählt Judenwitze. Als der Lehrer eintritt, stehen alle kerzengerade an ihrem Pult.

Lehrer:	Aaachtung! Stillgestanden!
Karl:	(Leise) Jawohl Herr Hinkefuß.
Leises Gekicher bei mehreren Schülern	
Lehrer:	Wollt ihr wohl strammstehen?!
Alle Schüler:	Heil Hitler, Herr Oberlehrer Hinkenstein.
Lehrer:	Heil Hitler, setzen. Lina, was haben wir in der letzten Stunde besprochen?
Lina:	Aufzucht und äh, äh, von Rassen äh äh, ich glaube von Kaninchen. Mein Papa hat auch besondere Rassen, da geht er immer auf Ausstellung, der hat schon viele Preise gewonnen.
Lehrer:	Falsch, absolut falsch. Wird Zeit, dass du aus der Schule kommst und daheim auf dem Hof helfen kannst. Die Schule ist nichts für Mädchen wie du. Also Karl, willst du mir sagen was wir zuletzt besprochen haben?
Karl:	Die nationalsozialistische Lehre von den Menschenrassen!
Lehrer:	Bravo, und, Fritz, was gibt es für Rassen?
Fritz:	Arier und und Nichtarier!
Lehrer:	Und, was sind Arier? Franz:
Franz:	Deutsche, Bayern, Österreicher und Völker artverwandten Blutes.
Lehrer:	Und Nichtarier?
Hermine:	(streckt sich ganz eifrig) Ich weiß es, ich weiß es!
Lehrer:	Ja, mein Minchen, wer gehört dazu?
Hermine:	Polen, Russen, Juden, Neger und und ... Zigeuner!
Lehrer:	Richtig. Was dürfen die Rassen keineswegs miteinander tun?
Lina:	Sich kreuzen. Das gibt Bastarde!
Lehrer:	Mischlinge! Bei den Menschen nennt man es Mischlinge.

---

[29] Die genaue Szenenabfolge lautet: 1. Akt: In der Dorfschule; 2. Akt: In der Bauernstube; 3. Akt: Auf einer Station des Kreispflegeheims; 4. Akt: Der Transport; 5. Akt Karfreitag 1946.

Hans:	Ach wissen Sie was Herr Lehrer, was wollen Sie da machen. Wo die Liebe hinfällt! Wer mit wem ins Heu geht, da fragt doch keiner, welche Rasse bist du, höchstens, welches Gesangbuch hast du.
Lehrer:	Mein lieber Hans, ich muss doch sehr bitten!
Sophie:	Der Hans hat recht. In seiner Familie ist das so. Da geht das drunter und drüber. Sein Onkel, der Ludwig, der hat's mit der schwarzen Marie getrieben, der Zigeunerin. Und da hat sein Vater gesagt, das sei eine Schande, eine große Schande.
Fritz:	Halt's Maul, das geht dich gar nichts an, was mit unserem Onkel ist.
Sophie:	Wo ist denn dein Onkel, wo, sag's?
Hermine:	In der Kreispflege! Bei den Doofen.
Hans:	Warte, dir werd' ich's zeigen.

Eine Rangelei entsteht

Lehrer:	Ruhig, Kinder, ruhig. Auseinander! Auch wenn es dir weh tut. Das, was dein Onkel getan hat, ist Rassenschande. Seit unser Führer unser Land regiert, wird das auch bestraft. Ein Arier darf nicht mit einem Nichtarier Geschlechtsverkehr haben. So etwas wird bestraft, das heißt, beide werden verhaftet.
Hermine:	Sagte ich doch, eingesperrt haben sie ihn.
Grete:	Aber nicht wegen der Marie, sondern weil er aus lauter Verzweiflung darüber, dass er die Marie nicht hat heiraten dürfen, die Scheune seiner Eltern angezündet hat. Da hat die Magd drin geschlafen und ist verbrannt. Da haben sie ihn verhaftet und ins Zuchthaus gesperrt. Um ein Haar hätten sie ihn deswegen zum Tode verurteilt. Aber dann hat er den Paragrafen 51 bekommen, da kam er in die Irrenanstalt zu den Doofen.
Lina:	Kreispflegeanstalt. Du weißt doch, dass Papa ihn manchmal da drinnen besuchen kann.
Lehrer:	Genug, davon. Also Kinder, wichtig ist: der Geschlechtsverkehr zwischen Ariern und Nichtariern ist verboten. Denn daraus entstehen die Mischlinge. Und Mischlinge, Bastarde sind, das weißt du Lina aus deinem Karnickelverein besonders gut, Bastarde sind schlechtere Tiere, krankheitsanfällig und hässlich. So ist das auch bei uns Menschen. Was für eine schlechte Menschenrasse entsteht, wenn sie immer wieder gemischt wurde, seht ihr an den Juden. In einem Juden haben sich vermischt Völker aus den arabischen Ländern, negroide Völker aus Afrika, Russen, Zigeuner und leider auch Arier. Deswegen sind die Juden auch nirgends zu Hause und leben wie Parasiten bei den anderen Völkern.
Karl:	Wie die Zigeuner. Wenn die ins Dorf kommen, müssen wir alle Tiere einsperren und die Wäsche abhängen, sonst sehen wir die nirgends wieder.
Franz:	Und wenn Arier und Nichtarier trotzdem miteinander – ja Sie wissen schon was – machen, und Kinder bekommen, was geschieht dann mit ihnen?
Lehrer:	Das ist das Problem. Wir müssen sehen, dass unser Volk reinrassig wird, und dass die Minderwertigen weniger werden. Der Staat wird in Zukunft dafür sorgen, dass minderwertiges Leben nicht mehr entsteht. Bei den Behinderten, bei den Idioten und Schwachsinnigen hat man schon dafür gesorgt, dass sie keine Kinder mehr bekommen. Sie wurden …
Hermine:	kastriert! Damit sie kein unschuldiges Mädchen mehr verführen können.
Lehrer:	Zwangssterilisiert. Den Ausdruck müsst ihr euch merken.

Fritz:	Und wer entscheidet, wer ein Idiot ist? Wer zwangssterilisiert ist?
Lehrer:	Bürgermeister, Ärzte oder auch wir Lehrer.
Grete:	Waaas, Sie wollen entscheiden, ob ich ein Kind bekommen darf?
Lehrer:	Ich nicht alleine, da sind noch andere dran beteiligt, – aber machen wir weiter. Unser Führer Adolf Hitler hat gesagt, es gibt eine gute, eine nordische Rasse, die Arier, die haben das Recht des Stärkeren, die haben ein Recht auf Leben. Und es gibt lebensunwertes Leben, das auf Dauer vernichtet werden muss. So wie der Raubvogel das kranke Kaninchen schlägt und der Förster die kranken Bäume fällt, damit die starken Bäume genügend Licht zum Wachsen haben.
Sophie:	Stimmt es, dass die Juden, die einmal bei uns gelebt haben, fortgeschafft wurden, um sie zu vernichten?
Lehrer:	Darüber darf ich mit euch nicht reden. Aber der Führer wird schon wissen, was richtig ist. Der weiß, was er will.
Karl: (leise)	Hoffentlich!

Die Schulklingel beendet die Schulstunde

Es fällt den Schülern leicht, sich in die Rolle der Schüler hineinzuversetzen. Sie lassen sich auch willig auf den Kommandoton des Oberlehrers ein, was nachdenklich stimmt. Es zeigt, wie anfällig Jugendliche für eine faschistoide Jugendkultur sind. Das Medium „Theater" muss ähnlich wie Rollenspiele sehr behutsam angewandt und begleitet werden. Durch diese dramaturgische Methode wird somit auch dem Rechnung getragen, was der Bildungsplan für das Projekt „Soziales Engagement" einfordert: *Bei den Personalkompetenzen stehen Schulung der Wahrnehmungsfähigkeit, soziale Sensibilität und Entwicklung von Verständnis und Toleranz im Vordergrund.*[30]

Bei der Behandlung der nationalsozialistischen Rassenlehre wird deutlich, dass auch der Biologieunterricht in das Curriculum einbezogen werden muss, um die Fragwürdigkeit des Rassebegriffs an sich, wie auch die Chancen und Grenzen der modernen Pränatal- und Gen-Medizin zu behandeln. Die hier zum Teil vorhandenen Wissenslücken sind weder im Religions- noch im Geschichtsunterricht aufzuarbeiten.

7. Durch Sozialpraktika die Transparenz schaffen, die Übergriffe in geschlossenen Heimen verhindern kann und eine Wiederholung des Geschehenen erschwert

Es ist deutlich geworden, welchen wichtigen Beitrag die Schule zu einer umfassenden Erinnerungskultur unserer Gesellschaft leisten kann. Das Projekt „Soziales Engagement" hat nun wiederum auch Einflüsse auf die Pflegekultur der kooperierenden Einrichtungen. Verpflichtet sich doch das Pflegeheim Sinsheim im oben schon zitierten Pflegeleitbild zur Transparenz ihrer Einrichtung und der Tätigkeit ihrer Mitarbeiter: *Wir bemühen uns, unser Tun transparent darzustellen und dokumentieren unsere Leistungen.* Und an anderer Stelle heißt es: *Die Pflege arbei-*

---

[30] Zit.n. Bildungsstandards, Entwurfsfassung vom 24.3.2003.

tet kooperativ mit allen Personen zusammen, die sich um das Wohl der Bewohner kümmern. Die Schüler sind ein wesentlicher Teil des ehrenamtlichen Engagements, das vor allem seitens der Heimseelsorge organisiert und gefördert wird. Einige Schülerinnen und Schüler arbeiten auch nach dem Ende des schulischen Projekts „SE" weiter mit im Pflegeheim. So waren beispielsweise beim Sommerfest fast 50 ehrenamtliche Helfer im Einsatz, 30 davon Schüler der weiterführenden Schulen und Konfirmanden der Kirchengemeinde Dühren. Ehrenamtliche Mitarbeiter begleiten die Arbeit im Haus manchmal auch kritisch: Sie erwarten gelegentlich Auskunft über bestimmte Maßnahmen und Handlungen, wie beispielsweise die freiheitsbeschränkenden Maßnahmen (Ausgangssperre und Fixierung).[31] Sie wecken andererseits außerhalb der Einrichtung Verständnis und Respekt vor der Leistung des pflegerischen Berufs. Sie rufen der Öffentlichkeit immer wieder ins Bewusstsein, dass es eine gesamtgesellschaftliche Verantwortung für die Menschen gibt, die man so leicht hinter den Mauern der Einrichtung vergisst. Durch die Erfahrung und die Dokumentation der Erlebnisse machen die Realschüler/innen anderen Mut, sich am ehrenamtlichen Engagement zu beteiligen.

Es gehört zur Stärke der Leitung des Pflegeheims Sinsheim, dass es sich in einem Kooperationsvertrag mit der Kraichgau-Realschule bereitgefunden hat, diese Kontaktmöglichkeiten zu verstetigen und in einen gegenseitig verpflichtenden Rahmen zu bringen. So heißt es in diesem 2007 abgeschlossenen Vertrag unter anderem:[32]

Präambel: Die Schülerinnen und Schüler sollen während ihrer Schulzeit Schlüsselqualifikationen erwerben ... Die soziale Kompetenz ist ein Teil dieser Schlüsselqualifikationen, die in der Schule ... geübt werden kann. Hinzu kommt die Begegnung mit Menschen in den verschiedensten Lebenslagen, welche die themenorientierten Projekte „Soziales Lernen" und „Berufsorientierung in der Realschule" ermöglichen. Für die GRN ergibt sich dadurch die Möglichkeit in frühem Stadium mit geeigneten zukünftigen Bewerberinnen und Bewerbern um einen Ausbildungsplatz in Kontakt zu kommen ...
Verpflichtungen der Kraichgau-Realschule:
5 . Die Geschichte und Organisation der GRN sind Teil des Schulcurriculums der Kraichgau-Realschule.
6. Die Kraichgau-Realschule bietet ihre kulturellen Aktivitäten wie Schulchor, Instrumentalgruppen oder Schultheater für die Gestaltung von Feierlichkeiten in der GRN an.

---

[31] Das Gespräch zwischen haupt- und ehrenamtlichen Mitarbeitern ist nicht immer einfach. Sie unterstehen unterschiedlichen Vorschriften. So ist es Hauptamtlichen untersagt, detaillierte Angaben über Krankheitsbilder, Medikationen und Pflegeplanung zu geben.
[32] Kooperationsvertrag zwischen der GRNgGmbH (Träger des Pflegeheims Sinsheim) und der Kraichgau-Realschule: Der Vertrag gilt für das Schuljahr 2007/8 und verlängert sich jeweils automatisch auf das folgende Schuljahr, sofern er nicht mit einer Frist von 3 Monaten zum Schuljahresende gekündigt wird. Der hier zitierte Vertragstext ist schon der Folgevertrag aus einem ersten, vorläufigen Vertrag von 2006. Er wurde vor allem seitens der GRN aufgrund der ersten gemachten Erfahrungen in punkto Präzision der Absprachen erweitert.

7. Die Ergebnisse der Kooperation werden in der Jahresschrift „GIBSEL" und der örtlichen Presse von der Schule eigenverantwortlich publiziert.

Verpflichtungen der GRN:
1. Die GRN stellt für die themenorientierten Projekte „Soziales Engagement" und „Berufsorientierung in der Realschule" alle 5 Wochen mindestens 21 Praktikumsplätze zur Verfügung. Davon werden ... mindestens 13 Plätze im Pflegeheim Sinsheim zur Verfügung gestellt. ...
6. Die GRN ist offen für Besuche und kulturelle Auftritte von Lehrerinnen, Lehrern, Schülerinnen und Schülern. ..."

Das Erinnern und Gedenken hat damit einen vertraglich abgesicherten Status in einer Zielvereinbarung eines Krankenhausträgers mit einer öffentlichen Schule. Beide akzeptieren das Konzept einer Erinnerungskultur, die Geschichte und gegenwärtige Praxis verbindet. Die vertragliche Struktur gewährt Verbindlichkeit und Kontinuität. Sie hat Konsequenzen für die Ausbildung kommender Generationen, und damit für die Zukunft.

8. Konsequenzen: Modell für andere?

Das themenorientierte Projekt „Soziales Engagement" ist bisher sehr erfolgreich. Immer mehr Träger sozialer Projekte im Kraichgau bemühen sich darum, dass Schülerinnen und Schüler im Rahmen ihres Projekts auch bei ihnen tätig werden. Das benachbarte Wilhelmi-Gymnasium beobachtet die pädagogischen Erfahrungen und versucht ein eigenes soziales Projekt zu etablieren. Bei der Unterzeichnung des Kooperationsvertrages war auch der Oberbürgermeister der Stadt Sinsheim zugegen. Er sagte dabei: „Diese Kooperation bietet für die jungen Menschen hervorragende Möglichkeiten, auch einmal das Leben außerhalb der Schule richtig kennenzulernen."[33]

Nicht gering veranschlagt werden sollte die Tatsache, dass die entscheidenden Impulse in diesem Fall von den Fachlehrerinnen und -lehrern des Faches Religion ausgegangen sind. Der enge Zusammenhang von theoretischem historischem Wissen, praktischem Einsatz und Reflexion der eigenen Erfahrungen ist nur denkbar vor dem Hintergrund biblischer Erinnerungskultur. Im Hinblick auf die ambivalenten Erfahrungen des Volkes Israel in Ägypten, nämlich von Fleischtöpfen, Unterdrückung und Befreiung, stiftet Gott in den Geboten ein Gedächtnis seines Tuns, das stets dem Glaubenden gegenwärtig ist.

„Einen Fremdling sollst du nicht bedrücken! Ihr wisst, wie es den Fremden zumute ist; denn Fremde wart ihr selbst in Ägypten." (Ex 23,9) So bewältigt Israel seine Gegenwart durch das Gedächtnis seiner Vergangenheit. „Denn was historisch ist, kann nicht überzeitlich sein. Mancher Hinweis auf vorgeblich überzeitliche, ewige Wahrheit entpuppt sich bei genauerem Hinsehen als Verbrämung höchst zeitlicher, nämlich gegenwärtiger Interessen. Erinnerung kann der Legitimation dienen, sie kann aber auch Legitimation entziehen. ... Es be-

---

[33] Rhein-Neckar-Zeitung, Nr. 144, Ausgabe Sinsheim vom 24./25.6.2006, 3.

darf der Tradition und der Erinnerung, in der sie gründet, damit es weitergehen kann."[34]

Das Erinnern an die „Euthanasie" ist solch eine Erfahrung, an der sich pflegerisches Handeln stets neu zu messen und zu hinterfragen hat. Diese tiefste Krise pflegerischen Handelns zwingt uns heute immer aufs Neue, unsere Ethik und unsere Einstellung behinderten und pflegebedürftigen Menschen gegenüber neu zu formulieren. Die Schule leistet einen Beitrag dabei, indem sie Schülerinnen und Schülern die Möglichkeit gibt, sich ganzheitlich mit dem Thema auseinanderzusetzen. Das verhindert möglicherweise auch die Gefahr, dass mit dem Tod der letzten Zeitzeugen das Gedächtnis an die ermordeten Bewohner des Kreispflegeheims Sinsheim, sowie alle anderen Opfer der „Euthanasie" verloren gehen.

Für die betroffenen Einrichtungen bedeutet das, dass Erinnerung an die Opfer nicht notwendigerweise zu einem Imageschaden führt, sondern Interesse weckt an der Einrichtung und den darin wohnenden und arbeitenden Menschen. Die gegenwärtige Leitung des Pflegeheims Sinsheim hat es gelernt, unvoreingenommen sich der Geschichte der Pflege zu stellen. So wird beispielsweise die Erinnerung an die Mangelversorgung in psychiatrischen Einrichtungen während der NS-Zeit durchaus wahrgenommen als kritische Anfrage an die gegenwärtige Ökonomisierung aller pflegerischen Dienstleistungen im Hause.

---

[34] Jürgen Ebach, Auf Dauer – zum Zeugnis, Biblische Erinnerungen zum Thema „Erinnerung" in: Junge Kirche 66. 2005, Heft 3, 1.

Zur Autorin, zu den Autoren und Herausgebern

DIETMAR COORS, (geb.1951) Pfarrer, Studium der evangelischen Theologie und Sozialpädagogik in Wuppertal, Göttingen, Hamburg und Heidelberg, 1975 theologisches Fakultätsexamen in Heidelberg, Vikariat in der Bremischen Evangelischen Kirche, 1977 Ordination in Bremen, seither Pfarrer der evangelischen Landeskirche in Baden, seit 1993 in Sinsheim-Dühren, Heimseelsorger im Pflegeheim Sinsheim und Religionslehrer an der Kraichgau- Realschule. Verfasser geistlicher Theaterstücke, Leitung der „geistlichen Spielleute" Dühren und Mitglied im Vorstand des Arbeitskreises Kirche und Theater in der EKD.

PETER GÖBEL-BRAUN, (geb. 1950); Pfarrer, Dipl. Pädagoge, 1968/69 Diakonisches Jahr bei der Lebenshilfe Marburg, 1977–1979 Gemeindepfarrer in Ahnatal-Weimar, 1979–1988 Dozent an der Fachschule für Diakonie und Sozialpädagogik in Hephata Hessisches Diakoniezentrum, Schwalmstadt, 1988–1993 Leiter des Geschäftsbereichs Behindertenhilfe in Hephata, seit 1994 Direktor in Hephata. Seit 1988 Vorsitzender des Kuratoriums des Freiwilligen Sozialen Jahres/ Freiwilligen Ökologischen Jahres der Evang. Kirche von Kurhessen-Waldeck / seit 2004 Zentrum für Freiwilligen-, Friedens- und Zivildienst.

VOLKER HERRMANN, (geb. 1966), Dr. theol., Studium der Evang. Theologie und Diakoniewissenschaft in Kiel, Hamburg und Heidelberg, 1990–1993 Wiss. Hilfskraft, 1993–2000 Wiss. Mitarbeiter und 2001–2004 Wiss. Assistent am Diakoniewissenschaftlichen Institut (DWI) in Heidelberg, 2000 Promotion in Heidelberg, seit 2004 Professor für Evangelische Theologie/ Diakoniewissenschaft an der Evangelischen Fachhochschule Darmstadt und 2005-2009 Prodekan für den Studienstandort Hephata/Schwalmstadt. Seit 2004 Mitglied des Beirats des DWI sowie seit 2007 Mitglied im Verwaltungsrat des Diakonischen Werkes in Kurhessen-Waldeck e.V.

DOROTHEE SCHEEL, (geb. 1975), Studienrätin für Deutsch und Evangelisch Religion, Studium der Germanistik und Evangelische Theologie in Heidelberg, 2002 Wiss. Hilfskraft am Lehrstuhl für Systematische Theologie in Heidelberg, 2002–2004 Referendariat in Heidelberg und Schwetzingen. Seit 2004 Studienrätin am Elly-Heuss-Knapp-Gymnasium in Heilbronn.

HEINZ SCHMIDT, (geb. 1943), Dr. theol., 1970–1976 Pfarrer und Lehrer im Schuldienst in Freiburg, 1976 Promotion in Heidelberg, 1976–1979 Dozent am Pädagogisch-Theologischen Zentrum in Stuttgart, 1981 Habilitation in

Praktischer Theologie (Frankfurt/M.), 1979–1987 Professor für Evangelische Theologie und 1987–1988 Professor für Praktische Theologie in Frankfurt/M., 1988–1994 Professor für Praktische Theologie/Religionspädagogik in Münster, 1994–2001 Professor für Praktische Theologie in Heidelberg, 2001–2009 Direktor des Diakoniewissenschaftlichen Instituts in Heidelberg, 2009 emeritiert.

RALF SCHULZE, (geb. 1959), 1981–1984 Studium der Sozialpädagogik an der FH Koblenz, anschließend Tätigkeit in der stationären Jugendhilfe. Seit 1985 bis heute im sozialpsychiatrischen Arbeitsfeld tätig, seit 1988 stv. Leiter der diakonischen gemeindepsychiatrischen Einrichtung „Haus an der Christuskirche" in Koblenz, 1989–1993 berufsbegleitend Zusatzqualifikation Sozialmanagement an der Diakonischen Akademie, 1992–2004 nebenberuflicher Lehrauftrag an der FH Koblenz, seit 1994 nebenberufliche Fortbildungstätigkeit, seit 1996 Leiter der Einrichtung „Haus an der Christuskirche", 2006–2008 berufsbegleitend Kontaktstudium Diakoniewissenschaft am Diakoniewissenschaftlichen Institut der Universität Heidelberg.